CIÊNCIAS
Química e Física

9º ANO

Caro leitor:
Visite o site **harbradigital.com.br** e tenha acesso aos **objetos digitais** especialmente desenvolvidos para esta obra. Para isso, siga os passos abaixo:

▶▶ acesse o endereço eletrônico www.harbradigital.com.br
▶▶ clique em **Cadastre-se** e preencha os **dados** solicitados
▶▶ inclua seu **código de acesso**:

> 4399FF43C9BA06E9CA81

Seu cadastro já está feito! Agora, você poderá desfrutar de vídeos, animações, textos complementares, banco de questões, galeria de imagens, entre outros conteúdos especialmente desenvolvidos para tornar seu estudo ainda mais agradável.

Requisitos do sistema
- O Portal é multiplataforma e foi desenvolvido para ser acessível em *tablets*, celulares, *laptops* e PCs (existentes até ago. 2015).
- Resolução de vídeo mais adequada: 1024 x 768.
- É necessário ter acesso à internet, bem como saídas de áudio.
- Navegadores: Google Chrome, Mozila Firefox, Internet Explorer 9+, Safari ou Edge.

Acesso
Seu código de acesso é válido por 1 ano a

editora HARBRA

CB024532

CIÊNCIAS
Química e Física

9º ANO

ARMÊNIO UZUNIAN

Mestre em Ciências na área de Histologia pela
Universidade Federal de São Paulo

Médico pela Universidade Federal de São Paulo

Professor e Supervisor de Biologia
em cursos pré-vestibulares na cidade de São Paulo

ERNESTO BIRNER

Licenciado em Ciências Biológicas pelo Instituto
de Biociências da Universidade de São Paulo

Professor de Biologia na cidade de São Paulo

MARLON WRUBLEWSKI

Mestre em Ciência e Engenharia de Materiais pela
Universidade Federal do Paraná

Licenciado em Física pela Universidade Federal do Paraná

Professor de Física em cursos de graduação em Engenharia na
Pontifícia Universidade Católica do Paraná

Professor de Física do Ensino Fundamental e Médio

Editora HARBRA

Direção Geral:	Julio E. Emöd
Supervisão Editorial:	Maria Pia Castiglia
Edição de Texto:	Carla Castiglia Gonzaga
Assistentes Editoriais:	Ana Olívia Ramos Pires Justo
	Mônica Roberta Suguiyama
Programação Visual e Capa:	Grasiele Lacerda Favatto Cortez
Editoração Eletrônica:	AM Produções Gráficas Ltda.
Fotografia da Capa:	Shutterstock
Impressão e Acabamento:	EGB – Editora Gráfica Bernardi Ltda.

Dados Internacionais de Catalogação na Publicação (CIP)
(Câmara Brasileira do Livro, SP, Brasil)

Uzunian, Armênio
    Ciências : química e física, 9º ano / Armênio Uzunian, Ernesto Birner, Marlon Wrublewski. -- São Paulo : Editora HARBRA, 2016.

    Bibliografia.
    ISBN 978-85-294-0475-2

    1. Ciências (Ensino fundamental) 2. Física (Ensino fundamental) 3. Química (Ensino fundamental) I. Birner, Ernesto. II. Wrublewski, Marlon. III. Título.

15-07186   CDD-372.35

Índices para catálogo sistemático:
1. Ciências : Ensino fundamental   372.35

CIÊNCIAS – *Química e Física* **– 9º ano**

Copyright © 2016 por editora HARBRA ltda.
Rua Joaquim Távora, 629
04015-001 – São Paulo – SP
Tel.: (0.xx.11) 5084-2482. Fax: (0.xx.11) 5575-6876

Todos os direitos reservados. Nenhuma parte desta edição pode ser utilizada ou reproduzida – em qualquer meio ou forma, seja mecânico ou eletrônico, fotocópia, gravação etc. – nem apropriada ou estocada em sistema de banco de dados, sem a expressa autorização da editora.

ISBN (coleção) 978-85-294-0471-4

ISBN 978-85-294-0475-2

Impresso no Brasil   *Printed in Brazil*

Apresentação

Olhe os beija-flores no quintal, apanhando pedaços de mamão que caíram na grama. E aqueles saguis disputando pedaços de banana, você os está vendo? Também tentam sobreviver ao procurar e encontrar o alimento necessário às suas vidas e à dos seus filhotes. Percebeu que existe uma harmonia entre esses dois animais e o ambiente em que vivem? Será que é assim em outros lugares do nosso planeta? Será que nos outros continentes também existe essa harmonia entre plantas, animais, microrganismos e o ambiente físico em que vivem, ou seja, as rochas, o ar, a água, a luz e outros componentes do meio? Será que os modernos meios de comunicação e de transporte, ou seja, os celulares, os *ipads*, os *tablets*, os possantes automóveis, aviões e navios que as pessoas utilizam ainda ajudam a manter a harmonia entre os seres vivos e o meio em que vivem? E quanto aos modos de os seres vivos se manterem com vida, será que ainda são os mesmos? Quer dizer, a fotossíntese, a respiração, a circulação do sangue e das seivas das plantas, a reprodução dos seres vivos, será que ainda continuam iguais ao que existia no passado? Será que os tais gases de estufa e o tal do aquecimento global, assuntos muito comentados atualmente, colocarão mesmo em risco a sobrevivência em nosso planeta?

Todas essas perguntas e observações devem, necessariamente, fazer parte de uma coleção dedicada ao Ensino Fundamental. Precisamos de estudantes participativos, opinativos, que contribuam para a compreensão do que se passa nos dias de hoje nos diversos ambientes do planeta Terra, ou seja, da nossa biosfera.

Oferecer aos estudantes do Ensino Fundamental uma coleção de Ciências contendo não apenas os conteúdos necessários para o aprendizado, mas, também e principalmente, contextualizar, contribuir para que percebam a importância do aprendizado em sua vida diária é nosso objetivo. A meta é formar futuros cidadãos participativos, que compreendam a importância das Ciências para a sua vida e para o futuro do planeta. É o que pretendemos com a presente coleção. Tudo isso, sem esquecer as constantes atualizações tecnológicas que são frequentemente contempladas ao longo de toda a obra, utilizando uma linguagem adequada à faixa etária a que se destina.

Nós, professores, precisamos levar em conta a opinião de nossos alunos. E esse é um dos importantes diferenciais da presente obra – contar com a participação dos estudantes. Esse foi o desejo da editora HARBRA e dos autores, também professores, ao lançar a presente coleção de **Ciências** destinada aos alunos do Ensino Fundamental de nosso país.

Os autores

Conteúdo

Unidade 1
O MUNDO DA FÍSICA e da Química — 11

capítulo 1
A nanociência e a nanotecnologia — 12

Há muito espaço lá embaixo 13
Aplicações da nanotecnologia na
   natureza e no mundo 18
A Física e a Química 22
   As divisões da Física e da Química 24
Nosso desafio 27
Atividades 28

capítulo 2
Introdução ao estudo da Física e da Química — 30

Pensamento científico e descrição
   da natureza 31
   O método científico 38
Propriedades da matéria e unidades
   de medida 40
   Densidade 46
Transformações de unidades 48
Nosso desafio 51
Atividades 51

Leitura 54
Tecnews 55

Unidade 2
ESTRUTURA E CLASSIFICAÇÃO da matéria — 57

capítulo 3
Organização da matéria — 58

Matéria e energia 59
Matéria 61
Energia 64
Estados de agregação
   da matéria 70
Mudanças de fase 75

De que é feita a matéria 77	Número de massa (A) 91
Nosso desafio *81*	Elemento químico e íons 91
Atividades *82*	Isótopos, isóbaros e isótonos 92
	Tabela periódica dos elementos 92
	Grupos ou famílias 94
	Nosso desafio *99*
	Atividades *100*
	Leitura 102
	Tecnews 103

capítulo 4 — Estrutura atômica da matéria — 84

Os modelos atômicos ao longo
   da história 85
   O modelo de átomo
   de John Dalton 85
   O modelo de Thomson 86
   O modelo de Rutherford 86
   Núcleo, prótons e elétrons 87
   O modelo de Bohr 88
   O modelo atômico atual 88
Propriedades dos átomos 90
   Número atômico (Z) 90

Unidade 3 — SUBSTÂNCIAS E LIGAÇÕES químicas — 105

capítulo 5 — Substâncias e misturas — 106

Métodos de separação 107
Substâncias puras e misturas 108
Processos de separação dos
   componentes de uma mistura
   e suas aplicações 113
   Filtração 113
   Catação 114
   Peneiração
   (tamisação) 115

Levigação 115
Ventilação 115
Separação magnética ou
imantação 116
Flotação
(sedimentação fracionada) 116
Dissolução fracionada 116
Decantação 117
Centrifugação 118
Evaporação 119
Destilação simples 119
Destilação fracionada 120
Cromatografia 121
Nosso desafio 123
Atividades 124

capítulo 6 — Ligações químicas — 127

As ligações entre os átomos 128
  Distribuição dos elétrons ao redor
  do núcleo 128
As ligações iônicas ou eletrostáticas 130
  Propriedades dos compostos iônicos ... 132
As ligações covalentes ou moleculares ... 134
As ligações metálicas 137
Nosso desafio 139
Atividades 140
Leitura 142
Tecnews 143

Unidade 4 — FUNÇÕES E REAÇÕES químicas — 145

capítulo 7 — Funções químicas — 146

Ácidos 147
  Classificação e nomenclatura
  dos ácidos 148
Bases 151
  Classificação e nomenclatura
  das bases 152
Sais 155
  Nomenclatura dos sais 155
Óxidos 158
Nomenclatura
  dos óxidos 158
Nosso desafio 161
Atividades 162

capítulo 8 — Reações químicas — 165

Representação das reações químicas 167
  Balanceamento das equações químicas . 168
Leis que regem as reações químicas 169
  Lei da conservação da massa 170

Lei das proporções constantes 171
Classificação das reações químicas......... 174
    Reações de síntese 174
    Reações de decomposição 174
    Reações de simples troca 174
    Reações de dupla troca 175
Reações químicas na natureza 178
Nosso desafio 180
Atividades 180
Leitura 182
Tecnews 183

Unidade 5 — ESTUDO DOS movimentos 185

Capítulo 9 — Descrevendo movimentos (Cinemática) 186

Movimento e referencial 189
Velocidade média 194
Velocidade instantânea 197
Grandezas escalares e vetoriais 198
Aceleração média.................................... 201
Nosso desafio 203
Atividades 204

Capítulo 10 — As forças e o movimento 206

Inércia e a primeira lei de Newton 207
    Galileu e o método científico 207
    Conceito de inércia 209
    Conceito de força 210
    As ideias de Newton 213
Alterando movimentos – segunda lei de Newton 216
Queda dos corpos 217
Ação e reação – terceira lei de Newton 220
    Jogo de tênis e a ação e reação 222
    Futebol e a ação e reação 223
    Corpo em queda e a ação e reação 224
Nosso desafio 226
Atividades 227

Capítulo 11 — A energia dos movimentos 229

Energia e sociedade 230
    Transformação da energia 234
Energia mecânica 238
    Princípio da Conservação da Energia ... 241
Trabalho, potência e energia 242
Nosso desafio 246
Atividades 247
Leitura 250
Tecnews 251

Unidade 6
Som e luz — 253

capítulo 12 — Ondas e som — 254

- Ondas 255
  - Onda que se propaga em uma só direção 256
  - Características de uma onda 256
- Ondas sonoras 260
  - Ondas sonoras e audição 261
  - Características das ondas sonoras 263
- Reflexão de ondas 266
- *Nosso desafio* 270
- *Atividades* 271

capítulo 13 — Luz e imagem — 272

- A natureza da luz 273
  - A luz como onda 274
- Fenômenos ópticos 276
  - Reflexão da luz 276
  - Refração da luz 278
  - Absorção da luz 280
- O espectro eletromagnético 281
- Formação de imagens 282
  - Espelhos planos 282
  - Lentes 285
  - Câmaras fotográficas 287
  - Microscópios ópticos 289
  - Telescópios e lunetas 289
- *Nosso desafio* 290
- *Atividades* 291
- **Leitura** 292
- **Tecnews** 293

Unidade 7
CALOR E temperatura — 295

capítulo 14 — Termometria — 296

- Medidas de temperatura 297
  - Termômetro de mercúrio 297
  - Termômetro a álcool 299
- Escalas termométricas 299
- *Nosso desafio* 303
- *Atividades* 303

capítulo 15 — Calor — 305

A natureza do calor 306
Efeitos do calor em substâncias
   e objetos 308
     Mudança de temperatura 308
     Mudança de fase 310
     Dilatação térmica 312
Energia transitando na forma de calor 313
     O fenômeno da irradiação 313
     O fenômeno da condução 315
     O fenômeno da convecção 316
Nosso desafio 318
Atividades 319
Leitura 320
Tecnews 321

Unidade 8 — ELETRICIDADE E magnetismo — 323

capítulo 16 — Cargas, corrente elétrica e magnetismo — 324

Princípios fundamentais
   da eletricidade 325
     Condutores e isolantes 326
     Processos de eletrização 328
     A medida da carga elétrica 333
Corrente elétrica e circuitos elétricos 333
     Diferença de potencial (ddp) 335
     Resistência elétrica 336
Potência elétrica 337
Efeito Joule 338
Magnetismo 339
     Polos de um ímã 340
Eletromagnetismo 341
     Indução eletromagnética 343
Nosso desafio 347
Atividades 348
Leitura 350
Tecnews 351
Bibliografia 352

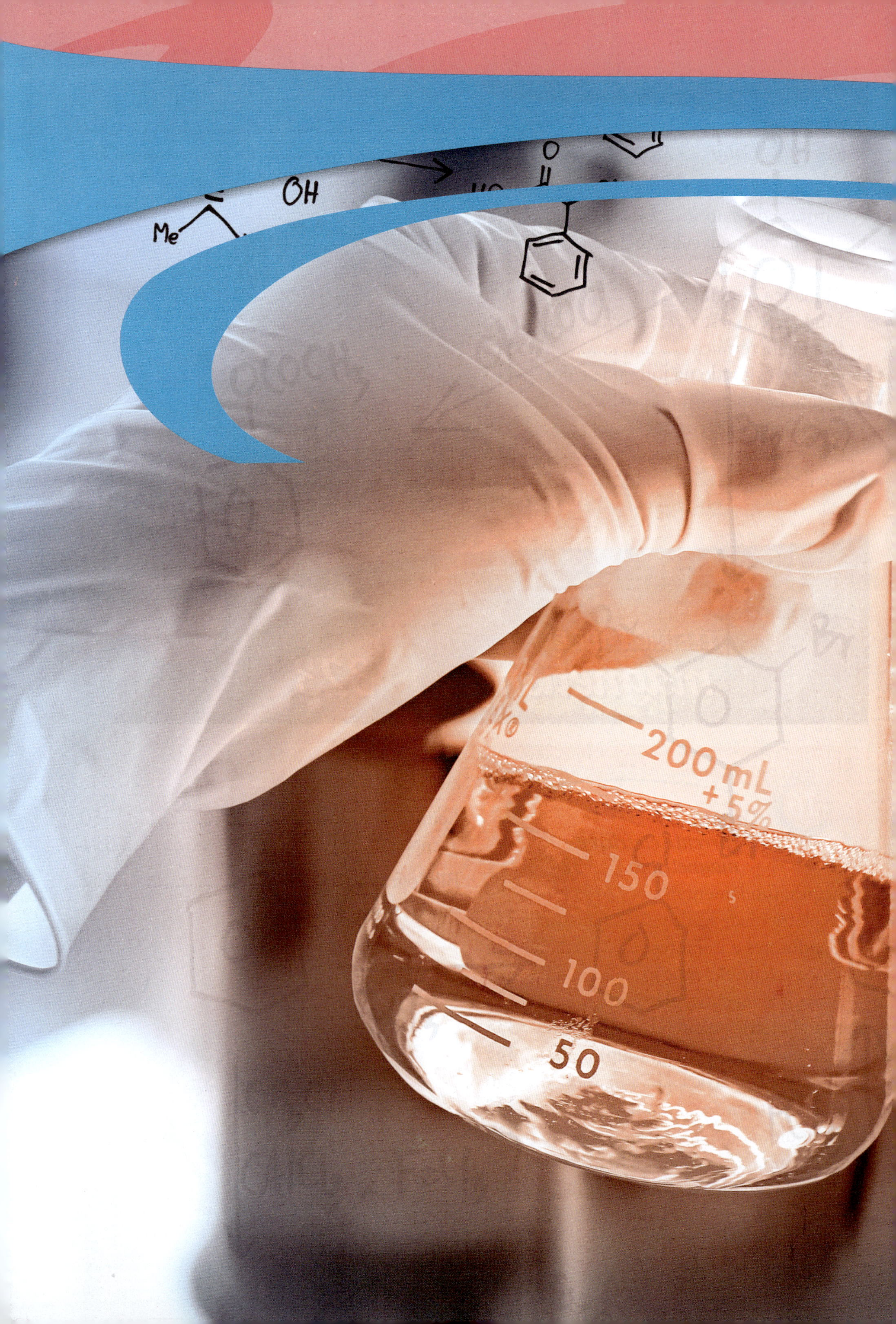
OH
Me
200 mL
+5%
150
100
50

Unidade 1

O MUNDO DA FÍSICA e da Química

Nessa unidade, vamos compreender o funcionamento dos computadores, viajar ao mundo do muito pequeno, ao mundo da nanotecnologia. Apresentando e discutindo diversas aplicações, vamos descobrir a Física e a Química como áreas do conhecimento imprescindíveis para o desenvolvimento do universo nano.

Vamos entender o que a Física e a Química estudam, e como estudam, conhecer os métodos de investigação e descrição da natureza. Por fim, apresentaremos algumas grandezas e unidades utilizadas por ambas as áreas.

A nanociência e a nanotecnologia

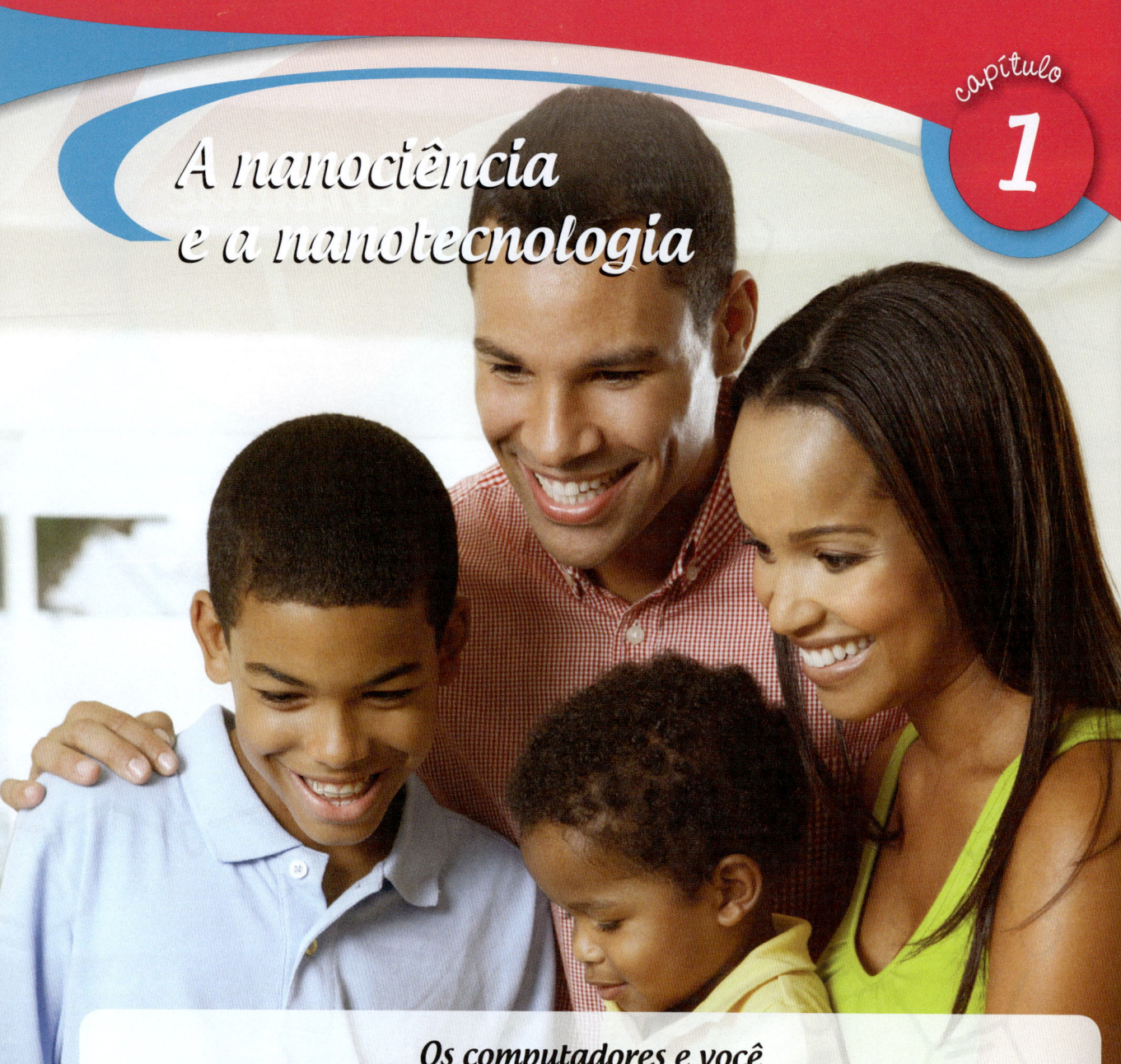

capítulo 1

Os computadores e você

Qual é sua primeira lembrança do contato com algum tipo de computador? Eles fazem parte de nossa sociedade e estão inseridos nos mais diversos contextos. Você consegue imaginar como seria seu cotidiano sem eles? Gerações anteriores a sua possivelmente tenham lembranças de um mundo no qual os computadores pessoais não existiam (ou ainda eram extremamente caros). A influência da computação em nossa vida não se limita apenas aos equipamentos pessoais, *notebooks* ou *tablets*.

Muitas vezes os computadores não são protagonistas da cena, mas estão lá! Abrindo portas, acendendo as luzes automaticamente, controlando semáforos, ajustando a imagem da TV, monitorando a segurança dos carros, garantindo o voo dos aviões, levando pessoas para cima e para baixo nos elevadores e escadas rolantes, enfim... são diversas as aplicações dos dispositivos computacionais.

Mas como os computadores fazem isso? Como processam a informação? Como evoluíram desde sua invenção até hoje? Neste capítulo, vamos investigar essas perguntas e, na busca por respostas, seremos levados ao mundo da miniaturização e das invenções feitas a partir da manipulação de átomos e moléculas... o mundo da nanotecnologia!

MONKEY BUSINESS IMAGES/SHUTTERSTOCK

Há muito espaço lá embaixo

Iniciaremos nossa jornada de estudos entendendo como funcionam os computadores. Para isso, vamos fazer uma analogia entre o tipo de processamento da informação que ocorre no interior do computador e um simples jogo de adivinhação de palavras. Esse jogo consiste no seguinte: uma pessoa de um grupo de participantes pensa em um nome de fruta sem contar aos outros. Os demais precisam, um de cada vez, tentar adivinhar que fruta foi pensada e a pessoa que sabe a resposta só pode responder sim ou não.

Um grupo de 15 pessoas que experimentasse o jogo possivelmente acertaria a fruta pensada dentro de alguns minutos. Vamos comparar esse tempo com outra situação na qual quatro pessoas pensaram na mesma fruta e as outras 11 tentam adivinhar. Você acha que agora o tempo, em média, para acertar que fruta foi pensada será maior, menor ou igual? O que mudou entre a primeira e a segunda situação?

No primeiro caso, temos apenas um "processador de informação", que é a pessoa que pensou na fruta. Ela analisa uma informação de cada vez. Já no segundo caso, temos quatro "processadores de informação". As quatro pessoas podem analisar quatro tentativas de resposta ao mesmo tempo. Sendo assim, a fruta pensada será descoberta mais rapidamente.

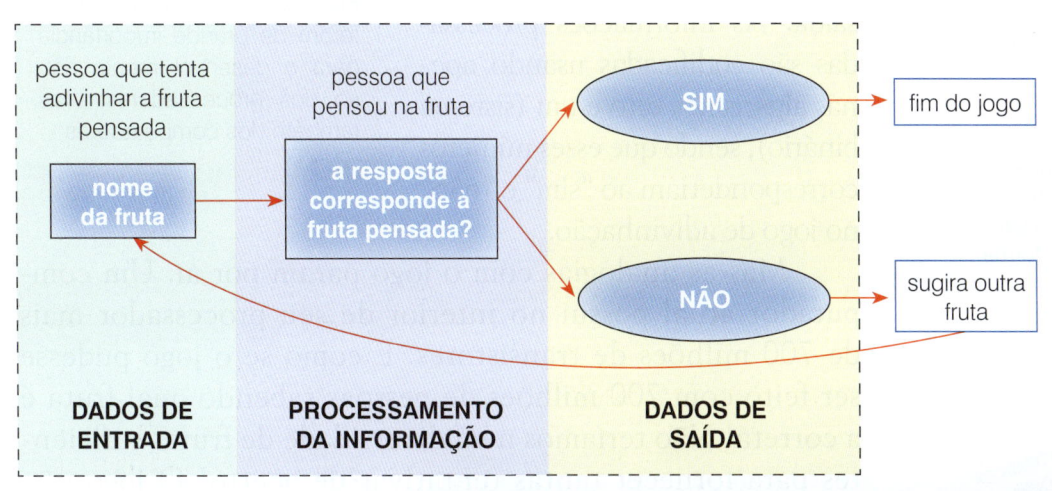

Mas o que tudo isso tem a ver com o funcionamento de um computador? Um computador funciona recebendo dados externos, processando esses dados e retornando uma ação. Por exemplo, quando digitamos uma palavra, esse é o dado de entrada. O computador processa a informação e o dado de saída é a palavra na tela.

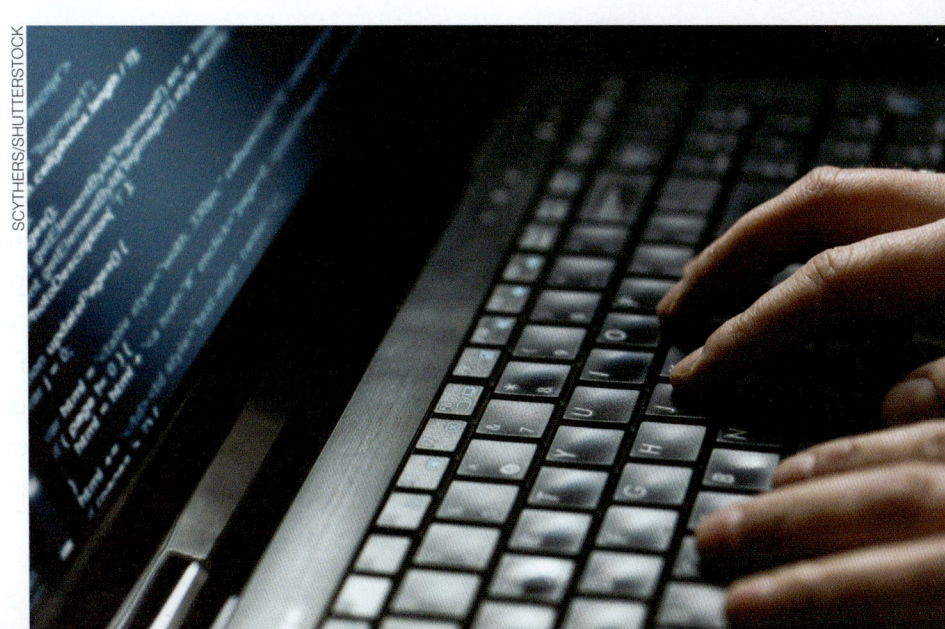

Placa no interior de um computador mostrando o processador.

Diferentes tipos de transistores. Desde sua descoberta, os transistores tiveram seu tamanho reduzido de forma bastante significativa.

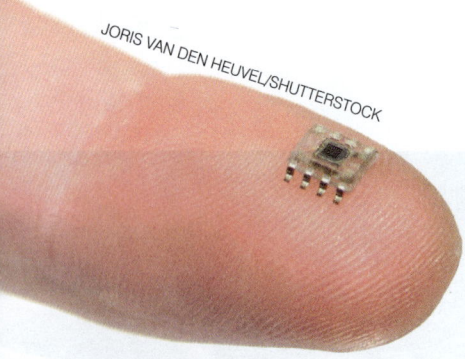

Os transistores utilizados nos computadores são extremamente pequenos, podendo ter tamanhos da ordem do milionésimo do metro.

Enquanto no jogo é uma pessoa que processa a informação, em um computador é o **processador** que cumpre esse papel. Você já ouviu falar sobre os processadores de computador? Quando se busca informação sobre um computador, é comum falar sobre o tipo e a velocidade do processador. Esse é um dos parâmetros que se deve levar em consideração ao escolher um computador. Mas como funcionam os processadores?

Criados no início da década de 70, os processadores são o "cérebro" dos computadores e são compostos de outros dispositivos chamados **transistores**.

Retomando a analogia com nosso jogo de adivinhar a fruta, um transistor funciona como se fosse a pessoa que pensou na fruta. Dependendo do sinal elétrico de entrada, ele permite ou não a passagem de um sinal de saída. As informações processadas são codificadas usando apenas algarismos zero e um (sistema binário), sendo que esses números corresponderiam ao "sim" e "não" no jogo de adivinhação.

> **Transistor:** componente eletrônico que, dependendo das condições de voltagem sob a qual é ligado, permite ou não a passagem de um sinal elétrico. Foi inventado em 1947 pelos físicos estadunidenses John Bardeen (1908-1991) e Walter Houser Brattain (1902-1987). Pela descoberta, ambos receberam o prêmio Nobel de Física de 1956. Os transistores foram de grande importância para o desenvolvimento não só dos processadores, mas também dos computadores.

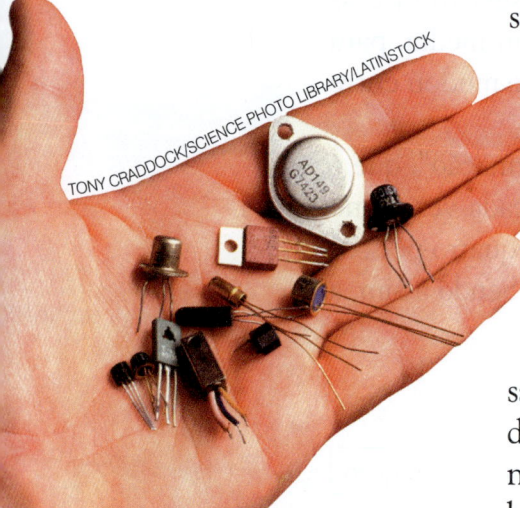

Mas as analogias com o jogo param por aí. Um computador atual possui no interior de seu processador mais de 700 milhões de transistores. É como se o jogo pudesse ser feito com 700 milhões de pessoas sabendo qual fruta é a correta! Não teríamos nem diversidade de frutas suficientes para fornecer tantas tentativas de acerto! O jogo não teria mais graça.

Como você deve imaginar, para que tamanha quantidade de transistores seja colocada no interior de um processador que tem alguns centímetros de tamanho, eles devem ser muito pequenos.

De fato, eles são! Mas nem sempre foi assim. Desde sua criação até hoje, o tamanho típico dos transistores utilizados em processadores reduziu mais de 1.000 vezes. O processo de redução de tamanho se iniciou na década de 70 e não parou mais. Dentre os vários países que contribuíram com pesquisas na área, destacam-se os japoneses, que fizeram grandes contribuições na área, pois já desenvolviam projetos de minia-

CAPÍTULO 1 • A nanociência e a nanotecnologia 15

turização de outros componentes eletrônicos desde o fim da Segunda Guerra Mundial.

É nesse contexto da busca por dispositivos cada vez menores que surge uma das áreas de estudo aplicado mais abrangentes da atualidade – a **nanotecnologia**. Você já leu ou ouviu falar sobre isso?

Para compreender melhor do que trata a nanotecnologia, vamos analisar o termo "nano". Nano refere-se à dimensão da qual se ocupa a nanotecnologia: 1 nm (um nanômetro) corresponde a bilionésima parte do metro. Difícil de imaginar? O infográfico a seguir ajudará a ter uma melhor noção do quão pequeno é o mundo da nanotecnologia.

> **Descubra você mesmo!**
>
> Pesquise com seus pais, avós ou pessoas mais velhas quais são as lembranças de quando os computadores não eram tão comuns nas residências e no cotidiano. Quais eram as formas de se comunicar com amigos e parentes há 15 ou 30 anos?

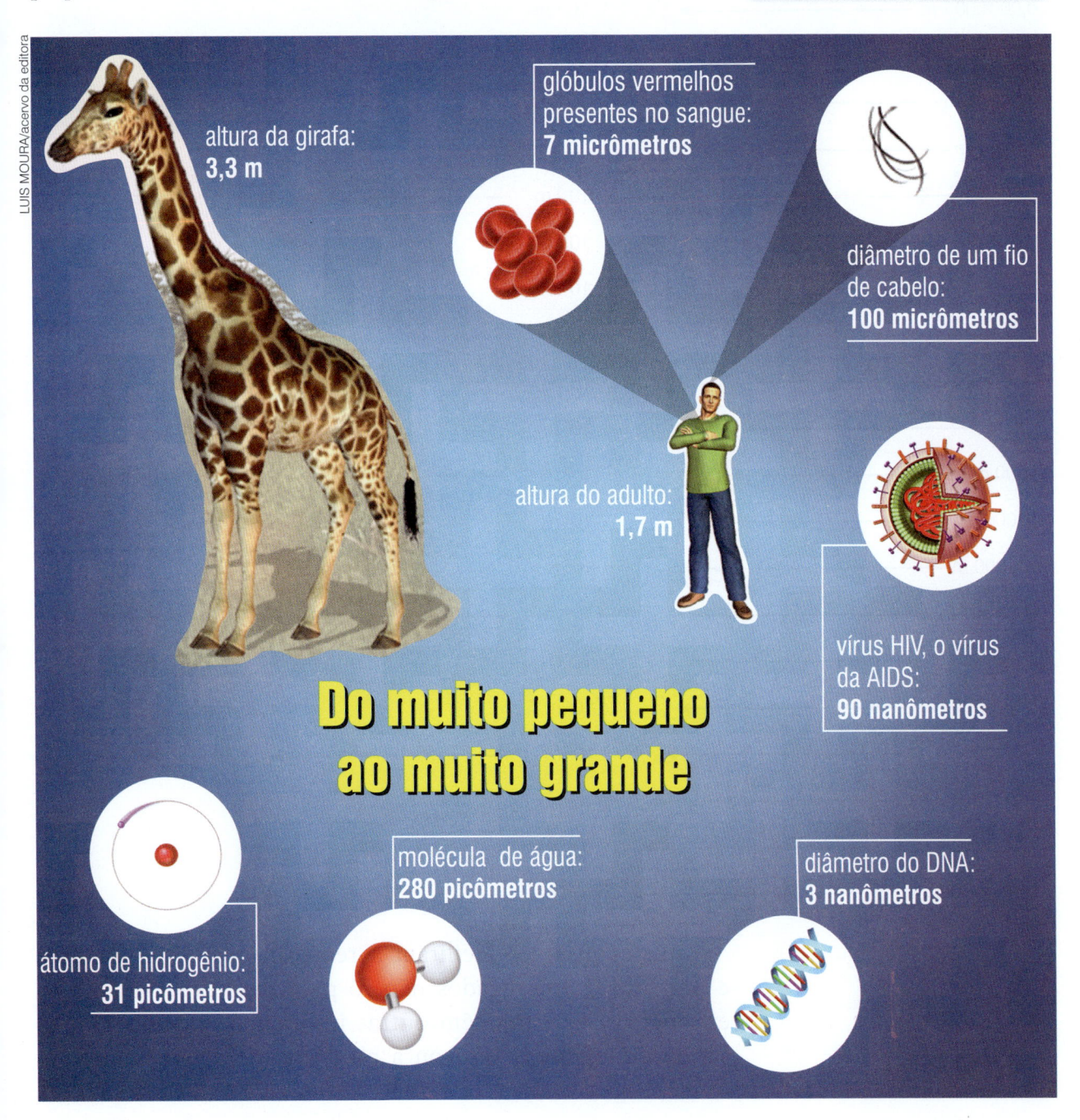

Do muito pequeno ao muito grande

- altura da girafa: 3,3 m
- glóbulos vermelhos presentes no sangue: 7 micrômetros
- diâmetro de um fio de cabelo: 100 micrômetros
- altura do adulto: 1,7 m
- vírus HIV, o vírus da AIDS: 90 nanômetros
- átomo de hidrogênio: 31 picômetros
- molécula de água: 280 picômetros
- diâmetro do DNA: 3 nanômetros

LUIS MOURA/acervo da editora

No infográfico, utilizamos alguns termos para descrever certas medidas, como micrômetro, picômetro e nanômetro. Veja a seguir uma tabela com esses e outros termos:

Múltiplos e submúltiplos do metro e seus símbolos		
0,000 000 000 001 m →	10^{-12} m →	1 pm (1 picômetro)
0,000 000 000 01 m →	10^{-11} m	
0,000 000 000 1 m →	10^{-10} m	
0,000 000 001 m →	10^{-9} m →	1 nm (1 nanômetro)
0,000 000 01 m →	10^{-8} m	
0,000 000 1 m →	10^{-7} m	
0,000 001 m →	10^{-6} m →	1 μm (1 micrômetro)
0,000 01 m →	10^{-5} m	
0,000 1 m →	10^{-4} m	
0,001 m →	10^{-3} m →	1 mm (1 milímetro)
0,01 m →	10^{-2} m	
0,1 m →	10^{-1} m	
1 m →	10^{0} m	
10 m →	10^{1} m	
100 m →	10^{2} m	
1 000 m →	10^{3} m →	1 km (1 quilômetro)
10 000 m →	10^{4} m	
100 000 m →	10^{5} m	
1 000 000 m →	10^{6} m →	1 Mm (1 megâmetro)
10 000 000 m →	10^{7} m	
100 000 000 m →	10^{8} m	
1 000 000 000 m →	10^{9} m →	1 Gm (1 gigâmetro)
10 000 000 000 m →	10^{10} m	
100 000 000 000 m →	10^{11} m	
1 000 000 000 000 m →	10^{12} m	

Esses prefixos facilitam a representação dos números e podem ser empregados não só para descrever tamanhos, em metros, mas também outras informações, como a massa em quilogramas (kg) ou a produção de eletricidade, em MW (megawatts).

É SEMPRE BOM SABER MAIS!

Ordem de grandeza

Cada uma das potências de 10 da tabela representa o que chamamos de uma **ordem de grandeza**. A ordem de grandeza é a potência de 10 mais próxima da medida que se deseja representar. Para exemplificar, pense e procure responder: qual é a ordem de grandeza da altura de uma pessoa de 1,74 m?

A altura da pessoa está mais próxima de 10^0 ($10^0 = 1$) do que de 10^1 ($10^1 = 10$). Assim, dizemos que a ordem de grandeza da altura é 10^0 m.

A ordem de grandeza da altura de um dos maiores prédios do Brasil, o edifício Mirante do Vale, em São Paulo, com 170 m, é 10^2 m = 100 m.

A nanociência e a nanotecnologia são ramos do conhecimento científico correlatos. Ambas têm como objeto de estudo o mundo em escalas de tamanhos muito pequenos, de dimensões atômicas. Enquanto a primeira trata do estudo e descrição dos diversos fenômenos que ocorrem nessa escala, a segunda trata das aplicações que decorrem desse estudo.

Um marco no desenvolvimento da nanotecnologia foi a palestra visionária apresentada pelo físico estadunidense Richard Feynman (1918-1988) em 1959. Enquanto muitos ainda nem sonhavam com as possibilidades tecnológicas em pequenas escalas, Feynman dizia na noite do dia 29 de dezembro: "Eu gostaria de descrever um campo no qual pouco se tem feito, mas que muito pode ser conseguido em princípio. O que eu quero falar é sobre o problema da manipulação e controle de coisas em pequenas escalas".

Alguns dos ouvintes achavam que ele se referia aos processos de miniaturização das coisas, mas Feynman falava sobre ir além – ele apontava para a possibilidade de construir coisas manipulando os próprios átomos. Nas palavras dele,

> Eu estimei quantas letras existem na Enciclopédia (...), e calculei, então, (...) que toda a informação que o homem cuidadosamente acumulou em todos os livros do mundo pode ser escrita desta forma em um cubo de material com um ducentésimo de polegada de largura – que é a menor partícula de poeira que pode ser distinguida pelo olho humano. Assim, há muito espaço lá embaixo! (...)

Descubra você mesmo!

Polegada é uma unidade de comprimento ainda utilizada por alguns países. Pesquise o porquê desse nome e qual o valor dessa medida no sistema métrico.

Aplicações da nanotecnologia na natureza e no mundo

Nos anos que se seguiram após a palestra de Feynman, o mundo na escala dos átomos atraiu o interesse de muitos outros cientistas. Em um estudo de 1974 sobre o comportamento de camadas muito finas de certa substância colocada sobre um material com propriedades elétricas, o pesquisador japonês Norio Taniguchi (1912-1999) foi um dos primeiros a utilizar o termo nanotecnologia. Atualmente, a nanotecnologia já saiu dos laboratórios e está no mercado, disponível para consumidores nas mais diversas áreas. O gráfico a seguir mostra a quantidade de produtos disponíveis ao mercado consumidor desde 2005 até 2013.

Fique por dentro!

Bancos de dados que organizam artigos de pesquisa registram mais de 9 mil textos publicados divulgando pesquisas científicas contendo ao menos uma das palavras: nanotecnologia, nanociência ou nanomaterial. Em *sites* de busca não especializados, encontramos da ordem de 1 milhão de resultados.

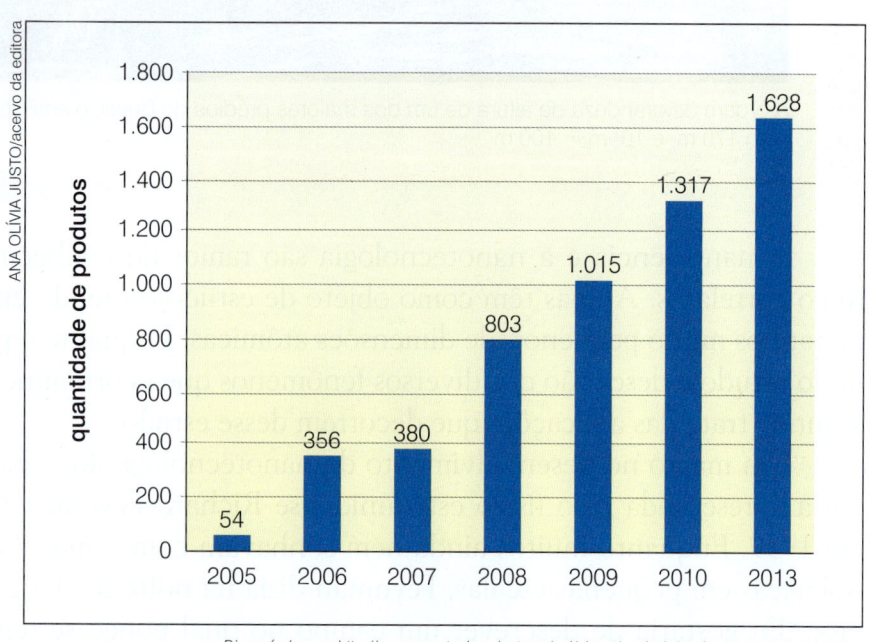

ANA OLIVIA JUSTO/acervo da editora

quantidade de produtos

Ano	Quantidade
2005	54
2006	356
2007	380
2008	803
2009	1.015
2010	1.317
2013	1.628

Disponível em: <http://www.nanotechproject.org/cpi/about/analysis/>. Acesso em: 24 jul. 2014.

Em outubro de 2013, 1.628 produtos foram listados como contendo aplicações nanotecnológicas.

CAPÍTULO 1 • A nanociência e a nanotecnologia

A nanotecnologia está presente em alguns cosméticos, pigmentos de tinta, baterias de celular, tecido de roupas, estruturas automotivas, iluminação, entre outras aplicações.

Veja, na tabela abaixo, o emprego da nanotecnologia em diferentes setores da economia.

Setores da economia em que a nanotecnologia é empregada na produção

Setor	Tipo de produto/observações
Energia	Sistemas fotovoltaicos; células solares; baterias; pás para geradores eólicos.
Iluminação	LEDs para iluminação pública, domiciliar e automobilística.
Automobilístico	Pinturas especiais (que não podem ser riscadas, autolimpantes); catalisadores para conversores catalíticos para gases de escapamento; sistemas eletroeletrônicos para veículos automotores; tecidos antibacterianos.
Esportes	Raquetes de tênis; roupas esportivas antitranspirantes e antibactericidas; calçados para esportes; quadros para bicicletas; tacos de golfe; luvas para esportes.
Tecidos	Tecidos resistentes a sujidades; tecidos antibactericidas; tecidos técnicos e não tecidos.
Embalagens	Embalagens com propriedades de barreira (umidade, gases); embalagens inteligentes, sensíveis a gases de decomposição de alimentos; recipientes bactericidas para guardar alimentos perecíveis.

Adaptado de: ABDI. *Cartilha sobre Nanotecnologia*. Brasília/Campinas: ABDI/Unicamp, 2010. p. 27. *Disponível em:* <http://lqes.iqm.unicamp.br/images/publicacoes_teses_livros_resumo_cartilha_abdi.pdf>.
Acesso em: 4 fev. 2014.

ESTABELECENDO CONEXÕES

Saúde

Dentre as várias conexões da nanotecnologia com outras áreas, a aplicação dessa tecnologia em Medicina é uma das que pode apresentar maior impacto sobre nossas vidas, em especial, nossa saúde. Conheça no artigo a seguir, algumas dessas possibilidades.

Nanotecnologia: a revolução começa aqui

Para quem nunca ouviu falar pode soar estranho, mas existem cremes antirrugas, com minúsculas cápsulas de vitamina A, que camuflam marcas de expressão; calças que depilam as pernas; peças de roupas que vêm com hidratante; uniformes de exército com sensores eletrônicos à prova de balas e capazes de estancar hemorragias. (...)

As possibilidades da nanotecnologia são imensas porque os átomos, quando na escala nanométrica, mostram características específicas como maior tolerância à temperatura, condutividade elétrica e força além do esperado. As partículas são milhares de vezes menores que um fio de cabelo, mas podem apresentar a resistência do aço. (...)

No campo da saúde, a chamada nanomedicina é considerada por muitos especialistas como o grande trunfo para o futuro: as expectativas são as maiores chances de identificar e destruir células doentes ou regenerar tecidos destruídos.

Os nanorrobôs atuariam dentro do corpo, introduzidos por via oral ou intravenosa. Sua função seria buscar células tumorais ou infectadas por vírus e destruí-las. Esse "nanoexército" poderia também exercer a função dos medicamentos convencionais: as nanopartículas potencializariam os processos químicos dos medicamentos, isso porque atuariam direto na lesão ou na célula doente. (...)

SBIB. *Nanotecnologia:* a revolução começa aqui. *Disponível em:* <http://www.einstein.br/einstein-saude/tecnologia-e-inovacao/Paginas/nanotecnologia.aspx>. *Acesso em:* 10 maio 2014.

➢ Você já leu ou ouviu algum tipo de informação que indicasse a presença da nanotecnologia em materiais ou produtos? Pergunte isso aos seus familiares e amigos.

A descoberta, na década de 1980, de moléculas com 60 átomos de carbono, os chamados fulerenos, foi mais um importante passo nas aplicações da nanotecnologia em medicina.

Essas moléculas reagem facilmente com radicais livres, entre outras reações termoquímicas, o que as torna promissoras em aplicações biomédicas, de inibição enzimática e de fotoclivagem do DNA, por exemplo.

A nanotecnologia não está presente apenas naquilo que foi produzido depois da década de 1950. A natureza e a própria história da humanidade estão repletas de exemplos de fenômenos e processos em escalas diminutas, como, por exemplo, o mecanismo de adesão de alguns seres vivos, como a lagartixa, cujas patas aderem na parede podendo suportar até 20 vezes seu peso. Tentando entender como besouros, moscas, aranhas e lagartixas andavam sobre superfícies lisas, como o vidro, sem cair, cientistas da Alemanha descobriram que há uma relação entre a massa corporal e o tamanho das estruturas biológicas nas patas.

CAPÍTULO 1 • A nanociência e a nanotecnologia

Estrutura das patas de (a) besouro, (b) mosca doméstica e (c) lagartixa, vistas ao microscópio eletrônico.

Concluíram que quanto mais pesada é a criatura, mais finas são as estruturas que fazem contato com a superfície. No caso das lagartixas, elas possuem uma espécie de nanocabelos nas ventosas de suas patas que têm cerca de 200 nm de diâmetro. Esse conhecimento tem ajudado engenheiros a desenvolver superadesivos, que buscam reproduzir artificialmente esse mecanismo natural.

Detalhe das patas de lagartixa.

DE OLHO NO PLANETA

Ética & Cidadania

Os impactos da nanotecnologia no meio ambiente

O rápido desenvolvimento de técnicas para manipulação de materiais e substâncias em níveis atômicos e moleculares pode ter impactos significativos no meio ambiente. O trecho do artigo a seguir trata desse delicado assunto.

(...) Ainda é bastante incipiente a discussão sobre os aspectos negativos da nanotecnologia no meio ambiente. Porém, na metade do mês de março, numa reunião realizada na *US Environmental Protection Agency* (EPA), órgão do governo dos Estados Unidos para a proteção do meio ambiente, pesquisadores relataram que foram encontradas nanopartículas no fígado de animais usados em pesquisas. Segundo a EPA, elas podem vazar em células vivas e, talvez, entrar na cadeia alimentar por meio de bactérias.

Os cientistas reclamam que o uso comercial do carbono em escala nanométrica não possui regulamentações, ou um corpo de leis para supervisionar essa nova tecnologia. Mesmo sem esse cuidado, empresas já estão produzindo toneladas de nanomateriais para que sejam usados como catalisadores, em cosméticos, tintas, revestimentos e tecidos. Outro agravante apontado por eles é o fato de que alguns materiais são compostos familiares que nunca foram comercializados, enquanto outros materiais são produzidos a partir de elementos atomicamente modificados que não existem na natureza. Portanto, seus efeitos negativos são ainda desconhecidos pelos cientistas. Por exemplo, algumas das novas formas de carbono, como nanotubos, estão sendo produzidas pela primeira vez.

NANI, Sara. *Vantagens e riscos da nanotecnologia ao meio ambiente*. SBPC, 2002. Disponível em: <http://www.comciencia.br/reportagens/nanotecnologia/nano04.htm>. Acesso em: 10 fev. 2014.

> ➢ Conforme mostra o texto, é evidente que a nanotecnologia apresenta certo impacto ambiental. Em sua opinião, como seria possível conciliar o desenvolvimento da nanotecnologia sem colocar em risco o meio ambiente? Discuta essas questões com seus colegas.

■ A Física e a Química

Agora que já temos algumas informações do que é e do que trata a nanotecnologia, será que você saberia dizer que tipo de formação têm os profissionais que atuam nessas inúmeras pesquisas e exemplos citados?

As pesquisas em nanociência/nanotecnologia encontram desdobramentos em diversas áreas, como Medicina, Biotecnologia e diversas Engenharias, como a química, de materiais, civil, entre outras. Portanto, há uma diversidade muito grande de profissionais que podem vir a contribuir com as pesquisas. Há, no entanto, duas áreas do conhecimento que são particularmente importantes para a nanotecnologia:

a Física e a Química. Podemos também citar a Biologia, ciência que estuda a grande diversidade de seres vivos e suas interações entre eles e com a natureza, temas já explorados em seus estudos. Mas você sabe o que a Física e a Química estudam? Quais são suas diferenças e semelhanças?

A origem da Química tem relação com os alquimistas da Idade Média. Dentre as ideias dos alquimistas, estava a de criar poções capazes de curar todo o tipo de doenças e prolongar a vida. Acreditavam na existência de uma matéria ou estado de material fundamental a partir do qual seria possível gerar toda a complexidade de substâncias presentes na natureza. Com o desenvolvimento científico, as ideias dos alquimistas foram abandonadas ou mesmo tomaram outra forma de se apresentar. Hoje, a Química é a ciência que estuda as propriedades, composição e estrutura da matéria, transformações que ocorrem com substâncias em processos naturais ou tecnológicos. O desenvolvimento da Química levou a humanidade a conhecer reações entre elementos, a estrutura do átomo, ao entendimento de como ocorrem ligações entre aglomerados de átomos formando substâncias e até mesmo ao que ocorre na própria estrutura do átomo. Por essa razão, o conhecimento da Química é tão importante para a nanociência/nanotecnologia.

Alquimistas: estudiosos que buscavam compreender os elementos da natureza e a transformação de uns em outros.

A Física também tem sua origem em um passado distante, nos filósofos da natureza. Estudiosos que se preocupavam em descrever ciclos e fenômenos da natureza. Com o desenvolvimento de um conjunto de regras – o método científico – no fim da Idade Média e a incorporação de uma linguagem matemática para descrição de fenômenos, a Física se desenvolveu e hoje descreve uma grande diversidade de fenômenos naturais, como os fenômenos térmicos, elétricos, mecânicos. As leis enunciadas pela Física são capazes de explicar situações elétricas, mecânicas, magnéticas, térmicas, entre outras. Como a manipulação da matéria em escalas atômicas pode ser descrita pelas leis da Física, ela é essencial para a nanotecnologia.

Fique por dentro!

O estudo na natureza – *phýsis*, em grego – deu origem ao nome da ciência que conhecemos hoje como Física. Já Química tem seu nome derivado do grego *chymeia*, que tem significado relacionado a fluir.

Perceba que tanto a Física quanto a Química se ocupam da descrição de fenômenos que ocorrem na natureza ou de processos tecnológicos. Uma forma de diferenciar as duas ciências é por meio dos fenômenos que cada uma se preocupa em descrever.

Nos fenômenos **físicos**, não há formação de novas substâncias; já nos fenômenos **químicos** há formação de novas substâncias.

Jogo rápido

João rasga uma folha de papel enquanto Marco queima outra folha igual. Que tipo de fenômeno ocorreu em cada caso?

Utilizando um moedor de sal, o cozinheiro tempera a água para o cozimento de um alimento.

Observe a imagem ao lado e procure identificar quais os processos químicos e físicos presentes.

O processo de moer grãos de sal em pedacinhos menores não modifica a estrutura nem cria novas substâncias, portanto é um processo físico. Já quando o sal – composto por sódio e cloro (cloreto de sódio) – é adicionado à água fervente, há a formação de novas substâncias com a dissolução do sal. Trata-se de um fenômeno químico. Pelas mesmas razões, o aquecimento da panela e da água é um fenômeno físico. Já a queima do gás para a produção do fogo é um fenômeno químico.

A reação **química** de dois líquidos incolores formou uma nova substância que se separa do líquido. Na foto, há formação de iodeto de chumbo.

Um comprimido efervescente quando colocado em água provoca uma reação química liberando certo tipo de gás.

As divisões da Física e da Química

A descrição de dado fenômeno físico pode abordar vários aspectos. Vamos utilizar como exemplo um satélite em órbita da Terra.

Podemos estudar a questão da órbita desse satélite e, para tal, descreveremos sua velocidade, aceleração, raio de sua órbita, seu período de rotação, forças gravitacionais atuantes sobre ele etc. A parte da Física que se preocupa com esses aspectos é denominada **Mecânica**.

No entanto, podemos estar interessados em entender como os sistemas computacionais desse satélite funcionam. Nesse caso, estaríamos interessados em conhecer correntes elétricas, diferenças de potencial, potência elétrica etc. A parte da Física que se destina a esse estudo chama-se **Eletricidade**.

Já se fôssemos estudar qual o efeito do campo magnético terrestre sobre o satélite, estaríamos falando de outro ramo da Física, o **Magnetismo**.

James C. Maxwell (1831-1879), matemático e físico britânico, desenvolveu uma teoria segundo a qual fenômenos elétricos e magnéticos têm uma relação de dependência muito intrínseca. Em vista disso, podemos caracterizar todos os fenômenos elétricos e magnéticos por uma área da Física que é chamada de **Eletromagnetismo**.

Por outro lado, é preciso se preocupar com as diferenças de temperatura a que o satélite estará sujeito, como acontecerá seu aquecimento ao ser iluminado pelo Sol e, caso isso não aconteça, como será seu resfriamento, como irá se dilatar nessas variações e como isso pode desgastar seus materiais constituintes. E é a **Termologia** que se ocupa da descrição de todos os fenômenos térmicos que podem afetar o satélite, sejam processos de trocas de calor com o ambiente, seja simplesmente um registro da temperatura em que o satélite irá funcionar.

Se esse satélite for projetado para observação astronômica, como o Hubble, teremos que nos preocupar com a construção e o funcionamento de espelhos e lentes. Entra em cena a **Óptica**, que estuda os fenômenos relacionados à luz.

A transmissão de informações obtidas por esse satélite é feita através de ondas de rádio (ondas eletromagnéticas). E quem se ocupa do estudo de fenômenos relacionados a oscilações, ondas em uma corda ou ondas sonoras é a **Ondulatória**.

Já a interação entre luz e matéria que ocorre nos painéis solares do satélite e algumas correções de sua órbita são descritas por uma área da Física desenvolvida a partir do início do século XX, chamada de **Física Moderna**.

Há uma grande diversidade de áreas da Física que contribuem para que um satélite, como o Hubble, seja colocado em órbita.

Assim como na Física, a Química também pode se ocupar de diversos aspectos no estudo de um fenômeno. Na indústria metalúrgica (foto ao lado), por exemplo, o estudo das propriedades das ligas metálicas assim como todos os outros estudos da matéria não orgânica é chamada de **Química Inorgânica**.

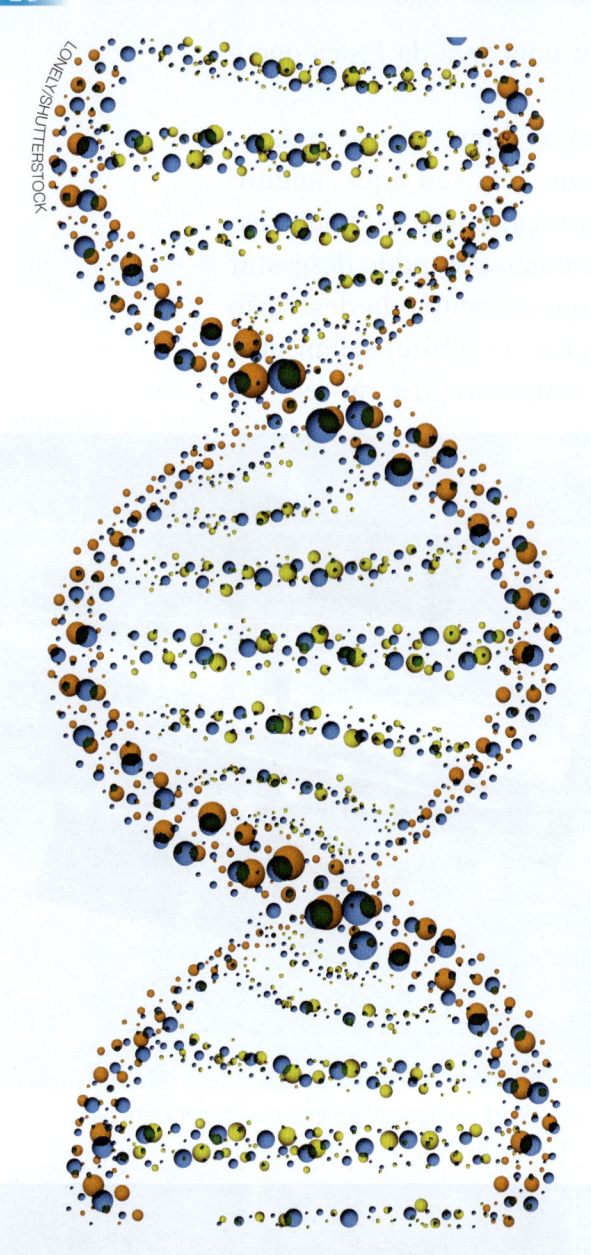

Já os estudos dos compostos orgânicos, como estruturas de plantas, plásticos e substâncias utilizadas na fabricação de alimentos, são classificados como pertencentes à **Química Orgânica**.

O estudo de reações químicas envolvendo organismos biológicos, como a proliferação de bactérias ou mesmo o estudo da estrutura do DNA é feita pela área conhecida como **Bioquímica**.

Os aspectos energéticos das reações químicas, quer em escalas macroscópicas ou em dimensões atômicas, são tema de interesse da **Físico-Química**. Já o estudo da estrutura e composição de materiais em termos de quantidades de cada substância ou espécie química é feito pela área da **Química Analítica**.

É importante ressaltar que essa divisão tem um objetivo puramente didático. Quando falamos de um fenômeno físico, é impossível pedir à natureza para exibir somente os fenômenos mecânicos e ignorar os térmicos ou qualquer outro.

A descoberta do DNA é um dos grandes méritos dos estudos em Bioquímica.

EM CONJUNTO COM A TURMA!

No início deste capítulo, falamos sobre um jogo no qual uma pessoa de um grupo pensa em uma fruta e os demais participantes devem tentar adivinhar qual fruta foi pensada.

Esse jogo foi utilizado para fazer uma analogia com a maneira como o computador funciona.

Organize um grupo de colegas para jogar conforme as seguintes regras:

- Apenas uma pessoa deve falar de cada vez para tentar adivinhar a fruta pensada.
- Aquele que pensou na fruta pode responder apenas "sim" ou "não".
- Quem acertar a fruta pensada é aquela que pensará na fruta na próxima rodada.

Após jogar algumas vezes, repita o jogo fazendo com que duas pessoas pensem em uma mesma fruta e possam responder a duas perguntas ao mesmo tempo.

Por fim, discuta com o grupo em qual modelo a resposta surgiu mais rápido e qual a relação dessa atividade com o processamento de informação de um computador.

CAPÍTULO 1 • A nanociência e a nanotecnologia

Nosso desafio

Você já preencheu, na seção "Nosso desafio" dos capítulos desta coleção, os chamados mapas de conceitos, uma ferramenta de estudo bastante prática e visual que poderá ajudar você ao longo dos estudos nos próximos capítulos. Nesse primeiro momento, apresentaremos um mapa já construído para que você possa observar e revisar alguns dos elementos estudados. Nos demais capítulos, além de observar, você também irá contribuir para a construção dos mapas de conceito.

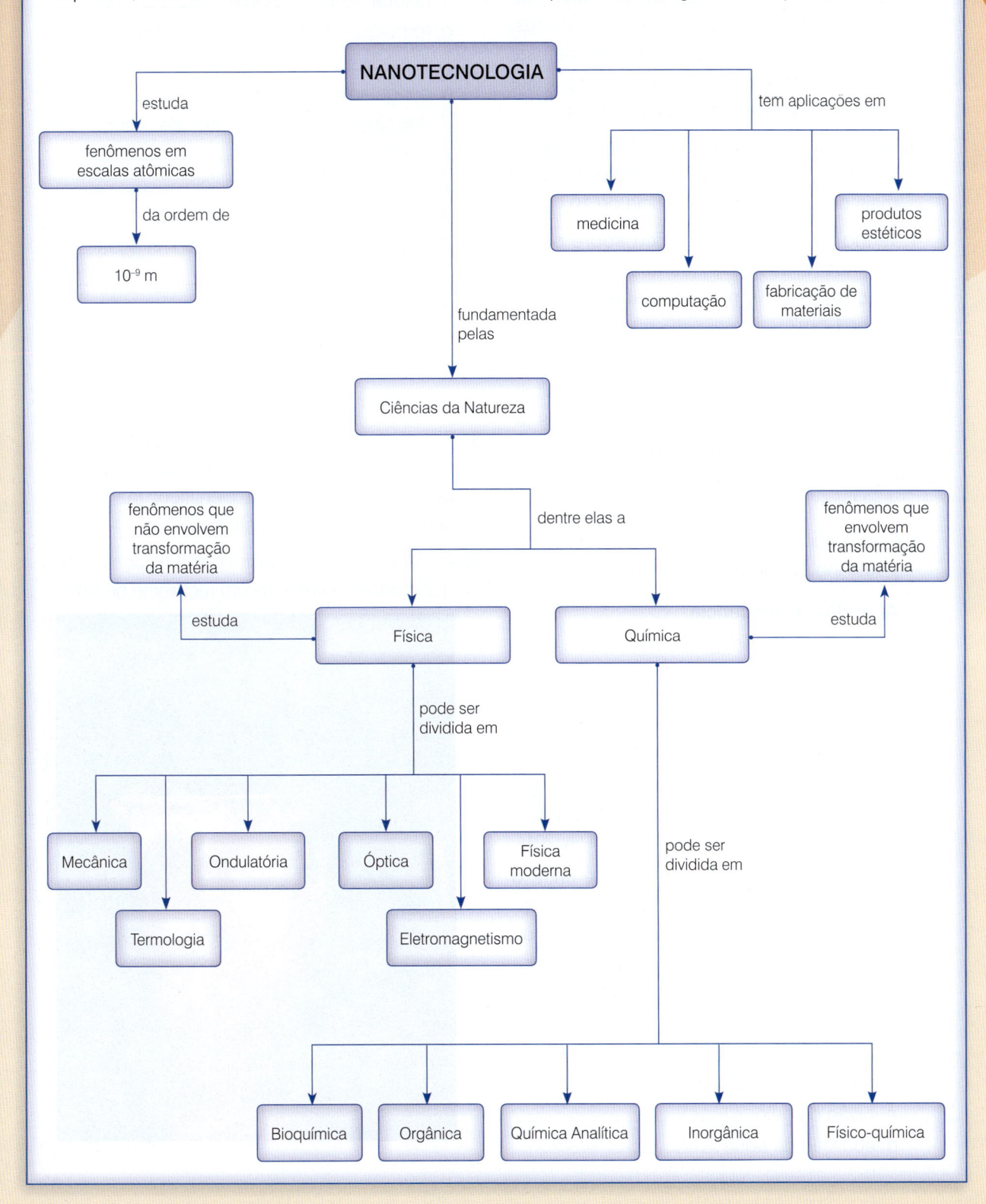

NANOTECNOLOGIA

- estuda → fenômenos em escalas atômicas → da ordem de → 10^{-9} m
- tem aplicações em → medicina, computação, fabricação de materiais, produtos estéticos
- fundamentada pelas → Ciências da Natureza
  - dentre elas a **Física** (estuda fenômenos que não envolvem transformação da matéria)
    - pode ser dividida em: Mecânica, Ondulatória, Óptica, Física moderna, Termologia, Eletromagnetismo
  - **Química** (estuda fenômenos que envolvem transformação da matéria)
    - pode ser dividida em: Bioquímica, Orgânica, Química Analítica, Inorgânica, Físico-química

Atividades

1. Por vezes foram utilizados nesse capítulo os termos nanociência e nanotecnologia. Quais as diferenças entre eles? Qual é a diferença entre ciência e tecnologia?

2. Ao explicar a origem do termo "nano", falamos sobre representações numéricas, como o 10^{-9} m. Qual é a vantagem de usar prefixos como o quilo (k), o mili (m), entre outros, para representar uma medida?

3. Tendo em vista as escalas de tamanho apresentadas, um avião teria seu comprimento mais próximo de qual potência de 10?

4. Tendo em vista o infográfico sobre os tamanhos e escalas, quantas vezes seria preciso dividir um fio de cabelo para se obter 1 nm?

5. No decorrer deste capítulo, falamos sobre a palestra de Feynman tratando das possibilidades futuras da nanotecnologia. Alguns dizem que o físico foi o profeta da nanotecnologia, você concorda com essa afirmação? Justifique.

6. Leia o trecho de *Augúrios de inocência*, do poeta inglês Willian Blake (1757-1827).

    Augúrios de inocência
    Ver um mundo num grão de areia,
    E um céu numa flor do campo,
    Capturar o infinito na palma da mão
    E a eternidade numa hora (…)

    BLAKE, Willian. *Augúrios de inocência*.
    Disponível em:
    <http://pensador.uol.com.br/frase/NjA3Mjcw/>.
    Acesso em: 4 fev. 2014.

    Que tipo de relação pode ser feita entre o que é dito no poema e o que trata a nanotecnologia? Em outras palavras, de que maneira poderíamos utilizar o poema para fazer uma metáfora ao que estuda a nanotecnologia?

7. Classifique os fenômenos a seguir como sendo físicos ou químicos.
    a. fusão do gelo _____
    b. ebulição da água _____
    c. cortar o papel com uma tesoura _____
    d. copo que quebra _____
    e. rasgar um papel _____
    f. colocar fogo em papel _____
    g. formação de imagens no espelho _____
    h. congelamento de um lago _____
    i. dissolução de alvejante de roupa na água _____
    j. queima de fogos de artifício _____
    k. efervescência de um remédio na água _____
    l. molhar um papel _____
    m. derretimento do gelo _____
    n. chuva _____
    o. acender uma lâmpada _____

8. Em certo evento esportivo o narrador utilizou o termo: "a Física não permite que isso ocorra". Do ponto de vista científico, faz algum sentido essa frase? Justifique.

9. A imagem a seguir mostra palha de aço sendo queimada no interior de um recipiente de vidro.

Cite ao menos um fenômeno físico e um fenômeno químico presente na imagem.

10. Se deixarmos um objeto de ferro exposto ao ar e à umidade, ele sofrerá um processo que levará à formação de ferrugem. Esse fenômeno é físico ou químico? Justifique.

11. A formação do arco-íris no céu é um fenômeno físico ou químico? Justifique.

12. A nanotecnologia encontra aplicações nos mais diversos setores. Como você viu ao longo deste capítulo, uma das aplicações que passa a ser desenvolvida por algumas nações é em armas militares. Dispositivos nanométricos poderiam ser dispersos em água, contaminando reservatórios de inimigos. Em sua opinião, como deveriam ser regulamentadas as aplicações da nanotecnologia para evitar tais situações?

13. Qual a importância das divisões dos fenômenos químicos e físicos, das áreas Física e Química e de suas subdivisões de estudo?

14. Que áreas da Física estão mais presentes em uma indústria automobilística? Quais as contribuições de outras áreas da Física nesse setor?

15. Neste capítulo, demos alguns exemplos de aplicações da nanotecnologia na natureza, como no caso da lagartixa. Como esses exemplos poderiam ter surgido na natureza sem que ainda houvesse nanotecnologia desenvolvida pelo homem? Qual é o sentido em se dizer que esses são exemplos de nanotecnologia na natureza?

Navegando na net

No endereço eletrônico a seguir, você poderá fazer uma viagem desde elementos menores do que um átomo, até mesmo aos extremos do Universo:

<http://scaleofuniverse.com>

Localize e compare as dimensões do mundo cotidiano com as dimensões do mundo nano. (*Acesso em:* 10 maio 2014.)

Introdução ao estudo da Física e da Química

capítulo 2

GOGH, V. v. *The Starry Night*. 1889. 1 original de arte, óleo sobre tela, 73,7 cm × 92,1 cm. Museum of Modern Art, Nova York, EUA.

Um céu de estrelas

A obra de arte, *Noite Estrelada*, do pintor holandês Vincent van Gogh (1853-1890) é uma de suas mais conhecidas produções. As linhas curvas no céu dão a ideia de movimento e contrastam com o brilho fornecido pelas estrelas e pela Lua. Abaixo do céu repousa um vilarejo. Assim como as estrelas inspiraram essa e muitas outras obras de arte, o estudo da regularidade e periodicidade de certas constelações é um dos primeiros marcos da Ciência. Foram tais observações que ajudaram muitos povos na antiguidade a identificar melhores épocas para o plantio. Com efeito, a humanidade dominava a agricultura, fato que contribuiu muito para o desenvolvimento das civilizações.

Nesse capítulo, vamos conhecer um pouco mais sobre o pensamento científico e como a Ciência é produzida e afeta nossas vidas. Vamos conhecer o método científico, investigar propriedades da matéria e ter contato com algumas das grandezas e unidades de medida importantes para o estudo da Física e da Química.

Pensamento científico e descrição da natureza

A natureza e sua diversidade de fenômenos são o palco da grande peça que é a experiência humana no planeta Terra. Mas não somos meros atores interpretando sempre no mesmo palco. A ação da humanidade transforma a natureza, assim como a natureza transforma nosso modo de atuar. Dessa forma, essa peça da vida humana tem um roteiro bastante complexo e pode tomar rumos no futuro bem diferentes do que foi imaginado no passado. Mas como começou essa história? Será que é possível prever como ela irá se desenrolar daqui para frente?

A relação entre a humanidade e a natureza ao redor apresenta diversas formas de expressão, como a Arte, a Religião e, aquela que é nosso objeto de estudo aqui, a Ciência. Ocupando-se da produção, verificação e divulgação do conhecimento de acordo com métodos pautados na razão, a Ciência busca entender melhor o mundo para que, a partir dessa compreensão, seja possível exercer algum tipo de controle sobre fenômenos e processos. É essa prática que dá origem a tecnologias, como o celular, o computador, as TVs, entre outros.

> **Fique por dentro!**
>
> A palavra "ciência", deriva do latim *scientia*, que significa conhecimento.

O início da atividade científica, ainda que não como a conhecemos hoje, surge com o próprio desenvolvimento da espécie humana e a percepção de que certos padrões naturais regulavam e modificavam nossa vida. O ciclo de atividade e repouso do ser humano está diretamente relacionado com a sucessão de dias e noites, por exemplo. O padrão das estrelas no céu e de fenômenos como o eclipse também foram notados por diferentes civilizações antigas. A regularidade dos padrões observados permitiram um acompanhamento das estações do ano e tiveram impacto sobre períodos de plantio e colheita – a agricultura passava a ser, então, dominada pela humanidade.

Com o domínio da agricultura, veio também a capacidade de produzir mais suprimentos para alimentar um conjunto maior de pessoas e, com isso, a humanidade passou a viver em comunidades que, posteriormente, se tornariam cidades. Isso também fez com que a população aumentasse e, com o surgimento da escrita, o conhecimento passou a ser transmitido e registrado de forma mais eficiente. Com a escrita veio o desenvolvimento da matemática, navegação e orientação terrestre. A expansão territorial das comunidades, e também do conhecimento, seria uma consequência desse desenvolvimento.

Mas antes de qualquer forma científica de propagar o conhecimento existiam os *mitos*, histórias e contos utilizados para descrever fenômenos naturais. Por meio dos mitos o conhecimento dos antepassados sobre o mundo era transmitido para novas gerações. A Ciência difere dos mitos, pois possui mecanismos de verificação e atualização dos conhecimentos gerados. Por isso, a Ciência é uma atividade que nunca pode ser considerada "terminada".

> **Descubra você mesmo!**
>
> Faça uma pesquisa sobre mitos de diferentes culturas para explicação de fenômenos naturais, como o eclipse, por exemplo.

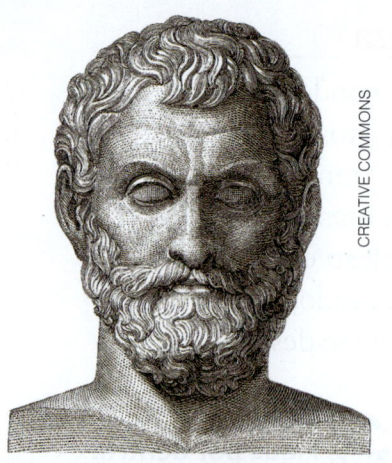

Tales de Mileto, matemático, filósofo e astrônomo grego.
Fonte: WALLIS, E. *Verldshistoria Illustrerad*, 1875-9.

Escultura retratando Aristóteles, localizada em Estagira, Grécia, cidade em que o filósofo nasceu.

Segundo Aristóteles, haveria qualidades opostas associadas a cada par de substâncias (frio × quente; úmido × seco).

Atomistas: seguidores de uma doutrina filosófica que acreditava que a matéria era constituída de partículas indivisíveis, chamadas átomos.

Lembre-se!

Como veremos nos capítulos seguintes, o átomo tal como o conhecemos hoje pode ser divisível, mas o conceito proposto pelos gregos ainda pode ser associado a buscas feitas por pesquisadores que investigam o mundo subatômico.

No mundo ocidental, a explicação da natureza baseada em mitos encontra um momento de ruptura por volta do século VII a.C. e dá lugar à razão. Dentre os povos que inicialmente contribuíram com o longo caminho do estudo do conhecimento sobre a natureza, destacam-se os filósofos gregos, cujos pensadores (filósofos naturais) acreditavam que a natureza poderia ser descrita com o uso da razão. Dentre eles, o filosofo grego Tales de Mileto (624 a.C.-546 a.C.). Considerado um dos pioneiros da ciência, descreveu fenômenos como raios, trovões e terremotos sem recorrer ao sobrenatural ou a divindades. Tales acreditava que a água era a substância primordial a partir da qual todas as outras seriam derivadas. Seu argumento sustentava-se na observação de que a Terra repousava sobre a água.

Um dos maiores representantes dessa linha de pensamento sobre a natureza foi o também filósofo grego Aristóteles (384 a.C.--322 a.C.), que defendia que o mundo era composto de uma substância primordial, o éter, e de quatro elementos: terra, ar, fogo e água.

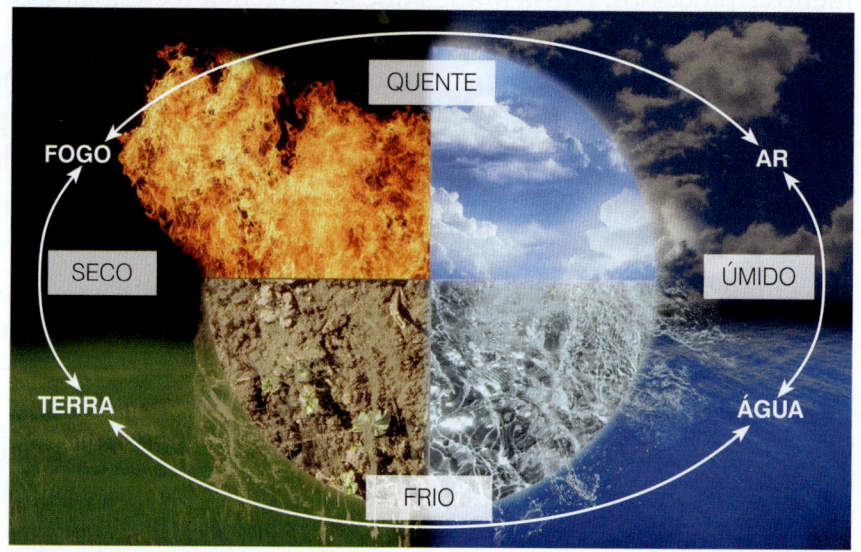

Seguindo um pensamento diferente daquele de Aristóteles, estavam os atomistas gregos. Dentre eles, destaca-se Leucipo (séc. V a.C.) e seu discípulo Demócrito (460 a.C.--360 a.C.), que foram os primeiros a defender a ideia de que a matéria pode ser dividida inúmeras e inúmeras vezes até que se chegasse a uma unidade fundamental – o átomo – cujo significado em grego seria indivisível.

As ideias dos gregos, principalmente as de Aristóteles, influenciariam o pensamento filosófico por muitos anos. Mas o conhecimento científico antigo não era proveniente apenas dos gregos, como mostra o infográfico a seguir.

CONTRIBUIÇÕES CIENTÍFICAS DAS CIVILIZAÇÕES ANTIGAS

EGITO
CONTRIBUIÇÕES: alquimia, astronomia, matemática, medicina.

Os hieróglifos foram importantes para o desenvolvimento do alfabeto fenício e para o latim.

GRÉCIA
CONTRIBUIÇÕES: astronomia, filosofia, mineralogia, zoologia, anatomia, geografia, botânica, matemática, ciências naturais.

Reflexos na Ciência moderna, da qual se tem maior quantidade de registros.

ÍNDIA
CONTRIBUIÇÕES: métodos de irrigação, canais, represas, matemática, filosofia, medicina.

Conhecimentos posteriormente compartilhados principalmente com persas, gregos e império muçulmano.

IMPÉRIO ROMANO
CONTRIBUIÇÕES: medicina, pontes, aquedutos, drenagem, calefação, engenharia, tecnologias militares.

Transmissão do conhecimento com o avanço do império com reflexos por boa parte do mundo.

CHINA
CONTRIBUIÇÕES: invenção da bússola, da pólvora, do papel e da imprensa.

Reflexos das contribuições na navegação e na transmissão do conhecimento.

OLMECA
Civilização antiga que habitou a região da América Central.

CONTRIBUIÇÕES: agricultura, calendários, matemática, astronomia, escrita.

Difundiram o conhecimento entre várias outras civilizações antigas no continente americano.

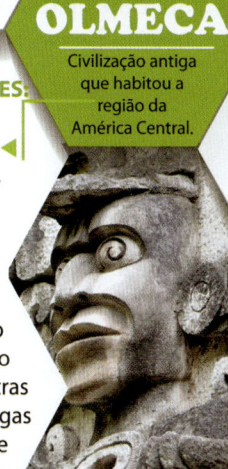

As cruzadas, que ocorreram entre os séculos XI e XIII, fizeram com que o conhecimento do Oriente Médio se disseminasse também na Europa, influenciando melhorias nos sistemas de transporte e de produção de alimentos. Seguindo o curso temporal da história, com a queda do Império Romano temos o fim da Idade Antiga e início da Idade Média, caracterizada na Europa pelo pensamento filosófico que colocava Deus no centro do Universo (**teocentrismo**). Esse também foi um período de grandes conflitos políticos e religiosos.

Paralelo à crise na Europa, as escolas do Império Muçulmano promoveram uma grande síntese do conhecimento acumulado por civilizações antigas, o que culminou em grandes progressos científicos. Na Matemática, houve o desenvolvimento da álgebra e de algoritmos.

Algoritmos: sequência de passos lógicos de um raciocínio, visando a obtenção de um resultado ou realização de uma tarefa. Os algoritmos são a base de toda programação de computadores modernos.

Na Geografia, contribuições como a cartografia tiveram importante papel no controle do comércio e do império. Na Astronomia, medidas do Sol e da Lua levaram a questionamentos sobre o modelo do Universo proposto anteriormente pelos gregos no qual a Terra ocuparia uma posição central. Na Medicina, avanços em psicologia e oftalmologia. Na Física e na Química, os árabes contribuíram com uma sistematização do conhecimento que posteriormente seria conhecido como **método científico**. Vale lembrar que, nesse período, a Química ainda não era distinguida da alquimia.

ESTABELECENDO CONEXÕES

Linguagem

Quais são as linguagens utilizadas pela Ciência para registrar e comunicar seus resultados? De forma mais ampla, qual a importância das linguagens para o desenvolvimento científico?

As civilizações das culturas norte-americanas, desde o México até o Canadá, possuíam uma linguagem de símbolos que, apesar das diferentes línguas faladas, era compartilhada por todas as tribos. Isso foi muito importante para a transmissão dos conhecimentos. A existência de uma língua comum que possibilite um diálogo entre diferentes culturas é fundamental para a transmissão do conhecimento científico e o desenvolvimento da Ciência. Diversas línguas cumpriram esse papel quando pensamos no progresso da Ciência de maneira geral: na Idade Média, por exemplo, era o árabe; depois, passou a ser o latim e, atualmente, temos o inglês.

Descubra você mesmo!

A Wikipédia é uma enciclopédia virtual que conta com a contribuição de inúmeras pessoas do mundo todo. Quando mencionamos a importância de uma língua comum para transmitir o conhecimento científico, citamos o inglês como aquela que cumpre esse papel atualmente. Será que o banco de dados de informações da Wikipédia reflete esse fato? Pesquise qual a quantidade de páginas em inglês, francês, espanhol e português que existem na Wikipédia.

Com contribuições de pensadores, como as do filosofo inglês Francis Bacon (1561-1626), o pensamento teocentrista foi dando lugar a um pensamento no qual o homem seria o centro do Universo (**antropocentrismo**). Segundo essa visão, descrever o Universo com a humanidade e a Terra no centro de tudo era muito apropriado. Por essa razão, o modelo do filósofo grego Cláudio Ptolomeu – modelo **geocentrista** – foi amplamente difundido em detrimento de modelos como o de Copérnico, que colocava o Sol no centro do Sistema Solar. As ideias de Aristóteles para descrição da natureza baseada nos elementos também estava presente na época.

Filósofo britânico Francis Bacon. Gravura de J. Pofselwhite, publicada na enciclopédia *Lodge's British Portraits*, Reino Unido, 1823.

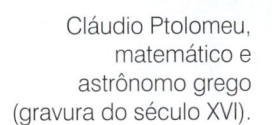

Cláudio Ptolomeu, matemático e astrônomo grego (gravura do século XVI).

No modelo de Universo de Ptolomeu, a Terra ocupa o centro do Sistema Solar. Gravura de Andreas Cellarius, cartógrafo holandês, 1660.

Mas o físico, matemático e astrônomo italiano Galileu Galilei (1564-1642) não concordava com essa visão e, utilizando experimentos para discordar de certas explicações de Aristóteles, contribuiu muito com a sistematização do conhecimento científico.

Ao estudar a queda dos corpos, por exemplo, dizem que Galileu subiu até o alto da torre de Piza para soltar corpos e comprovar que, independente de seus pesos, o tempo de queda é igual (desprezando a resistência do ar). Essa visão contradizia a explicação de Aristóteles segundo a qual o ar e o fogo, por serem leves, estariam acima da terra e da água. Os corpos, então, tinham tendência de ir em direção ao seu lugar natural, a terra. Assim, quanto mais pesado fosse o corpo, mais rápido ele iria cair.

Os trabalhos de Galileu são os primeiros a descrever os efeitos da gravidade como a conhecemos atualmente e seus métodos revolucionaram o modo de produzir e analisar o conhecimento científico – o método científico.

Esse movimento iniciado por Bacon, Galileu e outros se estende até o século XVIII e é hoje chamado de Revolução Científica. Nesse período, também vieram outras contribuições na Medicina, em particular, na Anatomia. As dissecações de cadáveres feitas pelo médico e anatomista belga Andreas Vesalius (1514-1564), considerado o pai da anatomia moderna, contribuíram significativamente para o avanço da Medicina. No passado, tais práticas não eram permitidas por diversas religiões que consideravam o corpo como algo divino.

Galileu, Galilei. Gravura da coleção Meyers Lexicon (21 volumes, 1905-1909).

Torre inclinada de Piza, Itália.

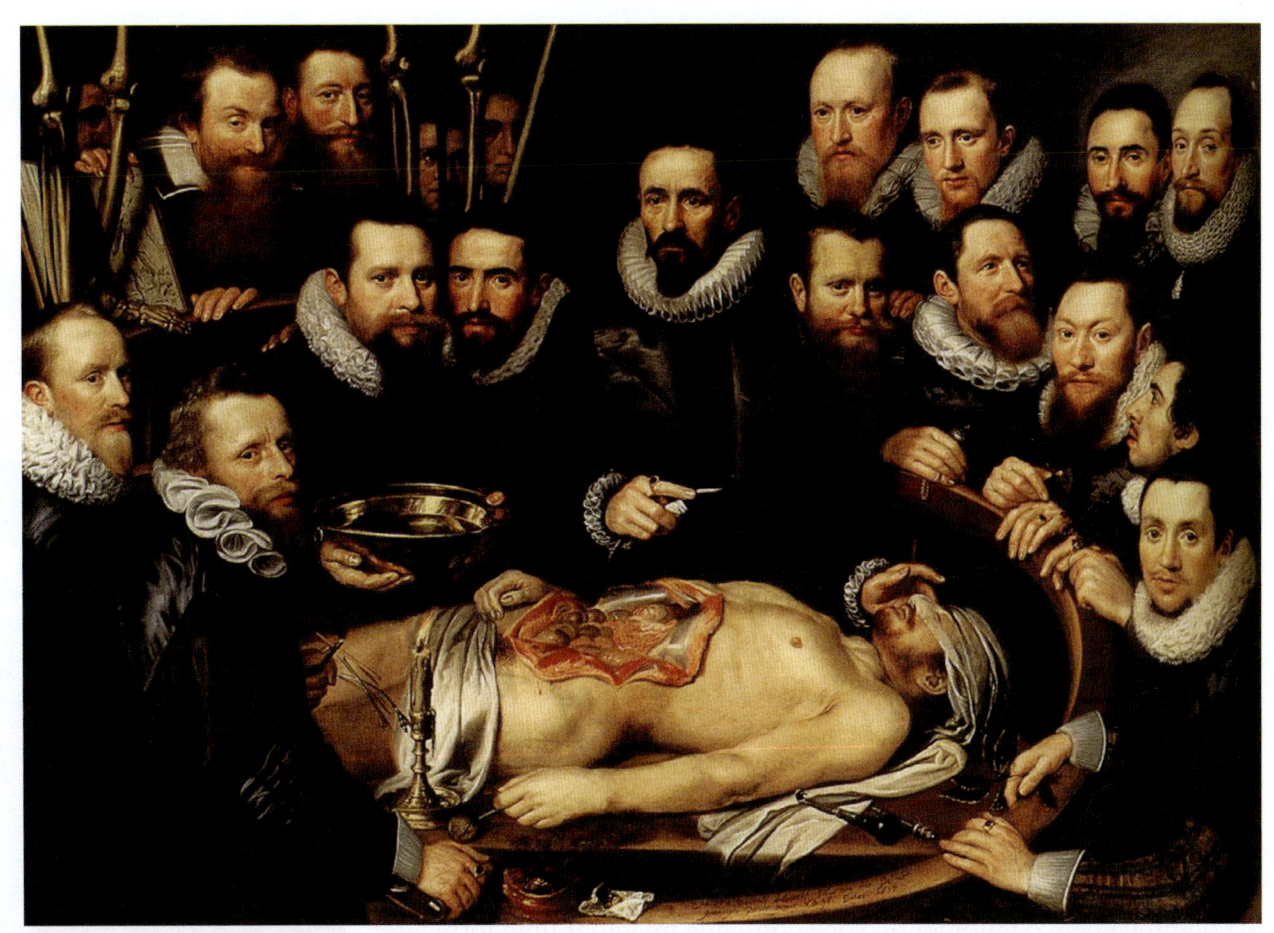

CAPÍTULO 2 • Introdução ao estudo da Física e da Química

Pintura do holandês Michiel Jansz van Miereveld (1567-1641), intitulada *Aula de Anatomia do Dr. Willem van der Meer*, 1617, uma das primeiras obras do gênero na pintura da Holanda. (Óleo sobre tela, 144 cm × 198 cm. Gemeente Musea, Haia, Holanda.)

É SEMPRE BOM SABER MAIS!

Mikhail Lomonosov (1711-1765) foi o primeiro cientista natural russo conhecido mundialmente. Fundou o primeiro laboratório de Química em Moscou no ano de 1748. Dentre suas contribuições para a Química e Física, Lomonosov:

- associou o calor ao movimento, o que contribuiu para o conhecimento do conceito de calor como o conhecemos hoje;
- sugeriu que a luz poderia ser descrita por um modelo usando ondas, o que também encontraria apoio de grandes cientistas contemporâneos a ele;
- contribuiu com teorias para explicar o comportamento de gases;
- sugeriu que a matéria se conservaria nos fenômenos químicos;
- foi o primeiro a sugerir a existência de atmosfera em Vênus.

Yekaterina Alexeevna ou Catherine II, imperatriz do Império Russo entre 1762 e 1796, retratada na pintura de Ivan Kuzmich Fedorov (1853–?) em uma visita ao cientista russo Mikhail Lomonosov (1711-1765). A Ciência passava a interessar outros círculos sociais que não só o dos cientistas.

O método científico

Para entender um pouco mais sobre o método científico, vamos conversar sobre a observação de um belo fenômeno natural – o arco-íris.

O pensamento racional da Ciência faz com que durante a **observação** da natureza exista uma busca pela identificação de padrões. Isso porque a Ciência considera verdadeiro que, quando há algum tipo de padrão em um fenômeno ou processo, há algum mecanismo responsável pela formação desse padrão. Por exemplo, que tipo de padrões podem ser relacionados com a observação das cores de um arco-íris? Que mecanismo seria responsável pela formação desse padrão?

Por si só as cores do arco-íris já constituem um **padrão** no céu, mas pense um pouco, junto com ele outros fenômenos naturais também são observados: chuva e Sol! Podemos dizer que a combinação desses dois fatores está associada ao aparecimento das cores do arco-íris no céu. Mas o que existe de mais elementar na chuva e no Sol que podem ser associados ao fenômeno do arco-íris?

Na chuva, encontramos água; já no Sol, encontramos luz. Essa investigação nos leva à formulação de uma **hipótese** sobre o mecanismo relacionado ao padrão observado: a combinação, em certas condições específicas, entre luz e água pode produzir as cores do arco-íris.

Uma vez formulada a hipótese, como seria possível **verificar** se ela descreve bem o fenômeno? Você consegue imaginar uma forma de combinar luz e água para tentar visualizar as cores do arco-íris?

É possível realizar um simples experimento para fazer tal verificação. Conforme mostrado a seguir, espirrando água de uma mangueira contra a luz do Sol, é possível, para determinados ângulos de observação, ver a formação do fenômeno.

As cores do arco-íris são sete (de cima para baixo): vermelho, laranja, amarelo, verde, azul, anil e violeta.

Esse experimento pode ser realizado diversas vezes e em diversas condições de tal forma que possamos conhecer até mesmo mais detalhes sobre seu mecanismo, como, por exemplo, para quais posições do Sol e do observador as cores do arco-íris são observadas.

Em nosso exemplo, para explicar o fenômeno, fizemos apenas uma hipótese. Mas em uma análise mais profunda e na descrição de outros fenômenos, poderia ocorrer de termos várias hipóteses. Uma vez verificadas, o conjunto de hipóteses contribui para a formulação de um modelo ou uma **teoria**. Esse modelo é o mecanismo – citado no início dessa conversa – capaz de descrever o fenômeno observado.

Apesar de utilizarmos o termo *modelo* como sinônimo de teoria, há uma diferença entre eles.

Usando esse modelo, o cientista é capaz de fazer **previsões**. No caso do modelo para as cores do arco-íris, é possível prever, por exemplo, que quando a luz do Sol incidir sobre as gotículas de água presentes nas proximidades de uma cachoeira, um arco-íris poderá ser observado.

Cataratas do Iguaçu, na divisa entre Brasil e Argentina.

Todos esses passos descritos e exemplificados anteriormente constituem o que chamamos de *método científico*. Ele pode ter pequenas variações de acordo com cada área da ciência, mas esquematicamente pode ser sintetizado da seguinte forma:

Observação → Hipótese → Verificação → Teoria → Previsão

No entanto, apesar de ter obtido grande sucesso na descrição de fenômenos e no controle de processos, a Ciência também possui seus limites. Observe o padrão de cores existente em um CD. Tais cores são as mesmas observadas no arco-íris.

Será que nossa teoria, composta por uma hipótese, seria capaz de descrever o fenômeno de aparecimento de cores no CD? Ainda que para observar o CD seja preciso a luz, aqui não temos uma combinação de água e luz. Assim, a hipótese "a combinação, em certas condições específicas, entre luz e água pode produzir cores do arco-íris" não é capaz de descrever as cores observadas no CD. Mas isso não faz com que a teoria esteja errada. Apenas mostra que ela possui um limite de aplicação. Para descrever as cores do CD, outra teoria seria necessária.

O desenvolvimento de diversos modelos e o avanço da ciência podem mostrar que existem teorias mais complexas capazes de descrever uma quantidade maior de fenômenos. A teoria ondulatória que descreve a luz, por exemplo, é capaz de descrever as cores dos arco-íris, as cores do CD e uma grande diversidade de outros fenômenos.

Essa busca por unificações de teorias faz parte do conjunto de pesquisas científicas feitas ao redor do mundo. Além disso, pesquisas também visam a busca por aplicações de teorias, aprimoramentos tecnológicos, descoberta e descrição de novos fenômenos entre outras buscas.

Propriedades da matéria e unidades de medida

Como já dissemos anteriormente, a Física e a Química são ciências naturais que se ocupam de fenômenos que possuem semelhanças e diferenças. Enquanto a Química ocupa-se dos fenômenos em que há transformação da matéria, a Física se ocupa daqueles nos quais a matéria não se transforma. Mas para poder descrever os fenômenos e processos é necessário o conhecimento de algumas propriedades da matéria, como **massa**, **volume**, **ponto de ebulição**, **elasticidade**, entre outras. Mas antes de apresentar mais detalhes de algumas dessas propriedades, vamos ver como podemos classificá-las.

Teoria ondulatória: é uma teoria científica que estuda a luz, o som e outros fenômenos, considerando-os como resultados de oscilações, ou seja, de movimentos que se repetem com certa regularidade.

Massa: quantidade de matéria de um corpo.

Volume: espaço ocupado por um corpo.

CAPÍTULO 2 • Introdução ao estudo da Física e da Química   41

Para isso, considere um processo simples: ferver a água. No nível do mar, a água ferve quando sua temperatura atinge 100 °C. Chamamos a essa temperatura particular de **ponto de ebulição** da água e ela é uma propriedade da água. Agora, pense no seguinte: será que diferentes quantidades de água apresentam diferentes temperaturas de ebulição? Ou seja, será que para ferver um copo de 200 mL de água teremos uma temperatura diferente daquela encontrada para ferver uma jarra de 1 L de água?

Será que o ponto de ebulição da água depende de sua quantidade?

A resposta é negativa, pois independente da quantidade de água para que ela comece a ferver é necessário atingir 100 °C. Portanto, podemos dizer que a propriedade temperatura de ebulição **não** depende da quantidade de matéria considerada.

Propriedades desse tipo, ou seja, que não dependem da quantidade de matéria, são denominadas **propriedades intensivas**.

O oposto desse tipo de propriedade são as **propriedades extensivas**, ou seja, aquelas que dependem da quantidade de matéria considerada, como o volume e a massa.

Vamos agora falar de outra classe de propriedades, as **propriedades mecânicas**. Elas compreendem uma série de comportamentos da matéria dependendo se ela é esticada, puxada, torcida, empurrada, deformada etc. Essas propriedades são de enorme importância para o desenvolvimento de produtos para engenharia, desde para-choques de automóveis até estruturas de concreto utilizadas em construções de estádios, prédios, pontes, entre outros.

Para começar, pense no que ocorre quando uma mola é esticada ou comprimida. Dependendo da força com que fazemos isso, a mola retornará a sua forma inicial. A tendência de retornar ao estado original ocorre devido à propriedade da **elasticidade**.

> **Lembre-se!**
>
> **Compressibilidade** é a propriedade que a matéria tem de, sob a ação de uma força, diminuir de volume.

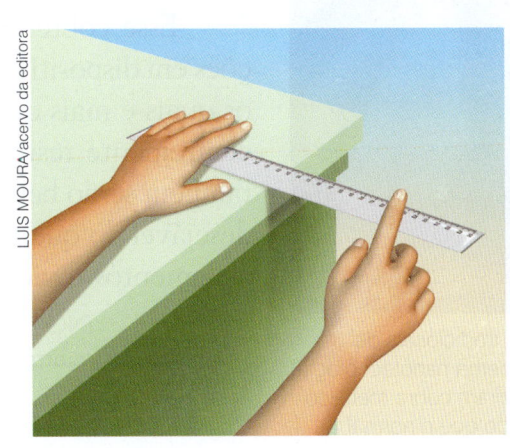

estática   comprimida   esticada

Ao posicionar uma régua sobre a mesa como mostra a ilustração, é possível deformar a régua e observar sua elasticidade.

É SEMPRE BOM SABER MAIS!

A elasticidade pode ser observada em todos os materiais e objetos, em maior ou menor grau. Metais possuem, em geral, boa elasticidade, já vidros e cerâmicas não. Quando um material é deformado e, após cessar a força de deformação, volta integralmente ao seu estado original, dizemos que a deformação foi 100% elástica. Já no outro extremo, quando um material é deformado e, após cessar a força de deformação, mantém a forma final sem retornar ao formato original, dizemos que a deformação foi 100% plástica ou 0% elástica. A propriedade que determina a capacidade do corpo retornar ao seu estado original após ser submetido a uma deformação é a **resiliência**.

Aços de alta resiliência são importantes para a construção de pontes como a Rio-Niterói. A estrutura metálica presente no concreto garante que a ponte retornará a sua forma original após sofrer deformação.

Para falarmos de outra propriedade mecânica, leia o trecho da notícia a seguir:

Cobre superduro

Combinando técnicas tradicionais de metalurgia com a moderna nanotecnologia, engenheiros da Universidade Johns Hopkins (Estados Unidos) produziram uma forma de cobre metálico puro, que é seis vezes mais dura do que o normal, sem significativa perda de ductilidade.

Esse cobre mais resistente e mais duro terá aplicações em dispositivos microeletromecânicos (MEMS), para os quais é mais difícil a produção de ligas que sejam suficientemente resistentes à corrosão. Dispositivos médicos também serão beneficiados, nos quais o metal puro é mais desejável do que ligas que possam expor o corpo humano a elementos tóxicos, metálicos ou não-metálicos.

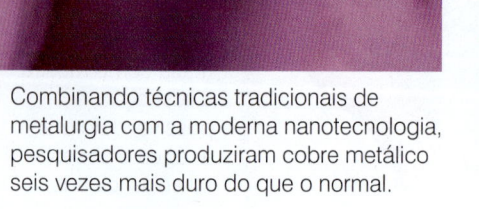

INOVAÇÃO TECNOLÓGICA. *Cobre seis vezes mais duro.* Disponível em: <http://www.inovacaotecnologica.com.br/noticias/noticia.php?artigo=010170021105>. Acesso em: 1.º mar. 2014.

Combinando técnicas tradicionais de metalurgia com a moderna nanotecnologia, pesquisadores produziram cobre metálico seis vezes mais duro do que o normal.

Você reparou no uso do termo *ductilidade* no texto? O que significa dizer que o cobre produzido não tem perda significativa de ductilidade? Por que isso é bom para o material?

Determinados materiais quando começam a ser deformados logo se quebram ou rompem (sofrem fratura). É o caso do vidro. Se o experimento ilustrado anteriormente com a régua plástica fosse feito com um pedaço de vidro, com uma pequena deformação ele teria se quebrado. Isso não ocorre com um fio de cobre, que pode ser deformado permanentemente sem se romper.

Dizemos que o vidro é **frágil** enquanto o cobre é um material **dúctil**. A **ductilidade** é a propriedade de um material ser deformado antes de fraturar/romper/quebrar. Quanto mais dúctil for um material, menos frágil ele é. Assim, retornando ao texto do artigo sobre o novo tipo de cobre desenvolvido com ajuda da nanotecnologia, não perder a ductilidade é importante para que possa ser moldado sem se romper.

A fragilidade é uma propriedade mecânica dos materiais.

O cobre é amplamente utilizado para fazer cabos, pois apresenta boa ductilidade, ou seja, pode ser deformado sem sofrer ruptura.

Além das propriedades mecânicas, existem também outras, como propriedades ópticas, elétricas e térmicas. Falaremos mais sobre essas propriedades nos capítulos futuros deste livro.

Propriedades térmicas são importantes para a escolha de materiais que evitem a perda de calor de canecas térmicas.

As propriedades ópticas são importantes para determinar materiais utilizados na fabricação de lentes dos óculos.

Nos exemplos que demos, falamos dos materiais de forma qualitativa, ou seja, comparando seu comportamento sem nos referirmos a quantidades. O cobre é mais dúctil que o vidro, por exemplo. Ao descrever um dado fenômeno ou processo, a comparação entre o quanto uma propriedade é maior do que outra é imprescindível para escolha e análise de materiais. Observe outros exemplos a seguir:

- O Sol é bem maior do que a Terra!
- Nos polos a temperatura é menor do que no equador!
- Um avião militar é mais veloz do que um avião comercial!

Mas a necessidade de precisão e controle exige que comparações como essas possam ser quantificadas de modo mais preciso. É necessário fazer medidas, como a do raio do Sol e da Terra, da temperatura nos polos e no equador, e da velocidade de um avião militar e de um avião comercial.

Porém, não é sempre que buscamos uma comparação em que seja possível fazer uma medida. O gosto de uma comida, o cheiro de um perfume e a beleza de uma pessoa são qualidades que não podem ser medidas de forma universal, pois não existe um padrão para tais medidas.

A Física e a Química se ocupam do estudo de grandezas que possam ser medidas. A essas grandezas damos o nome de **grandezas físicas**.

Grandeza física: tudo aquilo que podemos medir e comparar com um padrão.

As grandezas físicas estão diretamente relacionadas às propriedades da matéria. Em alguns casos, é a própria grandeza física que determina uma propriedade da matéria; em outros casos, é o valor de uma ou mais grandezas que determina uma propriedade. O volume, por exemplo, é uma grandeza física que mede a extensão tridimensional dos corpos e também é uma propriedade da matéria, uma vez que todo corpo possui certa forma. Já a propriedade ponto de ebulição da água depende tanto da grandeza temperatura quanto do valor (100 °C).

No caso do ponto de ebulição da água, repare que o valor da temperatura fica definida com uma medida numérica (100) e uma unidade de medida (°C – graus Celsius).

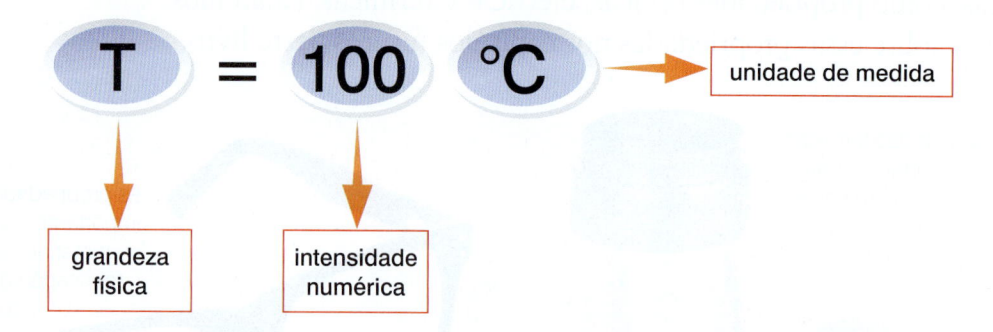

$$T = 100 \ °C$$

- T → grandeza física
- 100 → intensidade numérica
- °C → unidade de medida

Há algumas grandezas físicas fundamentais que estão associadas a propriedades de interesse da Física e da Química: o **comprimento**, a **massa** e o **tempo**. Conforme a definição de grandeza física, é preciso apresentar determinado padrão para medir essas grandezas.

Com a expansão marítima e comercial iniciada no século XV, o uso de diferentes padrões de medidas oferecia grande dificuldade para compra e venda. Muitos povos tinham padrões de medida que não eram conhecidos por outros e isso praticamente impossibilitava a conversão de unidades. Somente com a Revolução Francesa, já no século XVIII, institui-se pela primeira vez um sistema de medidas universal, **Sistema Internacional de Unidades** (SI), também conhecido popularmente como **sistema métrico**. Vejamos como esse sistema determina as unidades de medida de comprimento, massa e tempo.

As unidades utilizadas para medir comprimento há muito tempo eram baseadas em medidas de partes do corpo: pés, mãos, braços, passos. Uma das mais conhecidas dessas unidades, que era utilizada no Egito a mais de 50 séculos atrás, era o chamado *cúbito*, unidade definida como a distância entre o cotovelo até a ponta do dedo médio. Como poderia haver discordâncias de pessoas para pessoas, havia um padrão gravado em uma pedra de granito – o cúbito real – que media aproximadamente 0,5 m.

Atualmente, o metro (símbolo m) é a unidade de medida padrão para comprimento. É definido em função da distância percorrida pela luz no vácuo (velocidade de 300.000 km/s) no tempo de 1/299.792.458 do segundo.

Para medir massas e pesos, os povos da antiguidade utilizavam pedras com formatos padronizados, que eram colocadas em balanças de braços, possibilitando a medida por comparação.

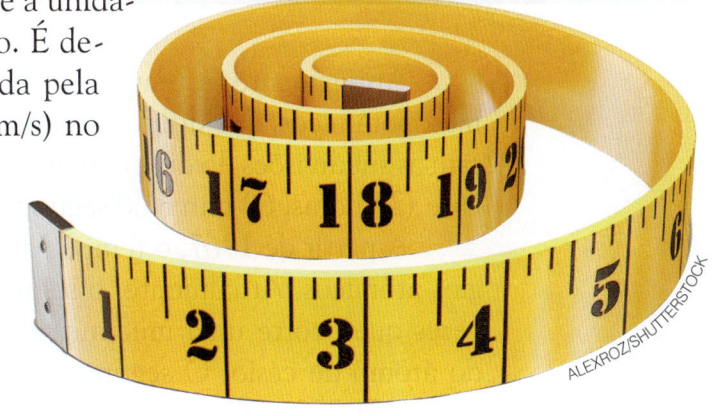

Quando uma massa de 10 kg é colocada no prato da direita e um objeto no da esquerda, se a balança permanecer equilibrada horizontalmente significa que o objeto também tem massa de 10 kg.

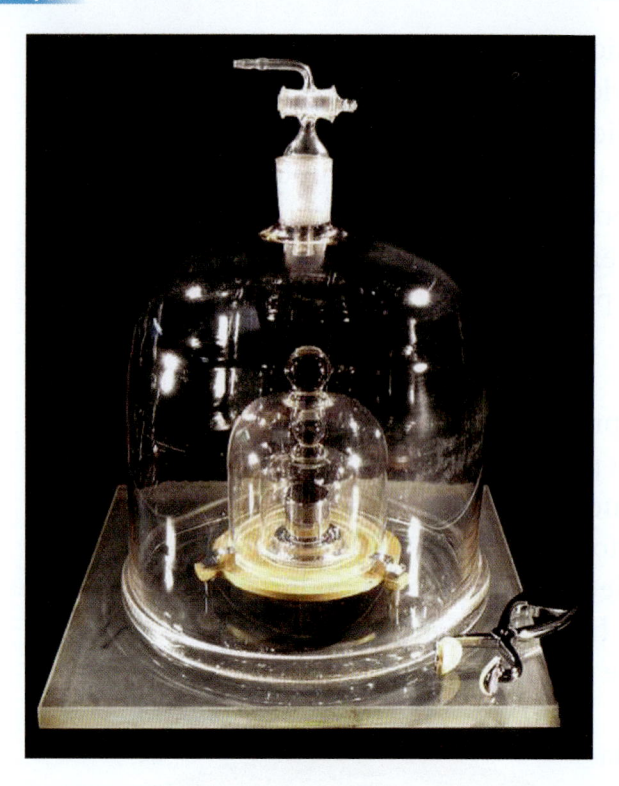

Atualmente, a massa é definida em função do quilograma padrão, conforme apresentado a seguir:

O quilograma (símbolo kg) é a massa do protótipo internacional da massa (ou protótipo internacional de quilograma) mantido sob guarda e cuidados do Bureau Internacional de Pesos e Medidas, em Sèvres, Paris (...).

ROZENBERG.
O Sistema Internacional de Unidades – SI. 3.ed.
São Paulo: Instituto Mauá de Tecnologia, 2006. p. 44.

Protótipo do quilograma padrão.
Disponível em: <http://www.bipm.org/en/scientific/mass/prototype.html>. *Acesso em:* 14 fev. 2014.

Antigamente, o tempo era medido pela sucessão de dias e noites. Os mesopotâmicos, que utilizavam uma base numérica de 12 dígitos, determinaram as subdivisões do dia em horas, minutos e segundos como múltiplos dessa base (24 horas, 60 min e 60 segundos).

A partir de 1967, o tempo passou a ser padronizado com base nos relógios atômicos. Atualmente, o **segundo** é definido em função do número de vezes que ocorre uma mudança de posição de elétrons (níveis de energia) no átomo de césio. O segundo (símbolo s) é o tempo necessário para que 9.192.631.770 oscilações de níveis de energia ocorram no átomo de césio.

A partir das grandezas fundamentais – massa, comprimento e tempo – podem ser definidas outras, como área, volume, velocidade, densidade, força etc.

Densidade

Se colocarmos em uma balança de braços, como mostrada anteriormente, 1 kg de algodão em um prato e 1 kg de chumbo em outro, a balança ficará equilibrada? Como trata-se da mesma massa em ambos os lados, a balança ficará em equilíbrio. Mas repare, na imagem ao lado, o volume ocupado pelo algodão e pelo chumbo.

Considere agora dois cubos de mesmo tamanho, um deles de alumínio e o outro de chumbo. Qual dos dois pesa mais?

Colocando ambos em uma balança de pratos, observamos que o mais pesado é o de chumbo.

Esses exemplos nos fazem pensar sobre a relação entre a massa e a forma dos corpos. Há uma grandeza física que mede essa relação – a **densidade**. Essa grandeza é importante tanto para a Física quanto para a Química e relaciona a massa e o volume de um corpo. Matematicamente, densidade pode ser definida como:

$$d = \frac{m}{V}$$

em que d é a densidade, m é a massa e V é o volume.

A unidade de medida da densidade, no SI, é kg/m³, mas também pode ser expressa por g/cm³.

Algumas substâncias e respectiva densidade.*

Substâncias	Densidade (g/cm³)
água	1,00 (= 1.000 kg/m³)
gasolina	0,72-0,77
álcool	0,79
óleo mineral	0,80
borracha	0,90-1,46
cálcio	1,53
alumínio	2,70
bronze	8,83
cobre	8,93
prata	10,50
chumbo	11,30
mercúrio	13,55
ouro	19,28

* Dados compilados pelos autores.

É SEMPRE BOM SABER MAIS!

A densidade depende da temperatura na qual é medida

O aumento da temperatura faz com que os componentes das substâncias variem a distância entre si; com isso, a relação entre massa e volume muda, o que implica diferentes densidades. Na tabela apresentada anteriormente, os valores referem-se à densidade medida sob temperatura de 20 °C.

Uma das importâncias do estudo da densidade dos corpos diz respeito às condições de **flutuabilidade**. Uma bola flutua sobre a água, pois é menos densa que ela. Um parafuso de aço afunda quando colocado na água, mas flutua se colocado no mercúrio, pois é mais denso do que o aço.

Jogo rápido

Para testar o entendimento do conceito de densidade, considere dois cubos de aço: um deles maciço e outro oco. Qual deles apresenta maior densidade?

Transformações de unidades

Leia a receita a seguir e observe as diferentes unidades de medida utilizadas.

Ingredientes

- 3/4 xícara de manteiga (em temperatura ambiente)
- 1/2 xícara de açúcar
- 2 ovos
- 1 xícara de açúcar mascavo peneirado
- 1 colher (chá) de essência de baunilha
- 1/2 colher (chá) de sal
- 1 colher (chá) de fermento em pó
- 2 xícaras de farinha de trigo
- 300 g de chocolate ao leite, picado, ou gotas de chocolate

Fonte das informações: RECEITAS.COM. Cookies com Gotas de Chocolate. *Disponível em:* <http://gshow.globo.com/receitas/cookies-com-gotas-de-chocolate-4ecd52e316b05a3cf9003bc8>. *Acesso em:* 2 mar. 2014.

Com base nas informações, você saberia dizer qual é a massa total, em quilogramas, do conjunto de todos os ingredientes juntos e misturados? O que seria preciso fazer para responder a essa pergunta?

Certamente precisaríamos saber quantos gramas de manteiga equivalem a ¾ de uma xícara. O mesmo é válido para as medidas de colheres de chá. Ou seja, para que possamos conhecer a massa total, é preciso transformar as unidades de medida.

A transformação de unidades é uma habilidade importante na análise de fenômenos e processos em Física e Química e, para que possa ser feita, é preciso conhecer uma relação entre as unidades que se pretende transformar. Aqui, vamos apresentar as principais transformações entre grandezas usuais que serão estudadas com mais detalhes ao longo deste livro.

Nos Estados Unidos, as distâncias entre cidades são representadas nas placas de rodovias em milhas. Para converter a distância para quilômetros, é preciso considerar a seguinte relação: 1 milha = 1,61 km.

Veja abaixo outras relações entre distâncias/comprimentos.

1 cm	→	10 mm
1 mm	→	0,001 m
1 m	→	100 cm
1.000 m	→	1 km

Como regra prática, multiplicando-se ou dividindo-se por 10 temos os múltiplos e submúltiplos do metro.

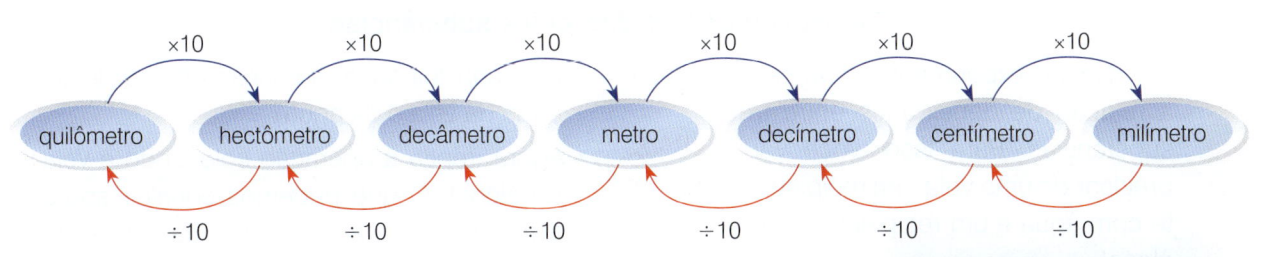

quilômetro — hectômetro — decâmetro — metro — decímetro — centímetro — milímetro
(×10 entre eles no sentido decrescente, ÷10 no sentido crescente)

Fique por dentro!

O rei da Inglaterra Henrique I mediu a distância entre o polegar de seu braço estendido e seu nariz e assim definiu a *jarda*. O símbolo da jarda é o yd e vem do termo inglês *yard*. Alguns submúltiplos e relações da jarda:

1 braça = 2 jardas

1 jarda = 0,9144 m = 3 pés = 36 polegadas

As linhas que definem distâncias em um campo de futebol americano são separadas por 10 jardas (1 jarda = 0,9144 m).

As transformações de unidades de massa que se relacionam com o quilograma também podem ser transformadas segundo uma regra prática similar àquela apresentada para os comprimentos (multiplicando-se ou dividindo-se por 10):

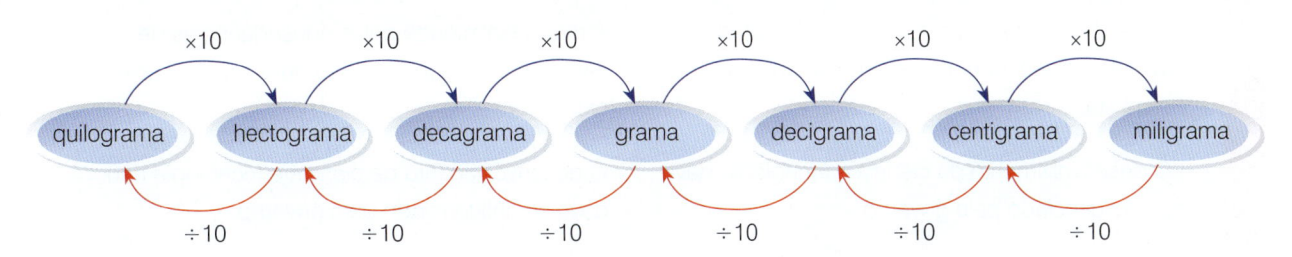

quilograma — hectograma — decagrama — grama — decigrama — centigrama — miligrama
(×10 entre eles no sentido decrescente, ÷10 no sentido crescente)

Por fim, temos diversas relações e escalas de tempo. Desde os múltiplos e submúltiplos do segundo até as escalas de tempo que usamos para registrar a passagem de dias, anos, séculos...

1 século = 100 anos
1 década = 10 anos
1 ano = 365 dias
1 dia = 24 h
1 h = 60 min
1 min = 60 s

ENTRANDO EM AÇÃO!

Densidade de três diferentes substâncias

Neste experimento, vamos investigar a relação de densidades entre três substâncias. Para isso, você vai precisar de uma vela, um recipiente com água e um recipiente com álcool.

CUIDADO PRODUTO INFLAMÁVEL

- Coloque a vela no recipiente com água e verifique se ela flutua ou afunda. O que podemos concluir sobre a relação entre a densidade da vela e da água?
- Agora, repita a operação colocando a vela no álcool. O que podemos concluir sobre a relação entre a densidade da vela e do álcool?
- Por fim, o que podemos concluir sobre as densidades da água, do álcool e da vela?

EM CONJUNTO COM A TURMA!

É inegável o papel da ciência e da tecnologia nas sociedades modernas, mas quais são os limites do progresso científico e tecnológico? Podemos abordar essa pergunta do ponto de vista ético, social, político, econômico, cultural, entre outros.

O papel da sociedade nas decisões sobre ciência e tecnologia é muito importante. Para que sejamos cidadãos atuantes nesse sentido, é preciso que tenhamos certa alfabetização científica, ou seja, um conjunto de conhecimentos sobre as ciências que nos possibilite ter uma opinião formada e qualificada a respeito de diversos temas. Vamos realizar aqui uma atividade que visa abordar questões importantes nesse cenário. Essa atividade possui três etapas.

1. Leia as frases apresentadas a seguir e escolha uma ou mais de uma das colunas A ou B.

Coluna A	Coluna B
A responsabilidade pelas consequências de inventos e descobertas deve recair sobre o cientista.	A responsabilidade pelas consequências de inventos e descobertas não deve recair sobre o cientista.
O desenvolvimento da ciência e tecnologia deve ser influenciado pelo governo.	O desenvolvimento da ciência e tecnologia não deve ser influenciado pelo governo.
Os resultados obtidos em pesquisas devem ser divulgados de forma pública e democrática não permanecendo em posse de algumas pessoas e corporações.	Os resultados obtidos em pesquisas devem permanecer em posse daquelas pessoas ou corporações que conduziram a pesquisa.
Valores morais, éticos e religiosos não devem determinar os limites das pesquisas científicas.	Valores morais, éticos e religiosos devem determinar os limites das pesquisas científicas.

2. Procure colegas que escolheram a mesma frase que você e faça uma pesquisa sobre elementos que ajudem a sustentar seus pontos de vista.

3. Debata agora seu ponto de vista com grupos de colegas que escolheram uma frase oposta à sua.

CAPÍTULO 2 • Introdução ao estudo da Física e da Química | 51

Nosso desafio

Para preencher os quadrinhos de 1 a 9, você deve utilizar as seguintes palavras: Ciência, Francis Bacon, Galileu Galilei, hipóteses, mitos, observação, previsão, teoria, verificação.

À medida que você preencher os quadrinhos, risque a palavra que escolheu para não usá-la novamente.

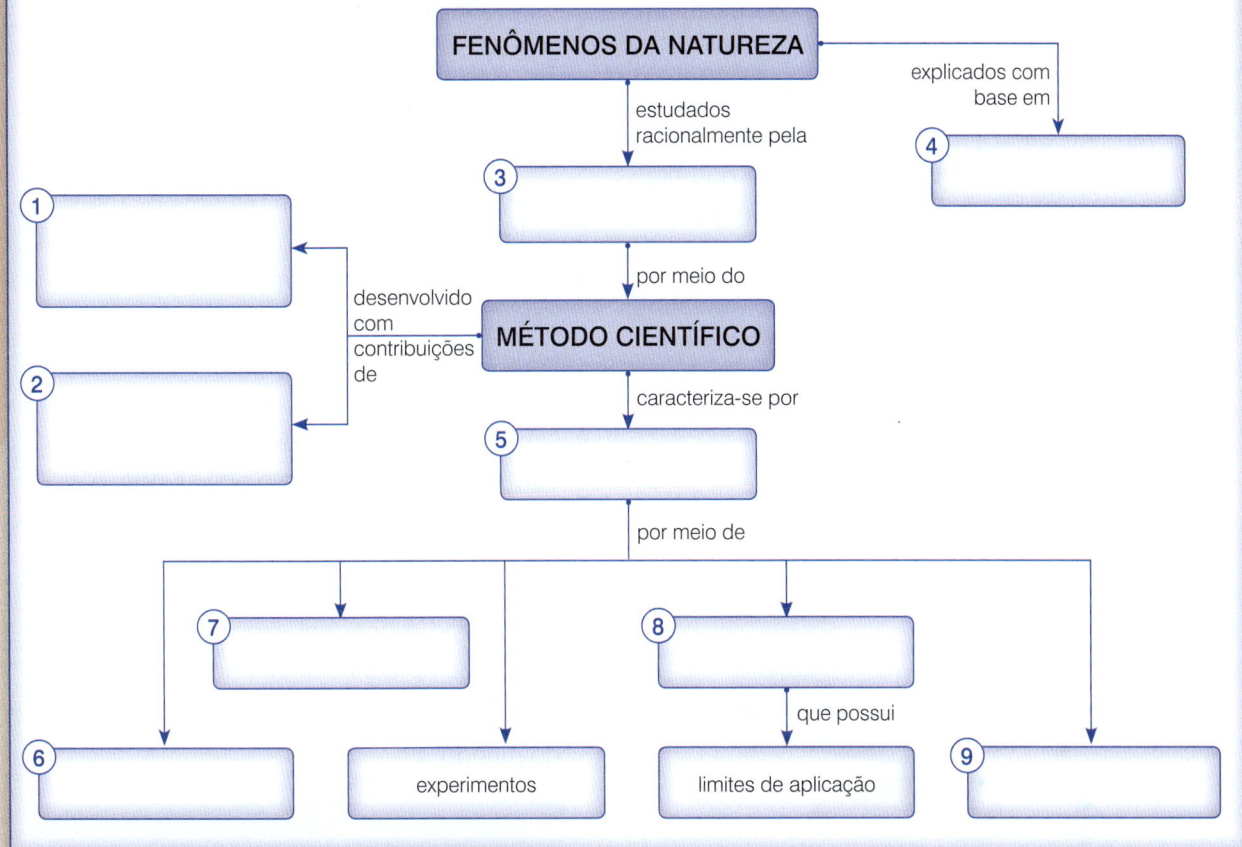

FENÔMENOS DA NATUREZA
- estudados racionalmente pela → (3)
- explicados com base em → (4)

(1) ← desenvolvido com contribuições de

(2) ← desenvolvido com contribuições de

(3) por meio do → **MÉTODO CIENTÍFICO**

MÉTODO CIENTÍFICO caracteriza-se por → (5)

(5) por meio de → (7), experimentos, (8), (9)

(7) → (6)

(8) que possui → limites de aplicação

Atividades

1. Crie seu próprio mito para o surgimento do arco-íris no céu.

2. Se uma hipótese científica afirma que só existem patos brancos, e todas as observações feitas até certo momento não encontraram um pato que não fosse branco, isso comprova a hipótese?

3. A seguir são apresentadas algumas informações sobre um quadro branco para escrita e uso de peças magnéticas.

   Acabamento: moldura em alumínio e cantoneira de plástico com cantos arredondados

Medidas personalizadas:*

400 x 600 mm
600 x 900 mm
900 x 1.200 mm
1.000 x 1.500 mm
1.200 x 1.500 mm
1.200 x 1.800 mm
1.200 x 2.000 mm
1.200 x 2.400mm
1.200 x 3.000mm

* acima de 1.200 mm de altura e 3.000 mm de largura o quadro terá emenda.

VISO. Produtos. Disponível em: <http://www.viso.com.br/produto/magneticos-qblm-C158661.html>. Acesso em: 27 fev. 2014.

a. Se uma pessoa precisa colocar um quadro de dimensões 1,70 m x 1,00 m, dentre as opções de quadro pronto, qual(is) é(são) o(s) de tamanho mais adequado?

b. Quantas emendas seriam necessárias em um quadro de 8,40 m x 1,20 m?

4. Volte a observar a pintura de Michiel Jansz van Miereveld (1567-1641), *Aula de Anatomia do Dr. Willem van der Meer*. O que ela retrata? Qual sua relação com o progresso do conhecimento científico?

5. Para medir a massa de alguns enfeites esféricos, imagine que você os tenha colocado em uma balança de pratos com duas outras massas conhecidas, conforme ilustrado a seguir.

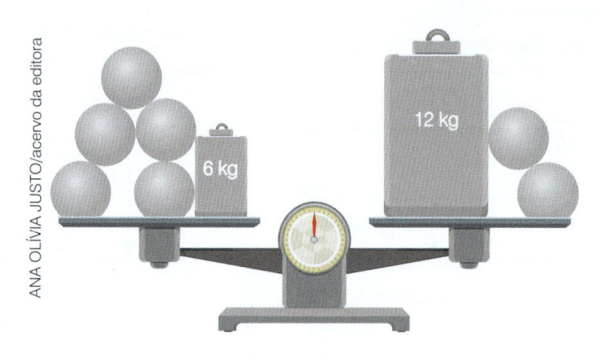

Assim, após analisar a situação de equilíbrio da balança, qual é a massa de cada enfeite esférico?

6. Leia o texto a seguir sobre a viagem do homem até Marte e identifique o tempo necessário para que ela ocorresse.

> Ninguém sabe ao certo. As duas agências espaciais que querem levar seres humanos ao planeta vermelho – a NASA, dos Estados Unidos, e a ESA, de 17 países europeus – ainda procuram respostas para os problemas do retorno. Um dos principais é a enorme duração da viagem. "Uma missão tripulada a Marte deve levar cerca de mil dias: 350 na ida, duas semanas no planeta e o resto na volta", afirma o engenheiro holandês Dietrich Vennemann, da ESA.

BADÔ, Fernando. *Quando o homem chegar a Marte, como ele vai voltar de lá?* Disponível em: <http://mundoestranho.abril.com.br/materia/quando-o-homem-chegar-a-marte-como-ele-vai-voltar-de-la>. Acesso em: 10 mar. 2014

a. Quantos minutos levaria a viagem de ida até Marte?

b. Quantos segundos duraria a viagem toda?

7. Um campo de futebol americano tem 120 jardas de comprimento por 53 jardas e 1 pé de largura. Determine essas dimensões em metros.

8. Um aluno coloca um ovo cru em um copo com água e verifica que o ovo afunda. A seguir, ele vai acrescentando aos poucos sal de cozinha na água e, após certa quantidade ser dissolvida na água, o ovo passa a flutuar. Como é possível explicar o fenômeno com base no conceito de densidade?

9. Leia o texto abaixo sobre o maior cargueiro do mundo.

> O cargueiro que deve entrar para o livro dos recordes assim que for oficialmente inaugurado é um projeto da Maersk, um conglomerado dinamarquês de companhias que atua nos mais diversos ramos de negócio, mas com especial destaque nos segmentos de transporte e energia.
>
> O nome do navio, Triple-E, vem de uma menção a três conceitos: "energy, efficiency e environmental protection" (energia, eficiência e proteção ambiental, respectivamente, em português).

As dimensões da embarcação são realmente impressionantes. Ela possui 400 metros de comprimento, 59 metros de largura e 73 metros de altura. Todo esse tamanho permite que o Triple-E carregue até 165 mil toneladas.

TECMUNDO. *Triple-E: a anatomia do maior navio cargueiro do mundo*. *Disponível em:* <http://www.tecmundo.com.br/navio/39303-triple-e-a-anatomia-do-maior-navio-cargueiro-do-mundo-ilustracao-.htm#ixzz2vL02vZ5n>. *Acesso em:* 5 mar. 2014.

a. Com base nas informações, determine a densidade do cargueiro quando carregado.

b. Como podemos explicar o fato de uma estrutura tão grande e pesada flutuar?

10. Um cubo de massa 250 g tem aresta 10 cm. Determine sua densidade em g/cm^3.

11. Um estudante em sua aula de laboratório mistura dois líquidos, 200 cm^3 de um deles com densidade 0,6 g/cm^3 e 300 cm^3 de outro com densidade 0,8 g/cm^3. Qual será a densidade da mistura obtida?

12. Suponha que você e seus colegas façam parte de uma comissão que investiga casos de adulteração do leite pela adição de ureia. Leia as informações sobre o trabalho da polícia para investigar esse crime:

Os dois sócios de uma transportadora que foram presos em Rondinha, no Norte do Rio Grande do Sul, (...) durante a Operação Leite Compensado 2, compraram 50 kg de ureia. É o que consta em notas fiscais encontradas na propriedade rural onde foram realizadas as buscas (...), que desencadeou a ação em conjunto com o Ministério da Agricultura.

"Foram encontradas aqui notas que comprovam a aquisição de 50 kg de ureia. Ainda é pouco, mas continuamos as buscas", disse Rockenbach. Os documentos foram apreendidos por policiais civis que acompanharam a operação.

Na operação foram presos os dois irmãos que mantinham a transportadora, (...) além de um funcionário. O promotor afirmou que todos os investigados, tanto da primeira quanto da segunda fase, utilizavam a mesma fórmula para adulterar o leite. "Eles misturavam ao leite 10% de água e 1% de ureia, substância que contém formaldeído [substância cancerígena]", explicou.

G1. *Presos compraram 50 kg de ureia para adicionar ao leite, diz promotor*. *Disponível em:* <http://g1.globo.com/rs/rio-grande-do-sul/noticia/2013/05/presos-compraram-50-kg-de-ureia-para-adicionar-ao-leite-diz-promotor.html>. *Acesso em:* 10 de mar. 2014.

Considere os dados: densidade do leite integral varia entre 1,023 g/cm^3 e 1,040 g/cm^3, mas para fins de cálculo, considerar 1,03; densidade da ureia = 1,33 g/cm^3; densidade da água = 1 g/cm^3.

Seria possível detectar as irregularidades apresentadas na reportagem pela análise da densidade do leite? Justifique sua resposta.

Navegando na net

No endereço eletrônico abaixo você poderá fazer uma viagem pelo tempo e comparar o que o dia de hoje representa diante de outros intervalos de tempo de nossa vida:

<http://hereistoday.com>

(*acesso em:* 24 jun. 2014).

Leitura
*Você, **desvendando** a Ciência*

O ser humano evoluiu de tal forma a adaptar-se à modificação de claridade associada à sucessão de dias e noites. Resultado dessa adaptação é o ato de dormir à noite e realizar atividades durante o dia. E para o bom desempenho dessa segunda, uma boa noite de sono é imprescindível. O conhecimento do funcionamento biológico do ser humano permite a pesquisadores entender fatores que ajudam e atrapalham a qualidade do sono. Pesquisadores do Centro de Pesquisas de Iluminação, em Nova York, Estados Unidos, descobriram que a iluminação artificial tem efeito sobre a quantidade de melatonina liberada em nosso corpo, o que afeta diretamente o sono. Veja um trecho da reportagem a seguir.

Iluminação da tela de eletrônicos afeta qualidade do sono, diz estudo

Os pesquisadores envolvidos no estudo testaram os efeitos da iluminação vinda dos *tablets* sobre a melatonina (hormônio produzido sob condições noturnas, que teria a função de regular o sono). Treze pessoas usaram *tablets* com tela iluminada para ler, jogar e assistir a filmes durante o levantamento.

Descobriu-se então que esses eletrônicos reduzem em 22% a produção de melatonina: "um estímulo que pode afetar o sono", segundo a brasileira Mariana Figueiro, líder do estudo.

"Os desenvolvimentos tecnológicos criaram TVs, telas de computador e de celulares maiores e mais claras. Para produzir luz branca, esses eletrônicos precisam emitir luz a curtas distâncias, fazendo com que eliminem ou atrapalhem a produção de melatonina durante a noite. Isso reduz a duração e também atrapalha o sono. O problema é mais preocupante em grupos de jovens adultos e adolescentes, que tendem a ser corujas durante a noite", afirmou a também pesquisadora Brittany Wood, também envolvida no estudo.

Com base nas descobertas do levantamento (...), os pesquisadores sugerem que os fabricantes criem eletrônicos mais amigáveis ao corpo humano, que aumentariam ou reduziriam os estímulos dependendo da hora do dia. Até que isso não aconteça, Mariana recomenda escurecer a luz desses aparelhos o máximo possível, à noite, além de limitar o tempo gasto com esses eletrônicos antes de dormir.

Iluminação da tela de eletrônicos afeta qualidade do sono, diz estudo. Disponível em: <http://tecnologia.uol.com.br/noticias/redacao/2012/08/28/iluminacao-da-tela-de-eletronicos-afeta-qualidade-do-sono-diz-estudo.htm>. *Acesso em:* 20 fev. 2014.

1. Como a Física e a Química se relacionam com a pesquisa apresentada?
2. A iluminação artificial em altas intensidades aumenta ou diminui a produção de melatonina?
3. Tendo em vista o que foi apresentado na matéria, que tipos de ações poderiam ser tomadas em seu cotidiano para melhorar a qualidade do sono?

TecNews
O que há de mais moderno no mundo da Ciência!

Nanotecnologia está na rua

Haverá um dia em que um cartaz na rua poderá ser uma televisão de alta definição. Os carros serão econômicos, terão uma pintura que nunca ficará arranhada e vidros que se limparão sozinhos e mudarão de cor de acordo com o ambiente. Você poderá curar um câncer de pele com um simples esparadrapo e andar com roupas que não mancham. (…)

Sim, essas tecnologias já existem e muitas delas já estão à venda nas lojas. São alguns dos primeiros produtos de uma das mais promissoras das ciências: a nanotecnologia (…). É o trabalho de cientistas que estão construindo coisas de baixo para cima, manipulando átomo por átomo até criar substâncias com características quase mágicas. Eles descobrem que quantias desprezíveis de argila aumentam em 1.000 vezes a resistência de plásticos. Que, em algumas condições, os átomos de carbono se organizam em tubos microscrópicos – os nanotubos (…).

Mas, como toda novidade, a nanociência está assustando. Afinal, um material com características incríveis poderia também causar danos incríveis ao homem ou ao meio ambiente. No mês passado, um grupo de ativistas americanos tirou a roupa para protestar contra calças nanotecnológicas que seriam superpoluentes. Mas um estudo patrocinado por um dos maiores céticos da nanotecnologia, o príncipe Charles, do Reino Unido, concluiu que os novos materiais na maioria das vezes são mais simples, evitam o uso de metais pesados e podem até diminuir a poluição. (…)

O QUE JÁ EXISTE

Embalagens que conservam: nanocompostos de argila, que bloqueiam o oxigênio, fazem embalagens que dobram a validade de alimentos. Um protótipo desses já foi feito na Unicamp [Universidade Estadual de Campinas, SP]. (…)

Curativo para câncer: compostos de oxigênio sensíveis à luz estão sendo usados para tratar o câncer de pele, na chamada terapia fotodinâmica. Ao receberem luz, eles danificam as células cancerígenas ao redor, que acabam formando uma crosta e sendo substituídas por tecidos sadios. (…)

NARLOCH, Leandro. Nanotecnologia está na rua. *Superinteressante*.
Disponível em: <http://super.abril.com.br/tecnologia/nanotecnologia-esta-rua-445761.shtml>.
Acesso em: 10 mar. 2014.

CLICK E ABASTEÇA AS IDEIAS

Veja nossa sugestão de *links* sobre o assunto e abasteça suas ideias!
- http://www.brasil.gov.br/ciencia-e-tecnologia/2013/10/nanotecnologia-movimenta-economia-brasileira
- http://cienciahoje.uol.com.br/categorias?listasubject=Nanotecnologia

INVESTIGANDO...

Com seus colegas, faça uma pesquisa de produtos com componentes nanotecnológicos disponíveis no Brasil.

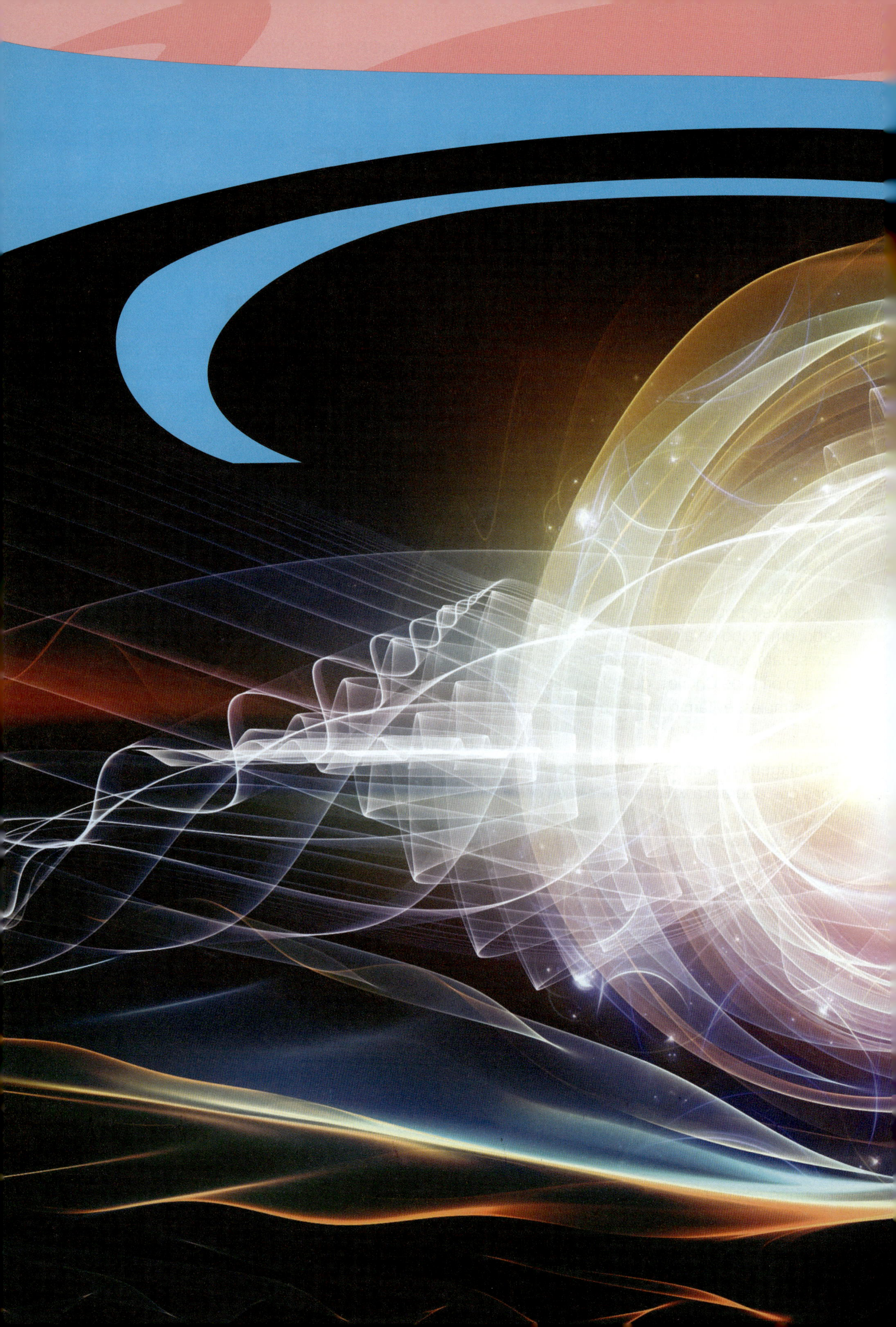

Unidade 2

ESTRUTURA E CLASSIFICAÇÃO da matéria

Nesta unidade vamos falar sobre **matéria** e **energia**. Investigando esses dois conceitos, exploraremos a pergunta: de que é feita a matéria? Por meio dos principais pensamentos filosóficos da antiguidade, abordaremos o conceito de átomo. Vamos também entender como a matéria se organiza em suas diferentes fases e como ocorrem as transformações entre essas fases. Veremos que as trocas de energia são imprescindíveis para tais transformações.

capítulo 3
Organização da matéria

Mas por que tanto investimento?

LHC, bóson de Higgs, CERN... Você já ouviu algum desses nomes ou termos em alguma notícia científica?

A imagem apresentada nesta página é do Grande Colisor de Hadrons (ou LHC, *Large Hadrons Collider*, em inglês). Ele é um dos complexos experimentos realizados no CERN, o Centro Europeu de Pesquisas Nucleares, e busca desvendar os segredos da matéria que compõem a natureza.

Esse laboratório é constituído de um grande túnel circular com mais de 27 km de circunferência, enterrado a 100 m no subsolo, na divisa da França e Suíça. O LHC utiliza altas quantidades de energia para fazer colidir pequenas partículas menores do que um átomo que se movem com velocidades próximas à da luz.

Mas por que investir tanto dinheiro em pesquisas como essa?

A resposta é complexa, mas podemos dizer que, no fundo, as pesquisas são movidas pelo mesmo desejo que nos impulsiona em vários momentos da vida: a curiosidade, o desejo de conhecer cada vez melhor o que nos rodeia.

Neste capítulo, vamos estudar a constituição da matéria, a massa, a energia e as diferentes formas em que esta é encontrada na natureza.

A equipe do LHC é formada por cientistas de todas as partes do mundo e de diferentes áreas do conhecimento, dentre eles há vários brasileiros. Todos dedicam seu tempo em pesquisas buscando pistas para compreender cada vez mais a natureza.

Foi nessa imensa estrutura que em 2010 detectou-se, pela primeira vez, uma partícula fundamental da natureza que se acredita ser a responsável por atribuir uma das propriedades da matéria a tudo o que existe: a massa. Ela é chamada de *bóson de Higgs*, em homenagem ao físico britânico Peter Higgs (1929), que previu sua existência há mais de 50 anos! Durante todo esse tempo, essa partícula foi "caçada" por vários cientistas em laboratórios de todo o mundo.

Em 2013, Higgs foi agraciado com o prêmio Nobel de Física por sua teoria recém-confirmada. Ele dedicou quase uma vida buscando um entendimento profundo sobre a razão de as coisas possuírem *massa*, uma das propriedades fundamentais da matéria.

Bóson: um especial tipo de partícula elementar. Partículas elementares são os menores elementos conhecidos presentes em tudo o que existe no Universo.

Peter Higgs.

Fique por dentro!

Devido à dificuldade tecnológica em encontrar o bóson de Higgs, o próprio Peter Higgs a retratou como "a partícula maldita" ("the God dammed particle", em inglês). Após algum tempo, aceitou a sugestão de seu editor e removeu o nome "maldita" (o "dammed" em inglês) em suas escritas, passando a tratá-la apenas como "the God particle" – "a partícula de Deus".

O novo nome acabou tendo um efeito positivo sobre a divulgação da pesquisa e despertou o interesse da comunidade em geral. Vários livros e artigos de divulgação científica conquistaram mais leitores devido ao nome atraente.

■ Matéria e energia

$$E = mc^2$$

Você reconhece essa expressão? Já a viu em algum lugar? É muito provável que sim. A relação $E = m \cdot c^2$ é uma das mais famosas e populares da Física. Ela foi proposta, em 1905, pelo físico alemão Albert Einstein (1879-1955) em um artigo no qual questionava se a **inércia** de um corpo dependeria de seu conteúdo energético. O símbolo E refere-se à energia, m à massa e c, à **velocidade da luz** no **vácuo**.

Inércia: tendência de um corpo a permanecer em seu estado de movimento. Grosseiramente falando, quanto maior a inércia de um corpo, maior a tendência de permanecer do jeito que está.

Albert Einstein (1879-1955). Grafite em muro (autor desconhecido).

Velocidade da luz: a luz propaga-se no vácuo com velocidade de 300.000.000 m/s ($3 \cdot 10^8$ m/s). Em apenas um segundo, a luz é capaz de percorrer uma distância de 300.000 km. Viajando com essa velocidade, seria possível ir até o Sol em cerca de 8 minutos.

Vácuo: ausência de matéria em determinada região do espaço.

UNIDADE 2 • ESTRUTURA E CLASSIFICAÇÃO DA MATÉRIA

A equação $E = m \cdot c^2$ apresenta, fundamentalmente, uma equivalência entre massa e energia.

Matéria e energia estão presentes de diferentes formas em nosso dia-a-dia e, em geral, somos capazes de intuitivamente reconhecer uma ou outra. As imagens a seguir ilustram algumas situações em que ambas estão envolvidas. Classifique quais delas estão associadas à matéria e quais à energia.

Em todas as imagens é possível identificar exemplos de matéria, mas a elas também é possível associar certo tipo de energia (para mover o trem, andar de bicicleta, acender luzes, é necessário energia). Assim, percebemos que separar matéria e energia não é tão simples. Elas estão profundamente relacionadas a tudo o que acontece na natureza. Mas afinal, o que é matéria? e energia?

Apesar de as perguntas serem simples, suas respostas podem ser complexas. Para nossos estudos, iremos definir matéria e energia por meio de propriedades percebidas ou utilizadas por nós.

Descubra você mesmo!

O jovem Einstein foi um aluno muito peculiar. Faça uma pesquisa para saber mais sobre como ele era como aluno, de que modo se comportava em sala, que notas tirava, qual a opinião de seus professores. Compartilhe com a turma o que encontrou.

Matéria

Tudo o que existe, que faz parte do mundo em que vivemos, ocupa determinado lugar no espaço. Seja uma bola, uma árvore, um gato ou até mesmo o Sol e a Lua ocupam um espaço. Mesmo possuindo formatos diferentes, são todos formados por **matéria**.

A matéria distribui-se pela natureza em diversos formatos e quantidades, constituindo diferentes corpos ou materiais. Um **corpo** ou **material** é qualquer porção limitada de matéria. Um bloco de mármore, uma barra de ferro e uma tábua de madeira são formados por uma quantidade limitada de mármore, ferro e madeira. Por isso, cada um deles é um corpo (material) diferente.

O mármore pode ser transformado em estátua, a barra de ferro em fios e chapas, a madeira em mesas e cadeiras. Estátuas, fios, chapas e mesas servem para determinada finalidade de uso. Quando os corpos são moldados para determinado uso são denominados **objetos**.

> **Lembre-se!**
> Notamos a existência da matéria, pois nossos sentidos percebem duas de suas propriedades mais gerais: o volume e a massa.

> **Jogo rápido**
> Escreva em seu caderno a definição do que é matéria. Cite alguns exemplos.
> O que é um corpo?

> **Matéria** é tudo o que possui massa e ocupa lugar no espaço.

O formato de um objeto define seu volume (V), que é usualmente medido em metros cúbicos (m^3) ou em litros (L). A relação entre essas duas unidades é a seguinte: $1\ m^3 = 1.000\ L$. Assim, uma caixa-d'água de 5.000 L, por exemplo, ocupa um espaço de 5 m^3.

> A matéria ocupa determinado volume no espaço.

A quantidade de matéria que forma um corpo é chamada de **massa** (m), e é medida em gramas (g) ou mais usualmente em quilogramas (kg). A balança é o aparelho utilizado para medir massas.

A balança indica que sobre ela estão 38 g de queijo – essa é a quantidade de matéria que compõe aquela quantidade de queijo.

YEVGEN KOTYUKH/SHUTTERSTOCK

> **Lembre-se!**
> 1 kg = 1.000 g
> Um múltiplo do kg é a tonelada (t ou Mg):
> 1 tonelada = 1.000 kg

> A massa mede a quantidade de matéria que forma um corpo.

É SEMPRE BOM SABER MAIS!

Inércia e força

Apesar de a Física e a Química estudarem a matéria e suas propriedades, partem de princípios diferentes para criar modelos capazes de compreendê-la. O conceito de massa definido anteriormente é um conceito que atende bem às duas áreas. Porém, na Física, o conceito de massa possui um complemento: massa é uma medida direta da **inércia** de um corpo.

Na prática, funciona assim: se nenhuma força agir sobre um corpo, ele tende a permanecer do jeito que está: se estiver parado, continuará parado; se estiver em movimento, continuará com o mesmo movimento.

Isso é o que observamos ao nosso redor: para fazer uma bola rolar por um gramado, é necessário um chute! Ou a força do vento... Ela não sairá rolando sozinha se ninguém agir sobre ela. Portanto, só é possível alterar a inércia por meio da ação de uma força.

Corpos mais leves (ou seja, de pouca massa) possuem menos inércia que corpos mais pesados, pois para alterar o estado de movimento do mais leve é necessária uma força pequena. Você entenderá mais detalhes sobre esse conceito de massa nos capítulos seguintes.

Como vimos no capítulo anterior, a relação entre a quantidade de matéria que compõe um corpo (sua massa) e o espaço ocupado por ele (seu volume) define outra propriedade dos corpos: a **densidade**. Ela revela que quanto menor for o volume "V" de determinada quantidade de matéria "m", maior será sua densidade "d".

> **Densidade** é a razão entre a quantidade de matéria (massa) que compõe um corpo e o espaço ocupado por ela (seu volume). É expressa pela relação
> $$d = \frac{m}{V}$$

Vamos explorar um pouco mais o conceito de densidade:

- pegue uma massinha de modelar, faça uma bolinha e solte-a em um recipiente com água. Observe o que acontece;
- agora, retire a massinha e molde-a como um barco. Coloque de volta no recipiente com água e observe.

Comparando as duas situações, o que notou?

No formato de bolinha, o volume ocupado pela massinha é menor do que no formato de um pequeno barco. E, de acordo com a expressão da densidade, quando o volume diminui a densidade aumenta – eis o motivo de a bolinha afundar. Já no formato de barco, o volume da massinha é grande, o que faz sua densidade diminuir tanto que é capaz de boiar.

Assim, sob certas circunstâncias, a mesma quantidade de matéria pode se comportar hora de um jeito, hora de outro, de acordo com sua densidade.

A diferença de densidade também pode fazer com que diferentes líquidos se separem, veja na imagem ao lado.

Lembre-se!

Como vimos anteriormente, para medir densidade utiliza-se a unidade padrão no Sistema Internacional de Unidades, que é o kg/m^3. Porém, as unidades kg/L, g/mL ou g/cm^3 também são utilizadas. Essas unidades são equivalentes, de modo que

1.000 kg/m^3 = 1 kg/L = 1 g/L = 1 g/cm^3

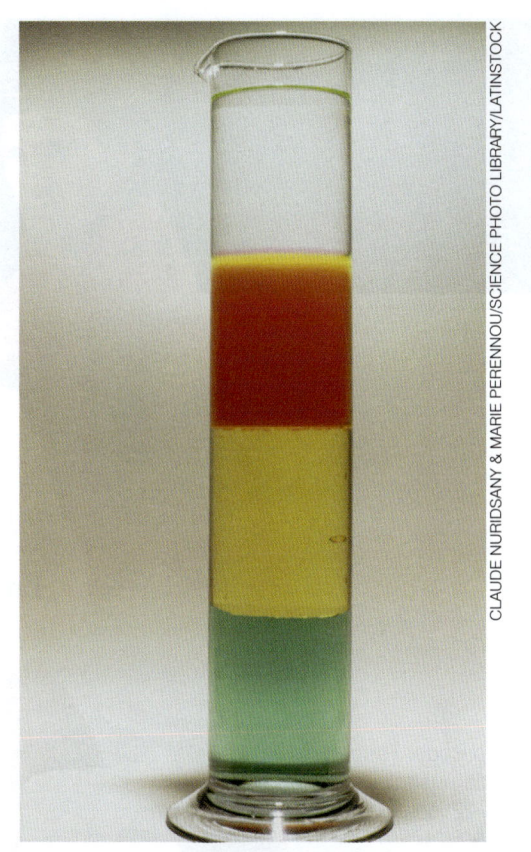

Os líquidos do fundo são mais densos do que os líquidos acima dele.

Imagine agora o seguinte experimento: ao fixar um papel no fundo de um copo e mergulhá-lo de boca para baixo dentro de um balde de água, o papel no fundo do copo ficará molhado?

Ao observar o copo dentro da água, nota-se um espaço aparentemente vazio entre a água e o papel. Na verdade, esse espaço está repleto de ar que fica aprisionado dentro do copo, impedindo que a água molhe o papel.

Essa experiência revela a **impenetrabilidade** da matéria, propriedade de dois corpos não poderem ocupar o mesmo lugar do espaço ao mesmo tempo.

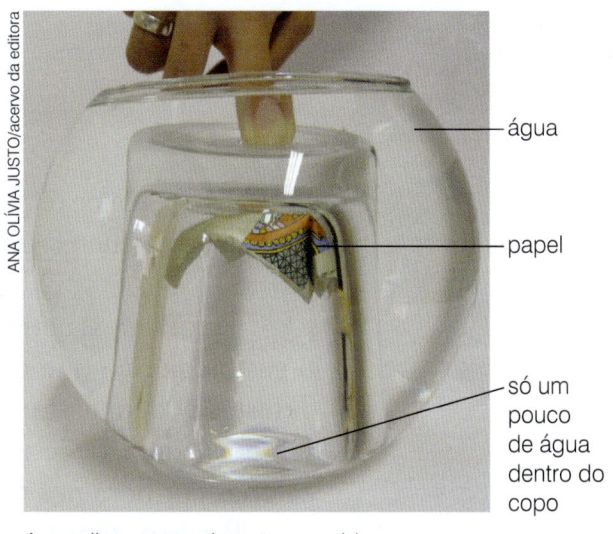

Outras propriedades da matéria são ductilidade, fragilidade, elasticidade, resiliência, por exemplo, e também podemos citar a capacidade de ser comprimida, dividida, transformada em lâminas e fios, de conduzir ou não o calor, a eletricidade, de manifestar propriedades magnéticas, entre muitas outras. Algumas dessas são propriedades físicas; outras, químicas. É em função dessas propriedades que cada tipo de material é utilizado. Algumas dessas propriedades já vimos no capítulo anterior e outras iremos estudar em detalhes em outros capítulos deste livro.

Ao realizar o experimento sugerido, verificamos que o papel não fica molhado.

Jogo rápido

Como seria possível comprovar que, na demonstração acima, há ar no interior do copo?

Tenista suíço Roger Federer em torneio da Austrália (Melbourne, 22 jan. 2012).

NEALE COUSLAND/SHUTTERSTOCK

Energia

Leia o artigo a seguir sobre a prática do tênis de quadra e observe o contexto em que o termo energia é utilizado.

Energia e o gasto calórico no tênis

O tênis é caracterizado por exercícios de alta intensidade, velocidade e apuração durante partidas que podem durar horas. Por isso, ele necessita que seu corpo utilize dois sistemas distintos para fornecimento de energia: ele primeiramente utiliza energia (...) dos carboidratos para os movimentos rápidos e de alta intensidade durante a disputa dos pontos. Entretanto, a longa duração das partidas, o curto tempo de recuperação entre os *games* e a constante tolerância ao calor requerem também a ativação do sistema (...) para fornecimento de energia que utiliza carboidrato e gordura como combustíveis. (...)

O total dessa energia fornecida para a prática do tênis representa o gasto calórico que o jogador apresenta durante o treino ou partida. Tenistas podem gastar muitas calorias nas quadras, principalmente durante as competições. Não é raro os jogadores gastarem de 600 a 800 calorias por hora nos treinos e partidas de tênis simples. (...)

Por isso, tanto a dieta do tenista amador quanto do competitivo deve promover um balanço dessa perda calórica, a partir do consumo adequado de calorias em refeições balanceadas que favoreça crescimento e desenvolvimento adequado (...).

Os cálculos utilizados para a prescrição de uma alimentação adequada devem ser feitos por um profissional capacitado, pois dependem da composição corporal, da necessidade de manutenção, ganho ou perda de peso e dos objetivos de cada atleta (por exemplo, atletas de elite podem ter uma necessidade energética de 2.500 a 4.500 calorias por dia).

CAPÍTULO 3 • Organização da matéria   65

Os jogadores de tênis precisam de energia para velocidade, força e resistência. As escolhas na alimentação e na hidratação antes, durante e após a partida são uma ferramenta decisiva em quadra.

HOMSI, C. Energia e o gasto calórico no tênis. Tênis Brasil, 27/07/2010. *Disponível em:* <http://tenisbrasil.uol.com.br/instrucao/79/Energia-e-o-gasto-calorico-no-tenis/>. *Acesso em:* 26 mar. 2014.

Dentre as varias informações apresentadas no texto, fica claro que é preciso ter energia para poder jogar tênis. Mas o que é **energia**? Pode parecer complexo definir essa grandeza tão importante para a Física e para a Química, mas você certamente já ouviu falar dela e faz uso dela o tempo todo. Para entender melhor o que é energia, devemos também notar as diferentes formas nas quais ela pode aparecer na natureza. Para alimentar um computador é necessário *energia elétrica*, para iluminar um ambiente é necessário *energia luminosa*, quando ouvimos um som, há a *energia sonora* em cena, as reações químicas podem liberar ou consumir *energia*... enfim, são muitas as formas de energia.

Além de existir em diversas formas, a energia também pode ser *transferida* e *transformada*.

Assim, ainda que não tenhamos uma definição formal para energia, podemos enunciar uma propriedade bastante geral:

> **Jogo rápido**
> Você conhece alguns exemplos de transferência e de transformação de energia?

> **Energia** é capaz de modificar uma ou mais propriedades da matéria, provocar ou alterar movimentos e causar deformações.

Voltando ao início dessa seção, a energia apresentada por Einstein em sua Teoria da Relatividade é apenas um dos tipos de energia que podem ser encontrados na natureza. O "E" da expressão $E = m \cdot c^2$ é apenas uma forma de medir a quantidade de energia associada à massa de um corpo. Porém, é uma forma de energia mais difícil de ser acessada. A seguir, outras formas de energia disponíveis na natureza.

Um liquidificador transforma energia elétrica em energia de movimento para mover suas pás e processar o alimento. Sem o devido cuidado, isso pode gerar uma grande bagunça!

Energia mecânica

Está relacionada com o movimento ou a posição relativa dos corpos. Ela se diferencia em três formas: um corpo que se move com certa velocidade possui uma energia associada ao seu movimento chamada de *energia cinética*; um corpo posicionado a certa altura possui *energia potencial gravitacional*; quando um corpo provoca deformações elásticas, como uma mola, dizemos que ele possui *energia potencial elástica*.

Energia elétrica

Talvez esse seja o tipo de energia que venha à sua cabeça quando falamos em energia. Sem eletricidade o mundo atual não sobrevive, pois dela dependem nossos computadores, TVs, celulares, a iluminação de nossas casas etc. Essa forma de energia é "gerada" a partir de outros tipos de energia, como a partir da água represada ou a partir do movimento do vento ou da luz solar.

Energia térmica

Manifesta-se de duas formas: *calor* e *temperatura*. O calor é a energia térmica *transferida* entre um corpo e outro, e pode ser sentida ao se tocar um objeto. Já temperatura é a energia térmica armazenada em um corpo, e é uma medida indireta do nível de agitação das partículas que o compõem. Quanto maior a agitação das moléculas de um corpo, maior é a sua temperatura.

TERO HAKALA/SHUTTERSTOCK

Energias sonora e luminosa

Luz e som são formas de energia perceptíveis por nossos sentidos e que se propagam na forma de ondas. O som é uma onda mecânica e necessita de um meio material para se propagar, como o ar, por exemplo. A luz é uma onda eletromagnética, e também se propaga no vácuo.

Um princípio fundamental da matéria e energia é que ambas não podem ser criadas nem destruídas; são apenas *transformadas* (você verá isso com mais detalhes em outros capítulos deste livro). Ao queimar madeira, por exemplo, a matéria é transformada em cinzas, liberando energia nesse processo.

Já a energia é transformada de uma forma em outra por meio de diferentes processos. Em usinas eólicas, por exemplo, a energia do movimento do vento é convertida em eletricidade; nas hidrelétricas, a energia armazenada na água represada é convertida em energia elétrica.

CHRISTIAN BERTRAND/SHUTTERSTOCK

DE OLHO NO PLANETA

Com o desenvolvimento das cidades e o acesso da maior parte das pessoas a equipamentos eletroeletrônicos, a demanda por energia tem crescido significativamente no país. Em fevereiro de 2014, a demanda por energia elétrica bateu novo recorde, chegando a 85.708 megawatts-hora. Em um estudo encomendado pelo Ministério de Minas e Energia do Brasil, verifica-se uma tendência de que essa demanda por energia dobre até o ano de 2022.

Outro efeito do crescimento e desenvolvimento das cidades é a produção cada vez maior de lixo (resíduos sólidos). Dados do IBGE mostram que a quantidade de lixo diária coletada no Brasil é superior a 200.000 toneladas. São incríveis 73 milhões de toneladas por ano! O grande problema disso é o destino desse lixo. Muitos aterros sanitários no Brasil já atingiram sua capacidade limite de receber resíduos.

Assim, é inevitável a busca por soluções sustentáveis que possibilitem o crescimento do país. É nesse cenário que foi desenvolvido no Brasil um protótipo de uma usina de lixo, a Usina Verde. Situada no Rio de Janeiro, a usina transforma matéria orgânica em energia. Funciona assim: o lixo que chega na usina é separado. Uma parte é destinada à reciclagem e outra vai para um incinerador. O lixo é queimado inicialmente com gás natural, mas depois o fogo é mantido pelo próprio lixo. A liberação de poluentes está de acordo com padrões de exigência ambiental e, ao final do processo, uma tonelada de lixo é convertida em cerca de 100 kg de cinzas, que podem ser utilizados em misturas de asfalto ou de concreto na construção civil.

A geração de energia por meio do lixo ocorre devido à decomposição da matéria orgânica, que libera um tipo de gás (o metano). O metano é um dos gases que podem intensificar o efeito estufa, mas em vez de ser jogado na atmosfera, a Usina Verde capta o gás e o envia, através de tubulações, para usinas geradoras de energia elétrica.

Em aproximadamente 6 meses, certos resíduos sofrem decomposição e liberam um gás chamado metano, que é inflamável e pode ser utilizado como fonte de energia.

CAPÍTULO 3 • Organização da matéria 69

Sustentabilidade

O processo todo ainda tem custo elevado, mas as pesquisas feitas na área tendem a tornar essa uma solução sustentável para o lixo e para a energia elétrica. Entenda o processo utilizado na Usina Verde no infográfico a seguir.

Da cidade, o lixo é encaminhado para a usina de tratamento.

Antes de receber o lixo, o solo do aterro é impermeabilizado para evitar contaminação.

Ao chegar no aterro, o lixo é separado e apenas o doméstico é depositado. As camadas de lixo são prensadas e intercaladas com camadas de argila.

Gás e chorume são encaminhados para a usina de tratamento.

O gás, na verdade, biogás, é utilizado para gerar energia elétrica para a própria usina e também para abastecer a comunidade.

O chorume é coletado em tanques e depois de tratado sua água é recuperada.

coletores de gás e de chorume

drenos de emergência

camada protetora de argila

solo

A USINA VERDE
Esquema da Central de Resíduos de Seropedica, RJ.

Camadas de argila, de lixo compactado, intercaladas com drenos, areia e mantas impermeabilizantes formam a estrutura do aterro.

Fonte: <http://planetasustentavel.abril.com.br/pops/usina-verde-lixao.shtml>.

Estados de agregação da matéria

Você lembra o que é *granizo*? É a precipitação de pequenos "pedaços" de gelo.

As chuvas de granizo podem ser observadas sob diversos aspectos: há a beleza das pequenas pedras de gelo caindo do céu, a preocupação pela grande tempestade por vezes associada e pelos danos que as pedras podem causar em carros e telhados de casas.

Você já presenciou uma chuva de granizo? Sabe como elas ocorrem? No infográfico a seguir você encontrará mais informações sobre o fenômeno.

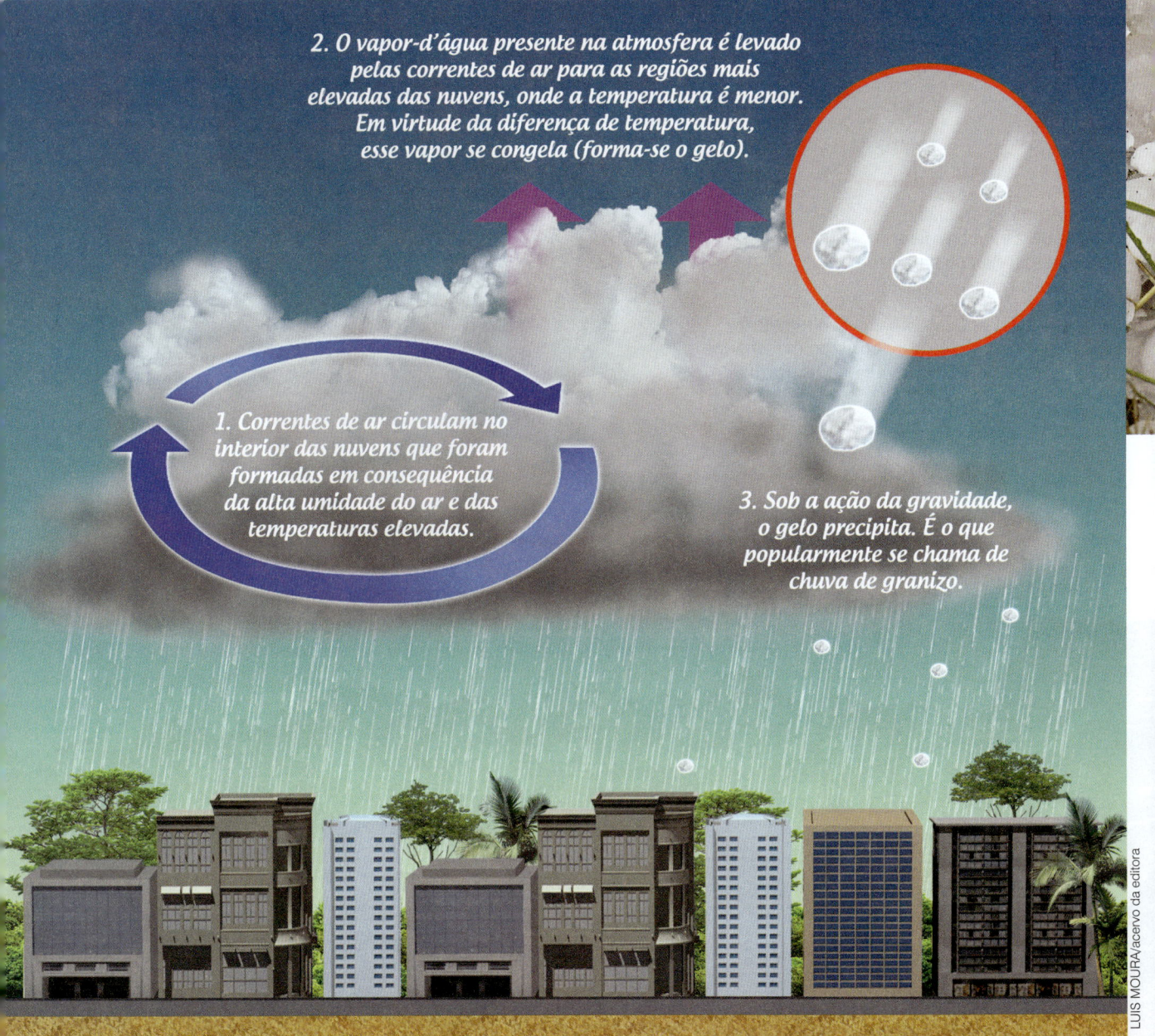

COMO OCORRE A CHUVA DE GRANIZO

1. Correntes de ar circulam no interior das nuvens que foram formadas em consequência da alta umidade do ar e das temperaturas elevadas.

2. O vapor-d'água presente na atmosfera é levado pelas correntes de ar para as regiões mais elevadas das nuvens, onde a temperatura é menor. Em virtude da diferença de temperatura, esse vapor se congela (forma-se o gelo).

3. Sob a ação da gravidade, o gelo precipita. É o que popularmente se chama de chuva de granizo.

CAPÍTULO 3 • Organização da matéria 71

Analisando as nuvens, o gelo e a própria chuva, percebemos que há uma substância comum no fenômeno: a água. Ela forma as nuvens, o gelo e as gotas de chuva. Mas qual é a diferença na forma como encontramos a água em cada situação?

Nas nuvens, encontramos a água no estado de **vapor**; no granizo, no estado **sólido** e nas gotas de chuva, no estado **líquido**.

> **Jogo rápido**
>
> Também é possível observar a água nos três estados (sólido, líquido e vapor) em situações cotidianas. Cite algumas delas.

Dependendo da quantidade de energia armazenada na água, e das trocas de energias que faz com o meio, ela pode se apresentar em diferentes estados físicos ou fases. Assim, chamamos de **estados físicos** ou **fases** aos diferentes estados de agregação (organização) da matéria.

Podemos generalizar a observação que fizemos sobre a água para a matéria como um todo: dependendo das trocas de energia que a matéria faz com o ambiente, e das situações em que isso ocorre, suas propriedades (macroscópicas) passam a ser moldadas pela forma de organização de seus componentes (microscópicos).

Granizo.

> **Jogo rápido**
>
> A imagem a seguir mostra a erupção de um vulcão no mar. Procure identificar os estados físicos sólido, líquido e gasoso.

JOSH ANON/SHUTTERSTOCK

Agora que conhecemos os estados físicos comuns da matéria, vamos fazer um comparativo das características macroscópicas observadas nos estados com as respectivas organizações microscópicas das partículas que as constituem.

SÓLIDO

Volume: constante
Forma: constante
Forças de atração entre as partículas: fortes, o que faz com que elas fiquem vibrando em determinada posição.

No estado sólido, as moléculas estão fortemente ligadas e apresentam maior grau de organização.

LÍQUIDO

Volume: constante
Forma: varia
Forças de atração entre as partículas: mais fracas do que nos sólidos, permitindo seu movimento.

No estado líquido, as moléculas estão menos fortemente ligadas do que no estado sólido. Apresentam menor grau de organização do que no estado sólido, porém estão mais organizadas do que no estado gasoso.

GASOSO

Volume: varia
Forma: varia
Forças de atração entre as partículas: praticamente nulas.

No estado gasoso, as moléculas estão praticamente livres e é alto o grau de desorganização das moléculas.

Quanto mais energia o corpo recebe do meio, mais agitadas ficam suas moléculas – isso permite ao corpo adquirir uma maior liberdade de formas. É por isso que nos estados líquido e gasoso o corpo não possui um formato próprio: suas moléculas estão livres e assumem o formato do recipiente que as contém. Já no estado sólido, as moléculas ficam bem mais "comportadas" e ordenadas – a energia nelas armazenadas é menor do que no estado líquido.

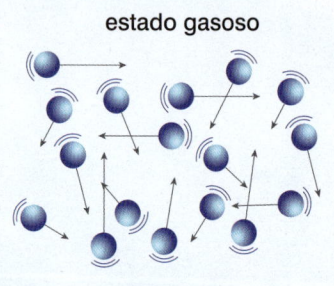

estado gasoso	estado líquido	estado sólido
moléculas "livres"	moléculas agrupadas	estrutura rígida

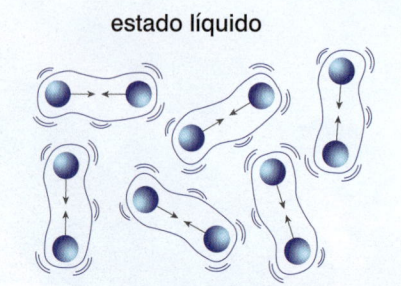

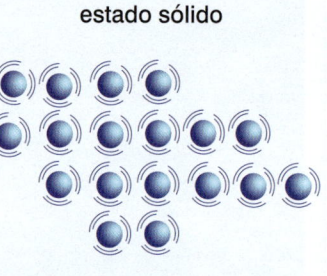

Observe como as moléculas se movimentam segundo seu estado físico.

CAPÍTULO 3 • Organização da matéria   73

É SEMPRE BOM SABER MAIS!

Você faz ideia de quantos estados físicos a matéria possui?

Apesar de a pergunta parecer simples, muitos cientistas realizam pesquisas e buscam a resposta para essa pergunta!

Até agora já foram comprovados cinco estados fundamentais da matéria. Há ainda outros dois estados teóricos, que ainda não foram observados na natureza. Já falamos nos estados sólido, líquido e gasoso; conheça no infográfico a seguir o estado de *plasma* e o quinto estado, chamado de *condensado Bose-Einstein*.

Em 1924, o físico alemão Albert Eistein e o matemático indiano Satyendra Nath Bose previram a existência de um quinto estado da matéria, porém sua comprovação em laboratório só ocorreu muitos anos depois (em 1995).

ESTADO DE PLASMA
A temperaturas altíssimas, da ordem de 10.000 °C, os átomos movimentam-se caoticamente, espalhando-se por todas as direções a uma velocidade aproximada de 15.000 km/h. É o estado da matéria das estrelas.

ESTADO GASOSO
Em um gás à temperatura ambiente, os átomos se movimentam com velocidade média de 1.500 km/h, em qualquer direção.

ESTADO LÍQUIDO
À temperatura ambiente, os átomos movimentam-se desordenadamente. Percorrem todo o volume que lhes é dado, como o de um copo. A velocidade média das moléculas é bem menor: 90 km/h.

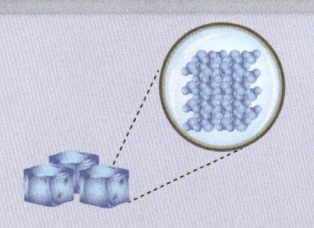

ESTADO SÓLIDO
Quando a temperatura cai mais, os átomos se unem firmemente, mas ainda se movimentam. Na água, a 0 °C os átomos se movimentam a 90 km/h, mas já não se deslocam por todo o volume. Apenas vibram em torno de um ponto.

QUINTO ELEMENTO
No condensado Bose-Einstein, os átomos estão a uma temperatura muito próxima do zero absoluto (–273 °C). As partículas vibram como um corpo único, mas a uma velocidade tão baixa que é impossível medi-la em laboratório.

Não existe na natureza.

Fonte: <http://portaldoprofessor.mec.gov.br/fichaTecnicaAula.html?aula=12454>. Acesso em: 4 jul. 2015.

ESTABELECENDO CONEXÕES

Sabe onde é possível encontrar o 4.º estado da matéria?

Atualmente muitos televisores e celulares funcionam com pequenas cápsulas de um liquido que é ionizado (ou seja, transformado em *plasma*) quando uma corrente elétrica passa por ele.

TV de plasma.

Ionizado: transformado em íons.
Íons: são partículas, moléculas ou átomos que possuem uma carga elétrica, que pode ser positiva ou negativa. As moléculas ou átomos neutros podem ser ionizados, ou seja, podem passar por um processo de transformação em que seus íons são liberados.

Lâmpadas de neon e lâmpadas frias (como essa que provavelmente ilumina a sua sala) funcionam com descargas elétricas que ionizam o gás dentro delas, transformando-o em plasma, que faz a matéria emitir luz.

Existem várias manifestações naturais do estado de plasma. O raio que cai durante uma tempestade é o plasma formado pela ionização do ar quando uma corrente elétrica passa por ele. As auroras boreais são outro tipo de manifestação do plasma que são observadas em regiões de altas latitudes.

As bolas de plasma como a da foto são objetos à venda que permitem interagir com descargas iônicas desse tipo.

O fenômeno das coloridas faixas de luzes "dançantes", visto em regiões de alta latitude, é conhecido como aurora boreal.
(Na foto, aurora boreal no Território de Yukon, Canadá.)

Mas apesar de toda a aparente tecnologia envolvida por trás do plasma, sabia que a simples chama de uma vela ou de uma fogueira é feita de plasma? A energia liberada com a queima da matéria provém da quebra das ligações entre as moléculas da matéria em combustão e do ar. É o 4.º estado da matéria mais próximo de você.

Mudanças de fase

Você já reparou que quando uma garrafa d'água é retirada da geladeira e deixada em temperatura ambiente por alguns instantes, pequenas gotículas de água surgem em sua superfície?

Qual é a origem dessas gotículas? Como elas surgem na superfície da garrafa? Vimos até aqui que a matéria pode ser encontrada em diferentes estados, mas como ocorre a transformação entre esses estados? É possível transformar qualquer estado em outro? Vamos investigar essas perguntas.

A matéria pode trocar diferentes formas de energia com o ambiente onde está. Uma das consequências dessa interação é sofrer mudanças em seu estado físico.

Um material sólido, por exemplo, ao receber energia na forma de calor pode passar para sua fase líquida. É o caso de uma pedrinha de gelo quando colocada em um copo de suco: aos poucos, o gelo frio vai se esquentando ao receber calor do líquido mais quente que ele, e logo derrete. Já um material que esteja na fase gasosa, ao ceder parte de sua energia para o ambiente, pode se transformar em líquido. É o caso do vapor do chuveiro que quando toca nas paredes frias do banheiro se resfria e vira pequenas gotículas de água. Um processo similar ocorre quando as gotículas de água se formam na superfície da garrafa gelada. O vapor-d'água (umidade do ar) entra em contato com a parede fria da garrafa e se liquefaz. Esse processo recebe o nome de **liquefação** ou **condensação**. Vejamos a seguir outros nomes atribuídos a transformações de fase.

A imagem abaixo ilustra os três estados da matéria mais comuns e as transformações de fase que ocorrem quando recebem energia do meio (nas setas para a direita) ou perdem parte de sua energia para o ambiente (nas setas para esquerda). Observe:

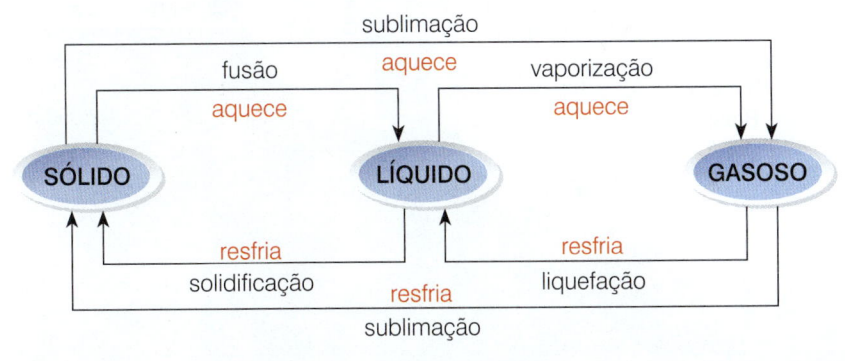

Quando se fornece calor à manteiga ela se funde, passando do estado sólido para o líquido.

```
                      sublimação
              fusão      aquece     vaporização
              aquece                  aquece
   SÓLIDO              LÍQUIDO              GASOSO
              resfria                 resfria
           solidificação   resfria   liquefação
                      sublimação
```

Ao continuar fornecendo energia na forma de calor, o gás passa para um estado onde suas partículas rompem as ligações químicas existentes entre elas. Dizemos que a matéria torna-se **ionizada**. Portanto, ionizar é separar a matéria em suas partículas portadoras de cargas elétricas, que, como vimos, são chamadas de íons.

A naftalina, muito usada no passado para afastar as traças (insetos que, muitas vezes, atacam tecidos), em contato com o ar sublima, ou seja, passa do estado sólido para o estado gasoso.

É SEMPRE BOM SABER MAIS!

Carga elétrica e íons

A carga elétrica é uma das características fundamentais da matéria. Existem dois tipos de cargas: a positiva e a negativa. Quando a matéria se junta para formar um corpo, partículas portadoras de cargas se unem. Quando a quantidade de cargas positivas é igual à quantidade de cargas negativas, dizemos que o corpo está neutro.

Íons podem ser criados por meio de processos físicos ou químicos: o processo físico ocorre ao continuar a fornecer energia a um gás. Quando é superaquecido, ele muda de estado físico para a fase de plasma, e as partículas portadoras de cargas elétricas tornam-se livres.

O processo químico de formação de íons ocorre em reações químicas eletrolíticas, como a de uma pilha, por exemplo, onde em cada polo acumula-se um tipo de íon (e daí a sua classificação como polo positivo e polo negativo).

Fatores que interferem nas mudanças de fase

As mudanças de fase ocorrem em geral com a mudança da temperatura do corpo (energia térmica que ele armazena). Mas também podem ocorrer com a **variação do volume** e **da pressão** (ou seja, modificando as condições do ambiente).

Quando fervemos água em uma panela, ela evapora ao atingir aproximadamente 100 °C. Essa é uma condição normal de temperatura e pressão. Mas você sabia que a água pode ferver instantaneamente caso seja liberada no espaço? Mesmo sendo o espaço um ambiente muito frio, com temperaturas próximas a −270 °C, a pressão que o vácuo exerce sobre a água é baixíssima, o que permite a água atingir seu ponto de fervura mesmo a temperaturas extremamente baixas.

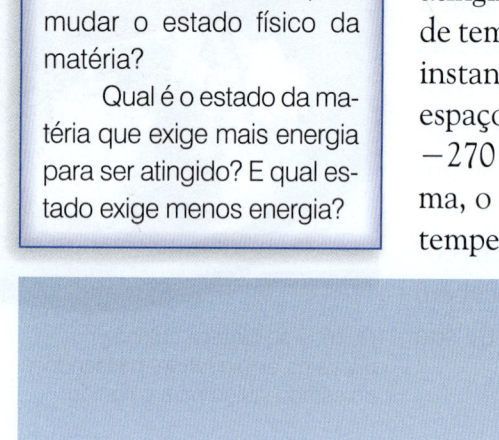

Jogo rápido

Qual o tipo de energia mais comum utilizado para mudar o estado físico da matéria?

Qual é o estado da matéria que exige mais energia para ser atingido? E qual estado exige menos energia?

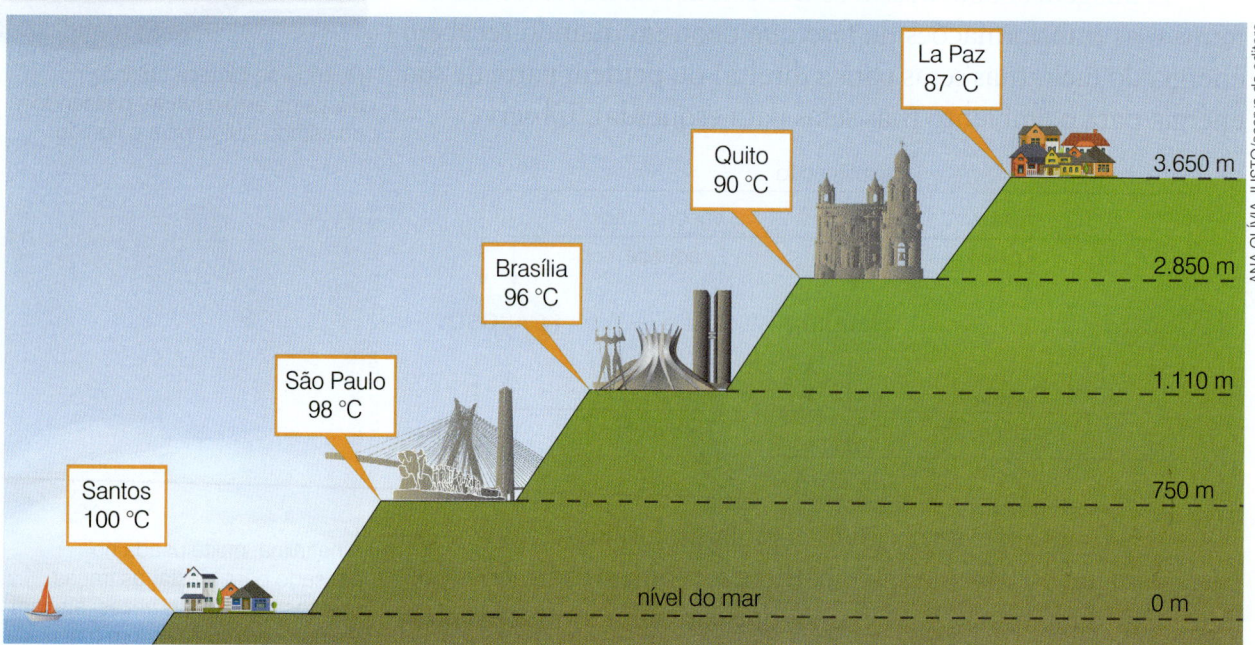

Como a temperatura de ebulição depende da pressão, a temperatura de ebulição da água ao nível do mar é maior do que a temperatura de ebulição da água em localidades mais elevadas.

O contrário ocorre dentro de uma panela de pressão: o volume limitado da panela aumenta a pressão sobre a água quando aquecida. Isso eleva sua temperatura de ebulição. Dentro da panela de pressão, a água atinge seu ponto de ebulição próximo dos 120 °C, e isso permite que os alimentos cozinhem mais rapidamente.

> **Jogo rápido**
> Como varia a pressão atmosférica em função da altitude?

Dentro da panela de pressão, o vapor exerce uma força sobre o líquido aquecido. Maior pressão leva a uma temperatura de ebulição maior.

As mudanças de estado não são instantâneas: ao fornecer energia térmica a um corpo (na forma de calor), sua temperatura aumenta, como ilustrado na imagem ao lado. Mas há momentos em que a energia fornecida não eleva a temperatura – essas são as situações na qual ocorrem as mudanças de fases, quando o corpo utiliza a energia fornecida para alterar a organização de suas moléculas. No gráfico, há duas regiões assim: uma entre a fase sólida e líquida, e outra entre a fase líquida e gasosa.

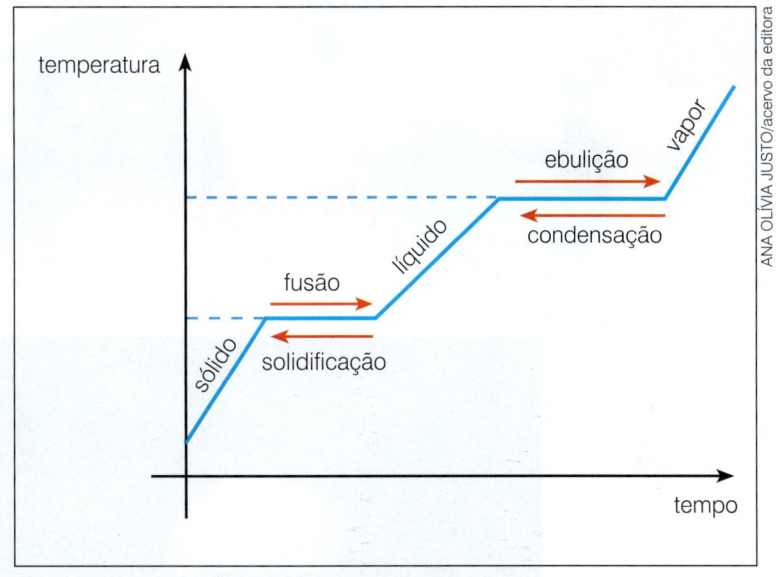

Gráfico das mudanças de fase em função da temperatura.

■ De que é feita a matéria

No início deste capítulo, falamos sobre a descoberta da partícula conhecida como bóson de Higgs. Mencionamos que a busca por essa partícula estava associada ao entendimento da razão para a existência da massa dos corpos. Mas essa é apenas uma parte da história da investigação sobre a natureza da matéria. Como dito no capítulo anterior, a busca pelo entendimento da natureza teve contribuições significativas dos filósofos gregos.

De um lado estavam as ideias de Leucipo (500 a.C.-?), Demócrito (460 a.C.-370 a.C.) e outros pensadores, que acreditavam que a matéria era constituída de pequenas unidades fundamentais e indivisíveis, denominadas de **átomos**. Os defensores dessa ideia ficaram conhecidos como atomistas. Para eles, as percepções do doce, salgado, amargo, azedo, por exemplo, eram resultado das diferentes formas como os átomos se ligavam. Também defendiam a existência de espaços vazios (vácuo) por onde os átomos se moveriam. Os atomistas explicavam as mudanças ocorridas no mundo ao redor por transformações que poderiam ocorrer nas interações entre os átomos – para eles, as unidades fundamentais da matéria.

Do outro lado estavam as ideias de Aristóteles (384 a.C.-322 a.C.), que negava a existência do vácuo, alegando que o mundo era constituído por um contínuo de matéria, ou seja, para ele, não seria possível dividir as coisas até que se chegasse a unidades fundamentais. Aristóteles defendia que as mudanças observadas no mundo poderiam ser explicadas por sua teoria dos quatro elementos (água, ar, fogo e terra).

A grande questão por trás do pensamento de Demócrito e Aristóteles era: o que é fundamental na matéria? Seria o mundo como um grande jogo de bloquinhos fundamentais e indivisíveis ligados uns aos outros? ou seria um contínuo de matéria que até poderia ser quebrada, mas sem jamais se chegar a um pedaço fundamental?

Ao longo da evolução do pensamento humano foram surgindo apoiadores de uma ou de outra visão. O físico e matemático inglês Isaac Newton (1643-1727), por exemplo, descrevia a luz como formada por pequenos corpúsculos e, ao que indica a análise de sua obra, Newton apoiava a teoria atômica.

> **Átomo:** do grego, o termo *tomo* pode ser entendido como parte. O prefixo "a" remete a negação. Assim, átomo seria aquilo que não pode ser dividido em partes.

Como em um jogo de blocos de montar, o mundo para os atomistas gregos seria constituído pela junção de várias peças fundamentais, os átomos.

Retrato de Isaac Newton. Óleo sobre tela, de Sir Godfrey Kneller, 75,6 × 62,2 cm, 1702. National Portrait Gallery, Londres.

Mesmo que as ideias sobre a existência de átomos fosse ganhando força após a Revolução Científica iniciada no século XVI, uma prova experimental de sua existência só viria em 1905, quando Albert Einstein submete sua tese de doutorado na qual explica um movimento desordenado observado inicialmente pelo biólogo e físico escocês Robert Brown (1773-1858).

Brown observou trajetórias do movimento de partículas de pólen suspensas em um líquido chegando a sugerir que tal movimento era devido a algum tipo de vida microscópica (como a de pequenas bactérias, por exemplo). Em homenagem a esse cientista, o movimento de partículas em suspensão em um líquido ficou conhecido como **movimento browniano**.

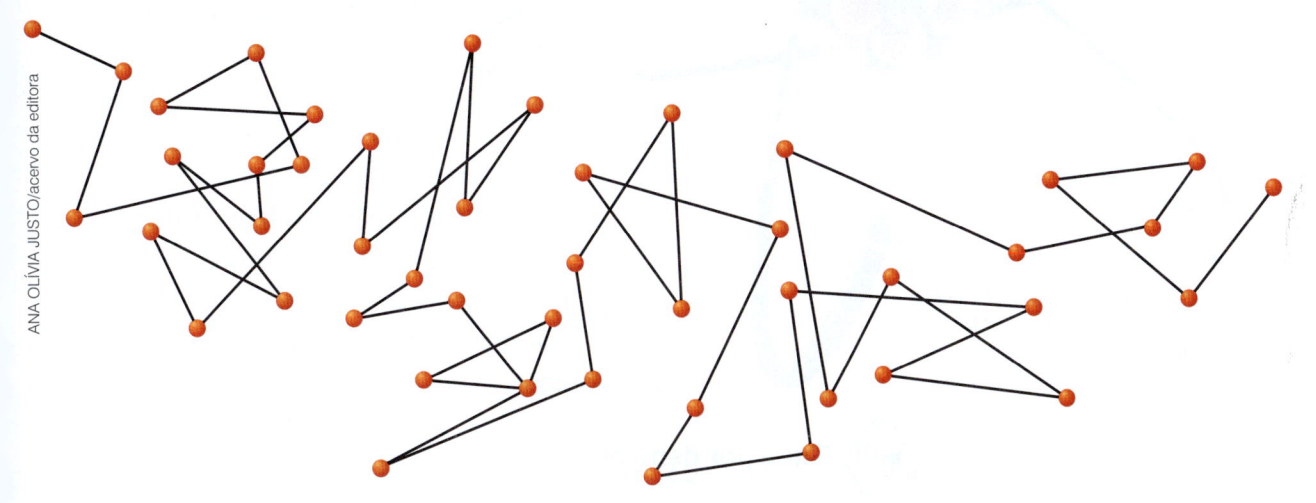

Trajetória descrita por partículas de pólen em suspensão em um líquido.

Em sua tese, Einstein considerou que o movimento descrito pelas partículas ocorria devido à interação com átomos ou moléculas que estariam em constante movimento no líquido.

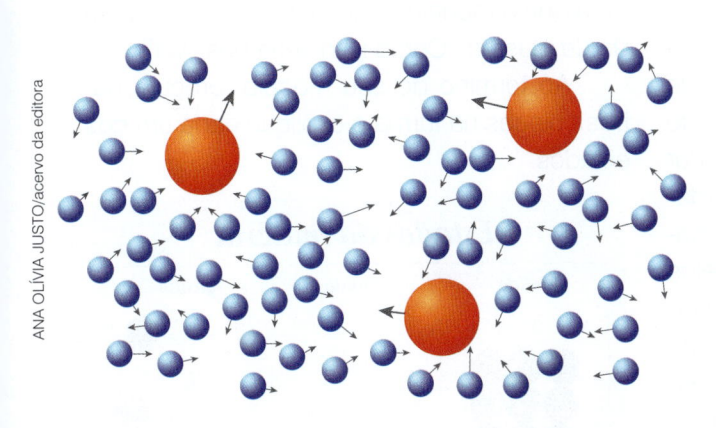

As moléculas de água (em azul), ao movimentar-se, chocam-se constantemente com os grãos de pólen (em vermelho) dando-lhes a trajetória irregular do movimento browniano.

No ano em que Einstein submeteu seu trabalho, a hipótese atômica já era bem difundida e utilizada por diversos físicos e químicos. O grande valor de seu trabalho foi dar um respaldo experimental para a hipótese. A partir de então, aqueles cientistas que ainda criticavam a existência dos átomos tiveram que rever sua posição.

UNIDADE 2 • ESTRUTURA E CLASSIFICAÇÃO DA MATÉRIA

Com o avanço das pesquisas e evolução dos laboratórios, foi possível verificar que o átomo por sua vez é composto por partículas ainda menores: **prótons, elétrons** e **nêutrons**. Já os prótons e nêutrons são compostos por outras partículas, os **quarks**! Mas deixemos essa história para um próximo capítulo.

Para finalizar nossa jornada pela matéria e energia, vamos traçar um caminho que conecta os átomos aos corpos macroscópicos. Quando os átomos se ligam uns aos outros formam moléculas e essas moléculas também podem se ligar e formar estruturas moleculares maiores. Esses agregados moleculares ligam-se a outros agregados, formando os corpos macroscópicos.

Concepção artística de átomo, tendo ao centro um núcleo formado por prótons e nêutrons e, ao seu redor, giram os elétrons. (Cores-fantasia. Ilustração fora de escala.)

Fique por dentro!

As ligações entre átomos e moléculas são chamadas de **ligações químicas** e serão estudadas no Capítulo 6.

EM CONJUNTO COM A TURMA!

Neste capítulo, você viu algumas ilustrações que representam os estados sólido, líquido e de vapor. Em conjunto com seu grupo de trabalho, crie um modelo usando materiais do cotidiano para representar esses estados. Por exemplo, se você fosse usar pequenos pedacinhos de papel amassado para fazer seu modelo, o estado sólido seria representado pelos pedacinhos de papel agrupados, o estado de vapor seria representado pelos pedacinhos de papel bem dispersos em certa região, e o estado líquido seria uma situação intermediária.

Outra forma de produzir um modelo como esse é usando cereais circulares, conforme ilustração ao lado.

Usem a criatividade! Planejem um modelo criativo para representar esses estados.

Será que o modelo poderia representar o estado de plasma? Como isso seria possível?

Ao término do seu modelo, procure outros colegas na turma e explique cada um dos estados.

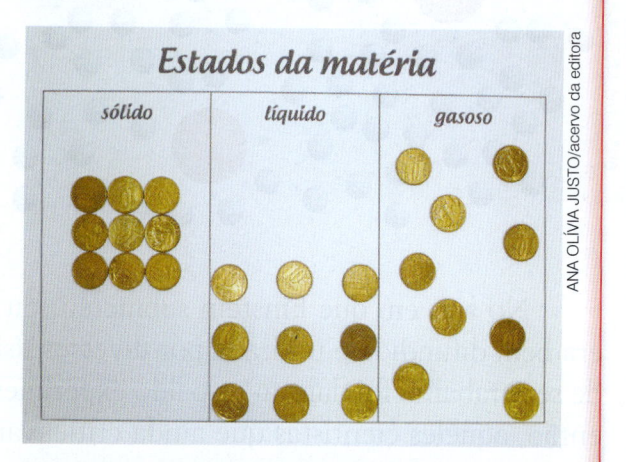

Estados da matéria

CAPÍTULO 3 • Organização da matéria 81

Nosso desafio

Para preencher os quadrinhos de 1 a 13, você deve utilizar as seguintes palavras: constante, criada, fortes, líquido, luminosa, mecânica, moderadas, quase nulas, sólido, sonora, térmica, transformada, varia.

À medida que você preencher os quadrinhos, risque a palavra que escolheu para não usá-la novamente.

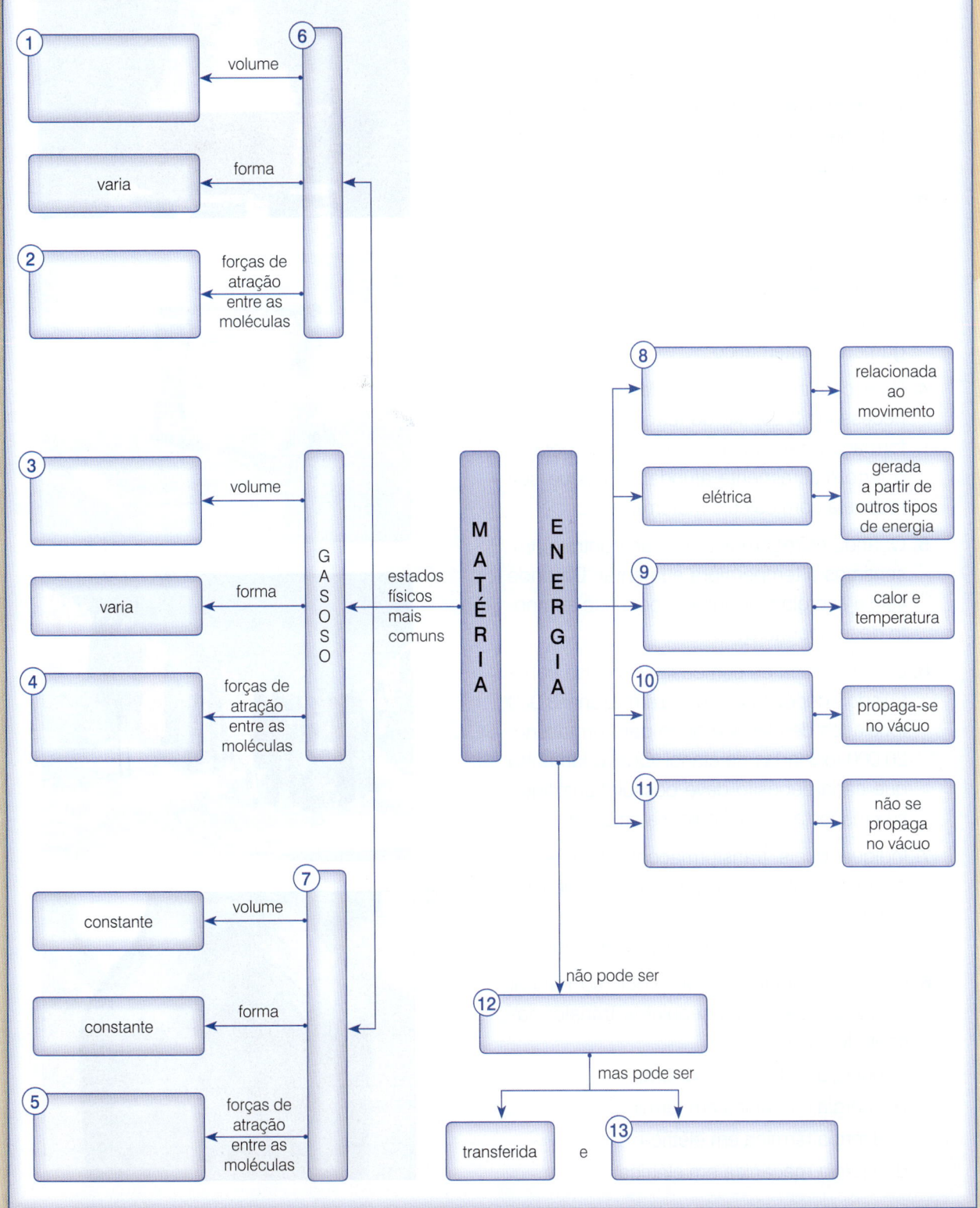

- (1) ____ ← volume — (6) ____
- varia ← forma —
- (2) ____ ← forças de atração entre as moléculas —

- (3) ____ ← volume — GASOSO — estados físicos mais comuns — **MATÉRIA** — **ENERGIA**
- varia ← forma —
- (4) ____ ← forças de atração entre as moléculas —

- constante ← volume — (7) ____
- constante ← forma —
- (5) ____ ← forças de atração entre as moléculas —

ENERGIA →
- (8) ____ → relacionada ao movimento
- elétrica → gerada a partir de outros tipos de energia
- (9) ____ → calor e temperatura
- (10) ____ → propaga-se no vácuo
- (11) ____ → não se propaga no vácuo

não pode ser → (12) ____ mas pode ser → transferida e (13) ____

Atividades

1. Procure em livros ou na internet a densidade dos seguintes materiais com suas respectivas unidades: água; álcool etílico; etanol; óleo de cozinha (soja); gasolina; ferro; chumbo. Organize esses valores em uma tabela. Consulte esses valores sempre que necessário em outros exercícios.

2. De acordo com sua resposta anterior, descreva o que será observado se em um frasco for adicionado água, óleo de soja, etanol e uma bolinha de ferro. Justifique sua resposta.

3. Dois recipientes de 1 litro foram preenchidos um com água e outro com álcool etílico. Cada um foi colocado em um dos lados de uma balança de pratos. O que a balança indicou? Justifique sua resposta com um argumento matemático.

4. Para construir um barco de 40 m^3 foram necessário 3.000 kg de ferro. Com essa informação, explique por que o barco boia se o ferro naturalmente afunda. Justifique sua resposta com cálculo matemático.

5. Quando esfregamos uma mão contra outra, sentimos a temperatura aumentar. De onde veio a energia responsável por esse aumento de temperatura?

6. Uma empresa de combustível precisa construir dois depósitos: um para armazenar 3.000 toneladas de álcool e outro para armazenar 20.000 toneladas de etanol. Qual o tamanho que cada depósito deve possuir? Justifique sua resposta com cálculo matemático.

7. Indique quais transformações de energia ocorrem com os seguintes objetos: ventilador; rádio; gerador eólico; célula solar; liquidificador; aquecedor; geladeira; elevador.

8. Cite um equipamento ou processo natural capaz de realizar as seguintes transformações de energia:
   a. energia elétrica em sonora;
   b. energia mecânica em térmica;
   c. energia térmica em elétrica;
   d. energia mecânica em elétrica.

9. Observe as imagens abaixo e explique que mudanças de fases elas ilustram:

   a.
   b.
   c.
   d.

10. Ordene os três estados da matéria que você conheceu neste capítulo de acordo com o grau crescente de agitação das moléculas.

11. Você já estudou em anos anteriores sobre o ciclo da água ou ciclo hidrológico. Escreva um texto de no máximo 12 linhas que relacione os processos de mudança de estado da água com as trocas de energia que a água faz com o meio em cada etapa.

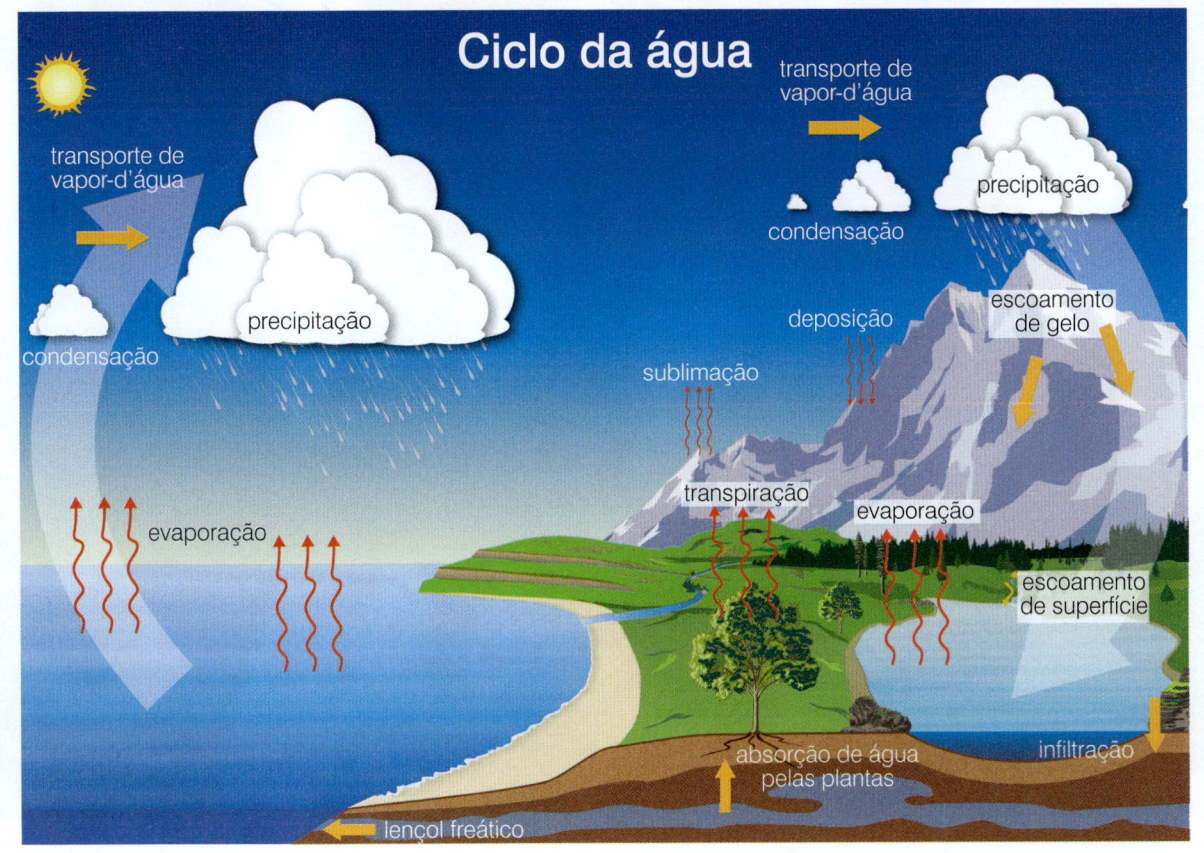

Ciclo da água

- transporte de vapor-d'água
- precipitação
- condensação
- deposição
- sublimação
- transpiração
- evaporação
- escoamento de gelo
- escoamento de superfície
- absorção de água pelas plantas
- infiltração
- lençol freático

Fonte: <http://www.srh.noaa.gov/jetstream/atmos/hydro_cycle.htm>

12. Volte ao quadro de mudanças de estado físicos mostrado neste capítulo e liste as transformações de estado físico que estão presentes no cotidiano. Cite situações em que tais transformações ocorrem.

Navegando na net

Assista no endereço eletrônico abaixo ao vídeo de como os cientistas do CERN são capazes de colidir partículas em velocidades próximas à da luz:

<http://www.youtube.com/watch?v=Ko_eDMhe5z8>

(*acesso em:* 29 jul. 2014). Não se esqueça de clicar no ícone de tradução.

Estrutura atômica da matéria

capítulo 4

A Ciência na elucidação de crimes

Talvez você já tenha assistido a alguma série de TV ou filme que mostre peritos analisando a cena de um crime. Mesmo fora da TV, a perícia da cena de um crime por vezes também é noticiada em jornais.

Os chamados peritos forenses são profissionais com diferentes formações. Em alguns casos, são químicos que usam todo o seu conhecimento para ajudar na investigação, verificando as substâncias presentes na cena e nas provas do crime.

Para isso, identificam a composição e as propriedades químicas daquilo que estão analisando. Um ambiente aparentemente sem marca alguma, quando borrifado com um produto químico adequado e sob luz ultravioleta, pode revelar que uma vítima foi arrastada do sofá para fora do cômodo.

Esse trabalho de análise é feito utilizando modernos equipamentos e técnicas de laboratório, mas por trás de tudo isso há o conhecimento dos diferentes átomos e suas propriedades, um elemento fundamental para que tudo funcione.

Neste capitulo, vamos entender como se deu o desenvolvimento do conhecimento e dos modelos para descrever o átomo. Veremos que muito mais do que ajudar os peritos criminais, o conhecimento dos modelos e das propriedades atômicas são a base para a compreensão de vários fenômenos químicos presentes em nosso dia a dia.

PATRICK LANDMANN/SCIENCE PHOTO LIBRARY/LATINSTOCK

Os modelos atômicos ao longo da história

Vimos no Capítulo 2 que o atomismo de Leucipo e Demócrito ganhou muitos adeptos ao longo dos anos que decorreram, mas também encontrou resistência de alguns: o principal, Aristóteles de Estagira (384 a.C.-323 a.C.). Muito influente na sociedade da época, Aristóteles defendia que o Universo era composto por quatro elementos fundamentais (terra, ar, água e fogo) que se relacionavam entre si por meio do que chamou de qualidades ativas e passivas (quente, frio, seco e úmido). Ele também não aceitava a ideia da existência do vazio entre os átomos.

Já na Idade Média, o teólogo e filósofo Tomás de Aquino (1225-1274) resgatou a teoria dos elementos de Aristóteles, bem como o modelo geocentrista para o Universo, proposto pelo também grego Cláudio Ptolomeu (90-168), e uniu todo esse conhecimento aos dogmas da Igreja. Um modelo de Universo no qual a Terra e a humanidade estariam no centro era bastante adequado aos ideais teológicos defendidos por Aquino e pela Igreja.

Dogma: crença de determinada religião, considerada verdade absoluta, inquestionável.

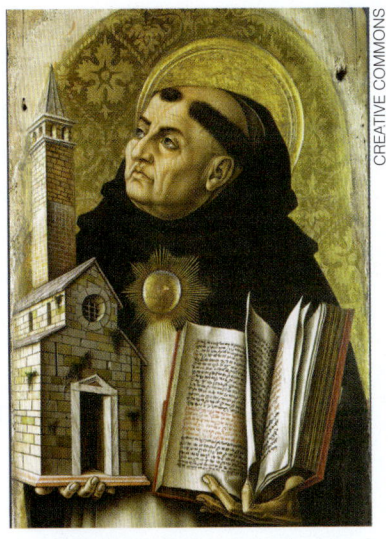

São Tomás de Aquino. Detalhe de painel (*The Demidoff Altarpiece*) pintado por Carlo Crivelli, 1476. National Gallery, Londres.

Somente com a Revolução Científica entre os séculos XV e XVI é que a teoria atômica voltou a ser discutida. Por volta de 1660, os trabalhos experimentais do químico inglês Robert Boyle (1627-1691) contribuíram para a ideia da existência dos átomos. Boyle estudava o comportamento dos gases e identificou como elementos químicos o cobre, a água e o ouro. Nesse mesmo período, o matemático e filosofo francês Pierre Gassendi (1592-1655) apontava a importância da diferenciação entre átomos e moléculas. Tais estudos serviram como base para os trabalhos de outro francês, o químico Antoine Lavoisier (1743--1794), que procurou classificar alguns elementos químicos, diferenciando-os de seus compostos.

Retrato de Robert Boyle. Óleo sobre tela, de Johann Kerseboom, 1,27 × 1,02 m, c.1689. Historical Portraits Image Library, Dover Street, Londres.

Elemento químico: atualmente, é o conjunto de átomos que tem o mesmo número de prótons em seu núcleo.

Lavoisier publicou uma tabela contendo propriedades de 32 elementos químicos. Esse era o primeiro esboço para a **tabela periódica** como a conhecemos hoje. Falaremos mais sobre a tabela periódica e suas propriedades adiante, ainda neste capítulo.

O modelo de átomo de John Dalton

Um grande avanço da teoria atômica aconteceria com as contribuições do químico inglês John Dalton (1766-1844). Apaixonado pelo estudo de fenômenos atmosféricos, tendo conheci-

Modelo atômico de Dalton, no qual o átomo seria uma esfera maciça e indivisível.

Joseph J. Thomson.

mento de que Lavoisier havia identificado diferentes elementos químicos como componentes do ar, passou a investigar quais eram as proporções em que tais elementos apareceriam em certa porção de ar. Dalton propôs um modelo descritivo para o átomo como sendo uma minúscula esfera maciça e indestrutível. Mas a grande contribuição de Dalton foi associar propriedades a cada um dos átomos. Ele também trouxe uma nova luz ao estudo das reações químicas, durante as quais apenas ocorreria a separação ou troca de átomos entre diferentes substâncias.

O modelo de Thomson

Com a descoberta das cargas elétricas (positivas e negativas) e o desenvolvimento dos estudos sobre as propriedades elétricas da matéria (como geração e condução de eletricidade), mostrou-se necessário um modelo atômico mais sofisticado do que a simples esfera maciça proposta por Dalton.

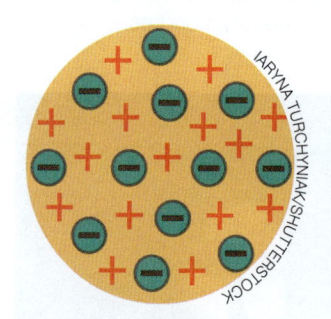

Esse modelo seria proposto pelo físico inglês, Joseph J. Thomson (1856-1940). Após analisar os resultados de experimentos de descargas elétricas efetuadas sobre gases confinados em tubos de vácuo, concluiu que deveriam existir partículas ainda menores do que o átomo. Nessas partículas estariam armazenadas as propriedades elétricas dos materiais. Segundo seu modelo, o átomo seria composto por partículas negativas distribuídas em uma massa esférica positiva. Esse modelo rompeu com a ideia de que o átomo seria a menor unidade de matéria.

Atualmente, experimentos envolvendo colisões entre átomos e partículas, revelaram que não só o átomo em si é divisível como também algumas das partículas que compõem o átomo também não são unidades fundamentais.

Como os experimentos não poderiam mostrar uma imagem do átomo propriamente dita, algumas analogias foram propostas. A mais famosa relaciona o modelo de Thomson com um pudim de passas. Nessa analogia, a massa do pudim seria a estrutura positiva e esférica do átomo e as passas seriam as cargas elétricas negativas.

Ilustração do modelo atômico proposto por Thomson em 1898. (Cores-fantasia. Ilustração fora de escala.)

O modelo de Rutherford

Para testar o modelo de Thomson e também investigar outras propriedades da matéria, um experimento foi proposto e realizado pelo físico alemão Ernest Rutherford (1871-1937) e dois de seus alunos, Hans Geiger (1882-1945) e Ernest Mardens (1889-1970). O experimento consistia no bombardeamento de uma fina folha de ouro com partículas com carga elétrica positiva (partículas alfa). Uma tela fluorescente brilharia quando atingida pelas partículas alfa, indicando o desvio sofrido ao interagir com a folha de ouro.

Pudim com passas mostra de forma comparativa como seria o modelo proposto por Thomson.

Os resultados do experimento revelaram um número significativo de partículas alfa passando pela folha praticamente sem desvio, algumas partículas desviadas e algumas defletidas de volta para a fonte. A contagem de cada desvio de partícula não se encaixava no modelo de átomo proposto por Thomson. No modelo do pudim de passas, as partículas deveriam ser sempre desviadas de forma significativa devido à distribuição de cargas elétricas ao redor da esfera.

Defletida: desviada de seu curso.

Por seus trabalhos, Ernest Rutherford foi agraciado com o prêmio Nobel de Química em 1908.

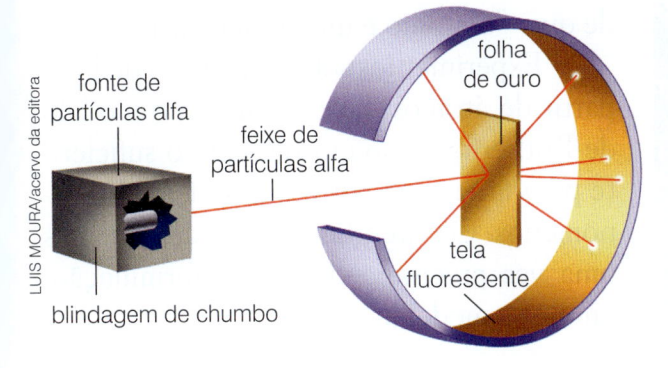

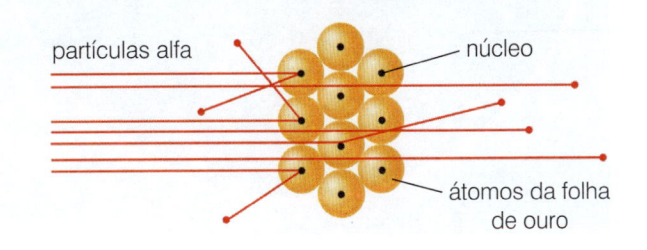

Esquema ilustrativo do experimento de Rutherford.

Rutherford precisou considerar um novo modelo atômico para descrever os resultados de seu experimento. Para que muitas partículas alfa passassem pela folha sem desvio, seria necessário haver um grande espaço vazio no átomo. Para que algumas partículas alfa defletissem de volta à fonte emissora, deveria haver uma repulsão entre as cargas elétricas do átomo e das partículas alfa (cargas elétricas de mesmo sinal se repelem, enquanto cargas de sinais opostos se atraem). Além disso, era necessário que as cargas elétricas positivas do átomo estivessem agrupadas em uma pequena região dele, região que recebe o nome de **núcleo**. Já os desvios observados, poderiam ser explicados pela presença de cargas negativas ao redor do núcleo.

Núcleo, prótons e elétrons

Assim, o modelo de Rutherford era, essencialmente, composto por um núcleo compacto, no qual estavam os **prótons** (com carga elétrica positiva), em torno do qual haveria uma região (a **eletrosfera**) onde estariam os **elétrons** (com carga elétrica negativa). O movimento dos elétrons ao redor no núcleo explicaria porque os elétrons (negativos) não seriam atraídos pelo núcleo (positivo). Os cálculos de Rutherford sobre as dimensões do núcleo revelavam que ele teria um raio aproximadamente 10 mil vezes menor do que o raio do átomo como um todo.

Representação do modelo atômico de Rutherford. Em vermelho, o núcleo, onde estariam os prótons. Em azul os elétrons. (Cores-fantasia. Ilustração fora de escala.)

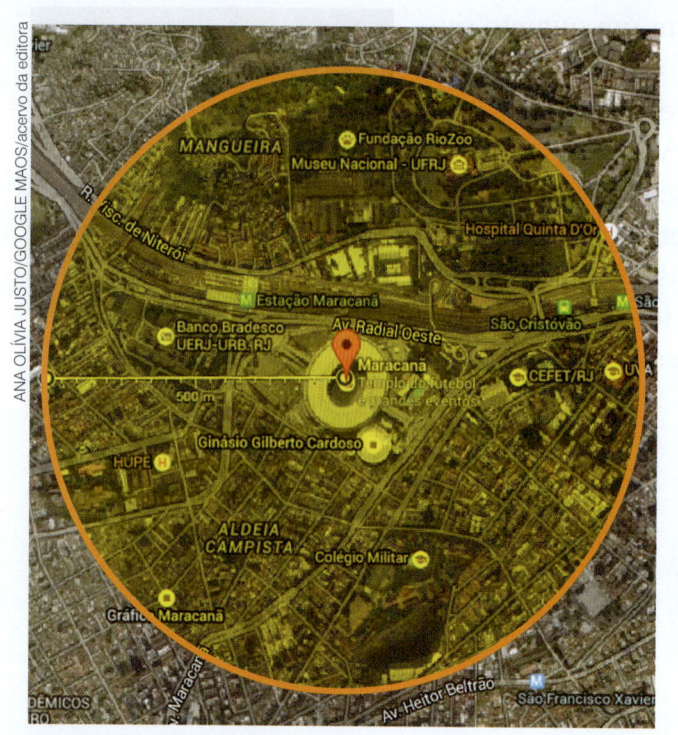

Se uma bola de futebol fosse o centro do átomo e fosse colocada no centro do estádio Maracanã, os elétrons estariam localizados ao longo do círculo indicado na imagem acima.

Modelo atômico proposto por Bohr. (Cores-fantasia. Ilustração fora de escala.)

Para que possamos ter ideia do que as dimensões encontradas por Rutherford representam, vamos pensar em uma bola e um estádio de futebol. Uma bola tem aproximadamente 20 cm de diâmetro. Se ela fosse o núcleo do átomo e estivesse colocada no centro de um estádio, a eletrosfera estaria localizada num raio de aproximadamente 1 km de distância do centro do gramado. Isso justifica a afirmação atribuída à Rutherford de que: "o átomo é um grande vazio".

Experimentos sobre a emissão de luz a partir de átomos mostraram que o modelo de Rutherford não era refinado o suficiente para fazer uma correta descrição dos fenômenos. O entendimento do átomo mais uma vez precisaria de uma reformulação, um novo modelo.

O modelo de Bohr

No início do século XX, em 1923, o físico dinamarquês Niels Bohr (1885-1962) apresentou modificações em relação ao modelo de Rutherford. Em seu novo modelo, os elétrons se localizavam ao redor do núcleo em órbitas bem definidas, cada uma com energia também bem definida. Nesse novo modelo, quanto mais próximo do núcleo, as órbitas dos elétrons apresentam energia mais baixa e, conforme vão se afastando dele, a energia aumenta. Assim, quando um elétron recebe certa quantidade bem definida de energia, ele muda para uma órbita mais externa. Quando perde uma quantidade definida de energia, muda para uma órbita mais interna.

Para completar a descrição do átomo obtida até meados do século XX, em 1932 o físico inglês James Chadwick (1891-1974) descobriu uma partícula que também fazia parte do núcleo atômico, o **nêutron**. Com a mesma massa do próton, o nêutron não apresenta carga elétrica.

O modelo atômico atual

Com o desenvolvimento tecnológico, foram construídos grandes laboratórios capazes de colidir átomos e outras partículas. Um dos mais importantes e noticiados desses laboratórios é o CERN (sigla em francês para Centro Europeu de Pesquisas Nucleares), que já falamos dele no capítulo anterior.

Laboratórios como esses mostraram que além de o átomo ser formado por prótons, nêutrons e elétrons, os nêutrons e os prótons também são formados por partículas ainda menores.

Paralelo aos novos experimentos, também se desenvolveu a Física Quântica, revelando que o mundo atômico e subatômico apresentam comportamentos que não são intuitivamente compreendidos. Uma das grandes diferenças da Física Quântica para a Física Clássica é que enquanto esta última permite uma projeção precisa do entendimento de um sistema no futuro a partir dos conhecimentos de certas condições iniciais, a Física Quântica pode apenas apontar as *probabilidades* de ocorrência de certos eventos.

Para entender isso melhor, podemos pensar em uma pequena bola solta de uma rampa inclinada. Com o conhecimento de grandezas como atrito, velocidade inicial, inclinação da rampa, massa da bola etc., é possível descrever exatamente onde a bola estará após certo intervalo de tempo. Isso é o que a Física Clássica pode dizer.

Já quando um detector registra a presença de um elétron em certa posição, ainda que sejam conhecidas outras propriedades do átomo, o melhor que se pode é estabelecer a *probabilidade* de o elétron ser encontrado em uma ou outra posição. Isso é o que a Física Quântica pode dizer.

Assim, no modelo atômico atual, os elétrons que se encontram ao redor do núcleo não possuem uma posição definida, mas sim pertencem a uma região na qual há grande *probabilidade* de serem encontrados, região conhecida como **nuvem eletrônica**.

Na visão atual do átomo, o núcleo atômico é compacto e é nele que se concentra a maior parte da massa do átomo. Os prótons lá contidos são de carga positiva e sua massa é de aproximadamente 1.837 vezes maior que a massa do elétron. Os nêutrons, que também se encontram no núcleo, são partículas sem carga, e com massa aproximadamente igual a dos prótons.

Além disso, o átomo é eletricamente neutro devido ao fato de possuir cargas positivas e negativas em igual número.

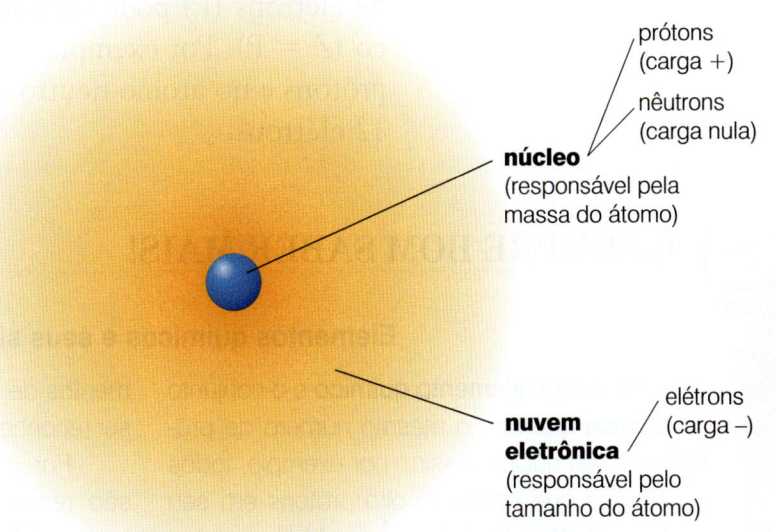

prótons (carga +)
nêutrons (carga nula)
núcleo (responsável pela massa do átomo)
nuvem eletrônica (responsável pelo tamanho do átomo)
elétrons (carga –)

ANA OLÍVIA JUSTO/acervo da editora

Partícula	Massa	Carga elétrica
próton	$1{,}673 \cdot 10^{-27}$ kg	+
nêutron	$1{,}675 \cdot 10^{-27}$ kg	0
elétron	$9{,}11 \cdot 10^{-31}$ kg	–

Propriedades dos átomos

Como vimos até aqui, o modelo atômico passou por grandes mudanças desde sua concepção inicial com os filósofos gregos. Vamos agora explorar algumas importantes propriedades dos átomos e ver como podemos organizá-los por meio dessas propriedades.

Número atômico (Z)

Número atômico (Z) é o número de prótons que um átomo tem no núcleo; é o número que o identifica, pois cada elemento químico tem o seu próprio número atômico. Por exemplo: um átomo de magnésio é diferente de um átomo de alumínio, pois no átomo de magnésio temos 12 prótons, enquanto no do alumínio, temos 13.

Simbolizando um átomo qualquer por E, a representação do número atômico desse átomo é:

$$_ZE$$

onde o número atômico é representado em índice inferior, imediatamente antes do símbolo do átomo.

Verifica-se que em um átomo o número de prótons é igual ao número de elétrons, o que faz com que essa partícula seja um sistema eletricamente neutro. Dessa forma, o número de elétrons (P) pode ser considerado igual ao número atômico (Z = P). Por exemplo: no núcleo do magnésio existem 12 prótons e no átomo neutro do magnésio existem 12 prótons e 12 elétrons.

É SEMPRE BOM SABER MAIS!

Elementos químicos e seus símbolos

Vimos que **elemento químico** é o conjunto de átomos que têm o mesmo número de prótons em seu núcleo. Assim, por exemplo, todos os átomos que possuem oito prótons em seu núcleo são átomos de oxigênio; todos os que possuem 6 prótons em seu núcleo são átomos de carbono; e os que possuem 10 prótons em seu núcleo são átomos de cálcio. Atualmente são conhecidos mais de 110 elementos químicos diferentes. Mas como representar esses elementos de forma prática e de modo que possa ser reconhecido independente do idioma falado?

Por convenção, os elementos químicos são representados por uma ou duas letras, sempre com a inicial maiúscula. Assim, por exemplo, o símbolo do oxigênio é O, o do carbono é C e o do cálcio é Ca.

Agora que você já conhece o símbolo do cálcio, como você representaria esse elemento e seu número atômico?

Número de massa (A)

Outra grandeza importante nos átomos é o seu **número de massa** (A), que corresponde à soma do número de prótons (Z) e do número de nêutrons (N).

$$A = Z + N$$

Agora, um elemento pode ser representado por $_Z^A E$ ou $_Z E^A$. Tome como exemplo um átomo neutro com 19 prótons e 21 nêutrons. Como seria sua representação levando-se em conta seu número atômico e seu número de massa?

$$Z = 19 \quad e \quad N = 21$$
$$A = Z + N = 19 + 21 = 40$$

Assim, a representação desse elemento seria $_{19}^{40}E$ ou $_{19}E^{40}$.

> **Lembre-se!**
> Com essa mesma expressão também podemos calcular o número atômico e o número de nêutrons do átomo:
> $$Z = A - N \quad e \quad N = A - Z$$

Elemento químico e íons

Elemento químico é o conjunto de átomos que apresenta o mesmo número atômico (Z), ou seja, o mesmo número de prótons em seu núcleo, a mesma identificação química.

Como foi visto anteriormente, para um átomo ser neutro é necessário que o número de prótons seja igual ao número de elétrons. No entanto, um átomo pode perder ou ganhar elétrons na eletrosfera sem sofrer alteração em seu núcleo, originando partículas carregadas positiva ou negativamente, chamadas de **íons**.

Se um átomo ganhar elétrons, ele se torna um **íon negativo** e passa a se chamar **ânion**. Por exemplo:

$$_{17}^{35}Cl \text{ (átomo de cloro)} \begin{cases} 17 \text{ prótons} \\ 18 \text{ nêutrons} \\ 17 \text{ elétrons} \end{cases} \xrightarrow{\text{ganha } 1e^-} Cl^- \text{ (ânion cloreto)} \begin{cases} 17 \text{ prótons} \\ 18 \text{ nêutrons} \\ 18 \text{ elétrons} \end{cases}$$

Se um átomo perder elétrons, ele se torna um **íon positivo** e passa a se chamar **cátion**. Por exemplo:

$$_{19}^{40}K \text{ (átomo de potássio)} \begin{cases} 19 \text{ prótons} \\ 21 \text{ nêutrons} \\ 19 \text{ elétrons} \end{cases} \xrightarrow{\text{perde } 1e^-} K^+ \text{ (cátion potássio)} \begin{cases} 19 \text{ prótons} \\ 21 \text{ nêutrons} \\ 18 \text{ elétrons} \end{cases}$$

> **Descubra você mesmo!**
> Faça uma pesquisa na biblioteca ou na internet e descubra de onde vêm os elementos químicos presentes na natureza.

Isótopos, isóbaros e isótonos

Isótopos são átomos de um mesmo elemento químico (mesmo Z) que apresentam diferentes números de nêutrons, resultando assim em diferentes números de massas. Por exemplo:

$$^{1}_{1}H \rightarrow \text{prótio} \qquad ^{2}_{1}H \rightarrow \text{deutério} \qquad ^{3}_{1}H \rightarrow \text{trítio}$$

$$^{35}_{1}Cl \rightarrow \text{cloro 35} \qquad ^{37}_{1}Cl \rightarrow \text{cloro 37}$$

Os **isóbaros** são átomos que apresentam diferentes números atômicos (Z) e mesmo número de massa (A). Por exemplo:

$$^{40}_{19}K \quad e \quad ^{40}_{20}Ca$$

$$^{14}_{6}C \quad e \quad ^{14}_{7}N$$

Já os **isótonos** são átomos que possuem diferentes números atômicos (Z), diferentes números de massa (A) e o mesmo número de nêutrons. Por exemplo:

$$^{26}_{12}Mg \rightarrow N = A - Z \Rightarrow N = 26 - 12 = 14$$

$$^{28}_{14}Si \rightarrow N = A - Z \Rightarrow N = 28 - 14 = 14$$

Lembre-se!
O prefixo *iso* (do grego, *isos*) significa igualdade, que existe algo em comum.

Fique por dentro!
A seguir, alguns elementos químicos e seus símbolos:
- C = carbono
- Cl = cloro
- H = hidrogênio
- K = potássio
- Mg = magnésio
- N = nitrogênio
- Si = silício

Tabela periódica dos elementos

Para organizar todas as informações sobre os diferentes elementos químicos, muitos cientistas contribuíram para a criação de um catálogo, uma tabela, que facilitasse o agrupamento desses elementos e suas propriedades.

Na segunda metade do século XIX, o químico russo Dmitri Mendeleev (1834-1907) desenvolveu uma versão da tabela periódica dos elementos que serviu de base para organizar a que temos hoje. A tabela periódica utilizada atualmente apresenta as propriedades dos elementos que variam periodicamente em função do número atômico desses elementos.

A tabela periódica é dividida em colunas e linhas. Existem 7 linhas (sequências horizontais), cada uma representando um **período** (logo, a tabela periódica atual apresenta sete períodos, numerados de 1 a 7) e 18 colunas, chamadas **grupos** ou **famílias**, numeradas de 1 a 18.

Os elementos estão dispostos em ordem crescente de numero atômico, cada um deles ocupando uma posição na tabela.

Retrato de Dmitri Mendeleev, entre 1880-1890.

TABELA PERIÓDICA DOS ELEMENTOS

CAPÍTULO 4 • Estrutura atômica da matéria 93

Grupo	1	2	3	4	5	6	7	8	9	10	11	12	13	14	15	16	17	18
1	1 H 1,01 hidrogênio																	2 He 4,00 hélio
2	3 Li 6,94 lítio	4 Be 9,01 berílio											5 B 10,8 boro	6 C 12,0 carbono	7 N 14,0 nitrogênio	8 O 16,0 oxigênio	9 F 19,0 flúor	10 Ne 20,2 neônio
3	11 Na 23,0 sódio	12 Mg 24,3 magnésio											13 Al 27,0 alumínio	14 Si 28,1 silício	15 P 31,0 fósforo	16 S 32,1 enxofre	17 Cl 35,5 cloro	18 Ar 39,9 argônio
4	19 K 39,1 potássio	20 Ca 40,1 cálcio	21 Sc 45,0 escândio	22 Ti 47,9 titânio	23 V 50,9 vanádio	24 Cr 52,0 crômio	25 Mn 54,9 manganês	26 Fe 55,8 ferro	27 Co 58,9 cobalto	28 Ni 58,7 níquel	29 Cu 63,5 cobre	30 Zn 65,4 zinco	31 Ga 69,7 gálio	32 Ge 72,6 germânio	33 As 74,9 arsênio	34 Se 79,0 selênio	35 Br 79,9 bromo	36 Kr 83,8 criptônio
5	37 Rb 85,5 rubídio	38 Sr 87,6 estrôncio	39 Y 88,9 ítrio	40 Zr 91,2 zircônio	41 Nb 92,9 nióbio	42 Mo 95,9 molibdênio	43 Tc 98 tecnécio	44 Ru 101 rutênio	45 Rh 103 ródio	46 Pd 106 paládio	47 Ag 108 prata	48 Cd 112 cádmio	49 In 115 índio	50 Sn 119 estanho	51 Sb 122 antimônio	52 Te 128 telúrio	53 I 127 iodo	54 Xe 131 xenônio
6	55 Cs 133 césio	56 Ba 137 bário	57-71 lantanídeos	72 Hf 178 háfnio	73 Ta 181 tantálio	74 W 184 tungstênio	75 Re 186 rênio	76 Os 190 ósmio	77 Ir 192 irídio	78 Pt 195 platina	79 Au 197 ouro	80 Hg 201 mercúrio	81 Tl 204 tálio	82 Pb 207 chumbo	83 Bi 209 bismuto	84 Po 209 polônio	85 At 210 astato	86 Rn 222 radônio
7	87 Fr 223 frâncio	88 Ra 226 rádio	89-103 actinídeos	104 Rf 261 rutherfórdio	105 Db 262 dúbnio	106 Sg 266 seabórgio	107 Bh 264 bóhrio	108 Hs 277 hássio	109 Mt 268 meitnério	110 Ds 271 darmstádio	111 Rg 272 roentgênio	112 Cn 277 copernício						

Lantanídeos	57 La 139 lantânio	58 Ce 140 cério	59 Pr 141 praseodímio	60 Nd 144 neodímio	61 Pm 145 promécio	62 Sm 150 samário	63 Eu 152 európio	64 Gd 157 gadolínio	65 Tb 159 térbio	66 Dy 163 disprósio	67 Ho 165 hólmio	68 Er 167 érbio	69 Tm 169 túlio	70 Yb 173 itérbio	71 Lu 175 lutécio
Actinídeos	89 Ac 227 actínio	90 Th 232 tório	91 Pa 231 protactínio	92 U 238 urânio	93 Np 237 netúnio	94 Pu 244 plutônio	95 Am 243 amerício	96 Cm 247 cúrio	97 Bk 247 berquélio	98 Cf 251 califórnio	99 Es 252 einstênio	100 Fm 257 férmio	101 Md 258 mendelévio	102 No 259 nobélio	103 Lr 262 laurêncio

Copyright © IUPAC – International Union on Pure and Applied Chemistry.

— elemento sólido
— elemento líquido
— elemento gasoso

Legenda: Número atômico / Símbolo / Nome / Massa atômica

Grupos ou famílias

Cada coluna corresponde a um **grupo** ou **família**, identificada por números que vão de 1 a 18, e os elementos de cada grupo apresentam propriedades semelhantes. Alguns grupos apresentam nomes especiais como, por exemplo:

- grupo 1 – dos metais alcalinos;
- grupo 2 – dos metais alcalinoterrosos;
- grupo 13 – do boro;
- grupo 14 – do carbono;
- grupo 15 – do nitrogênio;
- grupo 16 – dos calcogênios;
- grupo 17 – dos halogênios;
- grupo 18 – dos gases nobres.

Metais

Metais são elementos que formam substâncias simples, apresentam brilho característico, sendo bons condutores de corrente elétrica e calor. Ao nível do mar e à temperatura de 25 °C, os metais são sólidos (exceto o mercúrio, que nessas condições é líquido). Apresentam boa resistência (são difíceis de quebrar, mas podem ser facilmente dobrados ou moldados) e possuem temperatura de fusão, em geral, bem elevada. Na tabela periódica, esses elementos estão presentes nos grupos 1 a 15.

Elementos do grupo dos metais.

Lembre-se!

O elemento químico hidrogênio não é classificado em nenhum dos grupos, porque possui características próprias. Nas condições ambiente, é um gás bastante inflamável.

Utilizado em culinária e para embalar alimentos, o papel de alumínio é uma fina folha desse metal que, por sua maleabilidade, pode ser facilmente dobrado.

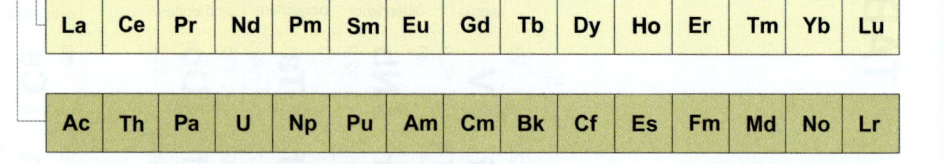

Há quem diga que cozinhar em panela de ferro fundido deixa os alimentos com sabor melhor. Na verdade, o metal da panela passa para a comida e nós o absorvemos com os alimentos, o que, em quantidades adequadas, é benéfico para nosso organismo.

NATALIIA DVUKHIMENNA/SHUTTERSTOCK

Lingotes de ouro. Essas barras de metal fundido e moldado são utilizadas por muitos países como reserva financeira.

O primeiro grupo da tabela é dos **metais alcalinos** (Li, Na, K, Rb, Cs, Fr), que são assim chamados porque, ao serem dissolvidos em água, formam substâncias alcalinas ou básicas.

O segundo grupo da tabela é dos **metais alcalinoterrosos** (Be, Mg, Ca, Sr, Ba, Ra). Não reagem tão rapidamente com água como os elementos do grupo 1, mas ao reagir formam óxidos (chamados de terras, daí o nome terrosos), substâncias alcalinas.

Jogo rápido

Procure na tabela periódica os elementos ouro, alumínio e ferro: em que grupos e períodos esses metais se encontram?

ESTABELECENDO CONEXÕES

Cotidiano

Como se fabrica o sabão

Após um dia de calor, nada como um bom banho, pois, além de relaxante e refrescante, o banho nos dá uma agradável sensação de limpeza. É para satisfazer essa necessidade de higiene e limpeza que as indústrias químico-farmacêuticas fabricam e comercializam anualmente toneladas de produtos para a higiene pessoal. Os principais produtos dessa indústria são os sabões e os detergentes. Deles derivam os sabonetes, os xampus, os cremes dentais, os sabões especiais para máquinas de lavar louça e roupas, os detergentes desinfetantes, o sabão comum e outros. (...)

Os produtos utilizados comumente para a fabricação do sabão comum são o hidróxido de sódio ou potássio (soda cáustica ou potássica) além de óleos ou gorduras animais ou vegetais. O processo de obtenção industrial do sabão é muito simples. Primeiramente coloca-se soda, gordura e água na caldeira com temperatura em torno de 150 °C, deixando-as reagir por algum tempo (± 30 minutos). Após, adiciona-se cloreto de sódio, que auxilia na separação da solução em duas fases. Na fase superior (fase apolar) encontra-se o sabão e na inferior (fase aquosa e polar), glicerina, impurezas e possível excesso de soda.

ZAGO NETO, O. G.; PINO, J. C. Del. Trabalhando a química dos sabões e detergentes. *Disponível em:* <http://www.iq.ufrgs.br/aeq/html/publicacoes/matdid/livros/pdf/sabao.pdf>. Acesso em: 14 jul. 2014.

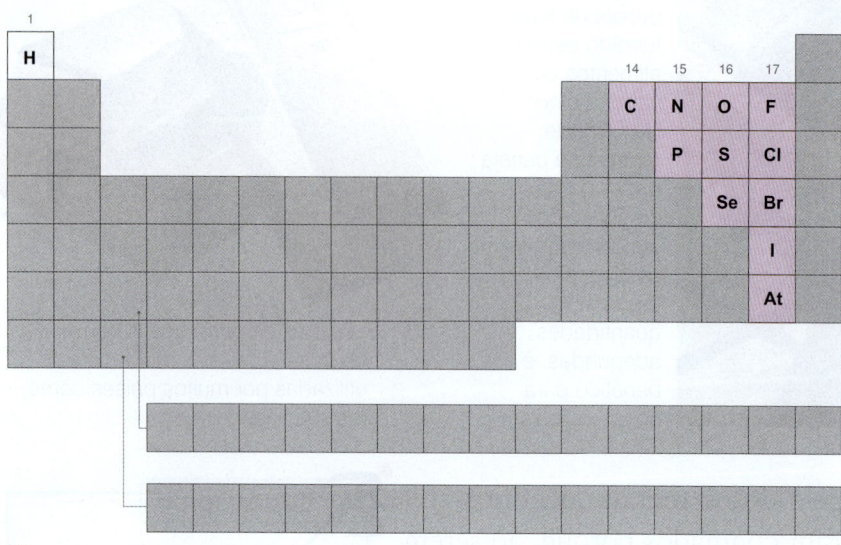

Não metais

Os não metais ou ametais, ao contrário dos metais, são maus condutores de calor e de corrente elétrica. Os não metais não possuem brilho metálico, podem ser sólidos (fósforo, enxofre, iodo, astato e carbono), líquido (bromo) ou gasoso (nitrogênio, oxigênio, flúor).

A maioria desses elementos tem a tendência de ganhar elétrons em uma ligação química, formando ânions.

Elementos do grupo dos não metais.

Semimetais

Os semimetais apresentam tanto características de metais como de não metais. Não conduzem bem o calor nem a corrente elétrica. Ao nível do mar e a 25 °C os semimetais são sólidos.

Dos semimetais de importância prática temos o silício e o germânio, utilizados em componentes eletrônicos.

Elementos do grupo dos semimetais.

É SEMPRE BOM SABER MAIS!

Elementos representativos e de transição

Os elementos dos grupos 1, 2, 13, 14, 15, 16, 17 e 18 são chamados elementos **representativos** e os dos grupos de 3 a 12 são elementos de **transição**. Os elementos com números atômicos de 57 a 71, chamados **lantanídeos**, e os de 89 a 103, chamados actinídeos, aparecem à parte dos demais, abaixo da tabela, e são denominados **elementos de transição interna**.

Gases nobres

São todos os gases que, nas condições ambiente, possuem grande estabilidade química, isto é, pouca capacidade de se combinarem com outros elementos. Constituem os gases nobres os elementos He, Ne, Ar, Kr, Xe e Rn.

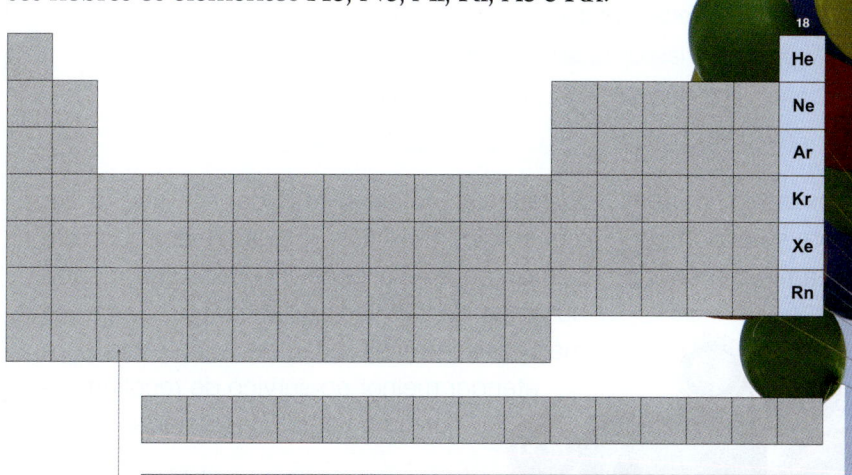

Gases nobres são os elementos do grupo 18.

Muito utilizados em festas, os balões preenchidos com gás hélio sobem, pois esse gás nobre é menos denso do que o ar.

DE OLHO NO PLANETA

Meio Ambiente

Lixo tecnológico

O que você faz com suas pilhas, baterias e outros materiais tecnológicos antigos? Isso tudo constitui o que chamamos de lixo tecnológico. Pesquisas mostram que cerca de 40% da população não sabe o que fazer com todo esse lixo. Algo que no passado não era preocupação, hoje é um tema importante para ser discutido tanto pelos consumidores quanto pelos fabricantes de tecnologia. Veja no gráfico a seguir a quantidade de lixo produzida por vários países, medida em kg por habitante em um ano (valores relativos a 2007).

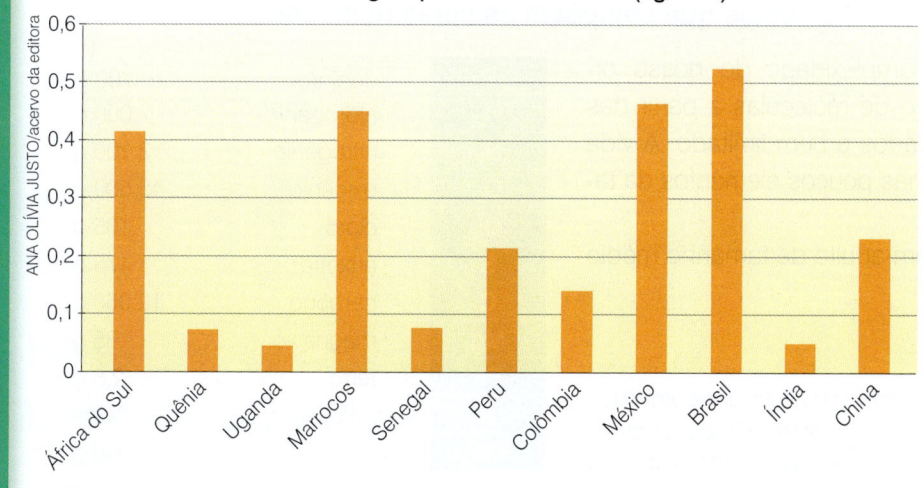

Lixo tecnológico produzido em 2007 (kg/hab.)

País	kg/hab.
África do Sul	0,41
Quênia	0,07
Uganda	0,04
Marrocos	0,45
Senegal	0,07
Peru	0,21
Colômbia	0,14
México	0,46
Brasil	0,52
Índia	0,04
China	0,23

INFODEV. *Wasting no opportunity:* the case for managing Brazil's electronic waste. Washington: InfoDev/The World Bank, 2012, p.12. *Disponível em:* <http://www.infodev.org/infodev-files/resource/InfodevDocuments_1169.pdf>. *Acesso em:* 14 jul. 2014.

O principal problema do lixo tecnológico é que ele pode conter metais pesados. Conheça, na tabela abaixo, as consequências que o uso desses metais pode trazer à saúde humana.

Consequências em seres humanos do uso de alguns metais pesados.

Metais pesados	O que acarretam em seres humanos
cádmio	disfunção renal e problemas pulmonares
mercúrio	estomatite, lesões renais e cerebrais
chumbo	anemia, disfunção renal, perda de memória
zinco	problemas pulmonares

Pilhas e baterias, por exemplo, podem levar entre 100 e 500 anos para se decompor, período em que podem contaminar o solo e as reservas naturais de água. Por isso, o lixo tecnológico deve ser separado e entregue em postos de coleta específicos de sua cidade ou então devolvidos ao fabricante. Cada vez mais as empresas estão se adaptando para atender melhor ao serviço de recolhimento das tecnologias descartadas.

AFRICA STUDIO/SHUTTERSTOCK

Descubra você mesmo!

Você sabia que muitas substâncias químicas presentes em nosso cotidiano contribuem para a degradação do meio ambiente? Pesquise substâncias que são prejudiciais e sugira o que podemos fazer para prevenir ou retardar a degradação do meio ambiente por essas substâncias. Existem alternativas ou o uso de algumas substâncias é essencial para nossa vida? Você já ouviu falar de produtos biodegradáveis? O que isso significa?

ESTABELECENDO CONEXÕES

Biologia

Elementos que compõem os seres humanos

Apesar da complexidade do nosso organismo, o número de moléculas a partir das quais somos formados é bem limitado. A vida baseia-se em apenas poucos elementos da tabela periódica.

O corpo de um adulto de tamanho médio consiste de:

P	fósforo	700 g
H_2	hidrogênio	7.000 g
N_2	nitrogênio	2.100 g
O_2	oxigênio	45.500 g
Cl_2	cloro	105 g
S	enxofre	175 g
C	carbono	12.060 g
Mg	magnésio	35 g
Fe	ferro	2.8 g
K	potássio	245 g
Ca	cálcio	1.050 g

Disponível em: <http://old.iupac.org/didac/Didac%20Eng/Didac01/frame%20Didac01.htm>.
Acesso em: 15 ago. 2014.

CAPÍTULO 4 • Estrutura atômica

Nosso desafio

Para preencher os quadrinhos de 1 a 14, você deve utilizar as seguintes palavras: bons, cobre, gases nobres, gasosos, grupos ou famílias, hélio, líquido, maus, metais, não metais, formam, períodos, pouca, sólidos.

À medida que você preencher os quadrinhos, risque a palavra que escolheu para não usá-la novamente.

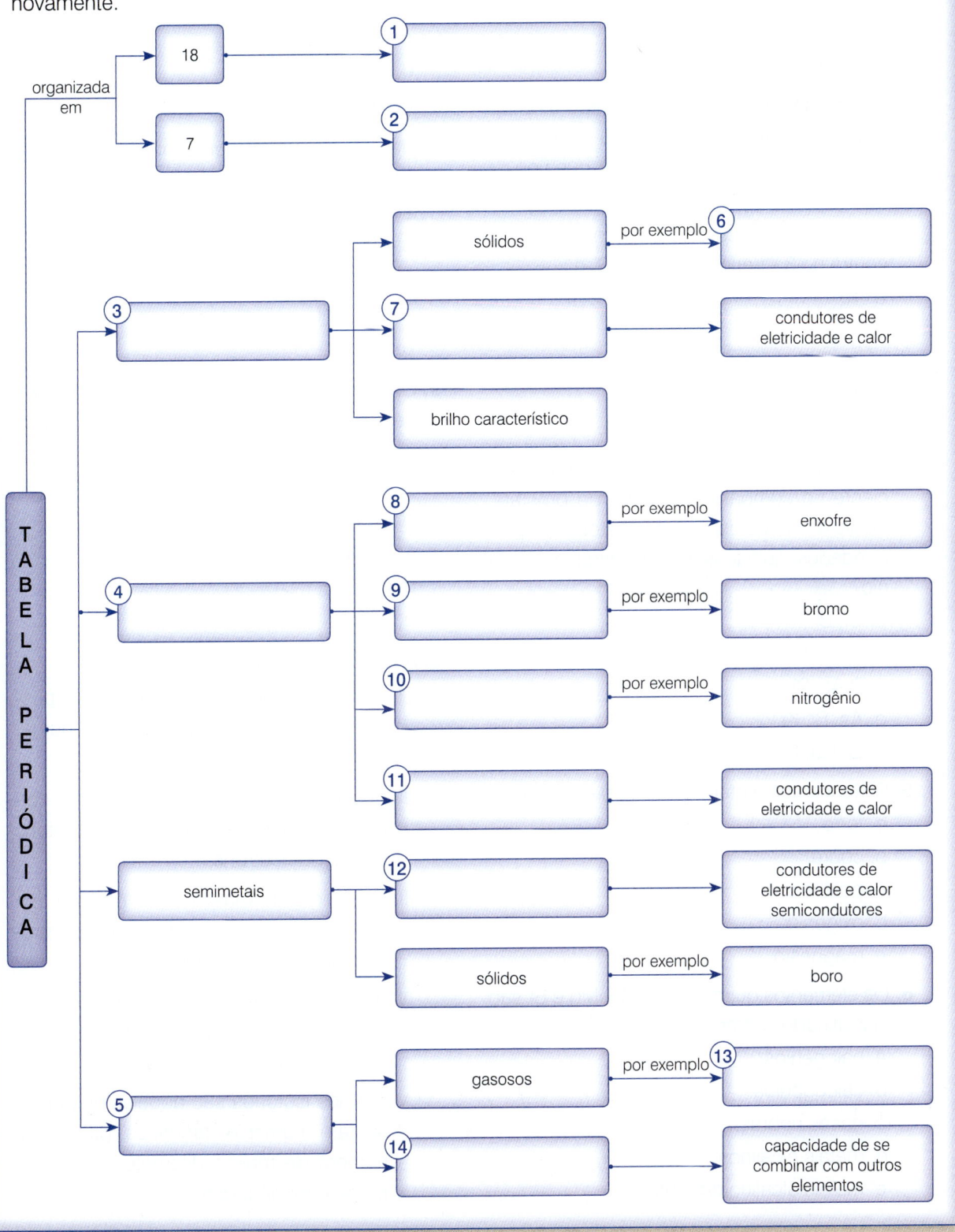

TABELA PERIÓDICA organizada em:

- 18 → 1. _____
- 7 → 2. _____

3. _____
  - sólidos — por exemplo → 6. _____
  - 7. _____ → condutores de eletricidade e calor
  - brilho característico

4. _____
  - 8. _____ — por exemplo → enxofre
  - 9. _____ — por exemplo → bromo
  - 10. _____ — por exemplo → nitrogênio
  - 11. _____ → condutores de eletricidade e calor

semimetais
  - 12. _____ → condutores de eletricidade e calor semicondutores
  - sólidos — por exemplo → boro

5. _____
  - gasosos — por exemplo → 13. _____
  - 14. _____ → capacidade de se combinar com outros elementos

Atividades

1. Na tabela periódica, os elementos estão ordenados em ordem crescente de:
   a. número de massa.
   b. massa atômica.
   c. número atômico.
   d. raio atômico.
   e. eletroafinidade.

2. Um elemento químico tem número atômico 33. Procure na tabela periódica em que período e grupo está localizado. A que tipo de elementos ele pertence?

3. O número atômico do elemento que se encontra no 3.º período, família 13, é:
   a. 10.
   b. 12.
   c. 23.
   d. 13.
   e. 31.

4. O selênio é um elemento químico muito eficiente no combate ao câncer de próstata. Quais os símbolos dos elementos com propriedades químicas semelhantes ao selênio?
   a. Cl, Br, I.
   b. Te, S, Po.
   c. P, As, Sb.
   d. As, Br, Kr.
   e. Li, Na, K.

5. Pertence aos metais alcalinos o elemento:
   a. ferro.
   b. cobre.
   c. potássio.
   d. oxigênio.
   e. magnésio.

6. Os elementos químicos Ca, Ba, Mg e Sr são classificados como:
   a. halogênios.
   b. calcogênios.
   c. gases nobres.
   d. metais alcalinos.
   e. metais alcalinoterrosos.

7. Possuem brilho característico, são bons condutores de calor e eletricidade. Essas propriedades são dos:
   a. gases nobres.
   b. ametais.
   c. não metais.
   d. semimetais.
   e. metais.

8. Nas condições ambiente, os metais são sólidos com exceção do:
   a. sódio.
   b. magnésio.
   c. ouro.
   d. mercúrio.
   e. cobre.

9. Os metais são bons condutores de calor e de eletricidade. Entre os elementos abaixo, é exemplo de metal o:
   a. hidrogênio.
   b. iodo.
   c. carbono.
   d. boro.
   e. cálcio.

10. Analise as afirmativas a seguir.
    I. Átomos isótopos são aqueles que possuem mesmo número atômico e números de massa diferentes.
    II. O número atômico de um elemento corresponde à soma do número de prótons com o de nêutrons.
    III. O número de massa de um átomo, em particular, é a soma do número de prótons com o de elétrons.
    IV. Átomos isóbaros são aqueles que possuem números atômicos diferentes e mesmo número de massa.
    V. Átomos isótonos são aqueles que apresentam números atômicos diferentes, número de massa diferentes e mesmo número de nêutrons.

São verdadeiras as alternativas:
a. I, III e V.
b. I, IV e V.
c. II e III.
d. II, III e V.
e. II e V.

11. Um átomo de número atômico Z e número de massa A tem
a. A nêutrons.
b. A elétrons.
c. Z prótons.
d. A – Z nêutrons.
e. Z elétrons.

12. De acordo com o modelo de Dalton para o átomo, analise quais das afirmações a seguir são verdadeiras.
I. Átomos são partículas discretas de matéria que não podem ser divididas por qualquer processo químico conhecido.
II. Átomos do mesmo elemento químico são semelhantes entre si e têm mesma massa.
III. Átomos de elementos diferentes têm propriedades diferentes.

13. Qual o número atômico e o número de massa de um átomo constituído por 17 prótons, 18 nêutrons e 17 elétrons.

Navegando na net

Que tal explorar as propriedades dos elementos químicos em uma tabela periódica interativa? Visite o endereço eletrônico
<http://www.ptable.com>
(*acesso em:* 8 ago. 2014).

Leitura
Você, desvendando a Ciência

Origem dos elementos químicos mais "pesados"

Elétrons, prótons e nêutrons são muito abundantes no Universo e é a partir deles que os elementos químicos são sintetizados. As teorias físicas e as observações astrofísicas recentes apontam as estrelas como as principais responsáveis pela síntese dos elementos. Dependendo da sua temperatura, uma estrela pode ser rica em hidrogênio, hélio, carbono, e assim por diante. Quanto mais quente uma estrela, maior a possibilidade que nela sejam sintetizados elementos mais pesados. De um modo bastante simplista, pensemos em estrelas como o Sol, tipicamente ricas em hidrogênio. O hidrogênio é submetido a reações de fusão nuclear a altas temperaturas (10^7 K a 10^{10} K). Essas reações acontecem por causa do campo gravitacional intenso (as estrelas são em geral, massivas), pela alta pressão (alta densidade de hidrogênio) e pelas altas temperaturas. Para cada reação de fusão do hidrogênio originando hélio, parte da energia resultante escapa da estrela, enquanto que uma porção dela fica retida na própria estrela, realimentando novas reações de fusão e desencadeando a síntese de elementos cada vez mais pesados. Em temperaturas mais altas ainda, o hélio dará origem ao carbono, por exemplo.

Em um processo de escala cosmológica, as estrelas vão, dessa forma, sintetizando elementos cada vez mais pesados com a consequente diminuição na densidade de hidrogênio. Há, então, um aumento substancial da temperatura na estrela com consequências graves para seu equilíbrio dinâmico, o que culmina no evento catastrófico chamado de explosão de supernova. É nesse momento que a síntese dos elementos mais pesados que o ferro pode acontecer e que ocorre, de fato, a síntese de grande parte dos núcleos pesados que conhecemos. Na explosão de supernova, muitos desses núcleos recém-formados são lançados pelo espaço e acabam de algum modo fazendo parte da formação de planetas e de outros astros.

Dentre os elementos químicos formados no processo de supernova, alguns são naturalmente instáveis ou radioativos, pois seus núcleos foram sintetizados de um modo extremamente violento, resultando em uma configuração de prótons e nêutrons que não aconteceria espontaneamente. Esses núcleos terão uma tendência a sofrer desintegrações para se tornarem mais estáveis. Aqueles que tiverem meia-vida [tempo necessário para que metade da quantidade inicial do elemento químico instável tenha se desintegrado] relativamente curta se desintegram rapidamente, porém os que têm meia-vida longa podem passar a fazer parte da composição da crosta de algum planeta e podem levar milhões ou bilhões de anos para obterem uma configuração estável.

Disponível em: <http://lief.if.ufrgs.br/~jader/origem.pdf>. *Acesso em:* 2 jul. 2015.

1) Com base na leitura do texto, como você explicaria a existência de urânio na superfície da Terra?
2) A explicação anterior seria a mesma para o caso do carbono? Justifique sua resposta.

TecNews
O que há de mais moderno no mundo da Ciência!

Efeito lótus

Você já observou como as gotículas de água ficam sobre as folhas de plantas em um dia chuvoso? Em alguns casos, como na imagem ao lado, é como se a planta não ficasse molhada.

Isso ocorre por conta de um efeito muito particular chamado *efeito lótus*. Seu nome é dado justamente por ocorrer nas folhas da flor de lótus. Veja mais sobre esse interessante efeito no trecho da publicação a seguir:

SUKPAIBOONWA/SHUTTERSTOCK

O efeito lótus foi descoberto por W. Barthlott, na década de 70, e diz respeito à elevada repelência à água – hidrofobia – que a superfície das folhas da flor de lótus apresenta.

Como consequência, essas plantas estão sempre limpas – princípio da autolimpeza –, o que se explica por meio da estrutura que as superfícies das folhas dessa planta apresentam: papilas e ceras espetaculares. As papilas, que são saliências nanométricas, combinadas com as ceras epicuticulares [da superfície da folha], que são hidrofóbicas, conferem à folha a super-hidrofobicidade (elevada repulsão da água por ação de um ângulo de contato entre a gota de água e a superfície da folha superior a 160°). Esse fenômeno permite à planta defender-se de agentes patogênicos e, simultaneamente, realizar um processo de autolimpeza.

A indústria, imitando a natureza, serviu-se dessa descoberta para a produção de matérias e objetos impermeáveis, antimanchas e antifúngicos, que se tornam mais resistentes e higiênicos. Os três setores em que tal aplicação é mais visível são os de revestimento, poupança de energia e aplicações biomédicas. (...)

Na área de aplicação de revestimento, o efeito lótus mostrou-se muito relevante nas indústrias de calçado, têxteis, construção e automóvel, entre outras, por, essencialmente, dois motivos: possibilidade de tornar certos objetos impermeáveis, como o calçado, a roupa etc., e de proteger outros objetos de manchas, sujidades e aderência de gordura, como é o caso dos assentos de automóvel, por exemplo.

É, de fato, muito importante nos dias que correm termos acesso a roupas impermeáveis e que estão protegidas contra a sujidade e gorduras, bem como o calçado impermeável ou, ainda, construções em vidro que nunca se sujam e não embacem. Isso porque o ritmo de vida é cada vez mais acelerado.

PEREIRA, A. P. do C. et al. *Efeito lótus*. Faculdade de Engenharia. Universidade de Porto Alegre. 2010. Disponível em: <http://paginas.fe.up.pt/~projfeup/cd_2010_11/files/QUI601_relatorio.pdf>. Acesso em: 2 jul. 2015.

CLICK E ABASTEÇA AS IDEIAS

Veja nossa sugestão de *link* sobre o assunto e abasteça suas ideias!
- https://www.youtube.com/watch?t=250&v=UG4IMfH7I3E

INVESTIGANDO...

Com seus colegas, faça uma pesquisa sobre os benefícios cotidianos do desenvolvimento de uma roupa que fosse hidrofóbica.

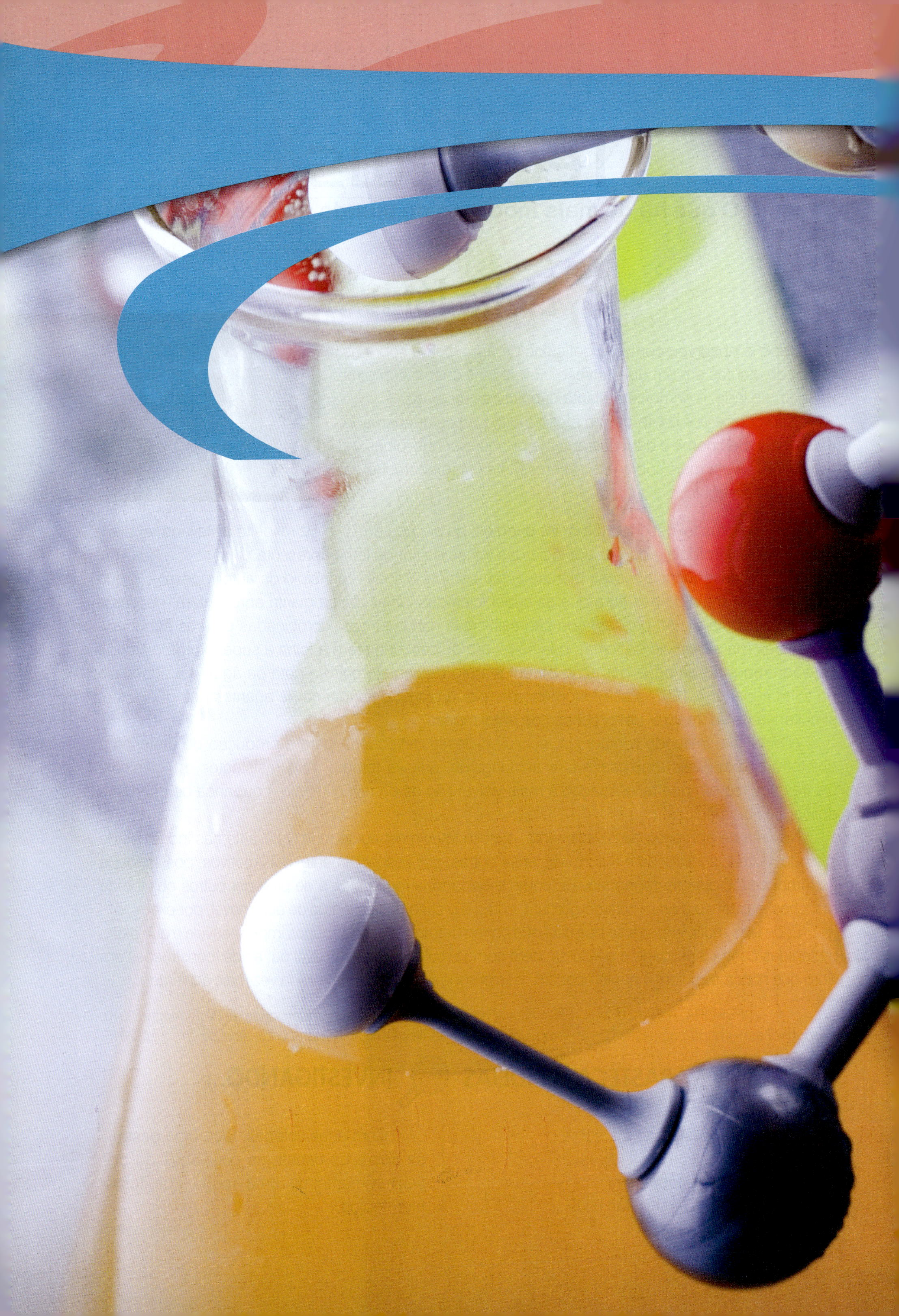

Unidade 3

SUBSTÂNCIAS E LIGAÇÕES *químicas*

Nesta unidade, vamos compreender a classificação de sistemas materiais químicos usados em nosso cotidiano e como eles são obtidos por meio de certos métodos de transformação física. Apresentaremos aspectos importantes associados aos conceitos de substâncias e misturas.

Ao tratar dos diferentes processos de separação de misturas, seremos capazes de identificar diversas aplicações para cada um dos processos.

Vamos também conhecer como ocorrem as ligações entre átomos (ligação iônica, covalente e metálica) e quais são as principais diferenças entre elas.

capítulo 5
Substâncias e misturas

Até parece um olho!

Você conhece o guaraná, esse fruto que mais parece um olho? É de sua semente que são feitos alguns tipos de refrigerante.

Tudo começa depois da colheita, que ocorre entre os meses de outubro e fevereiro. A semente, que é a parte pretinha dentro do fruto, é separada e lavada em um tanque com água. Em geral, os produtores utilizam peneiras para separar as sementes do restante do fruto durante o processo de lavagem.

Já lavadas, as sementes de guaraná são torradas para retirar toda a umidade, como se faz com as sementes de café. Depois, escolhidos os melhores grãos, eles são ensacados e podem ficar armazenados por um período bem longo (de até dois anos).

A partir das sementes torradas e moídas é preparada uma mistura, uma espécie de xarope concentrado, com a adição de aromatizantes, essências e outros produtos particulares de cada produtor do refrigerante de guaraná.

No caso das indústrias, esse xarope é distribuído para as diversas fábricas, onde com a adição de água torna-se a solução característica da bebida. O efeito espumante é dado pelo gás carbônico, adicionado antes de o refrigerante ser hermeticamente fechado.

No processo de produção do refrigerante falamos em solução, mistura e alguns de seus métodos de separação (a peneiração e escolha), alguns dos temas deste nosso capítulo.

FABIO COLOMBINI

CAPÍTULO 5 • Substâncias e misturas   107

(a) Estação de tratamento de água; (b) latas de separação de lixo; (c) refinaria de petróleo.

■ Métodos de separação

Qual é a relação entre as três imagens acima? O que elas representam dentro do contexto da Química?

Seja na estação de tratamento de água, nas latas de lixo ou na refinaria de petróleo, temos nas três imagens um importante processo em comum: a separação.

Na estação de tratamento de água, esse processo destina-se a separar certas impurezas da água, tornando-a potável. A separação utilizada nas diferentes latas de lixo facilita a reciclagem e o descarte dos resíduos. Já na refinaria de petróleo, os processos de separação têm por objetivo a produção de combustíveis e outros derivados do petróleo.

Mas será que nas três imagens são empregados os mesmos métodos de separação? Certamente não! Como então decidir sobre qual método de separação deve ser utilizado?

> **Sistema:** conjunto de elementos em que estamos interessados. Ao estudar uma bola de tênis que cai sobre uma mesa, por exemplo, a bola e a mesa constituem o sistema.

Para responder a essas perguntas, é preciso conhecer quais são os principais métodos de separação, além de identificar as diferentes substâncias e os diferentes tipos de mistura que estão envolvidas nos sistemas em que desejamos fazer uma separação.

■ Substâncias puras e misturas

Após uma boa noite de sono, as reservas energéticas de nosso corpo encontram-se baixas, por isso o café da manhã é considerado por muitos como sendo a refeição mais importante do dia. Uma xícara de café com leite, pães, frutas e uma porção de cereal podem nos fornecer as quantidades de carboidratos, vitaminas e fibras necessárias para iniciar o dia.

Mas de que forma o café da manhã está relacionado ao que vamos estudar aqui? Bem, no processo de preparo de alguns alimentos que compõem o café da manhã, é possível identificar várias substâncias, misturas de substâncias e também processos de separação dessas substâncias.

Vamos começar analisando o preparo do café, para isso, leia o trecho do artigo a seguir que trata das diferentes substâncias contidas nesse grão.

Café e composição química

A maioria das pessoas que bebe café diariamente ignora quais são as substâncias que estão presentes nele e pensa que o café contém apenas ou principalmente cafeína. Grande engano. O café possui apenas 1 a 2,5% de cafeína e diversas outras substâncias em maior quantidade. E estas outras substâncias podem até ser mais importantes do que a cafeína para o organismo humano.

O grão de café (café verde) possui: uma grande variedade de minerais como potássio (K), magnésio (Mg), cálcio (Ca), sódio (Na), ferro (Fe), manganês (Mn), rubídio (Rb), zinco (Zn), cobre (Cu), estrôncio (Sr), cromo (Cr), vanádio (V), bário (Ba), níquel (Ni), cobalto (Co), chumbo (Pb), molibdênio (Mo), titânio (Ti) e cádmio (Cd); aminoácidos, como alanina, arginina, asparagina, cisteína, ácido glutâmico, glicina, histidina, isoleucina, lisina, metionina, fenilalanina, prolina, serina, treonina, tirosina, valina; lipídios, como triglicerídios e ácidos graxos livres; açúcares, como sucrose, glicose, frutose, arabinose, galactose, maltose e polissacarídeos. Adicionalmente, o café também possui uma vitamina do complexo B, a niacina (vitamina B3, PP ou "Pelagra *Preventing*" do inglês), e, em maior quantidade que todos os demais componentes, os ácidos clorogênicos, na proporção de 7 a 10%, isto é, 3 a 5 vezes mais que a cafeína.

Fique por dentro!

Arginina é um aminoácido importante para o bom funcionamento do corpo humano. Em sua estrutura química, temos seis átomos de carbono, quatro átomos de nitrogênio, dois átomos de oxigênio e quatorze átomos de hidrogênio. A arginina pode ser encontrada no amendoim, castanha, aveia, leite, atum, iogurte, entre outras fontes.

Ácidos clorogênicos: determinado tipo de substância, formada a partir de dois outros ácidos presentes no café. São importantes, pois auxiliam a controlar o nível de açúcar no sangue.

Termoestável: objeto ou corpo que não é modificado pela ação do calor.

Mas apenas a cafeína é termoestável, isto é, não é destruída com a torrefação excessiva. As demais substâncias, como aminoácidos, açúcares, lipídios, niacina e os ácidos clorogênicos, são preservadas, formadas ou mesmo destruídas durante o processo de torra. (...)

Composto	Café	Água Mineral	Bebida Isotônica
K	100-500 mg	1,50 mg	120 mg
Ca	100-300 mg	60 mg	0 mg
Mg	120-250 mg	13 mg	0 mg
Na	20 a 70 mg	1 mg	450 mg
Cl	0,01 mg	0,01 mg	420 mg
Fe	2 a 5 mg	0 mg	0 mg
Sr	5 a 20 mg	0 mg	0 mg

LIMA, D. R. *Café e composição química*. Associação Brasileira da Indústria do Café. Disponível em: <http://www.abic.com.br/publique/cgi/cgilua.exe/sys/start.htm?infoid=161&sid=81>. Acesso em: 10 jun. 2014.

Magnésio, cálcio, sódio, ferro, cromo, alanina, arginina, ácido glutâmico... todos esses nomes representam a diversidade de substâncias que compõem o café. Essas diferentes substâncias descritas no texto podem ser classificadas de acordo com sua composição. O magnésio isoladamente, por exemplo, por se tratar de uma substância composta por átomos de um único elemento químico – o magnésio (Mg) – é chamado de **substância pura simples**. Outros exemplos de substâncias puras simples são: zinco (Zn), sódio (Na), oxigênio (O_2), ferro (Fe), ozônio (O_3), cloro (Cl), entre outros.

Já a substância arginina é classificada como **substância pura composta,** pois é formada por átomos de diferentes elementos químicos. Outros exemplos de substâncias puras compostas são: açúcar ($C_6H_{12}O_6$), água (H_2O), gás carbônico (CO_2), entre outras.

Fique por dentro!

Alguns elementos químicos podem apresentar duas ou mais estruturas diferentes, fenômeno conhecido como alotropia. São exemplos o oxigênio, que pode se apresentar tanto na forma de O_2 como na de ozônio (O_3), e o carbono, em suas variedades diamante e grafite.

(a) Gás oxigênio (O_2), uma substância pura simples.
(b) Gás carbônico (CO_2), uma substância pura composta.

FOTOS: MOLEKUUL.BE/SHUTTERSTOCK

Ao classificar as substâncias como simples ou compostas, nos referimos a elas como sendo *puras*. Mas o que isso realmente significa? Ou seja, o que significa dizer que uma substância é pura? Seria a água uma substância pura?

Vejamos o caso da água mineral que encontramos em garrafas.

Para que pudesse ser considerada uma substância pura, a água encontrada no interior da garrafa deveria conter *apenas* H_2O. No entanto, veja ao lado o que encontramos tipicamente em sua composição.

COMPOSIÇÃO QUÍMICA APROXIMADA (em mg/L)	
carbonato de sódio	143,68
sulfato de sódio	65,71
bicarbonato de sódio	42,20
cloreto de sódio	4,07
sulfato de cálcio	2,29
sulfato de potássio	2,16
fluoreto de sódio	1,24
vanádio	0,07
sulfato de estrôncio	0,04

Como podemos perceber, a água mineral não é uma substância pura, mas sim *um conjunto de substâncias*, ou seja, é uma **mistura**. Como veremos nos processos de separação a seguir, se a água mineral for aquecida até 100 °C, as moléculas de H_2O começam a evaporar, enquanto que as outras substâncias não. Condensando esse vapor, é possível (teoricamente) obter uma substância pura composta, água pura (apenas H_2O). O termo "teoricamente" foi colocado entre parênteses, pois durante todo o processo pode ser que alguma pequena partícula de sujeira ou mesmo alguma molécula de um dos sais minerais presentes na mistura inicial sejam carregados junto com o vapor. A água destilada, nesse caso, não seria 100% pura, mas poderia chegar a aproximadamente 99% de pureza.

> **Lembre-se!**
> Condensação ou liquefação é a passagem do estado gasoso para o líquido.

ESTABELECENDO CONEXÕES — Saúde

Limite de impurezas

O teor de pureza também pode ser aplicado para uma mistura. A Agência Nacional de Vigilância Sanitária (ANVISA) regulamenta o teor de pureza ou o limite de impurezas que podem estar presentes em vários alimentos.

No caso da canela em pó, por exemplo, como ela é extraída de cascas de árvore, pedaços de insetos podem ser processados juntos com a canela. Impurezas também podem ser processadas junto com o café ou com a farinha de trigo.

Veja a seguir alguns limites de impurezas estabelecidos pela ANVISA.

Produto	Norma ANVISA
canela	permitido 100 fragmentos a cada 50 g
café	permitido 60 fragmentos a cada 25 g
farinha de trigo	permitido 75 fragmentos a cada 50 g

> **Jogo rápido**
>
> Quais dos três produtos apresentados na seção *Estabelecendo conexões – Saúde* apresenta maior rigidez no controle de pureza?

UNIDADE 3 • SUBSTÂNCIAS E LIGAÇÕES QUÍMICAS

Voltando ao nosso café da manhã, ao pó de café em particular, ele é formado pelo conjunto das várias substâncias, como já vimos. Chamamos a esse conjunto de diferentes substâncias de **mistura**. Assim, como o pó de café é uma mistura, quando acrescentamos leite ao café (bebida) ou ainda quando adicionamos leite a uma porção de cereal, também temos misturas. Essas e outras misturas podem ser classificadas como **homogêneas**, também chamadas **soluções**, quando apresentam uma única fase, ou **heterogêneas**, quando apresentam mais de uma fase.

Açúcar em pó é um sistema homogêneo (uma fase).

Fase: cada um dos componentes de uma mistura que pode ser visto a olho nu. Por exemplo, uma mistura homogênea de água e sal apresenta uma fase só. Já uma mistura de água com areia apresenta duas fases.

Em um pote de cereal com leite, temos uma mistura heterogênea. Nela, é possível identificar duas fases: a fase líquida do leite e a fase sólida do cereal.

Sistema heterogêneo trifásico (3 fases).

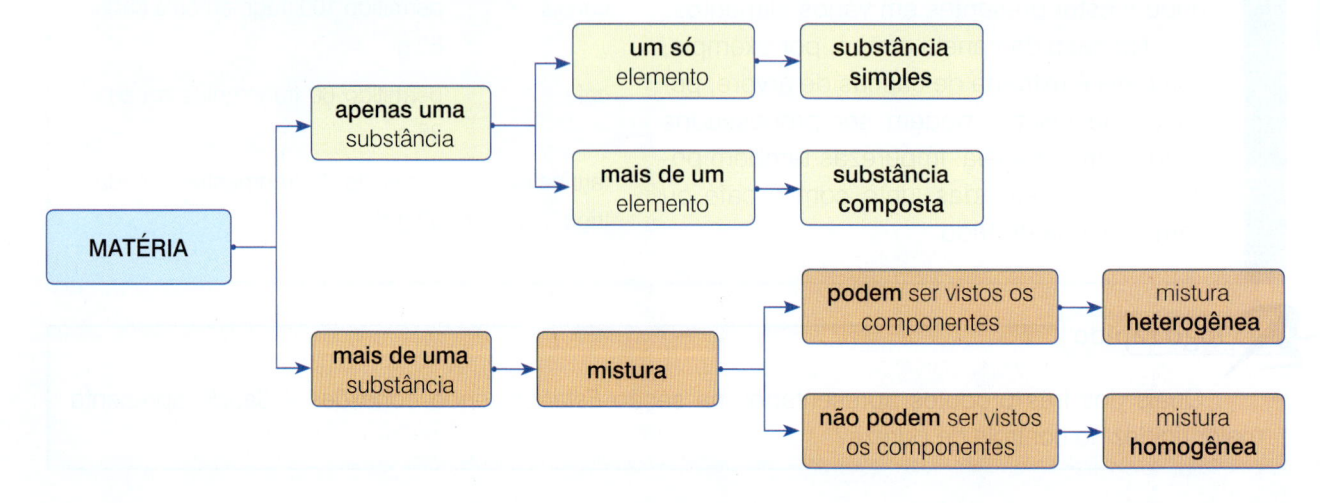

MATÉRIA
- apenas uma substância
  - um só elemento → substância simples
  - mais de um elemento → substância composta
- mais de uma substância → mistura
  - podem ser vistos os componentes → mistura heterogênea
  - não podem ser vistos os componentes → mistura homogênea

CAPÍTULO 5 • Substâncias e misturas 113

É SEMPRE BOM SABER MAIS!

Solução

Uma solução ou mistura homogênea é aquela que apresenta uma única fase e pode ser líquida (como um refrigerante), sólida (como o bronze) ou gasosa (por exemplo, ar atmosférico).

Em uma solução, uma substância é dissolvida em outra; por exemplo, em uma solução de água e sal, o sal é dissolvido na água. A substância que é dissolvida (sal) se chama **soluto** e a substância que dissolve é chamada **solvente** (água).

As soluções em que a água é o solvente são chamadas **soluções aquosas**.

■ Processos de separação dos componentes de uma mistura e suas aplicações

Para preparar o café, misturamos água fervente e o pó de café. Nessa solução, parte do pó é completamente dissolvida na água; outra parte, no entanto, permanece separada (parte sólida). Assim, o café e a água fervente constituem uma mistura heterogênea. Para que possamos desfrutar da bebida, é preciso separar a parte homogênea (café diluído na água) da parte heterogênea (pó não diluído) dessa solução. Para isso, é preciso filtrar a mistura, que é o primeiro método de separação dos componentes de uma mistura que vamos estudar.

Filtração

Processo utilizado para separar a porção líquida de uma mistura de sua porção sólida não dissolvida ou para separar a parte sólida de uma mistura de sua parte gasosa.

Esse processo de separação consiste em fazer a mistura atravessar um filtro poroso, cujos poros sejam pequenos o suficiente para reter a porção sólida, mas que tenham o tamanho adequado para deixar a parte líquida (ou gasosa) passar. Como exemplos, temos a preparação do café, separação da água da areia, separação de partículas de poeira do ar atmosférico.

Esquema ilustrativo do processo de filtração.

Descubra você mesmo!

Deixando de lado por um momento os exemplos relacionados ao café da manhã, que outras misturas presentes no cotidiano você poderia descrever? Em que casos é necessário algum método de separação para essas misturas?

▶ Lembre-se!

Misturas homogêneas: possuem apenas uma fase.

Misturas heterogêneas: possuem mais de uma fase.

Catação

Este processo de separação de misturas está baseado na diferença visual do tamanho entre os materiais a serem separados e está associado às misturas sólido-sólido.

No cotidiano, o processo de catação é utilizado para separar, por exemplo, o feijão das impurezas que vêm no pacote desse cereal.

DE OLHO NO PLANETA

Ética & Cidadania

Lixo, reciclagem e coleta seletiva

Atualmente, todos os dias são gerados milhões de toneladas de lixo nas cidades, que vão se acumulando nos aterros sanitários sem qualquer tipo de separação ou tratamento. Nesses locais, catadores remexem o lixo e separam os materiais que têm algum valor, a fim de que possam sustentar suas famílias. Em muitos lixões já foram implantadas cooperativas para que seja feita a coleta seletiva, fortalecendo a reciclagem e propiciando uma melhor gestão do aterro sanitário.

A coleta seletiva e a reciclagem de lixo têm um papel muito importante para o meio ambiente. Por meio delas, recuperam-se matérias-primas que, de outro modo, seriam retiradas da natureza. A ameaça de exaustão dos recursos naturais não renováveis aumenta a necessidade de reaproveitamento dos materiais recicláveis, que são separados por meio da coleta seletiva de lixo.

Há uma diferença entre coleta seletiva e reciclagem. Reciclagem é o processo de transformação de um material, cuja primeira utilidade terminou, em outro produto. Por exemplo, um processo de reciclagem é o de transformar o plástico da garrafa PET em cerdas de vassoura ou fibras para moletom. Coleta seletiva de lixo é um sistema de recolhimento de materiais recicláveis: papéis, plásticos, vidros, metais e orgânicos, previamente separados na fonte geradora e que podem ser reutilizados ou reciclados. A coleta seletiva também tem papel no processo de educação ambiental na medida em que sensibiliza a comunidade sobre os problemas do desperdício de recursos naturais e da poluição causada pelo lixo.

Adaptado de: SECRETARIA DO MEIO AMBIENTE/GOVERNO DO ESTADO DE SÃO PAULO. Coleta seletiva. *Disponível em:* <http://www.lixo.com.br/documentos/coleta%20seletiva%20como%20fazer.pdf>. *Acesso em:* 10 jun. 2014.

➢ Separar é diferente de reciclar. Separar é retirar do lixo aquilo que ainda pode ser aproveitado ou reciclado (transformado). De que forma você e sua comunidade poderiam atuar de modo a conscientizar as pessoas da necessidade de implantar a coleta seletiva de lixo a fim de propiciar a reciclagem de materiais? Em que essa reciclagem contribuiria para a melhoria do meio ambiente?

Peneiração (tamisação)

É um processo empregado para separar, pela diferença de tamanho, uma mistura de sólido com outros sólidos. Para isso, são utilizadas peneiras de malhas apropriadas, em que os grãos maiores ficam retidos e somente os grãos menores passam. Esse método é usado, por exemplo, para separar a areia grossa da areia fina.

Malha de uma peneira: espaços vazios entre a trama da peneira. Uma malha de 1 mm significa que seus espaços vazios deixarão passar partículas menores do que 1 mm, retendo as que forem maiores do que essa medida.

Levigação

Processo de separação de mistura que usa como referência a diferença de densidade entre os sólidos a serem separados. Para isso, utiliza-se um fluxo de água que, ao passar pela mistura, leva consigo a parte sólida mais leve (menos densa). Muito utilizado nos garimpos para separar a areia, menos densa, do ouro, mais denso.

Garimpeiro à procura de ouro no Rio Araguari, povoado de Desemboque, MG

Ventilação

Processo que utiliza uma corrente de ar para favorecer a separação de sólidos com diferentes densidades. É usado, por exemplo, para separar os cereais colhidos de suas cascas.

Agricultor ventilando café após a colheita na zona rural do município de Guaranésia, sul de Minas Gerais.

Separação magnética ou imantação

Método empregado para separar os componentes sólidos de uma mistura que são atraídos por um ímã. Vale a pena destacar que apenas parte dos constituintes da mistura deve ter a propriedade de ser atraída por um ímã. O ferro, por exemplo, possui propriedades magnéticas e pode ser separado da areia pelo processo de imantação. Também os objetos de metal presentes no lixo podem ser separados dessa forma para serem reciclados.

Separação magnética de mistura de limalhas (raspas) de ferro e enxofre.

Flotação (sedimentação fracionada)

Método empregado na utilização de água ou outro solvente para separar sólidos com diferentes densidades. O sólido mais leve (menos denso) flutua e o denso sedimenta. Serragem e areia, por exemplo, podem ser separadas pela adição de água; neste caso, a areia sedimenta e a serragem flutua. A flotação é utilizada, por exemplo, nas estações de tratamento durante o processo de tratamento de esgoto.

Dissolução fracionada

Nesse processo, a separação de dois sólidos é realizada quando um deles é solúvel em água ou outro solvente qualquer, e o outro não. Uma das formas de separar o sal da areia da praia, por exemplo, é pela adição de água ao recipiente em que a mistura se encontra; nesse caso, apenas o sal vai se dissolver, enquanto a areia irá sedimentar no fundo. Na sequência, é realizada uma filtração para separar a areia da água salgada, que será colocada para evaporar a fim de separá-la do sal.

sal + areia → adição de água → filtração (areia) → água + sal → vaporização → sal

Decantação

Esse processo consiste em separar líquidos **imiscíveis** ou um sólido precipitado em um líquido. Se pensarmos novamente em um recipiente contendo uma mistura de água e areia, por exemplo, ao deixarmos esse sistema em repouso, o sólido irá se posicionar no fundo do recipiente, enquanto a parte líquida ficará acima dele. A seguir, é preciso decantar o líquido e isso pode ser feito por meio de uma mangueira para retirá-lo de uma posição mais elevada para outra mais baixa.

> **Imiscíveis:** que não se misturam.

- água barrenta
- o sólido deposita-se no fundo (água / terra)
- vareta de vidro
- líquido decantado (ainda contém impurezas)

ESTABELECENDO CONEXÕES — Sustentabilidade

Decantação na produção de biodiesel

Os óleos de origem vegetal são uma alternativa para o óleo diesel, derivado de petróleo, utilizado como combustível por caminhões. Para a produção do diesel vegetal (biodiesel), utiliza-se, principalmente, o óleo de soja, mas também os resíduos de óleo de fritura (veja tabela abaixo), cuja coleta seletiva também tem sido estimulada.

Produção de biodiesel por matéria-prima (em %).

Matéria-prima	2008	2010	2012	2014
Óleo de soja	69%	82%	75%	74%
Gorduras animais	18%	14%	18%	23%
Óleo de algodão	2%	2%	5%	2%
Óleo de fritura usado	0%	0%	1%	1%
Outras	12%	1%	2%	1%
Total	100%	100%	100%	100%

Fonte/elaboração: ANP/ABIOVE – Coordenadoria de Economia e Estatística

Nota: dados disponíveis até maio de 2014.

Durante o processo de produção do biodiesel, o óleo vegetal é submetido a uma série de reações, transformando-se em uma mistura que apresenta glicerina como resíduo. Para separar a glicerina (mais densa) do óleo (menos denso), utiliza-se um **funil de decantação**.

O funil de decantação ou balão de decantação é uma peça de vidro, em geral com o formato de pera, em cuja base há uma torneira que fecha o sistema. Para separar líquidos imiscíveis, eles são colocados nesse funil e deixados descansar. Com isso, o líquido mais denso se coloca na parte de baixo do funil, próximo à torneira, enquanto o menos denso fica na parte de cima. Controlando-se a abertura e o fechamento da torneira, é possível recolher para outro recipiente primeiro o líquido mais denso.

Funil de decantação separando óleo e água colorida, dois líquidos imiscíveis.

Centrifugação

Método de separação de misturas que faz uso de um equipamento chamado *centrífuga*. O interior dessa máquina possui "compartimentos" para que as amostras que se quer centrifugar sejam colocadas. Tampada a máquina, sua parte interna gira em alta velocidade e, devido à ação da força aplicada, a fase líquida das amostras é separada de sua fase sólida (devido à diferença de densidade entre os materiais). Esse método é muito usado para separar os diversos componentes do sangue.

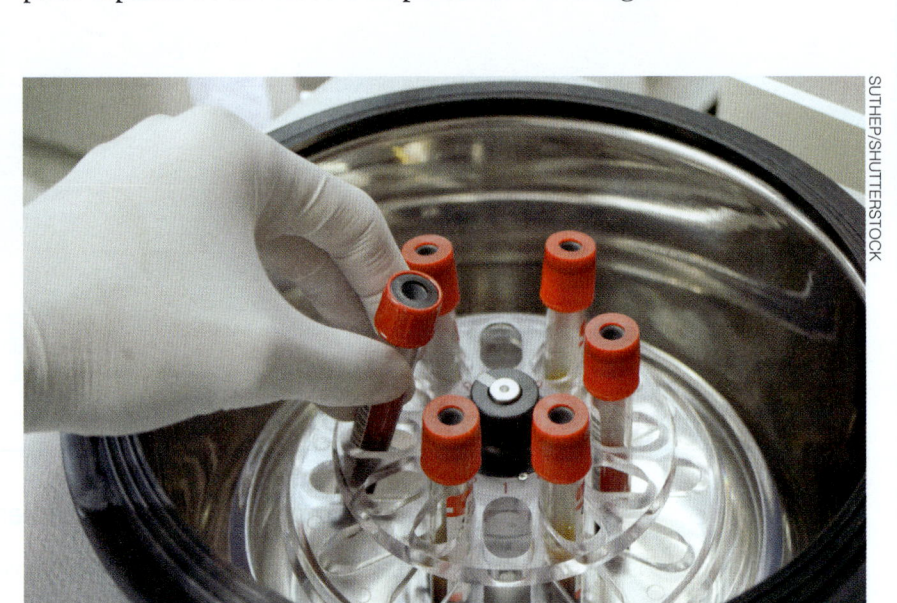

> **Jogo rápido**
>
> Sabendo que hemácias são mais densas do que glóbulos brancos e estes são mais densos do que o plasma, como esses componentes estariam dispostos em um tubo de sangue depois de ter sido centrifugado?

Tubo contendo sangue sendo colocado no interior de uma centrífuga. O interior do aparelho é posto a girar em alta velocidade, o que faz com que a porção mais densa do material seja forçada para a base do tubo.

> **Jogo rápido**
>
> Cite uma vantagem de se utilizar a centrifugação e a separação de glóbulos vermelhos, em relação ao plasma e aos glóbulos brancos.

Técnico carrega uma bolsa de sangue que foi submetido à centrifugação (os glóbulos vermelhos se depositaram na base e sobre eles, amarelado, está o plasma).

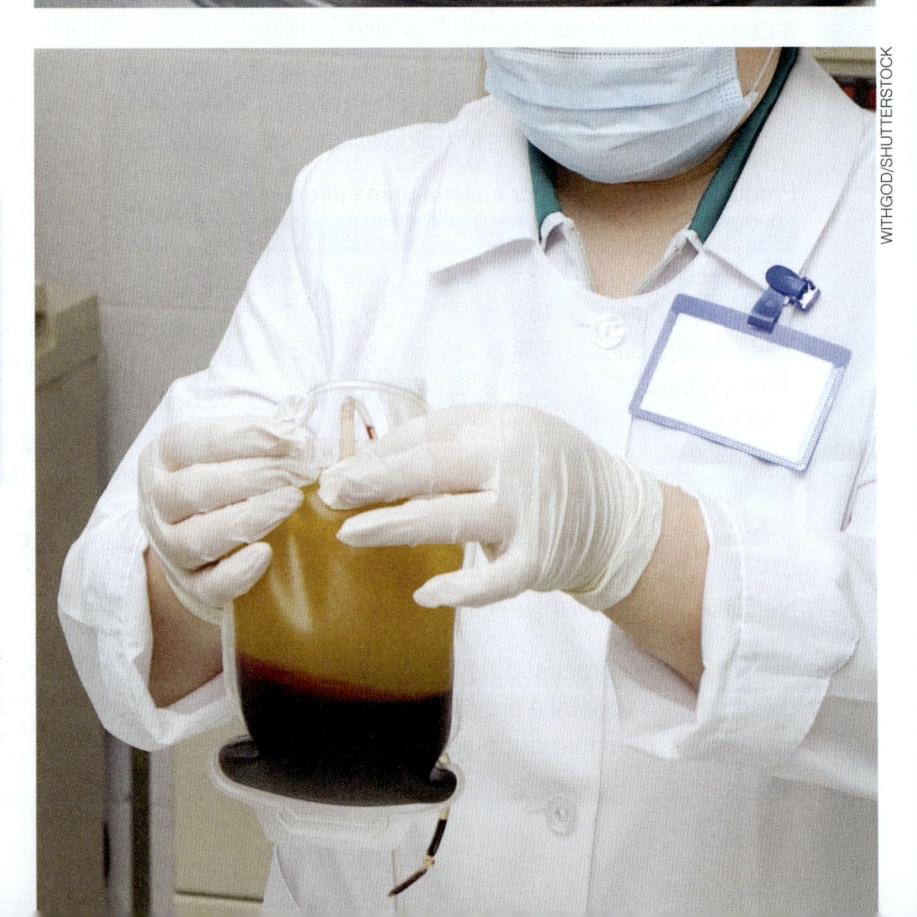

Evaporação

Esse processo é usado na separação de um sólido dissolvido em um líquido, quando a mistura fica exposta ao calor em um ambiente aberto.

Nas salinas, utiliza-se o processo de evaporação a fim de separar os sais da água do mar.

Destilação simples

Suponha que tenhamos uma mistura homogênea de um sólido dissolvido em um líquido e que desejamos separar essas duas fases. Para isso, podemos utilizar o método da destilação simples.

Com um equipamento adequado (chamado destilador), aquecemos a mistura fazendo com que a porção líquida se vaporize, sendo direcionada para o condensador, onde é resfriada. A diferença de temperatura faz com que o vapor condense e possa ser recolhido na forma líquida em outro recipiente.

Se quiséssemos separar os sais da água do mar, recuperando as duas fases, poderíamos utilizar o método da destilação simples.

Condensador: o que condensa, que torna o vapor em líquido. Em um destilador, é um tubo mantido a baixa temperatura.

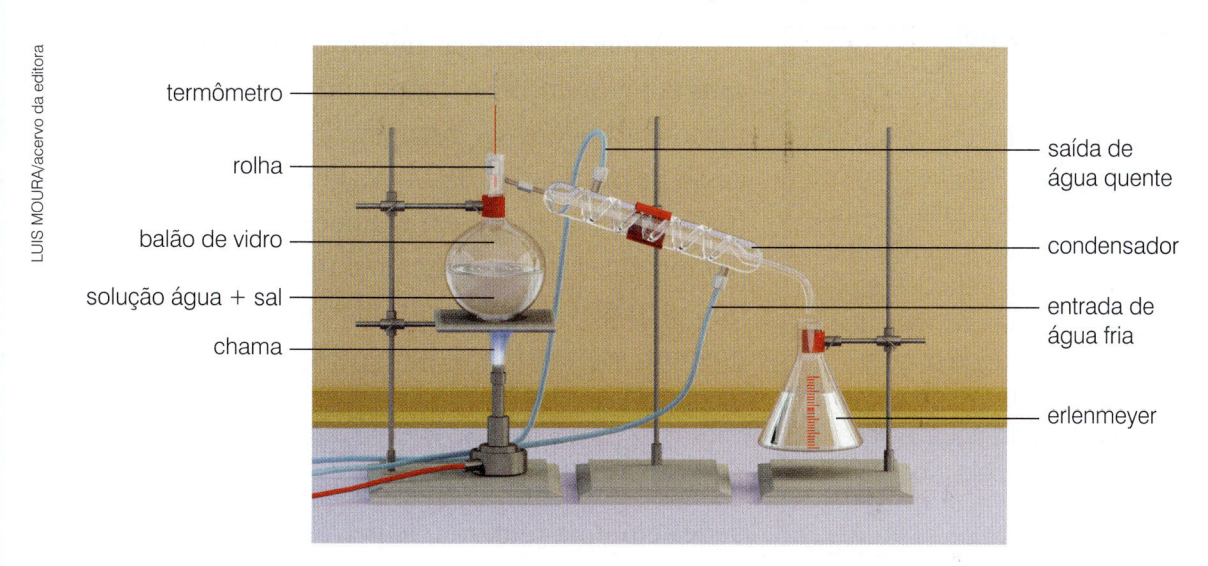

Destilação fracionada

Você já pensou como são separados os derivados de petróleo em uma refinaria? Além dos óleos combustíveis e do petróleo também são obtidos o gás, o diesel, os óleos lubrificantes, entre outros derivados. Até seus resíduos são aproveitados como matéria-prima para a produção de asfalto.

A separação desses componentes leva em conta a propriedade que você já conhece, chamada ponto de ebulição. Isso porque substâncias puras e misturas apresentam comportamentos diferentes durante a ebulição: nas substâncias puras, a temperatura permanece constante durante toda a ebulição, enquanto nas misturas essa temperatura aumenta durante o processo.

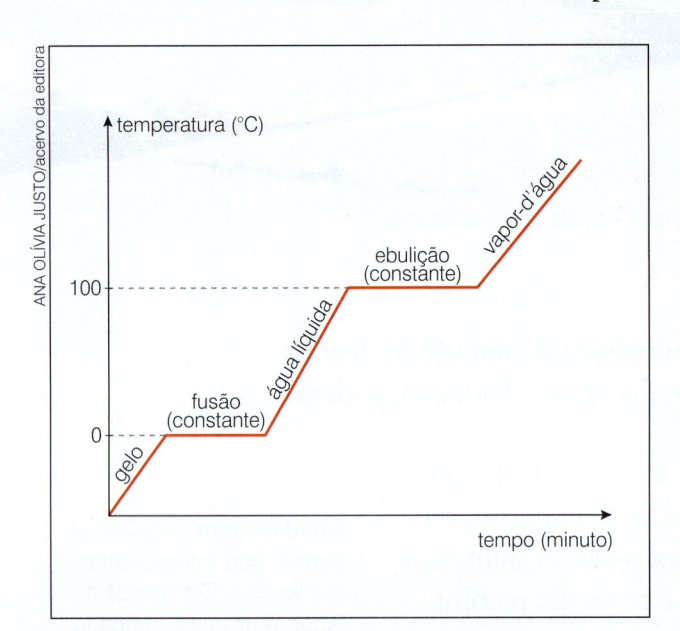

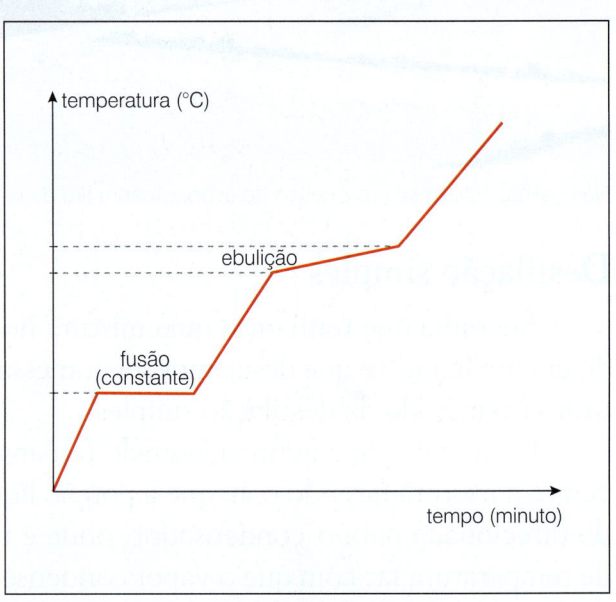

Curvas de aquecimento para (a) uma substância pura e (b) uma mistura. Observe como na mistura a temperatura de ebulição aumenta durante o processo.

Descubra você mesmo!

Suprir a falta de água potável no mundo é e será uma dos grandes desafios da humanidade. Algumas regiões já estão sofrendo com a falta de água trazendo sérios problemas ambientais, sociais e econômicos. Será que é possível transformar a água do mar, que é muito abundante, em água potável?

Faça uma pesquisa sobre o processo de obtenção de água potável a partir da água do mar pelo processo de dessalinização.

Aquecendo-se a mistura chamada petróleo, seus componentes se vaporizam a diferentes temperaturas e podem ser recuperados por meio do processo de destilação, desta vez parte a parte (fração a fração). Nesse processo, conhecido como destilação fracionada, utiliza-se uma coluna de fracionamento onde é possível separar as diferentes frações de uma mistura, segundo seus diferentes pontos de ebulição, e coletá-las.

Veja no infográfico a seguir como a destilação fracionada separa compostos para diferentes finalidades em uma refinaria de petróleo.

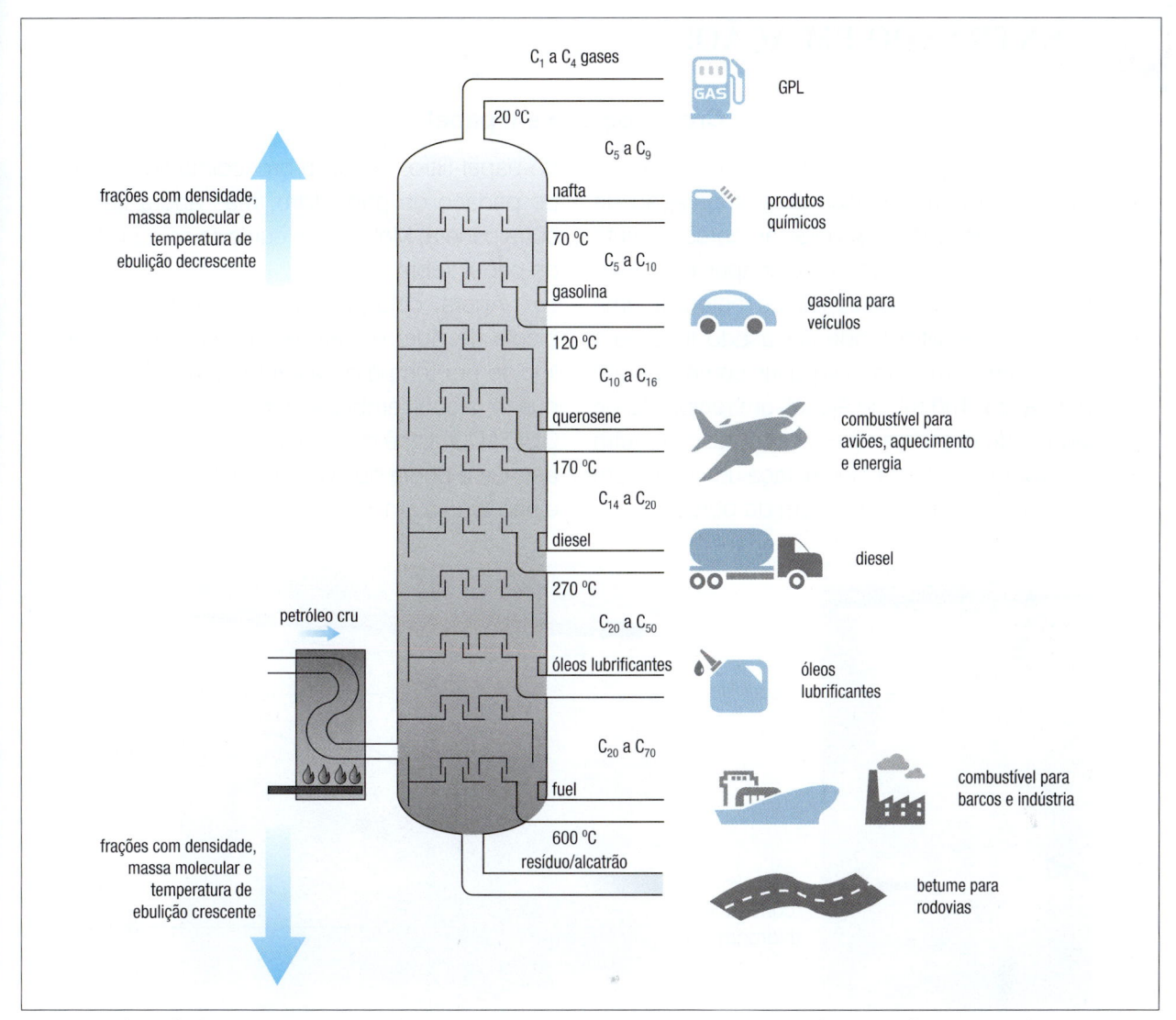

Adaptado de: ALMEIDA, J. R. de; BERGMANN, N. *Química Orgânica*. 3. ed. São Paulo: HARBRA, 2015. p. 27.

Cromatografia

Diferentes substâncias que compõem uma mistura podem apresentar diferentes comportamentos ao se deslocarem em um fluido. Por volta do ano de 1900, o botânico russo Mikhail Semenovich Tswett (1872-1919) propôs um método de separação, chamado **cromatografia**, que faz uso dessa propriedade.

Para compreender como funciona a cromatografia, considere uma tinta roxa, que é uma mistura de duas substâncias: um pigmento azul e um pigmento vermelho. Ao pingar tinta roxa em um papel poroso, por exemplo, e imergir esse papel em um líquido apropriado, podemos separar cada um dos pigmentos que compõem essa tinta, pois cada um deles apresentará velocidade diferente e percorrerá no papel uma distância diferente, como mostra a imagem ao lado.

A imagem mostra a separação dos componentes de uma tinta roxa, submetida ao método de cromatografia em papel.

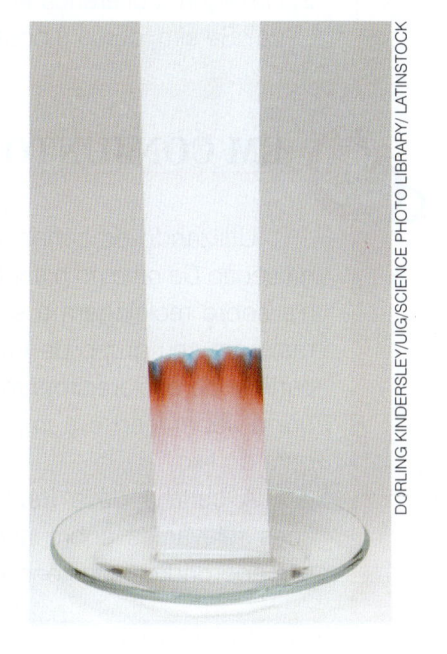

UNIDADE 3 • SUBSTÂNCIAS E LIGAÇÕES QUÍMICAS

ENTRANDO EM AÇÃO!

Cromatografia em papel

Neste experimento, vamos explorar a cromatografia como técnica para separação de substâncias. Vamos separar as cores da tinta de uma caneta em um filtro de papel. Para isso, você vai precisar dos seguintes materiais: uma tira de papel-filtro (pode ser usado filtro para coar café), um lápis para usar como suporte para a tira, 100 mL de álcool, um recipiente de vidro e duas canetas (uma hidrográfica e outra esferográfica). Inicialmente, faça um traço com uma das canetas a uns 3 cm da borda inferior do papel-filtro. Repita o procedimento em outro pedaço de papel-filtro, mas agora com a outra caneta. Monte com cuidado as duas tiras de papel sobre o lápis.

Agora, coloque o álcool dentro do recipiente de vidro e mergulhe os papéis-filtro no líquido por tempo o bastante para que o álcool embeba o papel. CUIDADO: você deve mergulhar apenas a ponta dos papéis-filtro e não toda a tira.

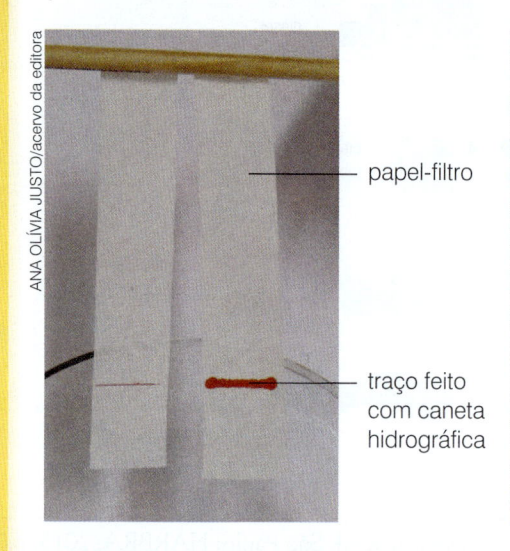

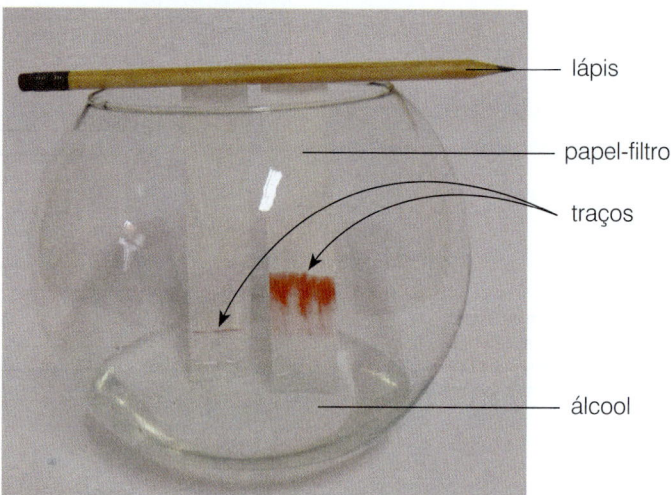

CUIDADO PRODUTO INFLAMÁVEL

- papel-filtro
- traço feito com caneta hidrográfica
- lápis
- papel-filtro
- traços
- álcool

1. Observe o que ocorre com a marca feita com caneta após o álcool entrar em contato com o filtro. Como é possível explicar as diferentes cores formadas?
2. Há alguma diferença entre o comportamento da caneta hidrográfica e da caneta esferográfica? Se sim, como é possível explicar essa diferença?

EM CONJUNTO COM A TURMA!

Utilizando os conhecimentos adquiridos na seção *De olho no planeta – Ética & Cidadania* sobre reciclagem e separação de misturas, com seu grupo de trabalho elabore uma cartilha de esclarecimento à comunidade sobre a separação e a importância da reciclagem do lixo.

A cartilha deve trazer dicas e informações relevantes sobre a reciclagem. Podem ser abordadas questões como a separação do lixo nas residências, locais públicos, escolas e ruas, por exemplo, como também sobre o tempo de decomposição do lixo, ideias de como se pode reaproveitar o lixo, vantagens da reciclagem, levantamento sobre a quantidade de lixo que é produzido em média pela população.

Vocês ainda poderão incluir informações sobre o que já foi feito e até as possibilidades de gerar lucros para quem recicla.

Nosso desafio

Para preencher os quadrinhos de 1 a 10, você deve utilizar as seguintes palavras: catação, compostas, de líquidos, de sólidos, decantação, filtração, heterogêneas, homogêneas, misturas, simples.

À medida que você preencher os quadrinhos, risque a palavra que escolheu para não usá-la novamente.

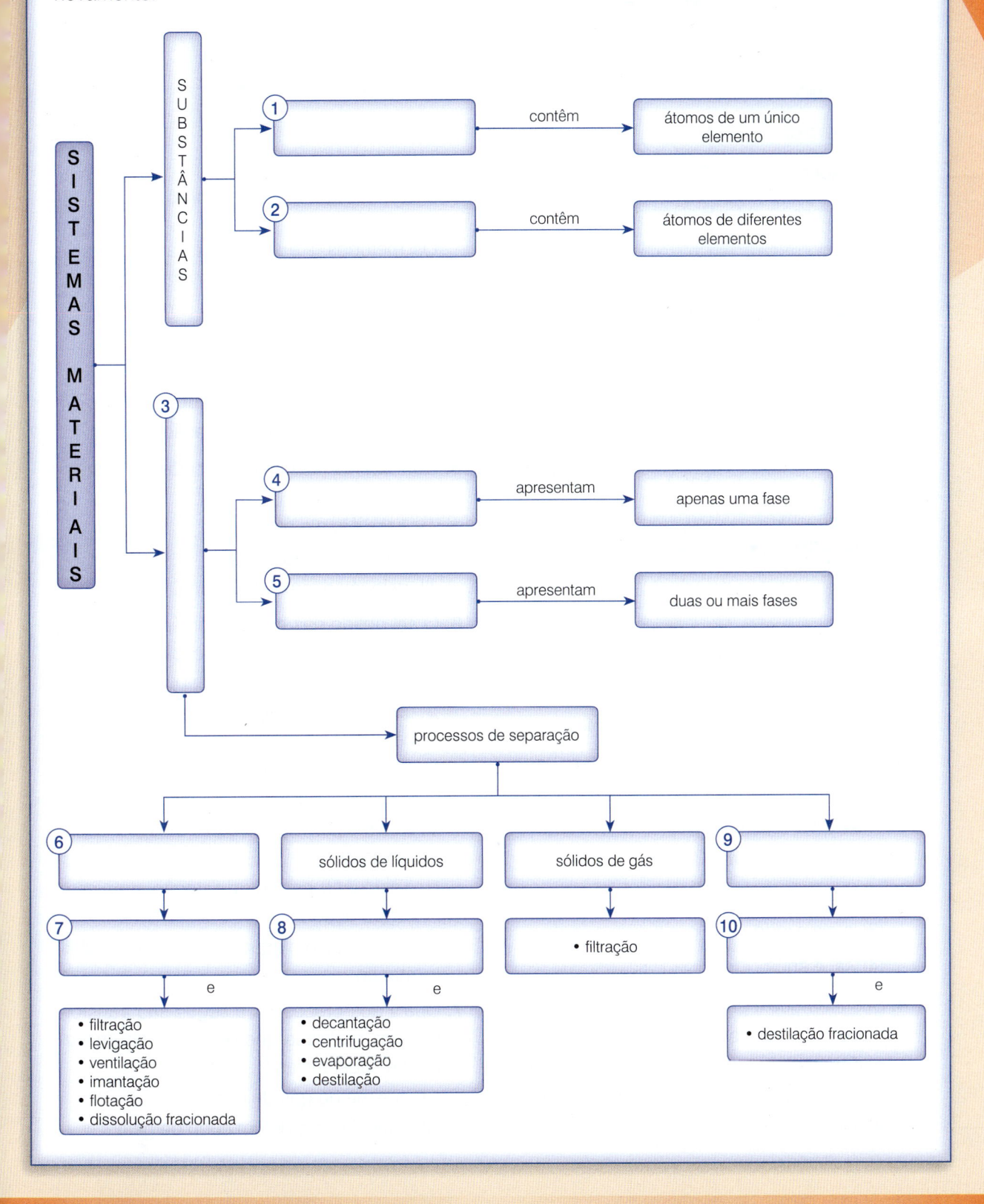

SISTEMAS MATERIAIS

- **SUBSTÂNCIAS**
  - (1) _____ contêm → átomos de um único elemento
  - (2) _____ contêm → átomos de diferentes elementos
- (3) _____
  - (4) _____ apresentam → apenas uma fase
  - (5) _____ apresentam → duas ou mais fases
  - processos de separação
    - (6) _____
      - (7) _____
        - e
        - • filtração
        - • levigação
        - • ventilação
        - • imantação
        - • flotação
        - • dissolução fracionada
    - sólidos de líquidos
      - (8) _____
        - e
        - • decantação
        - • centrifugação
        - • evaporação
        - • destilação
    - sólidos de gás
      - • filtração
    - (9) _____
      - (10) _____
        - e
        - • destilação fracionada

Atividades

1. Classifique cada substância a seguir como sendo simples ou composta.

Substância pura	Fórmula molecular	Classificação
cloro	Cl_2	
gás carbônico	CO_2	
ácido nítrico	HNO_3	
enxofre	S_8	
sacarose	$C_{12}H_{22}O_{11}$	
cobre	Cu	
ácido sulfúrico	H_2SO_4	
glicose	$C_6H_{12}O_6$	
nitrogênio	N_2	
hélio	He	
ferro	Fe	
bicarbonato de sódio	$NaHCO_3$	

2. Quando mencionamos a mistura de cereal com leite, como poderíamos classificar o leite isoladamente? Como substância (simples ou composta)? Como mistura? Pesquise quais são os componentes do leite.

3. Para cada uma das misturas a seguir, aponte qual é o método capaz de separar suas substâncias integrantes.

(1) limalha de ferro e areia
(2) óleo e água
(3) areia e iodo
(4) sal e água

4. Sabendo que a gasolina é imiscível na água e que o cloreto de sódio é solúvel em água, podemos separar uma mistura de gasolina, água e cloreto de sódio de acordo com o esquema a seguir:

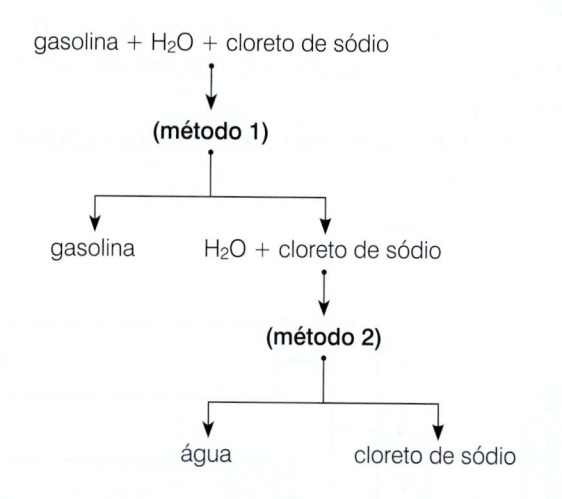

gasolina + H_2O + cloreto de sódio
↓
(método 1)
↓
gasolina H_2O + cloreto de sódio
↓
(método 2)
↓
água   cloreto de sódio

Os métodos 1 e 2 usados para separar a mistura acima são, respectivamente:

a. decantação e destilação simples.
b. centrifugação e decantação.
c. decantação e filtração.
d. filtração simples e centrifugação.
e. destilação simples e filtração simples.

5. Quantas fases existem em cada um dos sistemas a seguir:

I. gelo, água e óleo.
II. água com gás e gelo.
III. gelo, óleo, areia e parafina.

6. O sal obtido nas salinas contém impurezas insolúveis em água. Os procedimentos para se obter o sal livre dessas impurezas são:

a. catação, dissolução em água e destilação.
b. separação magnética, decantação e dissolução em água.
c. sublimação, dissolução em água e peneiração.
d. dissolução em água, filtração simples e evaporação.
e. dissolução em água, decantação e sublimação.

7. Quais dos processos a seguir são transformações químicas que ocorrem com misturas de substâncias?

I. queima do gás de cozinha
II. aquecimento de um cubo de gelo

III. obtenção do sal de cozinha da água do mar
IV. crescimento da unha
V. digestão de alimentos

8. O sistema abaixo é constituído de duas fases, uma sólida e outra líquida, onde foram aplicadas as separações por filtração, resultando em um sólido (sólido 1) e um líquido (líquido 1). Na segunda etapa, foi realizada uma destilação que resultou em um sólido (sólido 2) e um (líquido 2), ambos de aparência homogênea.

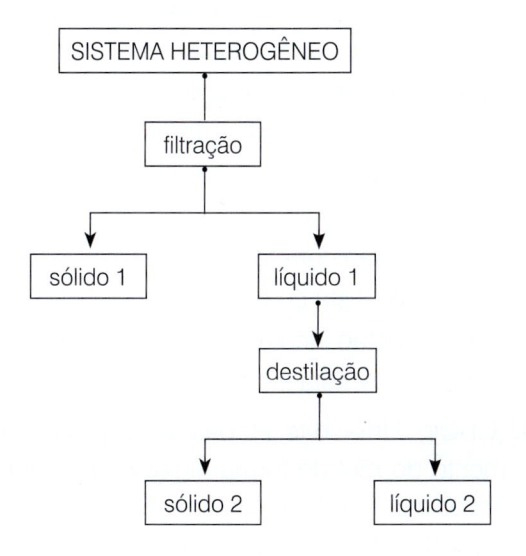

```
SISTEMA HETEROGÊNEO
        │
    filtração
    ┌───┴───┐
 sólido 1  líquido 1
              │
          destilação
          ┌───┴───┐
       sólido 2  líquido 2
```

Pelo esquema, podemos concluir que:
a. o sólido 2 e o líquido 2 são substâncias puras.
b. o líquido 1 é uma substância composta.
c. o líquido 2 é uma substância composta.
d. o sólido 2 é uma substância pura.
e. o líquido 1 é uma mistura homogênea.

9. (ENEM) Em visita a uma usina sucroalcooleira, um grupo de alunos pôde observar a série de processos de beneficiamento da cana-de-açúcar, entre os quais se destacam:

1. A cana chega cortada da lavoura por meio de caminhões e é despejada em mesas alimentadoras que a conduzem para as moendas. Antes de ser esmagada para a retirada do caldo açucarado, toda a cana é transportada por esteiras e passada por um eletroímã para a retirada de materiais metálicos.

2. Após se esmagar a cana, o bagaço segue para as caldeiras, que geram vapor e energia para toda a usina.

3. O caldo primário, resultante do esmagamento, é passado por filtros e sofre tratamento para transformar-se em açúcar refinado e etanol.

Com base nos destaques da observação dos alunos, quais operações físicas de separação de materiais foram realizadas nas etapas de beneficiamento da cana-de-açúcar?
a. Separação mecânica, extração, decantação.
b. Separação magnética, combustão, filtração.
c. Separação magnética, extração, filtração.
d. Imantação, combustão, peneiração.
e. Imantação, destilação, filtração.

10. (ENEM) O lixão que recebia 130 toneladas de lixo e contaminava a região com o seu chorume (líquido derivado da decomposição de compostos orgânicos) foi recuperado, transformando-se em um aterro sanitário controlado, mudando a qualidade de vida e a paisagem e proporcionando condições dignas de trabalho para os que dele subsistiam.

Quais procedimentos técnicos tornam o aterro sanitário mais vantajoso que o lixão, em relação às problemáticas abordadas no texto?
a. O lixo é recolhido e incinerado pela combustão a altas temperaturas.
b. O lixo hospitalar é separado para ser enterrado e sobre ele é colocada cal virgem.
c. O lixo orgânico e inorgânico é encoberto, e o chorume canalizado para ser tratado e neutralizado.

d. O lixo orgânico é completamente separado do lixo inorgânico, evitando a formação de chorume.

e. O lixo industrial é separado e acondicionado de forma adequada, formando uma bolsa de resíduos.

11. (OBQjr) Ponha em uma panela 200 g de açúcar (cujo nome químico é sacarose), meio copo de água e meio copo de xarope de milho (solução de glicose). Aqueça a mistura mexendo sempre. Continue a aquecer, depois de o xarope ferver. Observe como a mistura vai ficando castanha, borbulha e desprende vapores. Quando a temperatura atingir 140 °C, jogue na panela um punhado de amendoim, com uma pitada de bicarbonato de sódio. Depois, despeje tudo, rapidamente, sobre uma folha de papel de alumínio. Deixe esfriar, corte o sólido castanho em pequenos pedaços e prove um deles. Você acabou de fazer um pé-de-moleque! E durante a preparação realizou muitas operações que os químicos praticam todos os dias: observou mudanças químicas e físicas e diferentes estados da matéria; fez observações qualitativas e quantitativas e efetuou medidas (KOTZ e TREICHEL, *Química e Reações Químicas*, v. 1).

A respeito do texto acima, julgue as afirmativas que seguem.

I. O xarope de milho é uma substância composta.

II. Sacarose (açúcar) e glicose (do xarope de milho) são solúveis em água, portanto a mistura inicial será homogênea.

III. Por se tratar de uma mistura, a temperatura será constante durante a fervura (ebulição).

IV. Com a adição do amendoim, a mistura se tornará heterogênea.

V. O fato de a mistura líquida passar a ser sólida depois de esfriar, caracteriza uma mudança física.

12. (OBQjr) Considere um copo de água com cubos de gelo e um copo de limonada, também com cubos de gelo. Observa-se que a parte externa de ambos os copos está com água na forma líquida.

Acerca dos sistemas materiais em questão, analise as afirmativas abaixo:

I. Tanto o copo de água quanto o copo de limonada em questão são sistemas heterogêneos.

II. Para separar o sistema "água + gelo" utilizamos a destilação fracionada.

III. Houve condensação do vapor na parte externa dos copos da mesma forma que ocorre com a formação das nuvens.

IV. A água saiu do copo através dos poros para molhar a parte externa.

Em relação a essas afirmativas, você poderia dizer que:

a. I e IV estão corretas.

b. apenas I está correta.

c. II e IV estão incorretas.

d. apenas IV está incorreta.

13. (OBQjr) Uma das etapas para processamento do mel de forma higiênica e segura envolve o uso de um equipamento que, por meio do movimento de rotação em torno de seu próprio eixo, retira esse alimento dos alvéolos existentes na colmeia. No comércio, esse tipo de equipamento é encontrado com várias capacidades de extração, podendo ser com sistema de rotação acionado manualmente ou por eletricidade, com motor e dispositivos de controle de velocidade de rotação.

Adaptado de:
<http://sistemasdeproducao.cnptia.embrapa.br/
FontesHTML/Mel/SPMel/extracaomel.htm>.
Acesso em: 31 jul. 2011.

Que tipo de processo de separação é realizado nesse equipamento?

capítulo 6

Ligações químicas

Uma busca sem fim

A produção de automóveis precisa investir em matérias-primas mais eficientes e de menor custo para manter a competitividade. Várias pesquisas no campo da engenharia mecânica e de materiais são feitas para encontrar materiais com tais características.

Mas você sabe quais são as principais matérias-primas utilizadas na fabricação de um automóvel? Quantas substâncias diferentes são empregadas em todo o seu processo de produção?

O aço, formado essencialmente por átomos de ferro e carbono, é o principal componente, mas também os compostos plásticos estão bastante presentes na estrutura interna e também nos para-choques. Além desses, também estão presentes o alumínio (utilizado em algumas peças do motor e do chassi), a borracha, formada basicamente por vários átomos de carbono e hidrogênio (utilizada nos pneus e borrachas de vedação de portas) e o vidro (utilizado nas janelas e para-brisa). Mas como os átomos presentes nessas substâncias ligam-se uns aos outros? Como essas ligações podem fazer com que o metal seja capaz de conduzir eletricidade e a borracha não, o plástico ser maleável e o alumínio não?

Neste capítulo, vamos procurar respostas para essas perguntas por meio do estudo das diferentes ligações químicas que ocorrem quando os átomos interagem uns com os outros. Essa é a primeira ideia para compreendermos a formação de uma substância.

As ligações entre os átomos

Quando dois átomos se aproximam, suas cargas elétricas presentes na eletrosfera (cargas negativas) e no núcleo (cargas positivas) interagem gerando forças de atração ou repulsão. Essa interação faz com que o sistema composto pelos átomos tenha certa quantidade de energia. Na verdade, mesmo inicialmente isolados, a cada átomo pode ser associada certa quantidade de energia relacionada às cargas elétricas presentes em seu núcleo e na eletrosfera.

Dependendo das distâncias entre os átomos, o efeito resultante pode ser a **repulsão**, a **atração** ou mesmo pode acontecer de o sistema atingir uma **posição de equilíbrio**. Uma configuração de distâncias e rearranjo das cargas elétricas faz com que a energia total do conjunto de átomos seja menor do que a energia de cada um isoladamente. Ao procurar uma resposta para a pergunta: por que dois átomos se ligam para formar uma molécula, podemos dizer que, do *ponto de vista energético*, é mais favorável aos átomos permanecerem ligados do que isolados cada um no seu lugar.

Como vimos, o núcleo é uma região bastante compactada e distante da eletrosfera (lembre-se da frase: o átomo é um grande vazio). Assim, as ligações químicas serão determinadas pelos elétrons presentes na nuvem eletrônica.

Dependendo do arranjo dos elétrons, a ligação terá uma ou outra característica. Com base nesses arranjos, é possível classificar as ligações químicas em: **ligação iônica**, **ligação covalente**, **ligação metálica**. Veremos mais detalhes de cada uma delas a seguir, mas antes vamos entender como os elétrons estão distribuídos ao redor do núcleo.

> **Lembre-se!**
> Nuvem eletrônica é a região ao redor do núcleo em que os elétrons se movimentam.

Distribuição dos elétrons ao redor do núcleo

De acordo com as teorias modernas sobre o modelo do átomo, podemos associar à nuvem eletrônica camadas que podem armazenar diferentes quantidades de elétrons. Essas camadas são identificadas por letras, como você pode observar na imagem abaixo.

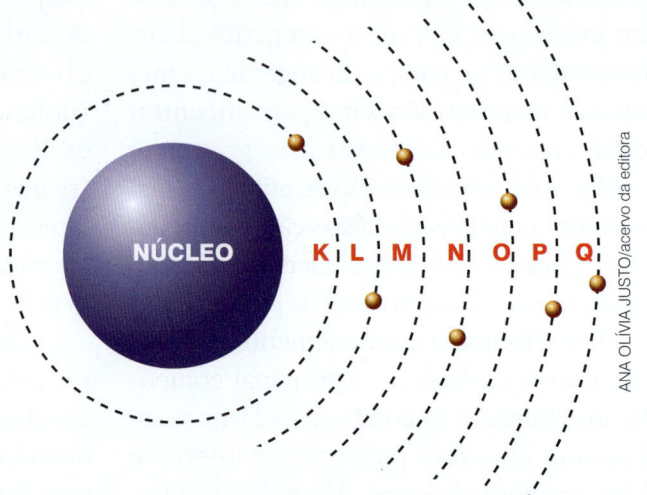

Esquema ilustrativo das camadas eletrônicas. Note que a camada K é a mais próxima ao núcleo, enquanto a camada Q é a mais distante dele. (Cores-fantasia. Os elétrons não giram em torno do núcleo em órbitas perfeitas. Ilustração fora de escala.)

Em um átomo, os elétrons preenchem primeiro a camada mais próxima ao núcleo, segundo a quantidade máxima de elétrons que pode suportar, e depois as camadas seguintes. Observe nos exemplos abaixo a distribuição eletrônica em alguns átomos.

Camadas eletrônicas do átomo.

Nome da camada	Quantidade máxima de elétrons
K	2
L	8
M	18
N	32
O	32
P	18
Q	8

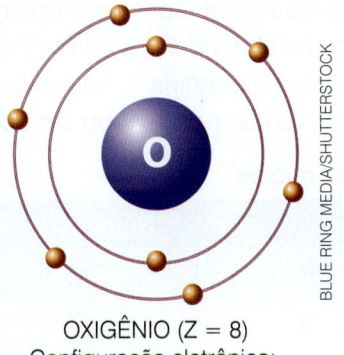

HIDROGÊNIO (Z = 1)
Configuração eletrônica:
K = 1

OXIGÊNIO (Z = 8)
Configuração eletrônica:
K = 2, L = 6

Esquema representando a distribuição eletrônica em um átomo de hidrogênio e de oxigênio. Note que os elétrons preenchem primeiro a camada mais próxima ao núcleo para depois passarem para a próxima. (Cores-fantasia. Ilustrações fora de escala.)

Vimos na tabela anterior que algumas camadas podem conter mais do que 8 elétrons, como as camadas M, N, O e P. Porém, verifica-se que a **última** camada da distribuição eletrônica **nunca apresenta** mais do que 8 elétrons. Veja, por exemplo, a distribuição eletrônica nos átomos de potássio e de ferro.

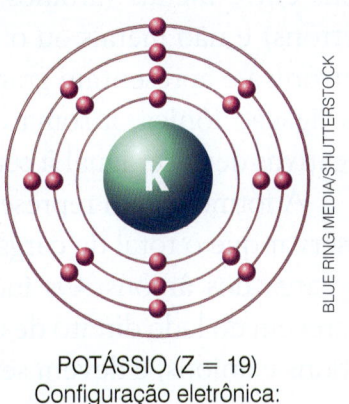

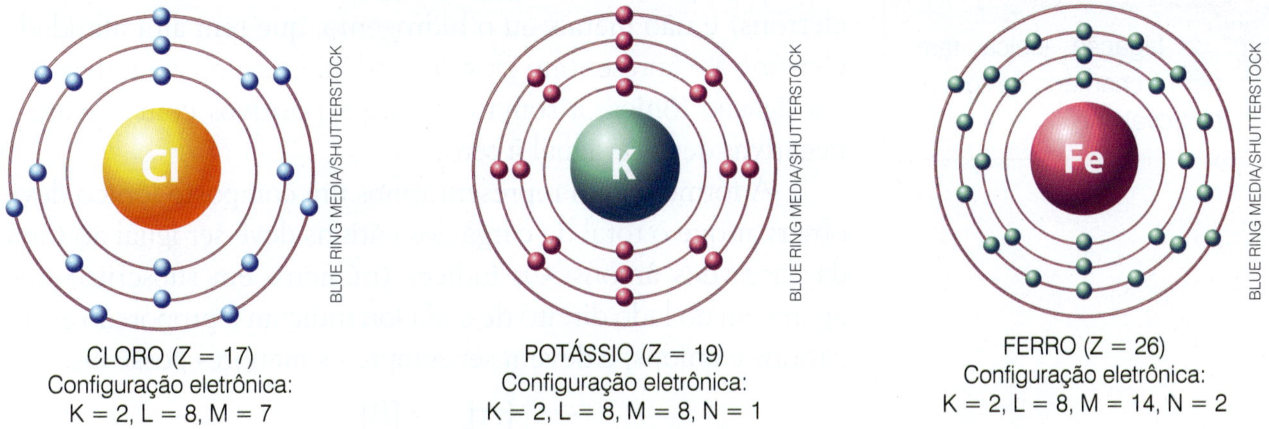

> **Lembre-se!**
>
> As camadas mais externas a receberem elétrons são as que têm grande importância nas ligações químicas. Vamos nos referir aos elétrons presentes na última camada como elétrons presentes na **camada de valência**.

CLORO (Z = 17)
Configuração eletrônica:
K = 2, L = 8, M = 7

POTÁSSIO (Z = 19)
Configuração eletrônica:
K = 2, L = 8, M = 8, N = 1

FERRO (Z = 26)
Configuração eletrônica:
K = 2, L = 8, M = 14, N = 2

Esquema representando a distribuição eletrônica em um átomo de cloro, de potássio e em um átomo de ferro. Observe que a última camada de distribuição nunca contém mais do que 8 elétrons.

Você deve estar se perguntando por que não é possível ter mais do que 8 elétrons na última camada. A razão disso tem como base os gases nobres (elementos do grupo 8 da tabela periódica), cujos átomos são estáveis. Os gases nobres são os únicos elementos na natureza que podem ser encontrados na forma livre, dificilmente ligados a outros elementos. Esses elementos possuem 2 ou 8 elétrons em sua última camada eletrônica.

> **Jogo rápido**
>
> Represente a distribuição eletrônica dos elementos carbono (Z = 6), sódio (Z = 11) e zinco (Z = 30).

É SEMPRE BOM SABER MAIS!

Teoria de Lewis

Em 1901, o químico Gilbert Newton Lewis, com o desenvolvimento de novas tecnologias, explica com o auxílio da tabela periódica a estabilidade da distribuição eletrônica dos elementos do grupo 18 da tabela periódica, onde esses elementos possuem 2 ou 8 elétrons na camada de valência. Essa estabilidade é conhecida como **teoria de Lewis** e é frequentemente chamada de **teoria do dueto ou do octeto**.

Distribuição eletrônica dos gases nobres.

Gases nobres		Número de elétrons nas camadas						
Elemento	Z	K	L	M	N	O	P	Q
hélio (He)	2	2						
neônio (Ne)	10	2	8					
argônio (Ar)	18	2	8	8				
criptônio (Kr)	36	2	8	18	8			
xenônio (Xe)	54	2	8	18	18	8		
radônio (Rn)	86	2	8	18	32	18	8	

As ligações iônicas ou eletrostáticas

A ligação iônica ocorre com transferência total de elétrons entre metais (átomos com grande tendência em perder elétrons) e não metais ou o hidrogênio, que têm alta afinidade eletrônica e apresentam grande tendência em receber elétrons. Na ligação iônica, a soma das cargas positivas com as cargas negativas deve ser igual à zero.

A fórmula para representarmos um composto iônico deve observar que o total da carga dos cátions deve ser igual ao total da carga dos ânions. Os índices (números em subscrito) que aparecem do lado direito de cada íon indicam a proporção entre cátions e ânions, e devem ser sempre os menores possíveis:

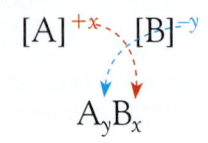

$$[A]^{+x} \quad [B]^{-y}$$
$$A_y B_x$$

Por exemplo, a fórmula do composto iônico formado pelos íons Mg^{+2} e Cl^- é

$$[Mg]^{+2} \quad [Cl]^-$$
$$MgCl_2$$

cloreto de magnésio

Observe que quando o índice for 1, ele não será escrito.

> **Lembre-se!**
> Ligação iônica também é chamada de ligação eletrovalente.

> **Jogo rápido**
> Escreva a fórmula do composto iônico formado por Ca^{+2} e O^{-2}.

CAPÍTULO 6 • Ligações químicas | 131

Uma das ligações iônicas mais presentes em nosso cotidiano pode ser encontrada na ligação existente entre o metal sódio e o não metal cloro na formação do sal de cozinha (NaCl). Vamos analisar em detalhes como ela ocorre.

Observando os dois elementos Na (Z = 11) e Cl (Z = 17) na tabela periódica, temos que o sódio é do grupo 1, e sua distribuição eletrônica apresenta um elétron na camada de valência. Para retirar esse elétron será necessário fornecer energia (energia de ionização) ao sódio que ficará com configuração eletrônica semelhante à de gás nobre, adquirindo carga 1^+.

Energia de ionização: é a energia necessária para a retirada de elétrons de um átomo

$$X + energia \rightarrow X^+ + e^-$$

$$Na \xrightarrow[\text{metal instável}]{\text{perde um elétron}} Na^+ \text{ íon estável}$$

O cloro pertence ao grupo 17 e apresenta em sua distribuição eletrônica sete elétrons em sua camada de valência. Nesse caso, o cloro receberá um elétron liberando energia (afinidade eletrônica) e ficará com a configuração eletrônica estável semelhante à de gás nobre, adquirindo carga 1^-.

Afinidade eletrônica (eletroafinidade): é a energia liberada quando o átomo recebe elétrons em sua camada de valência

$$X + e^- \rightarrow X^- + energia$$

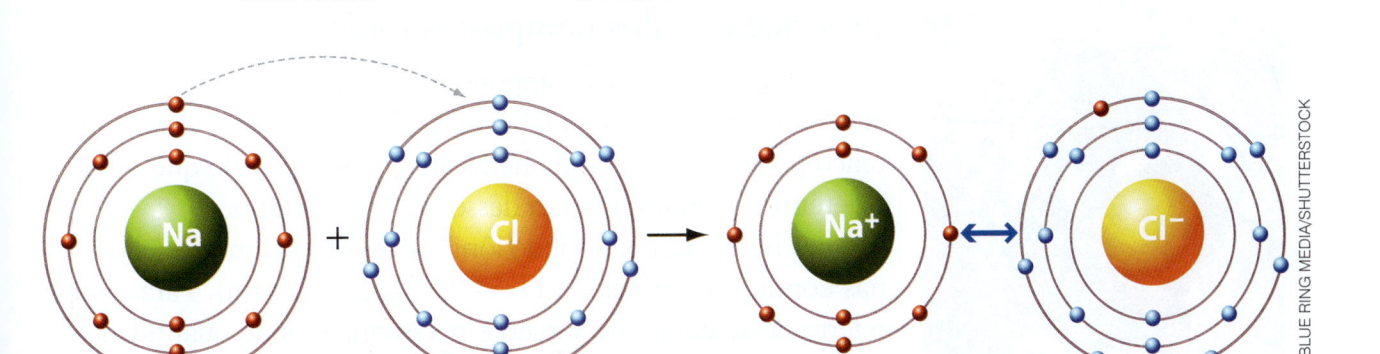

$$Cl \xrightarrow[\text{metal instável}]{\text{recebe um elétron}} Cl^- \text{ íon estável}$$

Com a formação de íons, ou seja, Na^+ como cátion e Cl^- como ânion, existirá uma força de atração que os unirá para formar o composto iônico cloreto de sódio (NaCl). (Cores-fantasia. Ilustrações fora de escala.)

É SEMPRE BOM SABER MAIS!

A forma dos sólidos iônicos

À temperatura ambiente, os sólidos iônicos, como o NaCl, por exemplo, são formados por "cristais", que de modo bem simplificado poderíamos considerar como se fossem pequenos grãos.

Em virtude das forças de atração entre os átomos de suas moléculas, cada sólido iônico tem seus íons dispostos de uma forma geométrica bem característica.

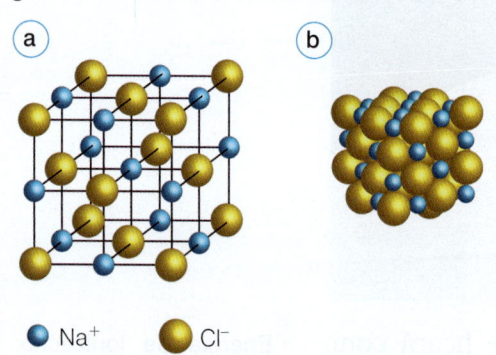

Esquema do retículo cristalino do NaCl (cloreto de sódio). Em (a), os íons foram separados para que possamos entender mais facilmente sua disposição, mas na natureza eles não se encontram dessa forma, mas sim próximos uns aos outros, como se vê em (b). (Cores-fantasia. Ilustrações fora de escala.)

Uma forma de representar a ligação iônica é pelo **método de Lewis**. Por esse método se mostra a transferência de elétrons que ocorre entre o metal e o não metal com o auxílio de pequenos símbolos (bolinhas, cruzinhas, por exemplo), que representam os elétrons da camada de valência. Observe a imagem a seguir:

Note que no átomo de sódio há uma bolinha (que representa um elétron na camada de valência) e no átomo de cloro há sete bolinhas (que representam sete elétrons na camada de valência). Com a transferência de um elétron do sódio para o cloro, a molécula de NaCl torna-se estável.

Vamos ilustrar mais uma ligação iônica, desta vez a que ocorre no fluoreto de alumínio (AlF_3).

Elemento	Z	K	L	M	N	O	P	Q
alumínio (Al)	13	2	8	3				
flúor (F)	9	2	7					

Pela distribuição eletrônica, o alumínio precisa perder 3 elétrons da camada de valência e o flúor precisa receber um elétron nessa camada para ambos se tornarem estáveis. Assim, a fórmula de Lewis para esse composto iônico é:

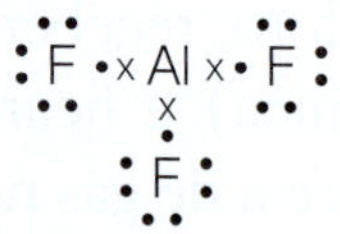

Propriedades dos compostos iônicos

O ferro é um dos componentes do aço, que, por sua vez, é amplamente utilizado na fabricação de automóveis. O ferro metálico pode ser extraído da hematita (Fe_2O_3), sendo que o Brasil é detentor da maior reserva desse minério do mundo.

A hematita é um sólido iônico cristalino, duro e quebradiço nas condições ambientes (T = 25 °C, P = 1 atm). Para extrair o ferro desse composto iônico é necessária grande quantidade de energia, pois seu **ponto de fusão**, assim como é típico de todos os compostos iônicos, **é muito elevado**, devido às forças de atração entre cátions e ânions serem muito intensas.

Hematita: ponto de fusão: 1.566 °C; ponto de ebulição: 1.987 °C.

CAPÍTULO 6 • Ligações químicas 133

Quando fundida (líquida) ou em solução aquosa (dissolvida em água), a hematita conduz **corrente elétrica** devido à presença de íons livres. Esse fenômeno também ocorre quando temos a dissolução do cloreto de sódio (NaCl, sal de cozinha). Nesse processo, as moléculas de água interagem com o cloreto de sódio, formando uma solução iônica.

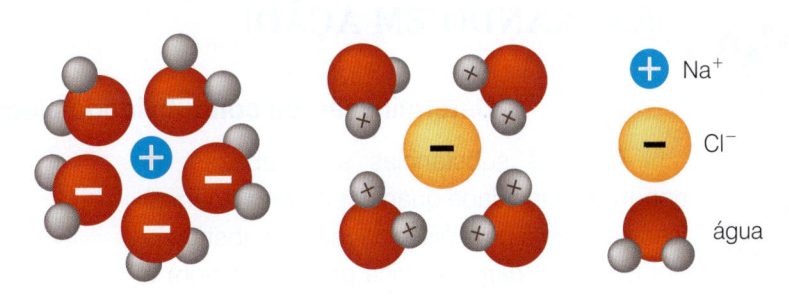

Na dissolução do cloreto de sódio, as moléculas de água envolvem os íons Na$^+$ e Cl$^-$, favorecendo a condução de corrente elétrica.

ESTABELECENDO CONEXÕES

Geografia

Recursos minerais do Brasil

O Brasil é um país privilegiado, não só por seus recursos naturais, mas também por sua riqueza mineral. Em termos de ferro tem cerca de 8% das reservas mundiais, sendo o terceiro maior produtor mundial (2013), segundo dados da U.S. Geological Survey, com 380 milhões de toneladas extraídas no ano.

As principais minas de ferro encontram-se na Província Mineral de Carajás, no Pará, e no Quadrilátero Ferrífero, em Minas Gerais (localize-as no mapa abaixo).

BRASIL – RECURSOS MINERAIS

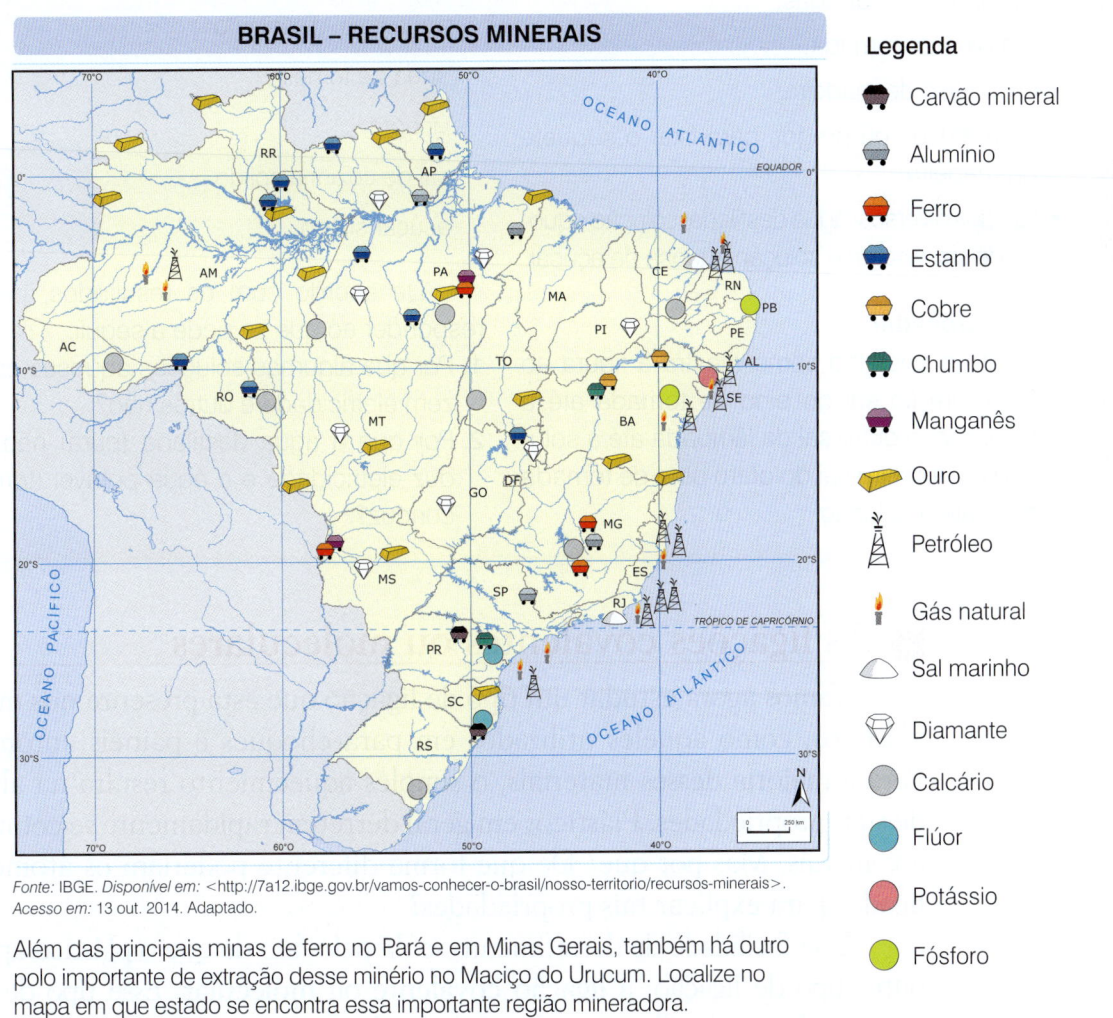

Legenda:
- Carvão mineral
- Alumínio
- Ferro
- Estanho
- Cobre
- Chumbo
- Manganês
- Ouro
- Petróleo
- Gás natural
- Sal marinho
- Diamante
- Calcário
- Flúor
- Potássio
- Fósforo

Fonte: IBGE. Disponível em: <http://7a12.ibge.gov.br/vamos-conhecer-o-brasil/nosso-territorio/recursos-minerais>. Acesso em: 13 out. 2014. Adaptado.

Além das principais minas de ferro no Pará e em Minas Gerais, também há outro polo importante de extração desse minério no Maciço do Urucum. Localize no mapa em que estado se encontra essa importante região mineradora.

ENTRANDO EM AÇÃO!

Determinação da condutividade elétrica de substâncias

Algumas substâncias são capazes de conduzir eletricidade quando em meio aquoso. Isso se deve a uma dissociação da substância em íons com carga elétrica positiva (cátion) e negativa (ânion). Essas substâncias são chamadas de **eletrólitos**.

Para determinar a condutividade elétrica de algumas substâncias do nosso dia a dia, monte o esquema ao lado.

Material
ATENÇÃO: Mexer com eletricidade pode ser perigoso, faça o experimento com a supervisão de um adulto.
- um recipiente de boca larga;
- uma lâmpada com bocal apropriado;
- 3 pedaços de fio de cobre com as extremidades desencapadas;
- um pino de tomada;
- uma base de madeira;
- 2 parafusos ou pregos para fixar o soquete na madeira;
- líquidos diversos: água destilada, solução aquosa de sal, vinagre e solução aquosa de açúcar.

Como proceder
- Monte o aparelho como mostra a figura ao lado: um fio sai do pino de tomada até a lâmpada, o outro sai da lâmpada até a solução e o terceiro sai do outro pino de tomada e vai até a solução.
- Teste a condutividade de cada solução. Verifique o que ocorre com a lâmpada e anote na tabela abaixo.

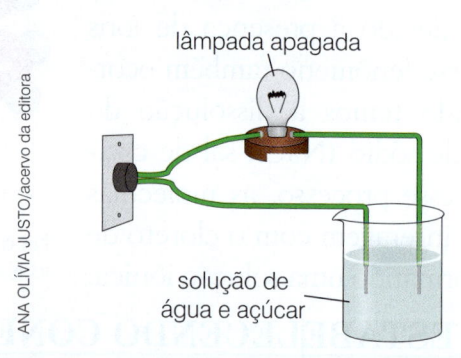

Sistema	Conduz corrente elétrica
água pura (destilada)	
água e açúcar dissolvido	
água e sal dissolvido	
água de torneira	
vinagre	
sal de cozinha sólido	
açúcar sólido	

De acordo com os resultados, procure responder ao que se pede a seguir.
1. Por que algumas soluções aquosas conduzem eletricidade e outras não?
2. Por que a água destilada (pura) não conduz eletricidade e a água potável (torneira) conduz?

As ligações covalentes ou moleculares

Vamos agora estudar um tipo de ligação que está presente nos materiais plásticos, como aqueles utilizados em para-choques e painéis automotivos. Para a maioria desses materiais, o simples aquecimento resulta na alteração de suas propriedades. Plásticos em geral derretem rapidamente se comparados aos metais. Mas por quê? De que forma diferente poderiam os átomos estar ligados para explicar tais propriedades?

Essa facilidade de derretimento se dá pelo fato de que o plástico apresenta outro tipo de ligação: a **ligação covalente** ou **molecular**. Esse tipo de ligação ocorre pelo *compartilhamento* de pares de elétrons pertencentes a átomos distintos. Esse tipo de ligação ocorre principalmente entre não metais, ou seja, entre átomos que necessitam *receber elétrons*, ou entre um não metal e o hidrogênio.

Como vimos no modelo de Lewis, uma forma de representar os elétrons na camada de valência é por meio de pequenos símbolos, como, por exemplo, "bolinhas". No caso das ligações covalentes, as "bolinhas" serão compartilhadas por ambos os átomos.

Vamos, por exemplo, representar a molécula do gás flúor (fórmula molecular F_2). O flúor, elemento do grupo dos não metais, tem número atômico 9 e sua configuração eletrônica é K = 2, L = 7.

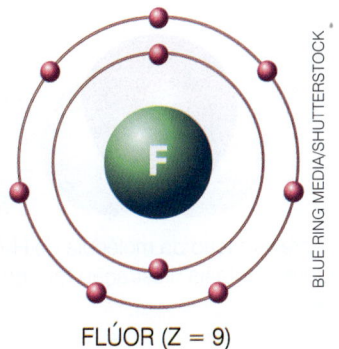

FLÚOR (Z = 9)
Configuração eletrônica:
K = 2, L = 7

Elemento	Z	Número de elétrons nas camadas					
		K	L	M	N	O	P	Q
flúor (F)	9	2	7					

Com a distribuição eletrônica observamos que cada átomo de flúor necessita de um elétron para completar o octeto e adquirir estabilidade como os gases nobres. Então, dois átomos de flúor deverão compartilhar um par eletrônico para adquirir estabilidade:

$$:\!\ddot{F}\!:\!\bullet\!\bullet\!:\!\ddot{F}\!:$$

fórmula eletrônica do F_2

Representação da molécula de F_2.
(Ilustração fora de escala.)

É SEMPRE BOM SABER MAIS!

Fórmula estrutural

Cada par de elétrons compartilhado também pode ser representado por um traço simples (—), isto é, por uma ligação simples. Quando houver compartilhamento de dois pares de elétrons, haverá a formação de uma dupla ligação (=) e no compartilhamento de três pares de elétrons, uma tripla ligação (≡). Esse tipo de fórmula em que o compartilhamento de elétrons é representado por traços é chamado de **fórmula estrutural**.

Quando existir a possibilidade de três ou mais átomos em ligação covalente, devemos colocar no centro o átomo que realizará o maior número de ligações. Veja, por exemplo, as ligações da molécula de água (fórmula molecular H_2O):

Elemento	Z	Número de elétrons nas camadas					
		K	L	M	N	O	P	Q
hidrogênio (H)	1	1						
oxigênio (O)	8	2	6					

Para se tornar estável, o oxigênio precisa receber dois elétrons, ou seja, precisa estabelecer duas ligações e o hidrogênio precisa receber apenas um elétron (necessita realizar apenas uma ligação). Veja como fica a fórmula eletrônica da água e sua fórmula estrutural:

$$H : \!\!\ddot{\underset{..}{O}} : H \qquad\qquad H - O - H$$

fórmula eletrônica da água   fórmula estrutural

Representação da molécula de H₂O. (Cores-fantasia. Ilustração fora de escala.)

Note que quando cada átomo de hidrogênio compartilha um elétron com o átomo de oxigênio ele fica com dois elétrons (se torna estável), e quando o oxigênio compartilha dois elétrons com os dois hidrogênios ele fica com 8 elétrons e também se torna estável.

E como seriam as configurações eletrônicas do gás carbônico (fórmula molecular CO_2) e do gás nitrogênio (fórmula molecular N_2)?

Elemento	Z	Número de elétrons nas camadas					
		K	L	M	N	O	P	Q
carbono (C)	6	2	4					
oxigênio (O)	8	2	6					

No gás carbônico, o carbono precisa ganhar 4 elétrons e o oxigênio precisa ganhar 2 elétrons para que ambos adquiram a estabilidade:

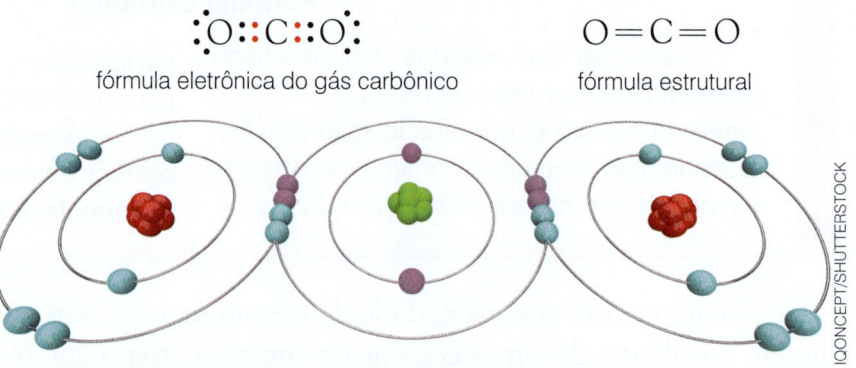

$$:\!\ddot{O}::C::\ddot{O}\!: \qquad\qquad O = C = O$$

fórmula eletrônica do gás carbônico   fórmula estrutural

Representação da molécula de CO_2. Observe o compartilhamento de elétrons da última camada: o carbono (central) compartilha dois elétrons com cada átomo de oxigênio.

No gás nitrogênio, cada átomo de nitrogênio precisa ganhar 3 elétrons para que adquira estabilidade:

Elemento	Z	Número de elétrons nas camadas					
		K	L	M	N	O	P	Q
nitrogênio (N)	7	2	5					

$$:\!N\!\vdots\!\vdots\!N\!: \qquad\qquad N \equiv N$$

fórmula eletrônica do gás nitrogênio   fórmula estrutural

As ligações metálicas

Quando falamos das substâncias que são utilizadas na fabricação de um automóvel, as que estão presentes em maior quantidade são as substâncias metálicas. Os metais não só dão rigidez à estrutura do carro como também são utilizados nos cabos para conduzir corrente elétrica. Tanto as propriedades associadas aos aspectos visuais, como o brilho característico, quanto as propriedades de condução de eletricidade decorrem do tipo de ligação química presente nos metais – a **ligação metálica**.

Podendo ocorrer entre átomos de mesmo metal ou de metais diferentes, o que resultará em uma liga metálica, a ligação metálica é caracterizada pela interação dos elétrons livres presentes entre os cátions dos metais. Assim, os metais são constituídos por cátions imersos em uma espécie de nuvem de elétrons livres. Esses elétrons apresentam grande mobilidade em toda rede molecular, ou seja, são compartilhados por todos os outros cátions vizinhos.

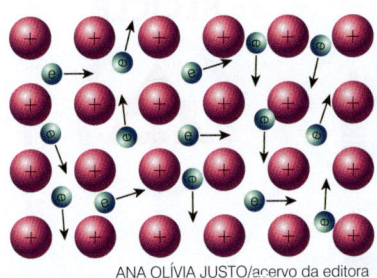

> **Jogo rápido**
> Como pode ser caracterizada uma ligação metálica?

ANA OLÍVIA JUSTO/acervo da editora

Representação esquemática da interação entre os cátions de um metal e a nuvem de elétrons livres. (Cores-fantasia. Ilustração fora de escala.)

Tal nuvem eletrônica é a responsável pelas propriedades elétricas (condução), térmicas e mecânicas dos metais. Em determinadas condições, quando os metais são submetidos a uma diferença de energia, forma-se um fluxo ordenado de elétrons, a que chamamos **corrente elétrica**.

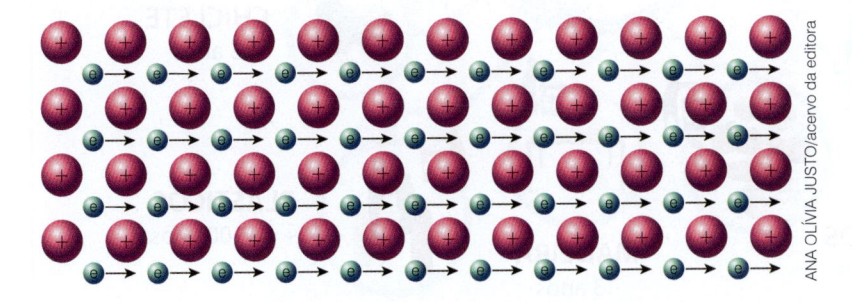

> **Jogo rápido**
> Como pode ser caracterizada uma corrente elétrica?

ANA OLÍVIA JUSTO/acervo da editora

Representação esquemática da corrente elétrica em metais, que nada mais é do que um fluxo ordenado de elétrons. (Cores-fantasia. Ilustração fora de escala.)

EM CONJUNTO COM A TURMA!

Reúna seu grupo de trabalho e pesquisem nos livros da biblioteca de sua escola ou mesmo na internet possíveis soluções para as questões abaixo, referentes aos metais.

a) Cite alguns materiais ou objetos que vocês julgam ter a presença de metais em sua composição.

b) Os metais tiveram papel importante para o desenvolvimento da sociedade humana? Explique.

c) Seria possível, na atual sociedade, viver sem o uso de metais?

d) Pesquisem se há diferenças entre aço e aço inox. Se existem, citem algumas delas.

DE OLHO NO PLANETA

A busca por soluções alternativas

Depois de certo tempo, por alguma razão vários materiais que usamos em nosso dia a dia perdem sua aplicação e precisam ser substituídos. De todo o lixo produzido, cerca de um terço é relativo a sacos plásticos e demais embalagens. O hábito de não reutilizar as embalagens contribui para esse número.

Você sabe o que acontece com os materiais que descartamos? Você tem noção de que muitos desses materiais podem ser reutilizados ou reciclados para reduzir a quantidade de lixo que é jogada de maneira desordenada nos lixões?

Na imagem a seguir foram colocados alguns materiais de nosso uso diário e o tempo que leva para sua decomposição.

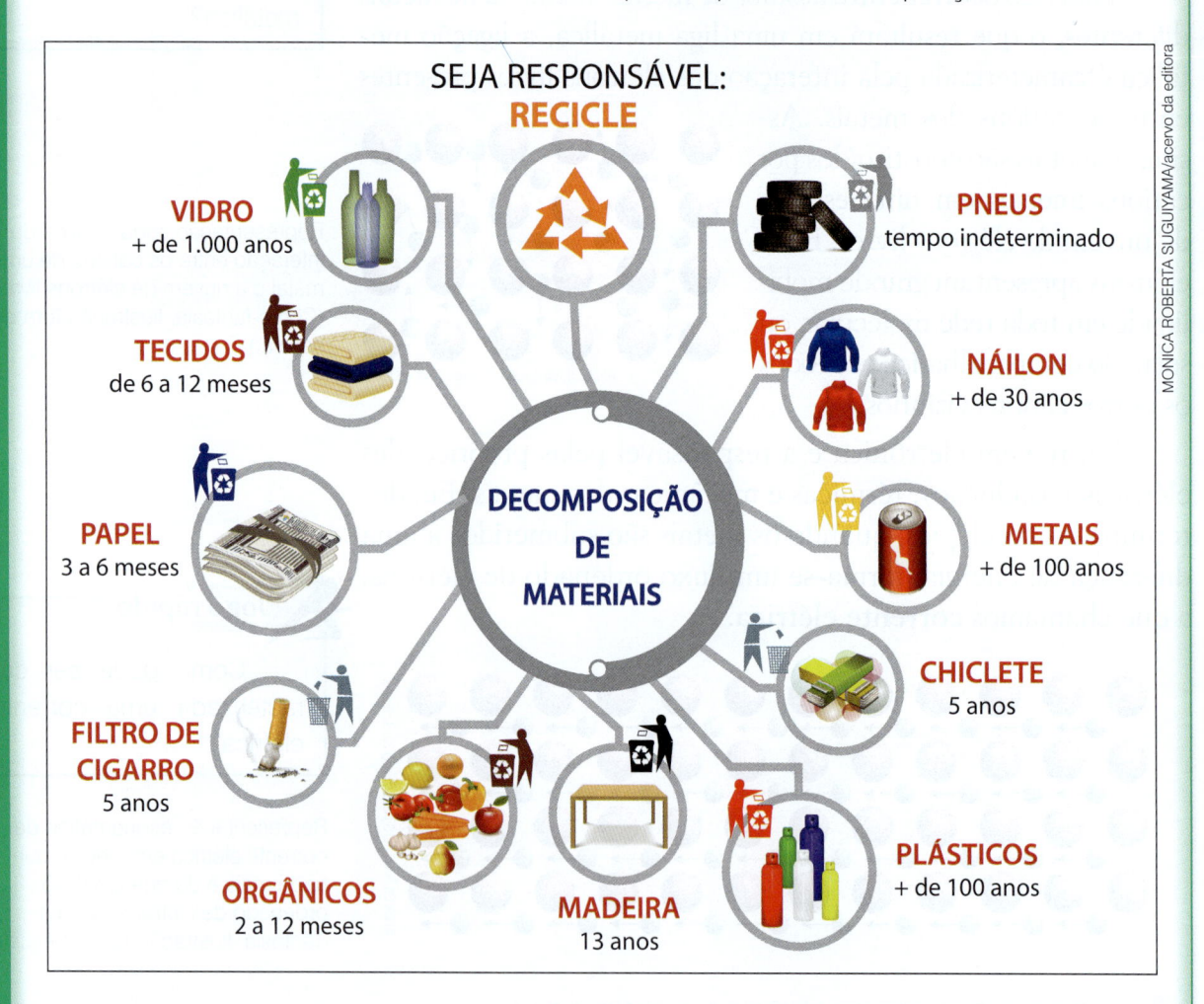

SEJA RESPONSÁVEL: RECICLE

DECOMPOSIÇÃO DE MATERIAIS

- VIDRO — + de 1.000 anos
- PNEUS — tempo indeterminado
- TECIDOS — de 6 a 12 meses
- NÁILON — + de 30 anos
- PAPEL — 3 a 6 meses
- METAIS — + de 100 anos
- FILTRO DE CIGARRO — 5 anos
- CHICLETE — 5 anos
- ORGÂNICOS — 2 a 12 meses
- MADEIRA — 13 anos
- PLÁSTICOS — + de 100 anos

O longo tempo para decomposição pode ser atribuído às ligações químicas, que não são facilmente desfeitas, e à matéria orgânica, pois suas cadeias carbônicas (formadas por C, H e outros elementos) são muito extensas. A ação de alguns microrganismos tende a quebrar as ligações químicas e a ajudar na decomposição, mas esse trabalho pode ser bem demorado.

➢ É importante refletir sobre a quantidade de lixo gerada e seu destino. Discuta com seus colegas, familiares e com sua comunidade alternativas para diminuir a quantidade de lixo gerada e também reutilizar algumas embalagens de alimentos em vez de jogá-las fora.

Nosso desafio

Para preencher os quadrinhos de 1 a 10, você deve utilizar as seguintes palavras: aço, covalentes, H₂O, interação, iônicas, metais, metais e não metais, NaCl, não metais, transferência.

À medida que você preencher os quadrinhos, risque a palavra que escolheu para não usá-la novamente.

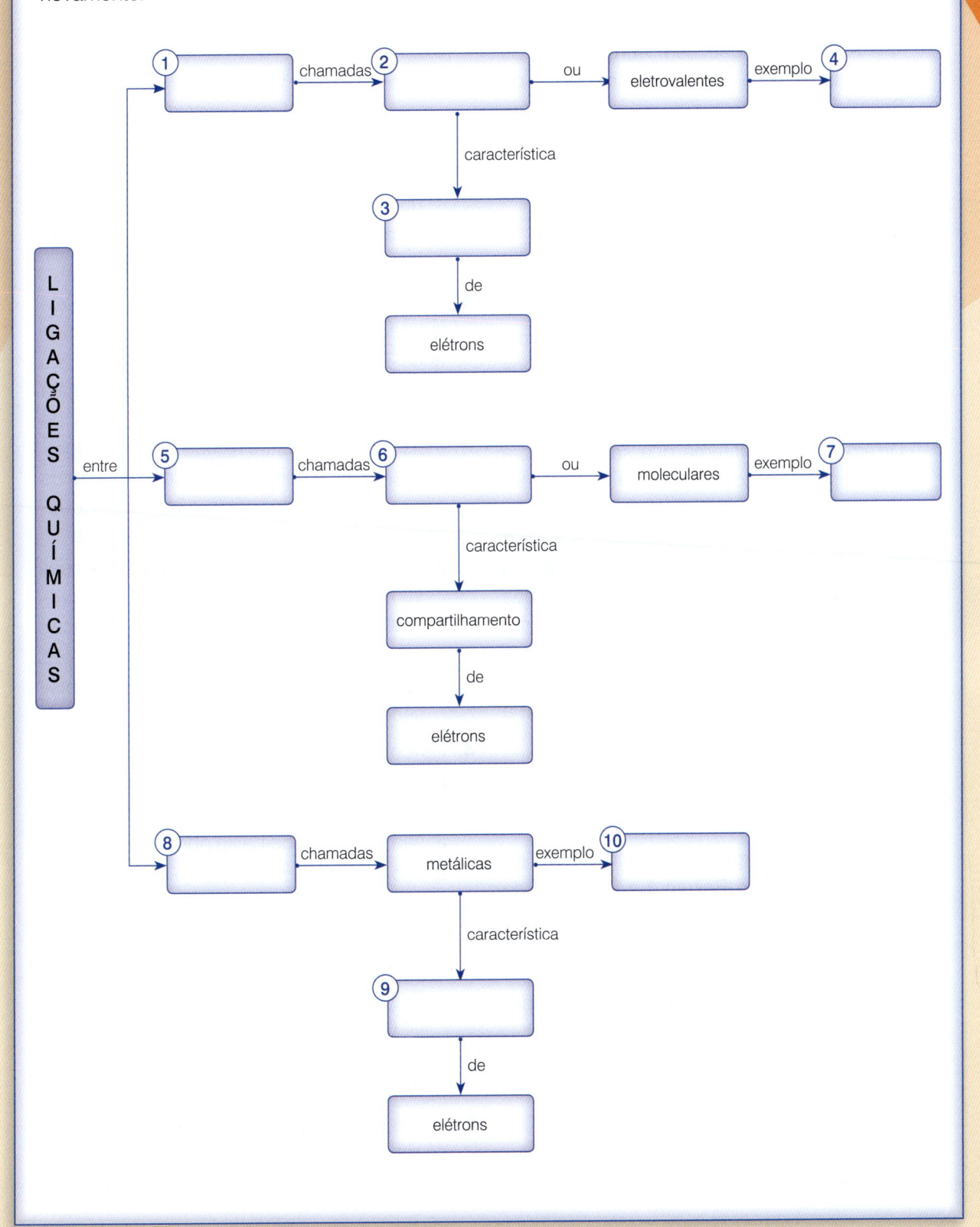

LIGAÇÕES QUÍMICAS entre:

- (1) ⟶ chamadas ⟶ (2) ⟶ ou ⟶ eletrovalentes ⟶ exemplo ⟶ (4)
  - característica ⟶ (3) ⟶ de ⟶ elétrons

- (5) ⟶ chamadas ⟶ (6) ⟶ ou ⟶ moleculares ⟶ exemplo ⟶ (7)
  - característica ⟶ compartilhamento ⟶ de ⟶ elétrons

- (8) ⟶ chamadas ⟶ metálicas ⟶ exemplo ⟶ (10)
  - característica ⟶ (9) ⟶ de ⟶ elétrons

Atividades

1. O Boitatá é um personagem folclórico, de origem indígena, cujo nome significa Cobra de Fogo. Essa lenda foi trazida para o Brasil pelos portugueses, na época da colonização, sendo contada pelos padres jesuítas.

   A lenda diz que num certo tempo as matas ficaram na escuridão, sem a luz do Sol. Fortes tempestades caíram, causando enchentes nas matas e florestas, o que provocou a morte de muitos animais. Dos poucos animais que restaram, uma cobra, sem ter do que se alimentar, passou a comer os olhos dos animais mortos, que brilhavam no escuro. Com isso, a luz desses olhos foi se acumulando dentro do corpo da cobra, deixando-a totalmente transparente e iluminada. Porém, alimentar-se de olhos animais deixou a cobra enfraquecida e a mesma morreu, perdendo sua luz interna. Dizem que a luz interna que saiu da cobra se transformou novamente em Sol, trazendo a luz de volta para o mundo. Essa cobra passou a ser chamada de Boitatá, e de sua boca sai uma chama de fogo, que ela usa para queimar caçadores e destruidores das matas e florestas. O Boitatá se transforma em um tronco, para enganar os lenhadores, e quando os mesmos se aproximam para cortar o tronco, ele vira uma grande chama de fogo, queimando-os.

   BARROS, J. *Boitatá*.
   Disponível em: <http://www.escolakids.com/boitata.htm>. Acesso em: 15 set. 2014.

   Uma possível interpretação científica que deu origem à lenda do Boitatá é a formação de gases inflamáveis devido à decomposição de matéria orgânica nas florestas. Um desses gases é a fosfina, um gás inflamável, que contém fósforo e hidrogênio em sua composição (números atômicos: P = 15 e H = 1).

   a. Como essa interpretação poderia explicar a parte da lenda que diz que a cobra se transforma em um tronco?

   b. Qual o tipo de ligação e a fórmula estrutural da fosfina?

2. Durante os períodos das Grandes Guerras, ciência e tecnologia apresentam avanços acentuados. Na Primeira Guerra Mundial, foram desenvolvidas várias tecnologias voltadas para a guerra química, como o gás fosgênio ($COCl_2$), que produz asfixia. Sua síntese pode ser representada pela reação:

   $$CO(g) + Cl_2(g) \rightarrow COCl_2(g)$$

   a. Analise o composto formado e indique quantas ligações químicas são simples e quantas são duplas.

   b. Qual sua opinião sobre a contribuição da ciência e da tecnologia para as guerras?

3. A preocupação da população com uma alimentação saudável tem crescido nos últimos anos. É a moda dos produtos orgânicos. Sal de cozinha (NaCl), couve (rica em ferro) e até água (H_2O) têm suas versões rotuladas de mais saudáveis. Entrevistada por um programa de TV, uma consumidora dizia: "prefiro os alimentos orgânicos, pois são mais saudáveis; os não orgânicos têm muita química".

   a. Você concorda com a afirmação da consumidora? Ela tem razão em dizer que produtos não orgânicos têm muita química? Justifique.

   b. Identifique os tipos de ligação química presentes nas substâncias citadas.

4. Os compostos iônicos são compostos com propriedades que diferem dos compostos covalentes em temperatura ambiente, pois

   a. são líquidos e de baixo ponto de fusão.
   b. são líquidos e de alto ponto de fusão.
   c. são sólidos e bons condutores de corrente elétrica no estado sólido.
   d. podem ser líquidos ou gasosos e apresentam baixa condutividade de corrente elétrica no estado líquido.
   e. são sólidos e bons condutores de eletricidade em solução aquosa.

5. Vimos que os átomos se combinam em busca de uma configuração mais estável. Suponha dois elementos químicos, A e B, cujos

números atômicos são, respectivamente 12 e 35. Caso fosse possível para esses elementos se combinarem, qual seria a fórmula molecular e o tipo de ligação do composto formado?

6. Na natureza, há uma grande variedade de compostos químicos naturais ou produzidos pela humanidade. Alguns desses materiais são apresentados a seguir:

   1. NaCl (sal de cozinha)
   2. NH_3 (amônia)
   3. ouro 18 quilates (liga de ouro, prata e cobre)
   4. O_2 (gás oxigênio)

   a. Qual é a importância de cada um dos compostos acima em nosso cotidiano?
   b. Quais compostos apresentam ligações metálicas?
   c. Quais compostos apresentam ligações covalentes?
   d. Quais compostos apresentam ligações iônicas?

7. Frequentemente, às propriedades macroscópicas das substâncias podem-se relacionar os tipos de ligação dos seus átomos (ligações iônicas, covalentes e metálicas). Quanto à condutividade de eletricidade, associe cada uma das propriedades a seguir a um tipo de ligação química.

   I. Em solução aquosa, ao se ionizar, conduz corrente elétrica.
   II. Conduz corrente elétrica no estado sólido.
   III. Conduz corrente elétrica quando fundida ou em solução aquosa, mas não conduz no estado sólido.

8. (OBQJr) A confecção de alguns artefatos requer, como matéria-prima, determinados tipos de elementos químicos que são raros na crosta terrestre. Eles apresentam altas densidades, são maleáveis e dúcteis. Um desses elementos raramente se combina com outros elementos químicos, por isso, ele geralmente é encontrado na natureza no estado nativo. Qual dos objetos listados abaixo exemplifica um artefato produzido com o elemento químico enfatizado no texto acima?

   a. anel de ouro
   b. esfera de ferro
   c. faca de prata
   d. grade de alumínio

Leitura
Você, desvendando a Ciência

Não jogue fora o óleo de fritura

Você sabia que ao jogar óleo de fritura na pia (rede de esgoto) você pode estar contribuindo para contaminar milhares de litros de água? O descarte de 1 litro de óleo de cozinha pode contaminar 1 milhão de litros de água potável. Leia a notícia a seguir.

Os óleos e gorduras são, por definição, substâncias que não se misturam com a água (insolúveis) e podem ser de origem animal ou vegetal.

O óleo vegetal, que é o que dá origem aos óleos de cozinha, pode ser obtido de várias plantas, ou sementes, como buriti, mamona, soja, canola, girassol, milho etc. Sua constituição química é composta por triglicerídios, que são formados da condensação entre glicerol e ácidos graxos. A diferença entre gordura e óleo é tão somente seu estado físico, em que a gordura é sólida e o óleo é líquido, ambos a uma temperatura de até 20 °C. Mas o que ele pode provocar?

Agora que sabemos o que é o óleo vegetal, podemos falar sobre os malefícios que este provoca quando lançado na natureza sem nenhum cuidado. O óleo de cozinha usado, quando jogado diretamente no ralo da pia ou no lixo, polui córregos, riachos, rios e o solo, além de danificar o encanamento da casa. O óleo também interfere na passagem de luz na água, retarda o crescimento vegetal e interfere no fluxo de água, além de impedir a transferência do oxigênio para a água, o que impede a vida nesses sistemas.

Quando lançado no solo, no caso do óleo que vai para os lixões ou aquele que vem junto com a água dos rios e se acumula em suas margens, ele impermeabiliza o solo, impedindo que a água se infiltre, piorando o problema das enchentes. (…)

O óleo usado pode ser utilizado na produção de sabão em pedra, detergente, massa de vidro, biodiesel e até mesmo componentes para fertilizantes. Amostras dos óleos encaminhados são analisadas e antes de seguirem para a reciclagem o óleo passa por processos de filtração e desumidificação, a fim de retirar impurezas. A seguir, o óleo é classificado por acidez e índice de peróxidos e então encaminhado para a reciclagem.

PEREIRA, D. *Óleo de fritura* – o problema tem solução. *Disponível em:* <http://www.sermelhor.com.br/ecologia/oleo-de-fritura-o-problema-tem-solucao.html>. *Acesso em:* 2 de out. 2014.

1) Quais os impactos do óleo de fritura no meio ambiente?
2) Quais são os principais materiais lançados nas redes de esgoto que provocam obstruções das tubulações?

TecNews
O que há de mais moderno no mundo da Ciência!

Osseointegração

Pesquisadores brasileiros descobriram uma forma de melhorar a integração dos implantes metálicos com os ossos, a chamada *osseointegração*.

Alain Robin e sua equipe da Escola de Engenharia de Lorena, da USP, desenvolveram nanotubos de óxido de titânio (TiO_2), estruturas tão pequenas que só podem ser vistas através de microscópios eletrônicos de alta resolução.

Eles fabricaram uma fina película do material – chamado titânia – medindo entre 500 nanômetros e 3 micrômetros de espessura. "Quando a película é depositada sobre o titânio, os nanotubos irão abrigar as células ósseas que poderão crescer no seu interior", explica o pesquisador.

O próximo passo é efetuar os testes biológicos para verificar o crescimento das células no interior do material.

O novo material foi obtido por uma técnica chamada anodização, já usada com sucesso em implantes dentários. A anodização é um processo eletroquímico baseado na eletrólise. Em uma célula eletroquímica é colocada uma solução inorgânica ou orgânica contendo íons fluoretos, que podem ser de sódio, de amônia, ou ácido fluorídico. "As soluções para se obter os nanotubos precisam conter fluoretos", explica o pesquisador.

Dentro do líquido, é colocado o corpo de prova de titânio juntamente com um eletrodo de platina. A partir daí está montado um circuito elétrico (...) para a formação da titânia [óxido de titânio] na forma de uma película", conta Robin.

Disponível em: <http://www.diariodasaude.com.br/news.php?article=nanotubos-titanio-osseointegracao-implantes&id=8394>. *Acesso em:* 2 jul. 2015.

CLICK E ABASTEÇA AS IDEIAS

Veja nossa sugestão de *link* sobre o assunto e abasteça suas ideias!
- https://www.youtube.com/watch?v=2u66GOfbaB0

INVESTIGANDO...

Com seus colegas, faça uma pesquisa sobre quais são as características e outras aplicações do óxido de titânio.

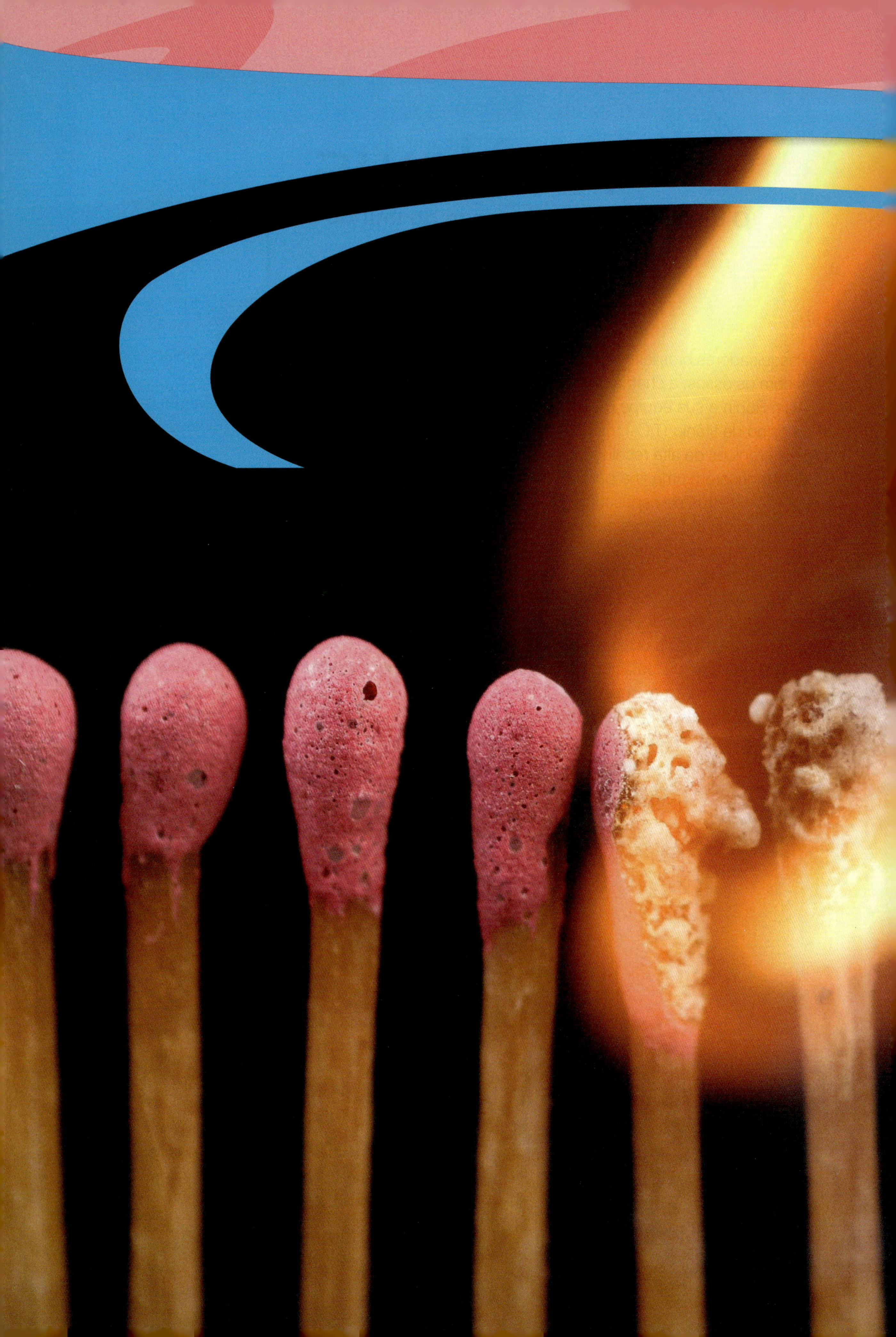

Unidade 4

FUNÇÕES E REAÇÕES *químicas*

Nesta unidade, vamos conhecer as características das principais funções químicas: ácidos, bases, sais e óxidos. Apresentaremos as propriedades, definições e aplicações de cada uma dessas funções. A seguir, exploraremos as reações químicas, apresentando as leis que as descrevem e discutiremos os principais exemplos de aplicação dessas reações na natureza e em processos tecnológicos.

capítulo 7

Funções químicas

Transporte de cargas perigosas

Você já reparou que alguns caminhões de carga possuem em sua corroceria placas com números e símbolos? Você saberia reconhecer o que elas identificam?

O transporte de cargas perigosas está regulamentado de acordo com critérios técnicos e possui uma legislação específica. Os símbolos e números indicam o produto que está sendo carregado (inflamável, corrosivo, radioativo, gases, explosivos etc.) e o tipo de risco envolvido com seu transporte.

A maior parcela dos produtos de carga perigosa são os inflamáveis. Mas inflamáveis não são apenas os líquidos, como o álcool e a gasolina, ou os gases, como o oxigênio, por exemplo. Algodão e carvão são produtos facilmente inflamáveis, e não são líquidos nem gases.

Depois dos inflamáveis, os produtos perigosos mais transportados são os corrosivos, substâncias que em contato com a pele podem causar sérias queimaduras. Nesse grupo estão os ácidos (sulfúrico e clorídrico, por exemplo) e as bases (como o hidróxido de sódio e o hidróxido de potássio), dois temas que estudaremos neste capítulo.

Vazamentos de ácidos em uma estrada, por exemplo, podem ser neutralizados com bases, mas essa reação libera muitos vapores, o que pode comprometer a visibilidade da estrada, pondo em risco a segurança de quem se desloca por ela.

Dano maior ainda é causado ao meio ambiente, quando as substâncias corrosivas entram em contato com cursos d'água, comprometendo o abastecimento de cidades, lavoura e causando a mortandade de muitos animais.

Ácidos

Apesar de os ácidos estarem presentes em nosso dia, no senso comum ainda possuem uma imagem muito negativa. Esse tipo de substância está presente, por exemplo, em nossa alimentação (ácido acético é o popularmente conhecido vinagre) e em nosso organismo (o ácido clorídrico está presente em nosso estômago). No entanto, são comumente lembrados apenas como corrosivos e perigosos. Embora alguns até façam parte de nossa alimentação, a maioria pode sim ser mortal se ingerida. Mas suas características vão muito além.

O ácido cítrico é o responsável pelo gosto característico dos frutos de plantas do gênero *Citrus*.

Em 1887, durante seus estudos, um importante cientista sueco chamado Svante August Arrhenius criou a teoria da ionização dos **eletrólitos**. De acordo com ele, **ácidos** são substâncias formadas por ligações covalentes que, em contato com a água, sofrem **ionização**, produzindo como único cátion o H^+ (chamado de **hidrogênio ionizável**).

> **Eletrólito:** substância que, em solução, é capaz de conduzir corrente elétrica.

> **Lembre-se!**
> Ligações covalentes são aquelas em que pares de elétrons de átomos distintos são compartilhados.

Podemos exemplificar essa ionização usando o ácido fluorídrico, de fórmula HF, e o ácido fosfórico (H_3PO_4). Quando uma molécula do ácido entra em contato com a água, o hidrogênio ionizável é capturado pelo oxigênio da molécula de água. Podemos escrever a equação, de forma simplificada, como:

$$HF \xrightarrow{\text{água}} H^+ + F^-$$
ácido fluorídrico — cátion hidrogênio — ânion fluoreto

$$H_3PO_4 \xrightarrow{\text{água}} 3\,H^+ + PO_4^{3-}$$
ácido fosfórico — cátion hidrogênio — ânion fosfato

> **Lembre-se!**
> A fórmula dos ácidos sempre se inicia com H.

Por seus trabalhos, Svante Arrhenius (1859-1927) ganhou o Prêmio Nobel de Química em 1903.

É SEMPRE BOM SABER MAIS!

Íon hidrônio

Há diferentes fórmulas e nomes usados para descrever o hidrogênio capturado pela água. Apesar de a fórmula em nossa equação mostrar apenas H^+, pode-se escrever H_3O^+, chamado de **íon hidrônio**. Esse é o íon formado pela combinação do H^+ com a molécula de água (H_2O).

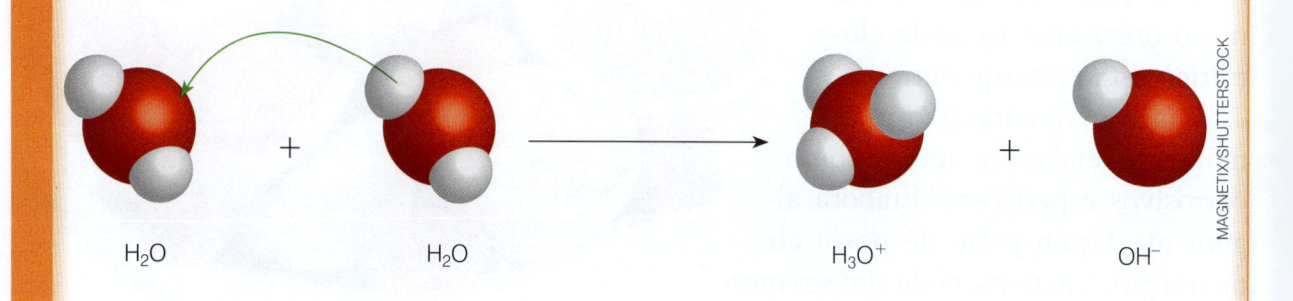

H_2O + H_2O → H_3O^+ + OH^-

Outra maneira comum de se referir ao íon hidrônio é simplesmente chamá-lo de "próton". Esse nome vem do fato de que o H^+ representa um átomo de hidrogênio (um próton e um elétron) que perdeu seu elétron, restando apenas um próton.

Classificação e nomenclatura dos ácidos

Os ácidos podem ser classificados segundo alguns critérios, como o número de hidrogênios ionizáveis, presença de oxigênio na molécula, por exemplo.

- Quanto ao número de hidrogênios ionizáveis, os ácidos podem ser classificados como

    - **monoácidos**, quando apresentam 1 hidrogênio ionizável (HCl, HNO_3);

    - **diácidos**, quando apresentam 2 hidrogênios ionizáveis (H_2SO_4, H_2S);

    - **triácidos**, quando apresentam 3 hidrogênios ionizáveis (H_3PO_4, H_3BO_3) e

    - **tetrácidos**, quando apresentam 4 hidrogênios ionizáveis (H_4SiO_4).

- Quanto à presença de oxigênio na molécula, os ácidos

    - sem oxigênio são classificados como **hidrácidos** e

    - os que apresentam oxigênio são considerados **oxiácidos**.

A **nomenclatura** dos ácidos depende dessas classificações. Os *hidrácidos* recebem a terminação **ídrico**. Observe os exemplos:

- HCl → ácido clor**ídrico**
- HCN → ácido cian**ídrico**

Os *oxiácidos* têm a formação de seus nomes baseada no nome do ânion presente, segundo a seguinte regra:

> **Nomenclatura:** conjunto de termos específicos de determinada área do conhecimento.

Ânion terminado por		Ácido terminado por
ito	forma	oso
ato	forma	ico
eto	forma	ídrico

> **Lembre-se!**
>
> Observe que a nomenclatura dos ácidos é uma via de mão dupla: os ácidos terminados por "oso", "ico" e "ídrico" formam ânions terminados, respectivamente, por "ito", "ato" e "eto".

Observe os exemplos a seguir:

- ânion nit**rito** (NO_2^-) forma ácido nit**roso** (HNO_2)
- ânion sulf**ato** (SO_4^{2-}) forma ácido sulfú**rico** (H_2SO_4)
- ânion fluor**eto** (F^-) forma ácido fluor**ídrico** (HF)

É SEMPRE BOM SABER MAIS!

Ácidos e a condução de eletricidade

Os ácidos possuem uma importante propriedade: a de conduzir eletricidade quando em solução aquosa. Isso ocorre porque, em água, os ácidos sofrem ionização, ou seja, pela quebra da molécula liberam íons (H^+ e o ânion formador do ácido). Esses íons livres formam com a água uma solução iônica e são capazes de conduzir eletricidade.

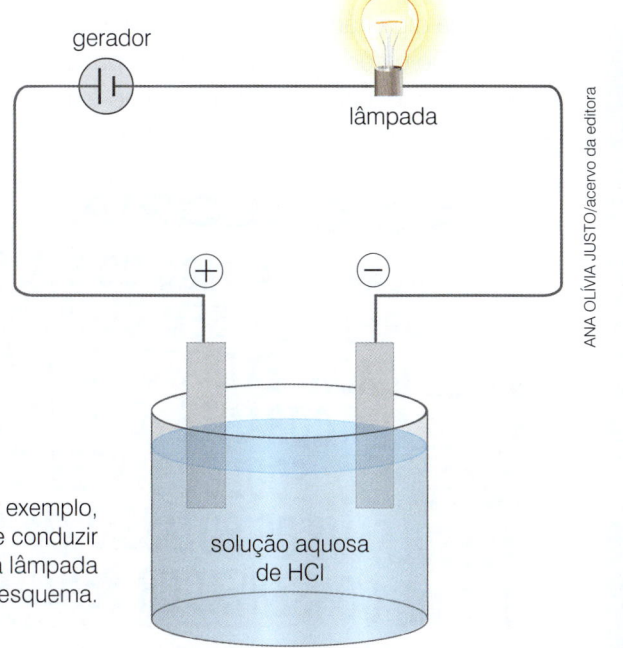

Uma solução aquosa de ácido clorídrico (HCl), por exemplo, ao ser ligada à uma fonte de energia, é capaz de conduzir eletricidade e, consequentemente, acender a lâmpada mostrada no esquema.

ESTABELECENDO CONEXÕES — Saúde

Fadiga muscular

Quando fazemos um esforço muito intenso, muitas vezes a quantidade de oxigênio que inspiramos não é suficiente, mesmo com o aumento do ritmo respiratório. Para compensar essa deficiência, as células musculares conseguem mais energia transformando a glicose, em um processo cujo resultado final forma um ácido: o ácido láctico. Com mais energia liberada, os músculos conseguem continuar se contraindo.

No entanto, quando a quantidade de ácido láctico nos músculos aumenta muito, seu acúmulo causa fadiga e dor muscular.

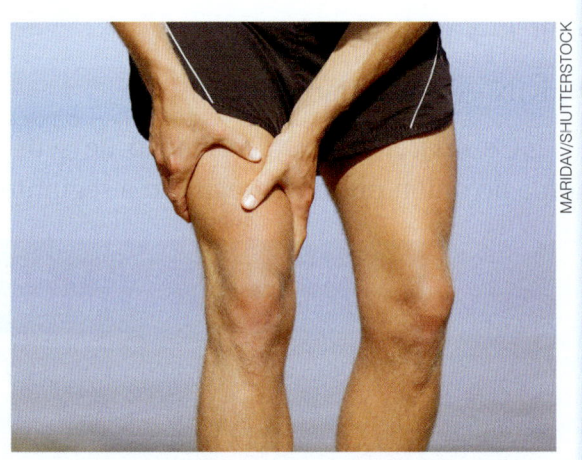

O excesso de ácido láctico causa dor e fadiga muscular.

ESTABELECENDO CONEXÕES — Cotidiano

Ácidos em nossa vida

As células do estômago do ser humano e de outros animais produzem ácido clorídrico (HCl). No estômago dos cães, por exemplo, o ácido pode até dissolver pedaços de ossos por eles ingeridos. Por ser um ácido forte, desempenha função antisséptica no estômago: destrói microrganismos causadores de doenças, por exemplo. O ácido clorídrico também participa da digestão de alimentos que contêm proteínas. Do estômago, os alimentos passam para o duodeno, onde o ácido clorídrico é neutralizado pelos sucos pancreático e biliar.

Comercialmente, o ácido clorídrico é vendido como ácido muriático, sendo muito usado para a limpeza na construção civil.

Outro ácido extremamente importante do ponto de vista econômico é o ácido sulfúrico (H_2SO_4), que pode ser usado, por exemplo, na fabricação de fertilizantes, no refino de petróleo e como ácido de baterias.

O ácido fosfórico (H_3PO_4) entra na composição de diversos produtos, como vidros, produtos de limpeza e removedores de ferrugem.

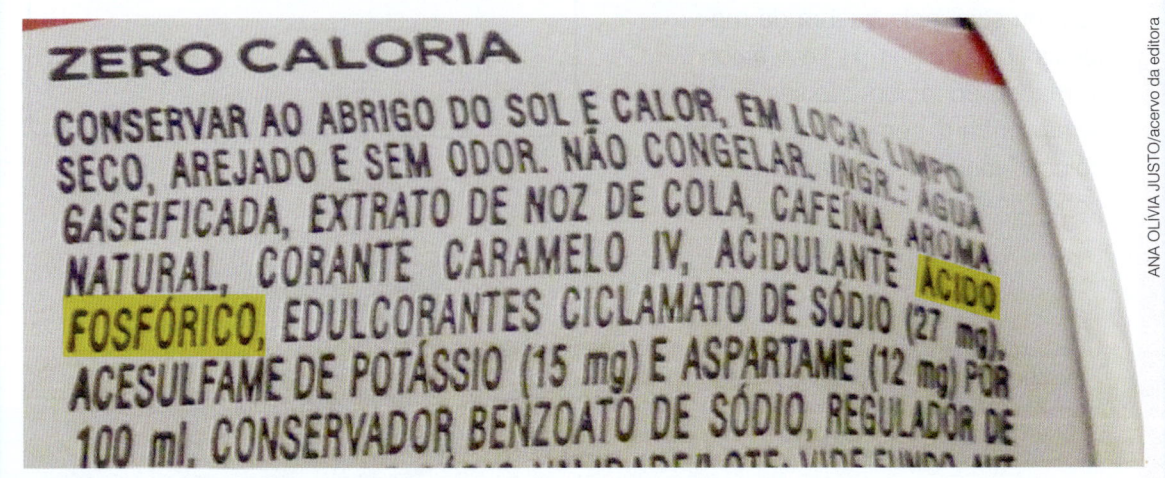

O ácido fosfórico está presente na formulação de diversos refrigerantes.

Bases

As **bases** (também chamadas de **hidróxidos**) são compostos iônicos. Segundo Arrhenius, em solução aquosa elas sofrem **dissociação** e liberam, como único ânion, o OH⁻ (**hidroxila**). Observe o exemplo a seguir.

> **Dissociação:** separação.

$$NaOH \xrightarrow{água} Na^+ + OH^-$$
hidróxido de sódio → cátion sódio + hidroxila

No exemplo apresentado, a base liberou apenas uma hidroxila. Existem bases que se dissociam liberando mais do que uma hidroxila. Observe os exemplos a seguir:

$$Ca(OH)_2 \xrightarrow{água} Ca^{2+} + 2\ OH^-$$
hidróxido de cálcio → cátion cálcio + hidroxila

$$Al(OH)_3 \xrightarrow{água} Al^{3+} + 3\ OH^-$$
hidróxido de alumínio → cátion alumínio + hidroxila

▶ Lembre-se!

O número de hidroxilas liberadas é igual à carga do cátion liberado. Por exemplo:

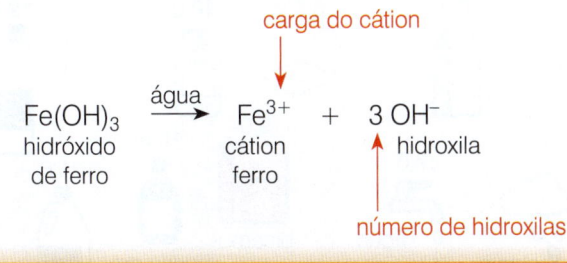

$$Fe(OH)_3 \xrightarrow{água} Fe^{3+} + 3\ OH^-$$
hidróxido de ferro → cátion ferro + hidroxila

(carga do cátion ↓ ; número de hidroxilas ↑)

É SEMPRE BOM SABER MAIS!

Dissociação iônica

Assim como os ácidos, soluções aquosas de bases têm a propriedade de conduzir corrente elétrica graças à presença de íons livres. Mas, neste caso, o processo que ocorre é o da **dissociação iônica**, pois as bases são formadas por ligações iônicas (aquelas que ocorrem com transferência de elétrons entre os átomos).

Durante a dissociação, os íons já existentes na ligação iônica são separados. Lembre-se que na ionização, os íons são *formados* em solução aquosa, provenientes de compostos covalentes. Esse fenômeno, como vimos, ocorre com os ácidos, substâncias formadas por ligações covalentes.

Classificação e nomenclatura das bases

As bases podem ser classificadas segundo o número de hidroxilas como

- **monobases**, quando apresentam 1 hidroxila (NaOH, LiOH);
- **dibases**, quando apresentam 2 hidroxilas ($Mg(OH)_2$, $Ca(OH)_2$);
- **tribases**, quando apresentam 3 hidroxilas ($Al(OH)_3$) e
- **tetrabases** (ou **polibases**), quando apresentam 4 hidroxilas ($Sn(OH)_4$, $Pb(OH)_4$).

A nomenclatura das bases tem como regra geral usar "hidróxido de" acrescido do nome do cátion. Veja alguns exemplos:

- NaOH → **hidróxido de** sódio
- $Ba(OH)_2$ → **hidróxido de** bário
- $Al(OH)_3$ → **hidróxido de** alumínio

Fique por dentro!

As bases têm sabor adstringente (sabor que "amarra a boca"), semelhante ao que sentimos quando comemos uma banana verde ou caju. Mas lembre-se: **JAMAIS** prove uma substância química desconhecida!

É SEMPRE BOM SABER MAIS!

Escala de pH

Quando uma substância é dissolvida em água, de modo geral podemos dizer se ela é ácida, básica ou neutra a partir de uma escala que foi construída experimentalmente. Essa escala é chamada **escala de pH** e varia de 0 a 14.

Quanto menor o valor numérico na escala de pH, maior o grau de acidez da substância; quanto maior esse valor, menor o grau de acidez, e, consequentemente, maior seu grau de basicidade. O número no centro da escala (7) corresponde ao grau neutro. Veja alguns exemplos.

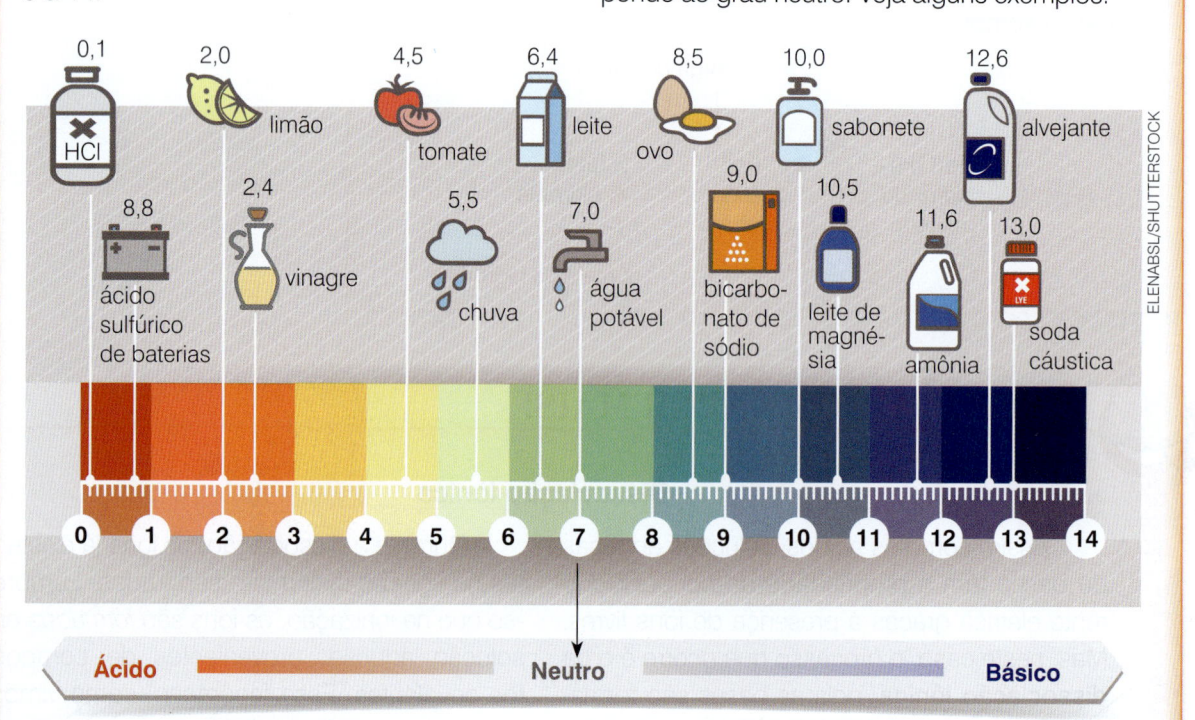

Abaixo de pH 7, as substâncias são consideradas ácidas e acima de 7 são consideradas básicas (também chamadas alcalinas).

ESTABELECENDO CONEXÕES

Bases em nossa vida

O hidróxido de sódio (NaOH) é conhecido comercialmente como soda cáustica. Por ser capaz de dissolver gordura e ser muito corrosivo, pode ser usado – tomando-se cuidados muito especiais – em residências para desentupir ralos e encanamentos.

Também tem sido empregado na produção de diversos produtos, como papel, biodiesel e detergentes. **Por ser uma substância extremamente corrosiva e perigosa, vários são os cuidados exigidos em sua manipulação**.

Existem algumas bases fracas, que até podem ser utilizadas como medicamentos. O hidróxido de alumínio, $Al(OH)_3$, é um exemplo, sendo amplamente usado como antiácido estomacal. Outro exemplo é o hidróxido de magnésio, $Mg(OH)_2$, diluído em água é popularmente conhecido como leite de magnésia, e tem ação laxante.

A cal hidratada é uma base muito usada na construção civil. Quimicamente, trata-se do hidróxido de cálcio, $Ca(OH)_2$, empregado no preparo de argamassa e no processo de caiação de paredes.

Soda cáustica vendida comercialmente para limpeza e desentupimento.

Parede com pintura caiada.

UNIDADE 4 • FUNÇÕES E REAÇÕES QUÍMICAS

ENTRANDO EM AÇÃO!

Identificação de substâncias ácidas e básicas

Existem substâncias, chamadas de **indicadores ácido-base**, que mudam de cor em função do meio em que estão. Dentre os indicadores naturais, um dos mais usados é o **tornassol**, substância extraída de certos liquens. Depois de purificado e dissolvido em água, apresenta cor violeta. Essa cor é alterada na presença de ácidos e bases: torna-se azul na presença de bases e vermelha na presença de ácidos.

Para facilitar o uso, esse indicador não é usado na forma líquida, mas sim impregnado em um papel-filtro.

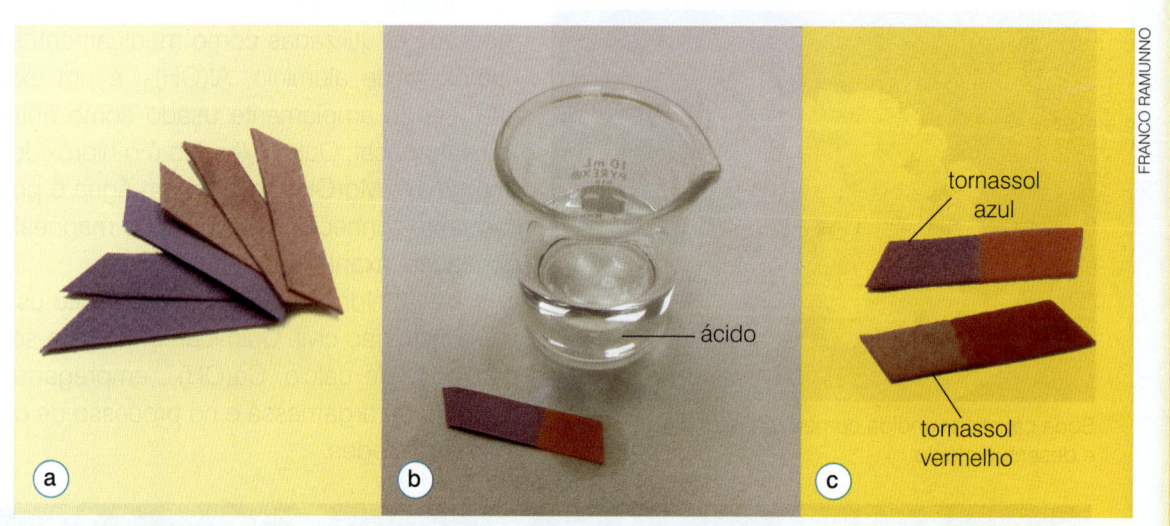

(a) O papel de tornassol pode ser encontrado à venda nas cores azul e vermelha. Ele apresenta diferentes comportamentos frente a substâncias de caráter ácido ou básico. (b) O papel de tornassol azul em substância ácida torna-se vermelho, enquanto o (c) vermelho em contato com ácido não muda de cor.

Em um laboratório, podemos fazer uma atividade prática simples que nos permite diferenciar um ácido de uma base. Seu professor irá providenciar algumas soluções químicas e vocês deverão trazer: um pouco de vinagre, um pouco de água com sabão, um pouco de suco de limão, conta-gotas.

1. Os papéis de tornassol devem ser cortados em tirinhas.
2. Para que não ocorram acidentes, o professor irá pingar sobre os pedaços de papel de tornassol (vermelho e azul, separadamente) duas gotas de cada um dos seguintes materiais: ácido clorídrico, carbonato de sódio, água e sabão, vinagre e suco de limão. Tomem cuidado para não misturar os conta-gotas.
3. Observem se houve ou não mudança de cor nos papéis.
4. Construam uma tabela para anotar os resultados, como o modelo a seguir.

CUIDADO SUBSTÂNCIAS CORROSIVAS

MATERIAL	PAPEL DE TORNASSOL AZUL	PAPEL DE TORNASSOL VERMELHO
ácido clorídrico		
carbonato de sódio		
água e sabão		
vinagre		
suco de limão		

Sais

Sem dúvida, você já ouviu falar em sua casa o termo "sal", um tempero usado para dar mais sabor aos alimentos. Sais fazem parte do nosso cotidiano tanto quanto os ácidos e as bases.

Sais são compostos iônicos formados por um cátion diferente de H^+ e por um ânion diferente de OH^- e de O^{2-}. Como todo composto iônico, todo sal é sólido nas condições ambiente. Eles podem ser formados pela reação de um ácido com uma base. São as chamadas **reações de neutralização**. Observe os exemplos a seguir:

$$HCl_{(aq)} + NaOH_{(aq)} \rightarrow NaCl_{(aq)} + HOH_{(l)}$$
ácido clorídrico — hidróxido de sódio — cloreto de sódio — água

$$H_2SO_{4(aq)} + Ca(OH)_{2(aq)} \rightarrow CaSO_{4(aq)} + 2\ HOH_{(l)}$$
ácido sulfúrico — hidróxido de cálcio — sulfato de cálcio — água

> **Jogo rápido**
> Nas reações de neutralização ao lado, indique os ácidos, as bases e os sais.

Note a formação de água nas reações de neutralização, que seguem a seguinte estrutura:

ácido + base → sal + água

Como os sais são formados por ligações iônicas, quando estão em solução aquosa também sofrem o processo de dissociação, assim como as bases, liberando íons e tornando a solução uma boa condutora de eletricidade.

Nomenclatura dos sais

A nomenclatura dos sais segue uma regra simples: é feita a partir do nome do ânion + de + nome do cátion. Observe alguns exemplos:

- $CaSO_4 \rightarrow$ sulfato de cálcio

- $NaNO_3 \rightarrow$ nitrato de sódio

- $AlPO_4 \rightarrow$ fosfato de alumínio

ESTABELECENDO CONEXÕES

Sais em nossa vida

Atualmente, o Brasil produz o sal de cozinha — quimicamente conhecido como cloreto de sódio (NaCl) — no Rio de Janeiro, Ceará, Maranhão, Sergipe, Bahia e no Rio Grande do Norte. Esse sal é retirado principalmente da água do mar por evaporação.

O cloreto de sódio pode ser obtido a partir da água do mar. Na foto, salina na cidade de Cabo Frio, RJ (2013).

O bicarbonato de sódio ($NaHCO_3$) é outro sal muito usado na cozinha, mas com propósito bastante diferente do cloreto de sódio. Além de poder ser usado como antiácido estomacal, pela sua capacidade de liberar gás carbônico ele é usado como fermento químico, deixando o bolo "fofinho" e aerado.

O bolo "fofo" é obtido com o uso de um tipo de sal, o bicarbonato de sódio. Ao ser decomposto, esse sal libera água e gás carbônico, que faz a massa aumentar de volume.

ESTABELECENDO CONEXÕES

Nossa necessidade de sais minerais

Você já deve ter ouvido falar que para um perfeito funcionamento de nosso organismo necessitamos de diversos sais minerais, principalmente sais de sódio, cálcio, fósforo, ferro e potássio, por exemplo.

Os sais de cálcio são importantes para a formação dos ossos e da dentição.

Os sais de ferro fornecem a quantidade necessária desse elemento para a formação da hemoglobina e também protegem contra a anemia ferropriva, a mais comum no Brasil.

Os sais de fósforo participam no processo de formação dos ossos e são importantes no funcionamento do sistema nervoso.

Os principais alimentos ricos em sais minerais são leite, queijo, ovos, carnes, fígado e folhas verdes.

Alguns sais podem ser tóxicos, como os sais de mercúrio, usados em antissépticos e os sais de cobre, usados em fungicidas e germicidas.

EM CONJUNTO COM A TURMA!

Agora é a sua vez de montar a fórmula e os nomes de alguns sais. Seu(sua) professor(a) irá disponibilizar cátions e ânions, com suas respectivas cargas.

Com seu grupo de trabalho, você deve unir os cátions aos ânions, mas sempre respeitando as cargas de cada um, conforme já foi estudado em ligações químicas. Escreva as fórmulas dos sais formados em seu caderno.

Ao final, vocês também deverão nomear cada um dos sais formados pelo grupo.

Comparem seus sais com os de outros grupos.

Óxidos

Óxidos são compostos formados por apenas dois elementos químicos distintos, em que um deles é, *obrigatoriamente*, o oxigênio. O outro elemento pode ser um metal, como o cálcio (CaO), por exemplo. Nesse caso, o óxido é classificado como óxido **iônico**. Ou pode ainda ser um ametal ou semimetal, como acontece com o CO_2, e dizemos que o óxido é **molecular.**

Os óxidos podem ainda ser classificados de acordo com as reações que sofrem quando em meio aquoso e frente a diferentes substâncias. Por exemplo, os óxidos formados por metais alcalinos e alcalinoterrosos (como o CaO e Na_2O, por exemplo) têm características básicas (chamados de **óxidos básicos**), isto é, formam bases quando dissolvidos em água

$$CaO + H_2O \rightarrow Ca(OH)_2$$
óxido de   água   hidróxido de
cálcio   cálcio

> **Jogo rápido**
>
> Em que grupo da tabela periódica estão os metais alcalinos e os alcalinoterrosos? Consulte uma tabela periódica para lembrar quais elementos pertencem a esses grupos.

e reagem com ácidos formando sal e água:

$$CaO + 2\ HCl \rightarrow CaCl_2 + H_2O$$
óxido de   ácido   cloreto de   água
cálcio   clorídrico   cálcio

Por outro lado, os óxidos que originam ácidos quando colocados em água (como CO_2, SO_2, SO_3, por exemplo, os chamados **óxidos ácidos**), são formados principalmente por ametais ou semimetais

$$CO_2 + H_2O \rightarrow H_2CO_3$$
dióxido de   água   ácido
carbono   carbônico

e reagem com bases formando sal e água:

$$CO_2 + 2\ NaOH \rightarrow Na_2CO_3 + 2\ H_2O$$
dióxido de   hidróxido de   carbonato de   água
carbono   sódio   sódio

Existe um tipo especial de óxidos, os chamados **óxidos neutros**, que não reagem nem com ácidos nem com bases e suas soluções aquosas são neutras, como, por exemplo, o monóxido de nitrogênio ou óxido nítrico (NO), o monóxido de carbono (CO) e o óxido nitroso (N_2O).

Nomenclatura dos óxidos

A nomenclatura dos óxidos depende do tipo de ligação pela qual ele é formado. Os óxidos iônicos obedecem à regra: óxido + de + nome do cátion.

Veja alguns exemplos:

- CaO → **óxido de** cálcio
- Na_2O → **óxido de** sódio

Já os óxidos moleculares têm seu nome formado da seguinte forma:

prefixo do nº de oxigênio na molécula + óxido de + prefixo do nº de átomos do outro elemento + nome do cátion

Veja alguns exemplos:

- P_2O_5 → **pent**óxido de **di**fósforo
- Cl_2O → **mon**óxido de **di**cloro

ESTABELECENDO CONEXÕES

Cotidiano

Óxidos em nossa vida

A atmosfera terrestre (o ar que envolve a Terra) é formada por vapor-d'água e gases, dentre eles o gás carbônico (CO_2), um dos óxidos mais conhecidos. Como sua concentração no ar atmosférico é muito baixa (0,033%), não pode ser obtido do ar, mas sim por processos químicos, como a queima de combustíveis fósseis e a respiração.

O gás carbônico é utilizado em bebidas (é o gás dos refrigerantes), em extintores de incêndio e na forma sólida (conhecida como gelo-seco) para refrigeração.

Alguns óxidos são extremamente tóxicos, como os de chumbo e o monóxido de carbono (CO). Para entendermos melhor a toxicidade do CO é preciso lembrar que a hemoglobina é responsável pelo transporte de oxigênio (O_2) dos pulmões para as células e do gás carbônico (CO_2) das células aos pulmões.

A hemoglobina é capaz de realizar essas tarefas, pois os gases O_2 e CO_2 ligam-se aos átomos de ferro (Fe) da proteína. Porém, se inspirarmos monóxido de carbono (CO) serão formadas ligações muito mais estáveis entre os átomos de ferro da hemoglobina e o monóxido de carbono do que as ligações formadas entre esses mesmos átomos de ferro e o O_2 ou CO_2.

Como nosso organismo não necessita de CO e este não se "solta" do ferro, inicia-se um processo de asfixia, pois o O_2 deixa de ser transportado dos pulmões para as células, uma vez que a hemoglobina está "ocupada" ligada ao CO.

Como o gelo-seco em contato com a água sublima, ele é muito utilizado em festas para causar efeito de névoa.

UNIDADE 4 • FUNÇÕES E REAÇÕES QUÍMICAS

DE OLHO NO PLANETA

Sustentabilidade

Gases de efeito estufa

As atividades humanas contribuem para o aquecimento global por meio do aumento da eliminação de gases de efeito estufa na atmosfera, como é o caso do gás carbônico (CO_2) e dos óxidos de nitrogênio (NO_x).

Desde a Revolução Industrial (século XVIII), os seres humanos estão liberando grandes quantidades de gases de estufa na atmosfera. Segundo relatório da Organização Meteorológica Mundial (OMM), de 1750 até 2013 a concentração de CO_2 na atmosfera aumentou cerca de 140%. A maior parte desse gás carbônico vem da queima de combustíveis fósseis usados por carros, caminhões, trens e aviões. Até usinas elétricas queimam combustíveis fósseis.

O aumento na quantidade de gases de estufa na atmosfera contribui para o aquecimento global, que pode ter graves resultados – talvez o mais óbvio seja o degelo das calotas polares, o que poderia causar algum aumento no nível dos oceanos – mas há o risco de acidificação dos oceanos, com consequências para a biodiversidade marinha.

Alguns cientistas usam o termo "mudança climática" ao invés de "aquecimento global", pois consideram que a emissão excessiva dos gases de estufa pode causar muito mais do que um aumento de temperatura.

➢ Uma medida eficaz que pode contribuir para atenuar o efeito estufa é o plantio de árvores. Explique por quê.

Outros fatores responsáveis pelo aumento da concentração de gás carbônico na atmosfera são o corte de florestas e as queimadas. Diminuindo o número de árvores que absorvem o gás carbônico, maior é a sua quantidade disponível na atmosfera.

ART-PHO/SHUTTERSTOCK

Descubra você mesmo!

A diminuição da emissão de gases poluentes é algo a ser buscado pelo ser humano para cuidar do planeta Terra. Faça uma pesquisa para saber mais sobre o Protocolo de Kyoto: o que é, seus objetivos e suas ações. Compartilhe com a sala o que você encontrou.

CAPÍTULO 7 • Funções químicas

Nosso desafio

Para preencher os quadrinhos de 1 a 15, você deve utilizar as seguintes palavras: ácidos, bases, diferentes de H^+, diferentes de OH^-, dissociação, HCl e HBr, hidrácidos, H^+, iônicos, ionização, NaCl e KBr, OH^-, oxiácidos, óxidos, sais.

À medida que você preencher os quadrinhos, risque a palavra que escolheu para não usá-la novamente.

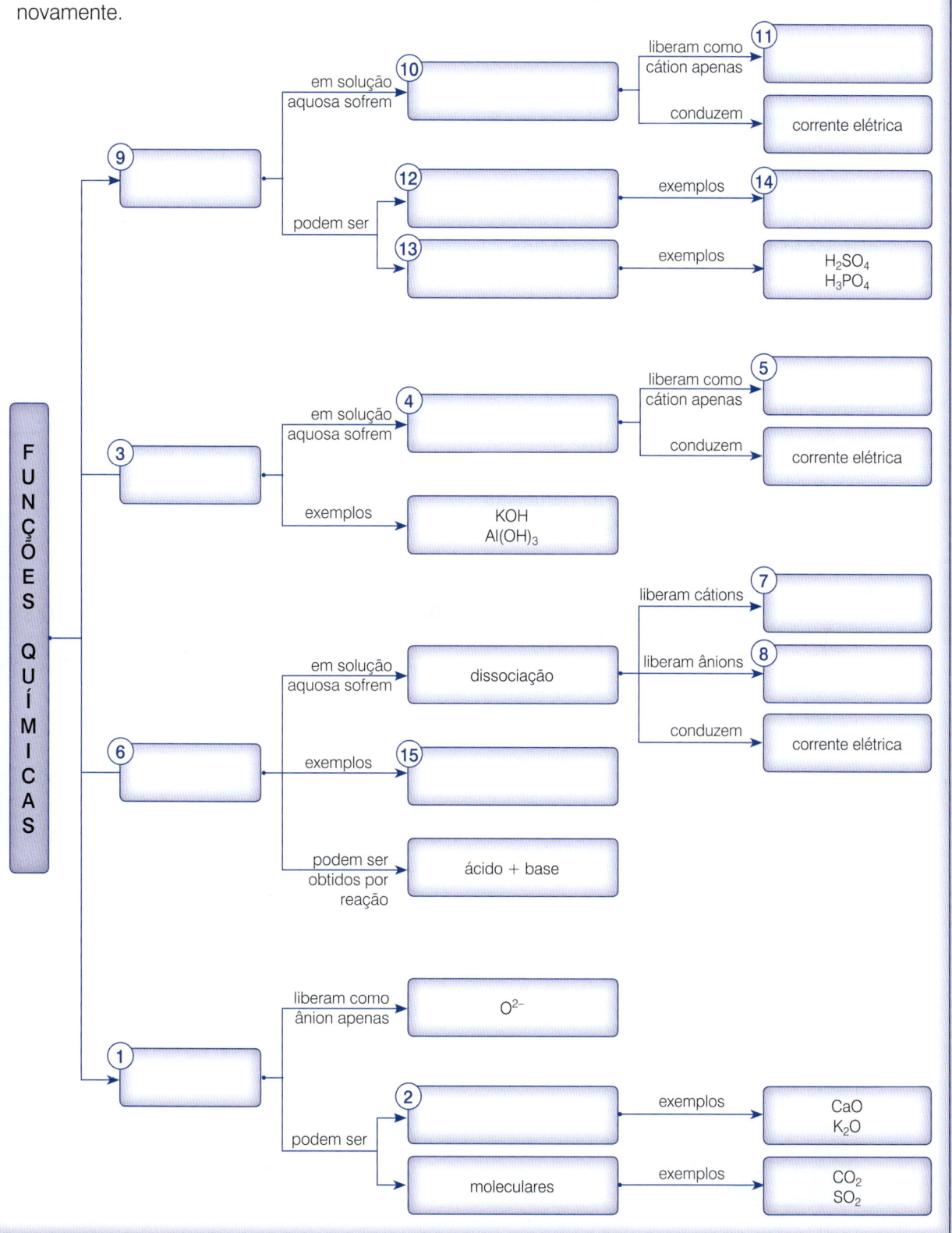

FUNÇÕES QUÍMICAS

- (9) → em solução aquosa sofrem → (10)
  - → liberam como cátion apenas → (11)
  - → conduzem → corrente elétrica
- (9) → podem ser → (12) → exemplos → (14)
- (9) → podem ser → (13) → exemplos → H_2SO_4, H_3PO_4

- (3) → em solução aquosa sofrem → (4)
  - → liberam como cátion apenas → (5)
  - → conduzem → corrente elétrica
- (3) → exemplos → KOH, Al(OH)$_3$

- (6) → em solução aquosa sofrem → dissociação
  - → liberam cátions → (7)
  - → liberam ânions → (8)
  - → conduzem → corrente elétrica
- (6) → exemplos → (15)
- (6) → podem ser obtidos por reação → ácido + base

- (1) → liberam como ânion apenas → O^{2-}
- (1) → podem ser → (2) → exemplos → CaO, K_2O
- (1) → podem ser → moleculares → exemplos → CO_2, SO_2

Atividades

1. Qual das substâncias abaixo pode ser classificada como ácido?
   a. HClO
   b. NaOH
   c. KCl
   d. NO
   e. LiH

2. (URCA – CE) Os ácidos HCl, H_2SO_4, H_4SiO_4 e H_3PO_4, quanto ao número de hidrogênios ionizáveis, podem ser classificados, respectivamente, em:
   a. monoácido, diácido, triácido e tetrácido.
   b. monoácido, diácido, diácido e tetrácido.
   c. monoácido, diácido, triácido e triácido.
   d. monoácido, diácido, tetrácido e triácido.

3. (FUVEST – SP) Observa-se que uma solução aquosa saturada de HCl libera uma substância gasosa. Uma estudante de química procurou representar, por meio de uma figura, os tipos de partículas que predominam nas fases aquosa e gasosa desse sistema – sem representar as partículas de água. A figura com a representação mais adequada seria:

   a. 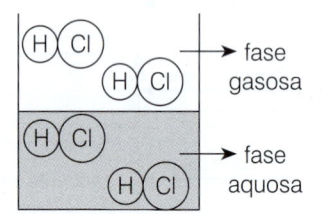
   b. 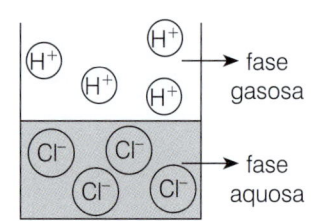
   c. 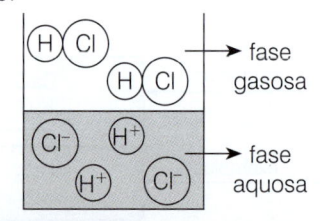
   d. 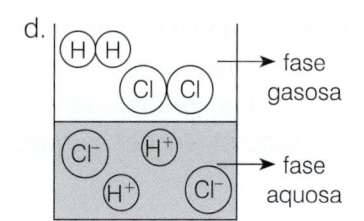
   e.

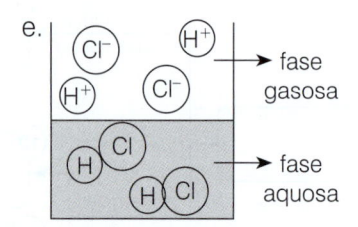

4. (UNIOESTE – PR) Os hidróxidos de sódio, cálcio, alumínio e magnésio são bases utilizadas com diferentes números de hidroxilas. Assinale a alternativa que define corretamente essas bases na sequência indicada.
   a. Monobase, dibase, dibase e monobase.
   b. Monobase, monobase, tribase e dibase.
   c. Dibase, dibase, tibase e dibase.
   d. Tribase, monobase, monobase e monobase.
   e. Monobase, dibase, tribase e dibase.

5. (UFRN – adaptada) Uma substância que pode ser incluída no cardápio de antiácidos por ter propriedades básicas é:
   a. NaF.
   b. $CaCl_2$.
   c. $Mg(OH)_2$.
   d. NaCl.

6. As bases, segundo a teoria de Arrhenius, são aquelas substâncias que, em solução aquosa, sofrem dissociação iônica, liberando como único ânion a hidroxila (OH^-). Considerando que o OH^- é obrigatório na composição de toda base, elas também são chamadas de hidróxidos. Equacione a reação de dissociação das bases a seguir.
   a. KOH →
   b. CsOH →
   c. $Ba(OH)_2$ →
   d. $Sr(OH)_2$ →
   e. $Fe(OH)_3$ →

7. (Olimpíada Brasileira de Química) Os indicadores ácido-base são substâncias que mudam sua coloração em função do meio em que se encontram, e assim podem ser utilizados para determinar a natureza ácido-base de uma solução. Muitas substâncias extraídas de produtos naturais apresentam esse comportamento.

Os papéis de tornassol são indicadores ácido-base. O papel de tornassol azul muda para vermelho quando em contato com solução de um ácido e o papel de tornassol vermelho muda para azul quando em contato com solução de uma base.

Três frascos de 100 mL, rotulados como frasco A, frasco B e frasco C, contêm água destilada, solução de hidróxido de sódio e solução de ácido clorídrico. Em cada um desses frascos foram imersos dois papéis de tornassol: o primeiro vermelho e o segundo azul.

Os resultados dessas experiências estão assinalados a seguir.

Papéis imersos	Cor do papel após imersão		
	Frasco A	Frasco B	Frasco C
papel vermelho	azul	vermelho	vermelho
papel azul	azul	azul	vermelho

Com base nas informações acima, conclui-se que:

( ) o frasco A contém solução de NaOH e o frasco B contém água.
( ) o frasco C contém solução de HCl e o frasco B contém água.
( ) o frasco A contém solução de HCl e o frasco B contém solução de NaOH.
( ) o frasco A contém solução de NaOH e o frasco C contém solução de HCl.

8. Dê o nome dos sais a seguir.
   a. NaCl
   b. $CaSO_4$
   c. $AgNO_3$
   d. $CaCO_3$

9. Dê o nome dos óxidos a seguir.
   a. Na_2O
   b. CaO
   c. CO
   d. LiO

10. Após o cigarro ser queimado, ele origina um óxido, presente nas cinzas. Esse óxido possui fórmula molecular K_2O. Sobre esse óxido, responda.
   a. Qual é seu nome?
   b. Classifique esse óxido quanto ao caráter ácido ou básico.
   c. Justifique o caráter ácido ou básico do K_2O por equações químicas.

11. Associe corretamente as duas colunas a seguir.
   a. HCl   (1) ácido
   b. NO   (2) base
   c. KCl   (3) sal
   d. $Al(OH)_3$ (4) óxido
   e. NaOH
   f. CaO
   g. $NaNO_3$

12. (Olimpíada Brasileira de Química) Observe a ilustração indicada a seguir.

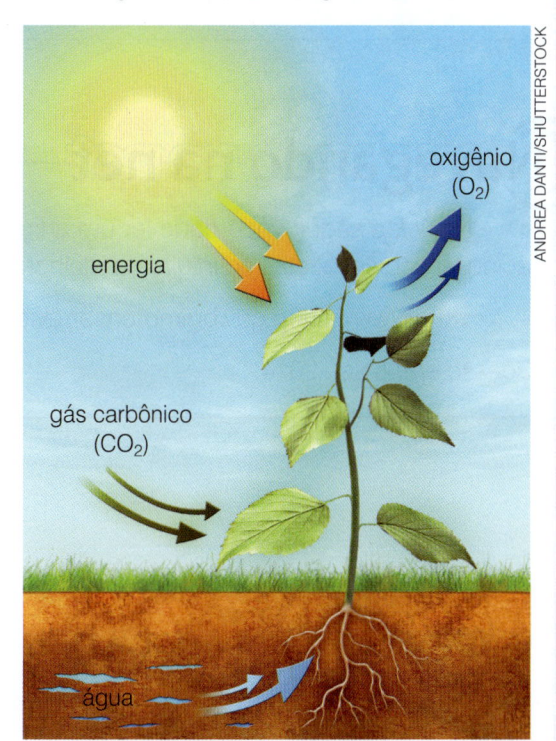

Qual o título que melhor representa o principal processo mostrado na imagem acima?

a. Esquema da fotossíntese.
b. Esquema do efeito estufa.
c. Esquema do aquecimento global.
d. Esquema da poluição do ar e da água

13. (Olimpíada Brasileira de Química) O aquecimento global refere-se ao aumento da temperatura média dos oceanos e do ar perto da superfície da Terra que se tem verificado nas décadas mais recentes. Esse fenômeno pode ser associado às transformações citadas a seguir, exceto:

a. o derretimento das calotas de gelo.
b. o aumento do nível do mar.
c. o aumento do tamanho do buraco na camada de ozônio.
d. as mudanças imprevisíveis do clima.

14. (Olimpíada Brasileira de Química – adaptada) Há hoje, em todo o mundo, uma grande preocupação com o meio ambiente. Conhecimentos básicos de Química podem contribuir para garantir o equilíbrio e a recuperação ambientais. Vários gases presentes na atmosfera terrestre contribuem para o aquecimento da Terra. Esse processo de aquecimento é denominado efeito estufa. Entre os gases que contribuem para o efeito estufa estão o dióxido de carbono, CO_2, o metano, CH_4, o monóxido de dinitrogênio, N_2O, e vapor-d'água. O principal responsável é o CO_2, que atua como um "telhado de vidro", ou seja, transmite luz para o solo, mas absorve uma parte da radiação infravermelha refletida a partir do solo, não a deixando escapar e aprisionando o calor.

Acerca do efeito estufa analise as afirmativas abaixo.

I. Um maior número de carros circulantes e o aumento das queimadas podem intensificar o efeito estufa.
II. O aumento da evaporação da água dos oceanos pode diminuir o efeito estufa.
III. O aquecimento global pode aumentar o nível dos oceanos pelo derretimento das calotas polares.

Acerca das afirmativas acima, você pode deduzir que:

a. apenas III está correta.
b. I e II corretas.
c. II e III estão incorretas.
d. I e III estão corretas.

Navegando na net

No *link* a seguir você pode ler um artigo sobre um método moderno de efetuar a medição de ácido láctico em atletas no intuito de melhorar seu desempenho e evitar o sub e o sobretreinamento.

<http://www.finep.gov.br/imprensa/revista/edicao11/inovacao_em_pauta_11_esporte.pdf>

Acesso em: 6 set. 2014.

capítulo 8
Reações químicas

As festas ficam mais luminosas com eles

Você já deve ter visto em algumas festas enfeites em tubinhos de plástico que, à primeira vista, não têm nenhum brilho ou graça, mas basta você dobrá-los e chacoalhá-los um pouco e eles se tornam maravilhosamente luminosos. E sua luz perdura por um bom tempo – dá para curtir com eles a festa toda.

Mas que mágica é essa que acontece, aparentemente do nada, bastando só movimentar os tubinhos plásticos para que eles se acendam? A resposta: é pura reação química!

Esses enfeites de plástico contêm em seu interior duas substâncias que se encontram separadas – para isso, uma delas é colocada em um finíssimo tubinho de vidro. Quando dobramos o enfeite, na verdade quebramos o tubinho de vidro que se encontra dentro dele e as duas substâncias entram em contato. Ao chacoalharmos o tubo plástico, fazemos com que essas substâncias se misturem bem, surgindo a luminosidade colorida.

Popularmente, chamamos a esses enfeites de "pulseiras de neon" ou "colares de neon" (em inglês, *lightsticks*), mas eles nada têm a ver com o gás neônio. As substâncias que reagem em geral são a conhecida água oxigenada (que fica dentro do vidro) e um composto, que é uma mistura de corante com outra substância de nome meio complicado (éster de fenol oxalato), mas que podemos chamar de luminol. Essa reação libera muita energia sob a forma de luz e pouca energia sob a forma de calor.

Neste capítulo, veremos diversas formas de reações químicas e suas classificações. Elas acontecem tanto em bem aparelhados laboratórios de química, quanto em nosso dia a dia.

UNIDADE 4 • FUNÇÕES E REAÇÕES QUÍMICAS

Observe as imagens a seguir. Que tipos de transformações estão ocorrendo?

Podemos perceber o aparecimento da ferrugem, o escurecimento de algumas frutas quando cortadas ou mordidas, a queima de um fósforo quando riscado, a solidificação da clara do ovo quando frito, produtos da combustão sendo lançados na atmosfera.

Todos esses processos são o resultado de **reações químicas**, isto é, são o resultado de processos em que há a transformação de uma ou mais substâncias (chamadas de **reagentes**) em uma nova substância ou substâncias (chamadas de **produtos**). De uma forma mais geral, reação química é a reorganização de átomos, que formarão substâncias diferentes das iniciais.

Apesar de presentes em nosso cotidiano, em muitos casos as reações químicas não são percebidas, como na purificação da água que usamos todos os dias, no preparo de alimentos, na ação dos detergentes quando lavamos a louça, na combustão que possibilita o movimento dos automóveis, entre tantos outros exemplos.

> **Lembre-se!**
>
> Nas reações químicas, os átomos que estavam presentes no início continuam presentes no final delas. Não há "criação" nem "extinção" de átomos: eles apenas se "combinam" de modo diferente.

CAPÍTULO 8 • Reações químicas   167

É SEMPRE BOM SABER MAIS!

O simples fato de colocar duas substâncias em contato não quer dizer que ocorrerá uma reação química. Alguns sinais da ocorrência de reação química entre substâncias são mudanças de temperatura ou de cor, formação de um sólido ou mesmo liberação de gases.

Algumas reações químicas liberam calor, como, por exemplo, a reação entre o sódio metálico com a água, em que há formação de hidróxido de sódio e gás hidrogênio. O calor liberado por essa reação é grande o bastante para derreter o sódio e inflamar o hidrogênio.

■ Representação das reações químicas

As reações químicas são representadas simbolicamente por meio das **equações químicas**, em que os elementos envolvidos na reação estão presentes de forma abreviada e a forma como ela se deu é mostrada por meio de símbolos padronizados. Essa representação usada pelos químicos é universal, ou seja, é igual em qualquer parte do planeta.

Nas equações químicas, as substâncias que irão reagir são colocadas do lado esquerdo (são os chamados **reagentes**), enquanto as substâncias resultantes da reação (os chamados **produtos**) ficam do lado direito. Entre os reagentes e os produtos são colocados os símbolos que indicam se a reação ocorre apenas em uma direção ($\rightarrow$) ou se ela ocorre em ambas as direções ($\rightleftarrows$).

Fique por dentro!

Conheça alguns dos símbolos mais utilizados nas equações químicas:

⇌ ou ↔ indica que é uma reação reversível

Δ: reação ocorre quando há fornecimento de calor

(g): estado físico gasoso
(l): estado físico líquido
(s): estado físico sólido
(aq): solução aquosa

Veja, por exemplo, a equação química que indica a reação entre duas moléculas de hidrogênio (H_2) com uma molécula de gás oxigênio (O_2) para formar duas moléculas de água (H_2O).

$$\underbrace{2\,H_2 + O_2}_{\text{reagentes}} \rightarrow \underbrace{2\,H_2O}_{\text{produto}}$$

Como vimos, o número de átomos presentes em uma reação química é o mesmo tanto no início quanto no final dela. Assim, observe na equação acima que o número de átomos de hidrogênio e de oxigênio que reagem é o mesmo que encontramos no produto. Nesse caso, dizemos que a equação está **balanceada**.

Balanceamento das equações químicas

Vimos que as equações químicas servem para representar o que ocorre nas reações químicas. No entanto, nem sempre elas são *apresentadas* balanceadas, pelo fato de que a proporção de matéria envolvida varia de reação para reação.

O balanceamento das equações químicas nos informa sobre quanto produto se formou a partir da reação dos reagentes, qual deles é limitante, quanto de cada reagente precisa ser adicionado para que desejada quantidade de produto seja formada, entre outros dados.

Reagente limitante: aquele que é consumido completamente em primeiro lugar, o que leva ao fim da reação.

Devemos ter atenção a alguns pontos em relação ao balanceamento de uma equação:

- precisa ser feito *antes* de ela ser utilizada;
- o número de átomos dos elementos que participam de uma equação química balanceada é sempre *inteiro* (nunca fracionário);
- nos dois lados de uma equação balanceada temos o *mesmo número de átomos de cada elemento*.

Dessa forma, é necessário que ao fim de uma reação química tenhamos a mesma quantidade de átomos de cada elemento que tínhamos no início dela, daí podemos dizer que sua equação está **balanceada.**

$$C + O_2 \rightarrow CO_2$$

Repare que na equação acima temos um carbono e dois oxigênios como reagentes e há também um carbono e dois oxigênios no produto da reação, ou seja, a mesma quantidade de elementos do início da reação se encontra ao final dela. Então, a equação está balanceada.

Agora, observe a equação

$$Zn + HCl \rightarrow ZnCl_2 + H_2 \quad \text{(equação não balanceada)}$$

Note que nessa equação há um hidrogênio como reagente e dois no produto; há um cloro como reagente e dois no produto da reação. Assim, é nítida a necessidade de balancear essa equação. Então, como vamos balanceá-la?

Para facilitar o balanceamento podemos seguir alguns passos:

- verificar quais são os elementos que aparecem somente uma vez dos dois lados da equação – em nosso exemplo, temos o Zn;
- verificar quais elementos aparecem uma vez nos reagentes e separadamente nos produtos – em nosso exemplo, temos o H e o Cl;
- após selecionar esses elementos, verificar quais são os seus índices nos produtos e utilizar esses números inteiros nos reagentes para equilibrar a equação – em nosso exemplo, tanto o índice do H como do Cl é 2.

Para balancear a equação, podemos colocar o número dois na frente do HCl e, dessa forma, teremos:

$$Zn + \mathbf{2}\,HCl \rightarrow ZnCl_2 + H_2 \quad \text{(equação balanceada)}$$

coeficiente   índice   índice

Agora, temos dois hidrogênios como reagentes e dois nos produtos; temos dois cloros como reagentes e dois nos produtos. Como temos a mesma quantidade de elementos dos dois lados, a equação está balanceada.

Veja outro exemplo de balanceamento de equação:

$$KClO_3 \rightarrow KCl + O_2 \quad \text{(equação não balanceada)}$$

$$\mathbf{2}\,KClO_3 \rightarrow \mathbf{2}\,KCl + \mathbf{3}\,O_2 \quad \text{(equação balanceada)}$$

Jogo rápido

Tente balancear a seguinte equação: $Fe + O_2 \rightarrow Fe_2O_3$.

Leis que regem as reações químicas

Os cientistas conseguiram a partir de seus trabalhos e observações estabelecer duas importantes leis que regem as reações químicas. Uma delas é a **lei da conservação da massa**, também conhecida como **Lei de Lavoisier**. A outra é a **lei das proporções constantes** ou, como também é chamada, **Lei de Proust**.

Lei da conservação da massa

Durante o século XVIII, os fenômenos térmicos eram bastante estudados, principalmente na Inglaterra e na França. Uma das teorias que ganhava apreciadores por volta do ano de 1770 considerava que todas as substâncias que queimavam no ar eram ricas em uma substância chamada de **flogístico**. As substâncias paravam de queimar quando perdiam seu flogístico. Essa teoria foi desenvolvida pelo químico e físico alemão Johann Joachim Becher (1635-1682) e depois defendida pelo compatriota, também físico e químico, George Ernst Stahl (1659-1734).

Além da teoria do flogístico, havia outra teoria, proposta pelo físico e inventor francês Guillaume Amontons (1663-1705), que propunha o calor como associado ao movimento. Segundo ele, quando um corpo perde calor, suas partículas diminuiriam seu grau de movimento, e quando o corpo ganhasse calor, suas partículas aumentariam seu grau de movimento. Essas ideias de Amontons e outros cientistas contribuíram para nosso entendimento atual sobre calor.

Johann Joachim Becher, químico e físico alemão.

Mas a Ciência é uma atividade humana e, como tal, é influenciada por questões políticas, religiosas e sociais de cada época. Dessa forma, antes de o calor ser entendido perfeitamente, outra teoria ganhou espaço e permaneceu aceita por muito tempo. Era a teoria do **calórico**, proposta pelo químico francês Antoine Laurent Lavoisier (1743-1794).

Lavoisier era um homem rico e com certa influência social. Com ajuda de sua esposa, a química francesa Marie-Anne Pierrette Paulze (1758-1836), Lavoisier realizou experimentos que levaram à conclusão de que, quando o calórico adentrava na matéria, em uma pedra de gelo, por exemplo, apresentava uma espécie de efeito repulsivo que fazia com que as moléculas de gelo se separassem, o que provocaria seu derretimento.

Retrato de Lavoisier e sua esposa, a química Marie-Anne Pierrette Paulze. Óleo sobre tela, 259,7 × 194,6 cm de Jacques Louis David, 1788. Metropolitan Museum of Art, Nova York, EUA.

A teoria do calórico posteriormente se mostraria inconsistente e incorreta. Mesmo assim, os experimentos e estudos de Lavoisier contribuíram muito para a compreensão das reações químicas. Além das conclusões sobre o calor, em 1774, Lavoisier descreveu o que hoje conhecemos como **lei da conservação da massa**:

> "Em uma reação química que ocorre em um sistema fechado, a massa total antes da reação é igual à massa total após a reação".

Sistema: em Química, é a parte do universo que queremos estudar. Um sistema **fechado** é um sistema delimitado, que pode trocar energia com a vizinhança, mas não pode trocar matéria. Já um sistema aberto pode trocar com a vizinhança tanto energia como matéria.

Ou em sua forma mais genérica e como ficou mais conhecida atualmente:

> "Na natureza nada se cria, nada se perde, tudo se transforma".

A lei da conservação da massa mostra que nas reações químicas a massa dos reagentes é igual à massa dos produtos.

Agora vamos, por meio de alguns exemplos, tentar compreender melhor o que Lavoisier elaborou há tanto tempo. Em um sistema fechado, quando 4 gramas de hidrogênio (H_2) reagem com 32 gramas de oxigênio (O_2), tem-se a formação de 36 gramas de água (H_2O):

$$\underset{4\text{ g}}{2\,H_2} + \underset{32\text{ g}}{O_2} \rightarrow \underset{36\text{ g}}{2\,H_2O}$$

Da mesma forma, quando 6 gramas de carbono (C) reagem com 16 gramas de oxigênio (O_2) ocorre a formação de 22 gramas de gás carbônico:

$$\underset{6\text{ g}}{C} + \underset{16\text{ g}}{O_2} \rightarrow \underset{22\text{ g}}{CO_2}$$

Fique por dentro!

Hoje, sabe-se que a Lei de Lavoisier pode ser aplicada para todas as reações exceto as nucleares, porque nestas uma parcela da massa acaba sendo convertida em energia.

Observe nos dois exemplos como se aplica perfeitamente a lei da conservação da massa, pois a soma dos reagentes é igual à soma da massa dos produtos.

Lei das proporções constantes

Outra importante lei que descreve as reações químicas foi proposta em 1799 pelo químico francês Joseph Louis Proust (1754-1826).

Proust realizou inúmeros experimentos com substâncias puras e verificou que, independente do processo usado para obtê-las, a proporção em massa em que os elementos se combi-

Joseph Louis Proust.

navam era sempre constante. Assim, a Lei de Proust pode ser enunciada da seguinte maneira:

> "Determinada substância pura contém sempre os mesmos elementos combinados na mesma proporção em massa, independente de sua origem".

Para compreendermos melhor a Lei de Proust, vamos considerar um exemplo: a água, que é composta de hidrogênio e oxigênio.

Proust verificou que as substâncias reagem em proporções definidas: se houver excesso de reagentes, eles não reagirão. Na ilustração ao lado, oxigênio reage com hidrogênio, formando 4 moléculas de água, e o excesso de oxigênio (que não reagiu) permanece inalterado. (Cores-fantasia. Ilustrações fora de escala.)

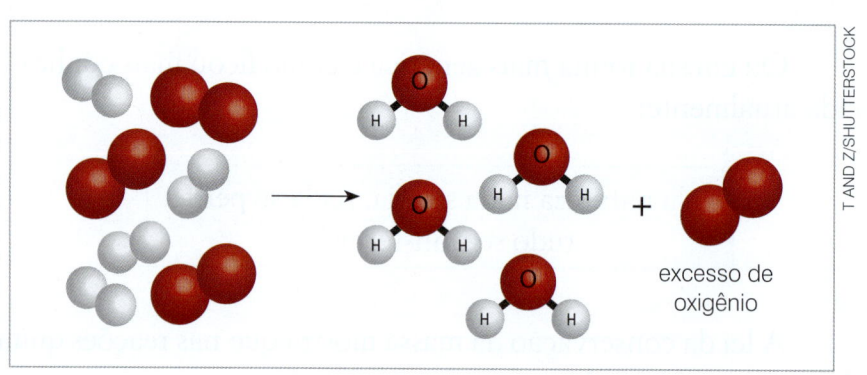

De acordo com a lei das proporções constantes, Proust verificou que na reação de formação da água, o hidrogênio sempre reagia com o oxigênio em uma proporção constante de 2 g de hidrogênio para 16 gramas de oxigênio (proporção de 1 para 8 ou 1 : 8). Observe a tabela abaixo.

Massas de hidrogênio e oxigênio que reagem formando água.

Massa de água	Massa de hidrogênio	Massa de oxigênio	Razão entre as massas de hidrogênio e oxigênio
4,5 g	0,5 g	4,0 g	$\frac{0,5\ g}{4\ g} = \frac{1}{8}$
9,0 g	1,0 g	8,0 g	$\frac{1\ g}{8\ g} = \frac{1}{8}$
18,0 g	2,0 g	16,0 g	$\frac{2\ g}{16\ g} = \frac{1}{8}$

Os dados da tabela permitem concluir que, não importa a quantidade usada dos elementos, a proporção entre eles continua sendo a mesma em todos os casos. Proust notou que essa proporção ocorria também com outras substâncias e não somente com a água. Na obtenção de sulfeto de ferro (FeS), por exemplo, é necessário combinar ferro e enxofre (S) na proporção 7 : 4, respectivamente.

Apesar de sua semelhança com o ouro, a pirita não passa de sulfeto de ferro.

Por exemplo, para formar 55 g de sulfeto de ferro, é preciso 35 g de ferro e 20 g de enxofre.

$$35 \text{ g de Fe} + 20 \text{ g de S} \rightarrow 55 \text{ g de FeS}$$

Caso coloquemos para reagir uma quantidade que não esteja na proporção correta, a quantidade do elemento que estiver em excesso irá sobrar e, assim, não reagirá.

$$35 \text{ g de Fe} + \underbrace{23 \text{ g de S}}_{\text{excesso}} \rightarrow 55 \text{ g de FeS} + \underbrace{3 \text{ g de S}}_{\text{não reagiu}}$$

$$\underbrace{37 \text{ g de Fe}}_{\text{excesso}} + 20 \text{ g de S} \rightarrow 55 \text{ g de FeS} + \underbrace{2 \text{ g de Fe}}_{\text{não reagiu}}$$

ESTABELECENDO CONEXÕES — Cotidiano

Lei das proporções em nossa cozinha

Você já percebeu que quando alguém prepara um bolo os ingredientes possuem certa proporção e não necessariamente são colocados em quantidades iguais? E que se essa pessoa quiser aumentar o tamanho do bolo, então é necessário dobrar ou triplicar a quantidade dos ingredientes, mantendo sempre as proporções?

O raciocínio dos ingredientes para fazer o bolo é o mesmo usado pelos químicos na realização de uma reação química.

Veja, por exemplo, a receita de pão de ló, uma base para vários tipos de bolo de festa.

Caso desejássemos fazer uma receita para 24 porções, ou seja, uma quantidade três vezes maior, seria necessário adequar as proporções dos ingredientes:

12 ovos (**3** x 4)

3 xícaras de chá de água (**3** x 1)

6 xícaras de chá de açúcar (**3** x 2)

6 xícaras de chá de farinha de trigo (**3** x 2)

3 colheres de café de fermento em pó (**3** x 1)

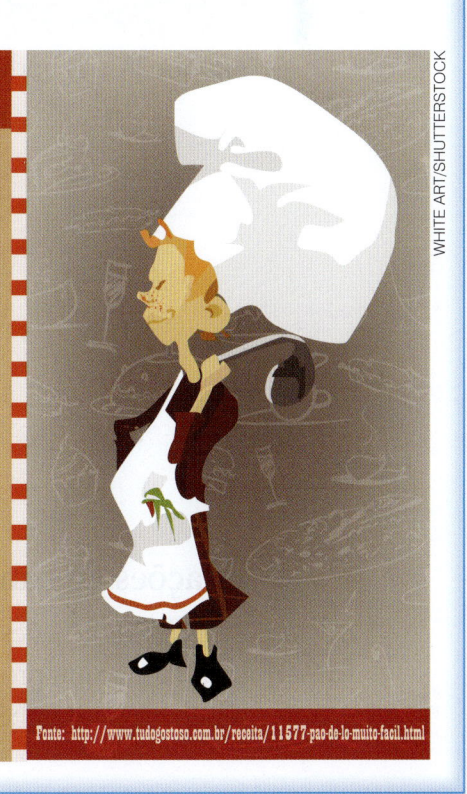

PÃO DE LÓ

Ingredientes:
4 ovos (claras e gemas separadas)
1 xícara de chá de água
2 xícaras de chá de açúcar
2 xícaras de chá de farinha de trigo
1 colher de café de fermento em pó

Tempo de preparo: 40 min
Rendimento: 8 porções

Fonte: http://www.tudogostoso.com.br/receita/11577-pao-de-lo-muito-facil.html

Classificação das reações químicas

Dentre os diferentes tipos de reações químicas, vamos neste capítulo tratar de quatro das principais delas: reações de **síntese**, de **decomposição**, de **simples troca** e de **dupla troca**.

Reações de síntese

Também conhecidas como reações de **adição** ou de **composição**. Desse tipo de reação obtém-se um único produto a partir da combinação direta de dois reagentes:

$$A + B \rightarrow AB$$

Por exemplo:

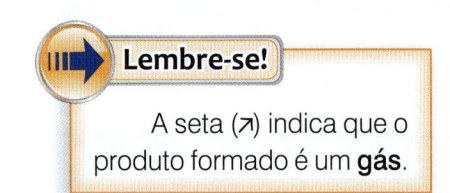

$$\underset{\text{ferro}}{Fe} + \underset{\text{enxofre}}{S} \rightarrow \underset{\substack{\text{sulfato} \\ \text{de ferro}}}{FeS}$$

> **Lembre-se!**
> A seta (↗) indica que o produto formado é um **gás**.

$$\underset{\text{água}}{H_2O} + \underset{\substack{\text{gás} \\ \text{carbônico}}}{CO_2 \nearrow} \rightarrow \underset{\substack{\text{ácido} \\ \text{carbônico}}}{H_2CO_3}$$

Reações de decomposição

Podem ser chamadas também de reações de **análise**. Nesse tipo de reação forma-se mais de um produto a partir de um único reagente, ou seja, é o inverso da reação anterior (reação de síntese):

$$AB \rightarrow A + B$$

em que A e B podem ser substâncias simples ou compostas. Por exemplo:

$$\underset{\substack{\text{carbonato} \\ \text{de zinco}}}{ZnCO_3} \rightarrow \underset{\substack{\text{óxido} \\ \text{de zinco}}}{ZnO} + \underset{\substack{\text{gás} \\ \text{carbônico}}}{CO_2 \nearrow}$$

$$\underset{\substack{\text{carbonato} \\ \text{de cálcio}}}{CaCO_3} \rightarrow \underset{\substack{\text{óxido} \\ \text{de cálcio}}}{CaO} + \underset{\substack{\text{gás} \\ \text{carbônico}}}{CO_2 \nearrow}$$

$$\underset{\substack{\text{água} \\ \text{oxigenada}}}{2\,H_2O_2} \rightarrow \underset{\text{água}}{2\,H_2O} + \underset{\substack{\text{gás} \\ \text{oxigênio}}}{O_2 \nearrow}$$

Reações de simples troca

São as reações em que um reagente simples reage com um reagente composto para formar um produto simples e outro produto composto. Essas reações podem ser chamadas também de reações de **deslocamento** ou reações de **substituição**.

$$AB + C \rightarrow AC + B$$

Por exemplo:

$$CuSO_4 + Fe \rightarrow FeSO_4 + Cu$$
sulfato de cobre II — ferro — sulfato de ferro II — cobre

$$Cl_2 + 2\,NaBr \rightarrow 2\,NaCl + Br_2$$
cloro — brometo de sódio — cloreto de sódio — bromo

Reações de dupla troca

É a reação que se dá quando dois reagentes compostos reagem e trocam seus elementos, e transformam-se em dois produtos também compostos:

$$AB + CD \rightarrow AD + CB$$

Por exemplo:

$$HCl + NaOH \rightarrow NaCl + H_2O$$
ácido clorídrico — hidróxido de sódio — cloreto de sódio — água

$$KCl + AgNO_3 \rightarrow KNO_3 + AgCl$$
cloreto de potássio — nitrato de prata — nitrato de potássio — cloreto de prata

$$H_2SO_4 + BaCl_2 \rightarrow BaSO_4\downarrow + 2\,HCl$$
ácido sulfúrico — cloreto de bário — sulfato de bário — ácido clorídrico

Lembre-se!

A seta ($\downarrow$) indica que o produto formado é um **precipitado**, isto é, uma substância sólida, que se deposita no fundo do recipiente em que a reação ocorre.

É SEMPRE BOM SABER MAIS!

Velocidade das reações

Os sais presentes na água do mar aceleram o processo de oxidação do ferro que, normalmente, é uma reação mais lenta. Já a reação entre o sódio metálico e a água é uma reação rápida, explosiva.

A velocidade das reações depende de vários fatores, como a quantidade de reagentes, energia, temperatura, pressão, e a presença ou não de determinadas substâncias, chamadas **catalisadores**, que possuem a propriedade de acelerar algumas reações. Um exemplo de catalisador são as nossas **enzimas**, proteínas que atuam nas reações de nosso metabolismo, acelerando a velocidade dessas reações. Importante chamar a atenção para o fato de que nossas enzimas participam das reações, mas não fazem parte dos reagentes ou dos produtos, não sendo, portanto, consumidas por eles.

DE OLHO NO PLANETA

Reação de combustão e os automóveis

As reações de combustão encontram-se presentes em nosso cotidiano. Por exemplo, ao acendermos o fogão para o preparo de um alimento, ao acendermos uma vela quando falta energia ou para festejar algum aniversário, nas principais fontes que geram energia etc.

Uma reação de combustão é caracterizada pela queima completa de um combustível, ou seja, para que ela ocorra é necessário que haja o consumo de alguma substância (*combustível*) por um *comburente*, a partir de uma *fonte de ignição*.

COMPONENTES NECESSÁRIOS PARA UMA COMBUSTÃO

1. **COMBURENTE**: Oxigênio, flúor ou qualquer substância que, em contato com o combustível, seja capaz de fazê-lo entrar em combustão.

2. **COMBUSTÍVEL**: Qualquer substância que em contato com outra (um comburente) produz energia térmica (calor).

3. **FONTE DE IGNIÇÃO**: Fonte de energia externa que dê início ao processo de combustão.

As fontes de ignição mais comuns nos incêndios são: chamas, superfícies aquecidas, fagulhas, centelhas e arcos elétricos (além dos raios, que são uma fonte natural de ignição).

REAÇÃO DE COMBUSTÃO NO COTIDIANO

O *combustível* pode ser sólido, líquido ou gasoso; o *comburente* em quase todos os casos é o oxigênio, mas pode ser também o gás flúor ou o gás cloro e a *fonte de ignição* geralmente é uma fonte de calor.

Essas reações de combustão normalmente produzem energia, a qual pode ser utilizada para diversos fins. Por exemplo, para que um automóvel se movimente ele precisa de energia, que é obtida a partir da queima de um combustível (etanol, gasolina, diesel, GNV). Esse combustível consumido pode ser representado pela seguinte equação:

$$\underset{\substack{\text{combustível} \\ \text{(etanol)}}}{CH_3CH_2OH_{(l)}} + \underset{\text{comburente}}{3\,O_{2(g)}} \rightarrow \underset{\text{produtos}}{2\,CO_2\uparrow + 3\,H_2O} + \text{energia térmica}$$

Jogo rápido

Como podemos classificar a reação ao lado.

Jogo rápido

Defina, em poucas palavras o significado de comburente, combustível e fonte de ignição.

Meio Ambiente

Essa é uma reação de combustão, pois tem o combustível (etanol) consumido e o comburente (oxigênio) gerando energia para movimentar o carro.

Para dar início a essas reações, é necessário um gatilho que dispare a reação (uma fonte externa de energia), ou seja, para que ocorra a combustão do etanol, por exemplo, é necessária uma faísca para dar início ao processo e, assim, fazer o carro andar. A partir daí, a energia liberada na combustão é suficiente para manter a reação, que continua até o consumo total de um dos reagentes.

Nos automóveis, é importante que a combustão seja completa, isto é, que os produtos formados sejam dióxido de carbono e água, pois caso contrário há a produção de monóxido de carbono, que é bastante tóxico. Por isso, a importância de manter o motor bem regulado para que haja entrada suficiente de ar e a combustão seja completa. Em alguns casos, a combustão é bastante incompleta, sendo possível ver fuligem (derivado de carbono) saindo pelo escapamento.

Motores mal regulados, em que não há combustão completa do combustível, liberam fuligem para o meio ambiente.

As queimadas em florestas ou em canaviais também são reações incompletas de combustão: elas liberam CO, material particulado (como a fuligem), cinzas e outros compostos orgânicos.

Reações químicas na natureza

As reações químicas não ocorrem somente em laboratório, mas em qualquer ambiente, inclusive na natureza. É resultado de reação química, por exemplo, o aparecimento de ferrugem, a formação de rochas, o escurecimento de algumas frutas quando cortadas, a formação de cavernas, a ocorrência de chuva ácida, entre tantos outros acontecimentos.

A chuva normalmente possui um pequeno grau de acidez, mas não causa dano algum. O fato é que a emissão de gases poluentes pelos veículos e indústrias, por exemplo, entre outros efeitos *aumenta* esse grau de acidez, ocasionando o que chamamos de **chuva ácida**.

Em contato com monumentos e construções em que há a presença de mármore (carbonato de cálcio, $CaCO_3$) ou pedra-sabão (carbonato de sódio, Na_2CO_3), ocorre uma reação entre os ácidos presentes na chuva (ácidos nítrico, nitroso, sulfúrico) e o carbonato de cálcio ou de sódio (bases) das construções. O resultado dessa reação tem como um dos produtos o bicarbonato de cálcio, $Ca(HCO_3)_2$, sal extremamente solúvel em água, o que torna as construções e monumentos frágeis.

> **Lembre-se!**
> A reação entre um ácido e uma base resulta em sal e água.

O aparecimento da **ferrugem** é o resultado de uma reação de alguns metais, como o ferro, por exemplo, com o oxigênio e a água. Como um dos produtos dessa reação temos a formação de óxidos de ferro (substâncias de cor característica da ferrugem) e o material atingido acaba por se deteriorar mais facilmente.

Observe a ação da chuva ácida na escultura em pedra-sabão *Profeta Jeremias*, de Antônio Francisco Lisboa, o Aleijadinho. Basílica do Bom Jesus de Matozinhos, Congonhas, MG. (1795-1805)

Você já percebeu que quando um *pier* é construído em uma praia ele normalmente é feito de madeira? Sabe qual a razão da escolha da madeira ao invés de metal?

Descubra você mesmo!

Qual seria uma forma de evitar o enferrujamento de um portão?

Um processo de oxidação análogo ocorre quando cortamos algumas frutas, como a maçã, e as deixamos expostas ao ar. Quando cortamos a maçã, as células cortadas liberam determinada enzima que catalisa uma reação de oxidação, fazendo com que a fruta fique escurecida.

ESTABELECENDO CONEXÕES

Saúde

Por que as pastas de dente contêm flúor?

O cuidado com os dentes é há muito tempo uma das preocupações de higiene e saúde da humanidade. As atividades relacionadas ao que conhecemos hoje como Odontologia só passaram a ser formalizadas em cursos de graduação nos Estados Unidos por volta de 1840. No mesmo país, a população não tinha o hábito de escovar os dentes e, para modificar esse hábito, empresas introduziram aromas e sensações refrescantes no creme dental. Essa estratégia funcionou e se disseminou pelo mundo, apesar de que não são essas sensações que fazem com que nossos dentes sejam limpos.

Os cremes dentais possuem um aditivo chamado fluoreto de sódio (NaF). O flúor desse composto combina-se com o cálcio do dente, originando a fluorapatita, substância que dá maior resistência ao dente, o que reduz a ação das bactérias na formação de cáries.

Nosso desafio

Para preencher os quadrinhos de 1 a 8, você deve utilizar as seguintes palavras: da conservação da massa, das proporções constantes, decomposição, dupla troca, Lavoisier, Proust, simples troca, síntese.

À medida que você preencher os quadrinhos, risque a palavra que escolheu para não usá-la novamente.

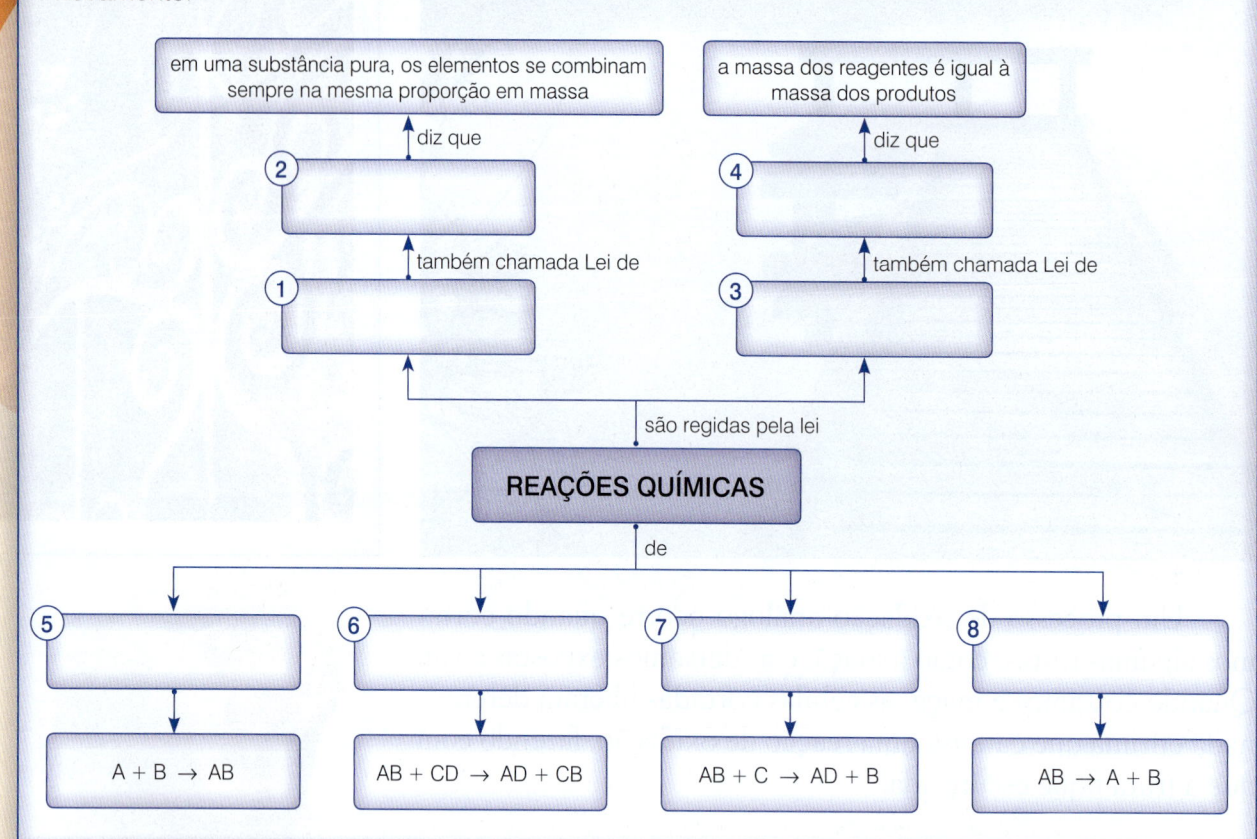

em uma substância pura, os elementos se combinam sempre na mesma proporção em massa
↑ diz que
(2) ▢
↑
também chamada Lei de
(1) ▢

a massa dos reagentes é igual à massa dos produtos
↑ diz que
(4) ▢
↑
também chamada Lei de
(3) ▢

são regidas pela lei

REAÇÕES QUÍMICAS

de

(5) ▢ → A + B → AB

(6) ▢ → AB + CD → AD + CB

(7) ▢ → AB + C → AD + B

(8) ▢ → AB → A + B

Atividades

1. Com base no que você estudou no capítulo, escreva uma definição para reações químicas.

2. O cromato de chumbo II é utilizado como pigmento amarelo para fabricação de tintas. Sua reação de síntese pode ser descrita como:

   $Pb(CH_3COO)_2 + Na_2CrO_4 \rightarrow$
   $\rightarrow PbCrO_4 + 2\ NaCH_3COO$

   a. A equação está balanceada?
   b. Como poderíamos classificar essa reação?

3. Classifique as reações a seguir:
   a. $CuCl_2 + H_2SO_4 \rightarrow CuSO_4 + 2\ HCl$
   b. $Zn + 2\ HCl \rightarrow ZnCl_2 + H_2$
   c. $P_2O_5 + 3\ H_2O \rightarrow 2\ H_3PO_4$
   d. $CuSO_4 + 2\ NaOH \rightarrow Cu(OH)_2 + Na_2SO_4$
   e. $Cu(OH)_2 \rightarrow CuO + H_2O$
   f. $AgNO_3 + NaCl \rightarrow AgCl + NaNO_3$
   g. $CaO + CO_2 \rightarrow CaCO_3$
   h. $2\ H_2O \rightarrow 2\ H_2 + O_2$
   i. $Cu + H_2SO_4 \rightarrow CuSO_4 + H_2$
   j. $2\ AgBr \rightarrow 2\ Ag + Br$

4. (ENEM) No processo de fabricação de pão, os padeiros, após prepararem a massa utilizando fermento biológico, separam uma porção de massa em forma de "bola" e a mergulham em um recipiente com água, aguardando que ela suba, como pode ser observado, respectivamente, em I e II do esquema a seguir. Quando isso acontece, a massa está pronta para ir ao forno.

Um professor de Química explicaria esse procedimento da seguinte maneira:

$C_6H_{12}O_6 \rightarrow 2\ C_2H_5OH + 2\ CO_2$ + energia
glicose   álcool comum   gás carbônico

A bola de massa torna-se menos densa que o líquido e sobe. A alteração da densidade deve-se à fermentação, processo que pode ser resumido pela equação.

Considere as afirmações abaixo.

I. A fermentação dos carboidratos da massa de pão ocorre de maneira espontânea e não depende da existência de qualquer organismo vivo.

II. Durante a fermentação, ocorre produção de gás carbônico, que se vai acumulando em cavidades no interior da massa, o que faz a bola subir.

III. A fermentação transforma a glicose em álcool. Como o álcool tem maior densidade do que a água, a bola de massa sobe.

Dentre as afirmativas, apenas:
a. I está correta.
b. II está correta.
c. I e II estão corretas.
d. II e III estão corretas.
e. III está correta.

5. (FUVEST – SP) Devido à toxicidade do mercúrio, em caso de derramamento desse metal, costuma-se espalhar enxofre no local, para removê-lo. Mercúrio e enxofre reagem, gradativamente, formando sulfeto de mercúrio. Para fins de estudo, a reação pode ocorrer mais rapidamente se as duas substâncias forem misturadas num recipiente apropriado. Usando esse procedimento, foram feitos dois experimentos. No primeiro, 5,0 g de mercúrio e 1,0 g de enxofre reagiram, formando 5,8 g do produto, sobrando 0,2 g de enxofre. No segundo experimento, 12,0 g de mercúrio e 1,6 g de enxofre forneceram 11,6 g do produto, restando 2,0 g de mercúrio.

Mostre que os dois experimentos estão de acordo com a lei da conservação da massa (Lavoisier) e a lei das proporções definidas (Proust).

6. Um cozinheiro percebeu que em seu fogão havia:
a. gás queimando em uma das "bocas" e
b. região inferior do fogão enferrujando.

Que tipos de reação estão ocorrendo em cada processo?

7. Por que a combustão completa da gasolina em um motor é melhor para o meio ambiente em comparação com a combustão incompleta?

8. (FEI – SP – adaptada) Das reações químicas que ocorrem:

I. nos *flashes* fotográficos descartáveis;
II. com o fermento químico para fazer bolos;
III. no ataque de ácido clorídrico ao ferro;
IV. na formação de hidróxido de alumínio usado no tratamento de água;
V. na câmara de gás;

representadas, respectivamente, pelas equações:

I. $2\ Mg + O_2 \rightarrow 2\ MgO$
II. $NH_4HCO_3 \rightarrow CO_2 + NH_3 + H_2O$
III. $Fe + 2\ HCl \rightarrow FeCl_2 + H_2$
IV. $Al_2(SO_4)_3 + 6\ NaOH \rightarrow$
$\rightarrow 2\ Al(OH)_3 + 3\ Na_2SO_4$
V. $H_2SO_4 + 2\ KCN \rightarrow K_2SO_4 + 2\ HCN$

indique o tipo de reação que está ocorrendo em cada uma delas.

9. (MACKENZIE – SP) A sequência que representa, respectivamente, reações de síntese, análise, simples troca e dupla troca é:

I. $Zn + Pb(NO_3)_2 \rightarrow Zn(NO_3)_2 + Pb$
II. $FeS + 2\ HCl \rightarrow FeCl_2 + H_2$
III. $2\ NaNO_3 \rightarrow 2\ NaNO_2 + O_2$
IV. $N_2 + 3\ H_2 \rightarrow 2\ NH_3$

a. I, II, III e IV.
b. III, IV, I e II.
c. IV, III, I e II.
d. I, III, II e IV.
e. II, I, IV e III.

Leitura
Você, desvendando a Ciência

Sabor prolongado
Pesquisadores descobrem como fazer o gosto doce do chiclete durar mais tempo

Atire a primeira pedra quem não gosta de mascar um saboroso chiclete. Acontece que, depois de um tempo, a goma de mascar perde o gosto e é logo jogada fora. Mas (...) pesquisadores da Universidade Estadual de Campinas (Unicamp) acharam um jeito de prolongar o gosto dessas guloseimas por quase o dobro do tempo.

Para entender melhor essa história, você precisa saber que o gosto doce da goma de mascar é caracterizado pela presença de compostos químicos naturais ou artificiais chamados edulcorantes. Mesmo tendo gosto doce, os edulcorantes não contêm tantas calorias quanto o açúcar.

Mas como fazer com que essas substâncias durem mais tempo na boca? "Isso é possível graças a uma técnica chamada de encapsulação", diz a engenheira de alimentos Glaucia Selmi, responsável pelo estudo. É simples: em vez de adicionar os edulcorantes diretamente à goma, basta aprisioná-los em minúsculas cápsulas, tão pequenas que nem podem ser vistas a olho nu.

Glaucia explica que as cápsulas desenvolvidas pela equipe da Unicamp protegem os edulcorantes, impedindo que sejam rapidamente dissolvidos pela saliva. Assim, eles permanecem na boca por mais tempo e o gostinho do chiclete dura mais. "É a força da nossa mastigação que, aos poucos, vai rompendo essas pequenas cápsulas e liberando, assim, de pouquinho em pouquinho, o gosto doce dos edulcorantes", conta.

As microcápsulas de edulcorantes medem alguns micrômetros de diâmetro e são responsáveis por manter o gosto doce do chiclete por mais tempo.

Para testar a estratégia, Glaucia convidou 120 pessoas só para ficar experimentando diversas formulações do chiclete. A pesquisadora concluiu que as gomas elaboradas com edulcorantes encapsulados são bem mais gostosas do que aquelas preparadas sem o uso dessa técnica. O gosto doce dos novos chicletes persiste na boca por praticamente o dobro do tempo, durando um tempo médio equivalente a quatro minutos e meio.

Disponível em: <http://chc.cienciahoje.uol.com.br/sabor-prolongado/>. Acesso em: 2 jul. 2015.

> Que outras aplicações essa técnica poderia ter em nosso cotidiano? De que modo poderia ser usada pela indústria farmacêutica?

TecNews
O que há de mais moderno no mundo da Ciência!

Nanotecnologia e o meio ambiente: perspectivas e riscos

(...) Não há dúvida de que a nanotecnologia oferece a perspectiva de grandes avanços que permitam melhorar a qualidade de vida e ajudar a preservar o meio ambiente. Entretanto, como qualquer área da tecnologia que faz uso intensivo de novos materiais e substâncias químicas, ela traz consigo alguns riscos ao meio ambiente e à saúde humana. Nos próximos parágrafos, analisaremos resumidamente os possíveis benefícios e perigos da nanotecnologia.

As três principais áreas nas quais podemos esperar grandes benefícios provenientes da nanotecnologia são:

1. Na prevenção de poluição ou dos danos indiretos ao meio ambiente. Por exemplo, o uso de nanomateriais (...) resultaria em um aproveitamento mais eficiente de matérias-primas, com consumo menor de energia e produção de quantidades menores de resíduos indesejáveis. (...)
2. No tratamento ou remediação de poluição. A grande área superficial das nanopartículas lhes confere, em muitos casos, excelentes propriedades de adsorção de metais e substâncias orgânicas. (...)
3. Na detecção e monitoramento de poluição. A nanotecnologia vem permitindo a fabricação de sensores cada vez menores, mais seletivos e mais sensíveis para a detecção e monitoramento de poluentes orgânicos e inorgânicos no meio ambiente. (...)

> **adsorção:** processo pelo qual átomos, moléculas ou íons são retirados na superfície de sólidos através de interações de natureza química ou física.

Não obstante estas perspectivas animadoras dos benefícios da nanotecnologia para a melhoria do meio ambiente, não se deve subestimar o potencial para danos ao meio ambiente. As mesmas características que tornam as nanopartículas interessantes do ponto de vista de aplicação tecnológica podem ser indesejáveis quando essas são liberadas ao meio ambiente. O pequeno tamanho das nanopartículas facilita sua difusão e transporte na atmosfera, em águas e em solos, ao passo que dificulta sua remoção por técnicas usuais de filtração. (...)

Quase todos os simpósios e estudos recentes que avaliaram os riscos da nanotecnologia para o meio ambiente tratam a questão com equilíbrio e em termos predominantemente científicos. (...)

Evidentemente, cabe à nossa comunidade avaliar continuamente as tecnologias em desenvolvimento nos laboratórios do ponto de vista do seu potencial de risco, buscando conscientemente soluções e alternativas que eliminem ou minimizem os possíveis danos ao meio ambiente ou à saúde, principalmente daqueles que manipulam nanopartículas em nossos laboratórios.

QUINA, F. H. *Nanotecnologia e o meio ambiente:* perspectivas e riscos. *Disponível em:* <http://www.scielo.br/scielo.php?script=sci_arttext&pid=S0100-40422004000600031&lng=en&nrm=iso>. *Acesso em:* 29 set. 2014.

INVESTIGANDO...

Como o conhecimento de reações químicas poderia ajudar com os cuidados para que nanopartículas não poluam o meio ambiente?

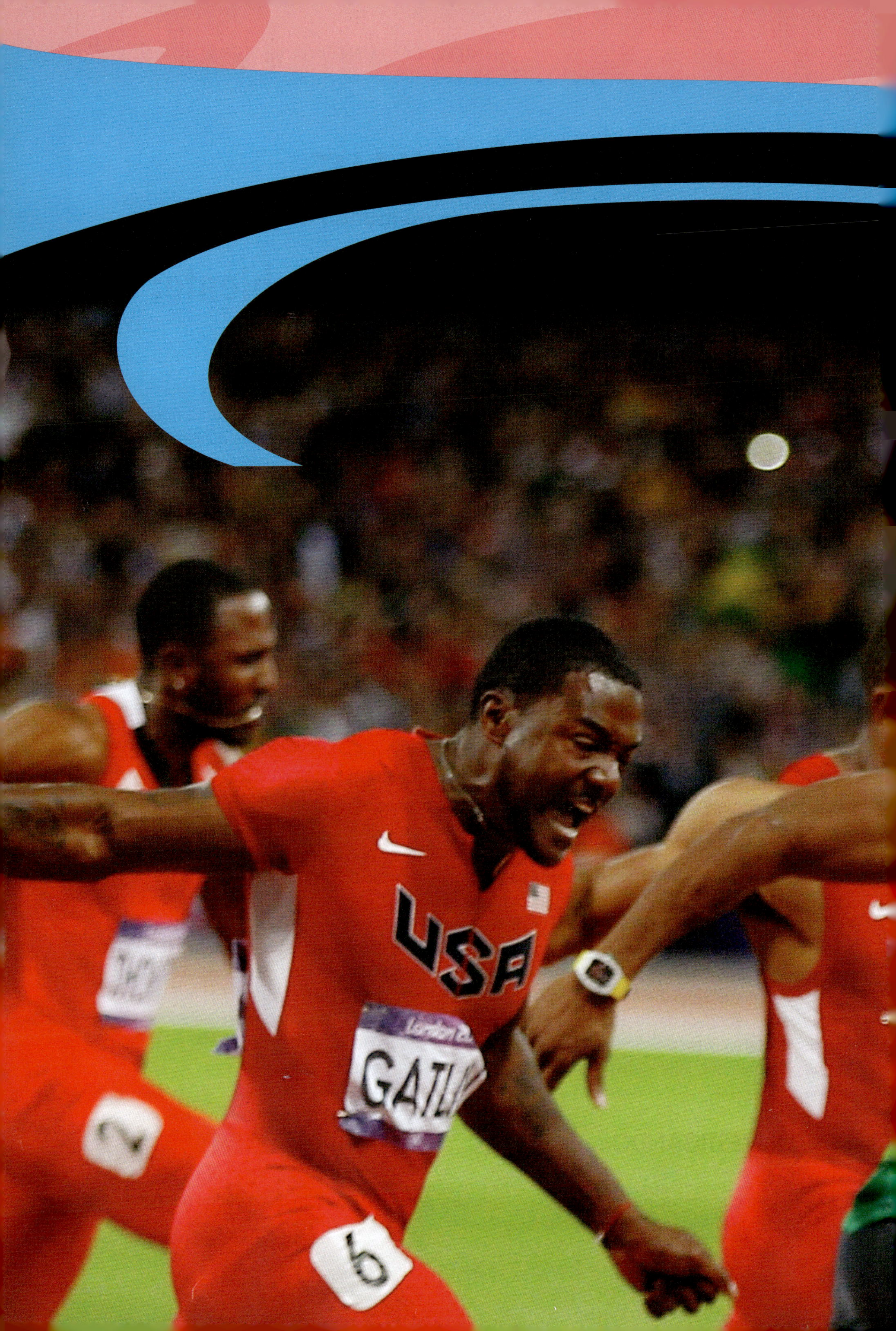
USA

Unidade 5

ESTUDO DOS *movimentos*

A Mecânica é a parte da Física que se ocupa da descrição dos movimentos segundo dois pontos de vista: considerando as causas do movimento (Dinâmica) e não considerando as causas dos movimentos (Cinemática). Nesta unidade, vamos estudar a Cinemática e suas aplicações.

O estudo dos movimentos é de extrema importância para a compreensão de fenômenos de trânsito, de mobilidade urbana e também para a descrição de trajetórias de satélites e sondas espaciais. Tempo, espaço percorrido, deslocamento, velocidade e aceleração são algumas das grandezas que vamos explorar para então definir alguns tipos de movimento, como o movimento uniforme e o movimento uniformemente variado.

BRIAN SNYDER/REUTERS/LATINSTOCK

capítulo 9
Descrevendo movimentos (Cinemática)

Mobilidade urbana

O intenso trânsito nas grandes cidades é um grande problema para a mobilidade urbana. Estudos mostram que, para os brasileiros que vivem nas grandes capitais, o tempo perdido no trânsito em um ano soma cerca de 30 dias.

Um mês parado no trânsito pode fazer uma diferença significativa na produtividade do país e também na qualidade de vida de seus habitantes. Essa problemática tem levado a discussões entre diferentes esferas da sociedade buscando alternativas.

Em um trânsito já saturado de carros e motos, contendo metrôs, ônibus e táxis, o transporte via bicicleta vem ganhando cada vez mais espaço. Além de não poluir o meio ambiente e contribuir com a prática de exercícios físicos, a bicicleta tem se mostrado por vezes mais eficiente do que outros tipos de transporte. Essa eficiência é consolidada nas cidades onde são implementadas ciclofaixas ou ciclovias.

Mas o que queremos dizer aqui com a palavra *eficiência*?

Ser eficiente nesse contexto significa fazer o trajeto necessário em menor tempo. Para compreender tais ideias, vamos estudar uma grandeza física que relaciona distâncias (espaço) e tempo – a velocidade. A definição e compreensão dessa grandeza nos levará ao entendimento de alguns tipos de movimento, como o movimento uniforme.

Veremos também como é possível, a partir do conhecimento de algumas variáveis, fazer previsões sobre onde um corpo estará em um instante futuro.

WAGNER TAVARES/PULSAR IMAGENS

No texto que abre este capítulo, falamos brevemente sobre mobilidade urbana e seu impacto na sociedade. Mas qual é o tipo de transporte mais eficiente?

Procurando responder a essa pergunta, diversos grupos têm organizado o chamado desafio intermodal: diferentes participantes, utilizando diferentes meios de transporte (bicicleta, moto, carro, metrô), devem percorrer um mesmo roteiro. Ao fim, são comparados os tempos de cada modo de transporte.

A imagem a seguir é um mapa da cidade do Rio de Janeiro, em que se destaca o roteiro do desafio que começa na Estação Central do Brasil, passa por um ponto intermediário – Praça General Osório, em Ipanema – chegando à Praça Antero de Quental, no Leblon.

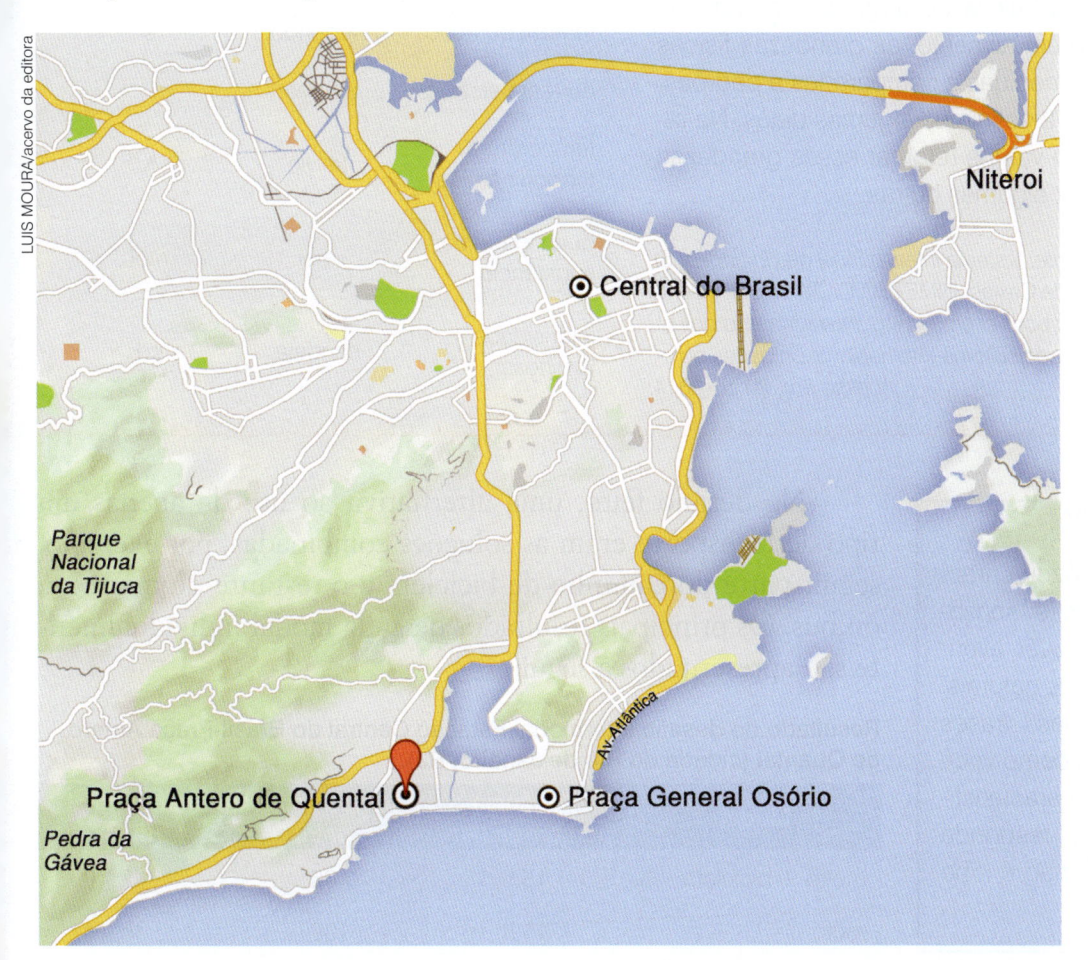

Assim como em uma pista de corrida (onde o tamanho da pista é limitado pela linha de partida e de chegada), quem ganha é aquele que percorre o trajeto no menor tempo. Ou seja, vence quem andar mais rápido. Para comparar a rapidez do movimento de cada modal, foi preciso considerar alguns parâmetros em comum.

Distância e **tempo** foram os parâmetros utilizados nesse raciocínio e constituem grandezas físicas essenciais para descrever qualquer tipo de movimento. Podemos entender, então, que tempo e espaço são grandezas físicas fundamentais para o estudo do movimento, pois, como veremos, delas derivam outras grandezas importantes.

UNIDADE 5 • ESTUDO DOS MOVIMENTOS

É SEMPRE BOM SABER MAIS!

Algumas grandezas usadas em Física

Como já vimos no início deste livro, a Física é uma ciência que utiliza diferentes grandezas para analisar e descrever fenômenos naturais, como, por exemplo, tamanho de um objeto, distância entre corpos, duração de tempo no qual um evento ocorre, massa, peso, cor, temperatura, som de um corpo, entre outras.

Diferente de outras propriedades subjetivas, como a beleza de uma obra de arte ou o gosto de um alimento, as grandezas físicas podem ser medidas e comparadas a padrões. No Capítulo 2 definimos algumas delas. Na tabela ao lado vamos retomar essas grandezas e apresentar algumas outras.

Fonte: Sistema Internacional de Unidades: SI. 9. ed. Duque de Caxias: INMETRO/CICMA/SEPIN, 2012. p. 28. Disponível em: <http://www.inmetro.gov.br/noticias/conteudo/sistema-internacional-unidades.pdf>. Acesso em: 20 jul. 2014.

Algumas grandezas físicas e suas unidades de medida do Sistema Internacional de Unidades (chamado de SI), que é utilizado por vários países no mundo.

Grandeza	Unidade	Símbolo
comprimento	metro	m
massa	quilograma	kg
tempo, duração	segundo	s
corrente elétrica	ampere	A
temperatura termodinâmica	kelvin	K
quantidade de substância	mol	mol
intensidade luminosa	candela	cd

Jogo rápido

Você já utilizou características físicas e sensoriais para descrever eventos ou fenômenos naturais. Escreva algumas frases que expressem como você utiliza essas características. A seguir, responda por que beleza não é uma grandeza física?

Descubra você mesmo!

Faça uma pesquisa e confirme se sua cidade (ou a capital de seu estado) participa do desafio de mobilidade urbana. Em caso afirmativo, qual o modal mais rápido para andar por sua cidade?

No desafio feito, uma alternativa ao uso de apenas um tipo de transporte eram as soluções combinadas, por exemplo, seguir parte do caminho de bicicleta e o restante de metrô ou ônibus. Os principais resultados de cada modal individualmente são apresentados a seguir:

Resultado do desafio intermodal Estação Central do Brasil-Praça Antero de Quental (cidade do Rio de Janeiro, RJ).

Modal	Distância percorrida (km)	Tempo parcial (min)	Tempo total (min)
metrô + bicicleta	15,5	35	42
moto	15,5	32	45
carro	15,5	34	54
metrô + pedestre	15,5	36	63
bicicleta masculino	15,5	51	64
bicicleta feminino	15,5	59	71
ônibus	15,5	60	71
bicicleta ciclovia	18,0	62	76

Fonte: ASSOCIAÇÃO TRANSPORTE ATIVO. *Desafio intermodal.* Transporte ativo. Rio de Janeiro: RJ, 2011. p. 3. Disponível em: <http://www.ta.org.br/site/area/arquivos2/relatorio_dirj_2011.pdf>. Acesso em: 20 jul. 2014.

Ao comparar os dados, nota-se que a composição metrô + bicicleta foi campeã do desafio na ocasião por ter completado o trajeto no menor tempo. Dizemos, então, que essa alternativa foi a mais rápida, certo? Fisicamente, o que isso significa?

Além do menor tempo, como a distância percorrida por todos os modais é a mesma (exceto para a bicicleta que seguiu pela ciclovia), os resultados também podem ser avaliados em função da velocidade média de cada um. Mas o que é velocidade? Como podemos obter as velocidades médias de cada um dos modais? Para responder a essas perguntas, antes vamos explorar com mais detalhes alguns conceitos importantes para o estudo dos movimentos.

■ Movimento e referencial

Ao longo de nossas experiências de vida desenvolvemos e utilizamos a noção de movimento. Porém, em alguns casos, essa noção pode ser imprecisa e até incompleta. Para qualificar nosso discurso sobre movimentos, vamos iniciar olhando a nossa volta: carros movendo-se pelas ruas, pessoas correndo, aves voando...

No estudo do movimento, qualquer corpo que se move é chamado de **móvel**. Mas qual é o critério que usamos para dizer que aves ou pessoas das imagens anteriores estão em movimento? Ou seja, como podemos diferenciar um corpo que está parado de um que está em movimento?

Por mais óbvias que as perguntas possam parecer, para respondê-las é necessário considerar um **referencial** em relação ao qual os movimentos ocorrem.

Considere um trem ou vagão de metrô que está em movimento passando por uma estação sem parar nela.

Para as pessoas que se encontram na plataforma e observam o metrô passar, o trem está em movimento. Já as pessoas no interior do vagão estão paradas em relação a ele, o que é equivalente a dizer que o metrô também está parado em relação a elas, pois o movimento é **relativo**, depende de um referencial.

> Se um corpo A está em movimento em relação a um corpo B, então o corpo B também está em movimento em relação ao corpo A

Ou seja, se nos perguntarmos se um corpo qualquer está ou não em movimento, a melhor resposta que podemos dar é: depende! Pois o movimento de um corpo depende do referencial que é adotado.

PAN XUNBIN/SHUTTERSTOCK

Um bando de aves está em movimento em relação às árvores, mas pode estar em repouso em relação a outras aves do mesmo bando. Em uma corrida de rua, um corredor está em movimento em relação ao asfalto, mas pode estar parado em relação a outro corredor que o acompanha no mesmo ritmo.

Assim, ao falar sobre o movimento de um corpo, deve-se deixar explícito qual é o referencial adotado. Veja outro exemplo: nesse exato momento, sentado em sua mesa lendo este livro, você está parado ou em movimento? Depende! Em relação ao chão ou à sua mesa você está parado. Consegue pensar em um referencial em que esteja em movimento? (Lembre-se, você mora em um planeta que está em órbita ao redor do Sol...)

RIHARDZZ/SHUTTERSTOCK

A superfície da Terra é tomada com frequência como referencial para avaliar vários tipos de movimento. Fazemos essa escolha de forma inconsciente, pois é isso o que nossos sentidos nos dizem: tudo se move com relação ao chão onde pisamos.

UNIDADE 5 • ESTUDO DOS MOVIMENTOS

Jogo rápido

Retorne ao mapa com o trajeto da corrida de mobilidade no Rio de Janeiro: qual é o referencial do movimento?

ED VIGGIANI/PULSAR IMAGENS

As placas que indicam a "quilometragem" de uma estrada (marcos quilométricos) são, na verdade, indicadoras da **posição com relação** ao começo da rodovia. Assim, na imagem ao lado, a representação "BR-153 km 89" indica que aquele local da BR está a 89 km do início da rodovia. (Placa sinalizadora na BR-153, Rodovia Transbrasiliana, trecho em José Bonifácio, SP, jul. 2014.)

Construímos essa ideia desde pequenos, pois foi o chão o primeiro local que tocamos para engatinhar – e, portanto, mover-nos; apoiamo-nos na mobília sobre o chão da sala para conseguir dar nossos primeiros passos... Parece-nos tão natural adotar o chão como referencial de movimento, que nem cogitamos que ele não é o único referencial existente. Qualquer outro ponto – e até um objeto – pode ser adotado como referencial. É a partir dele, do referencial, que toda a noção de movimento é construída.

A noção que temos sobre movimento considera ainda outro conceito importante: dizemos que um corpo está em movimento quando percebemos que ele muda de lugar, certo?

O *lugar ocupado por um móvel* define o conceito físico de **posição**, que pode ser indicado pelo símbolo **s**. Um móvel pode ocupar diferentes posições ao longo de seu movimento, porém se a posição de um corpo não se alterar com o tempo, dizemos então que ele está **parado**.

Durante o desafio de mobilidade do Rio de Janeiro, os diferentes modais ocuparam posições sucessivas pelas ruas da cidade ao longo da prova. Vamos mostrar novamente o mapa do percurso, mas desta vez representando as sucessivas posições ocupadas por um móvel que sai da Central do Brasil e chega à Praça Antero de Quental.

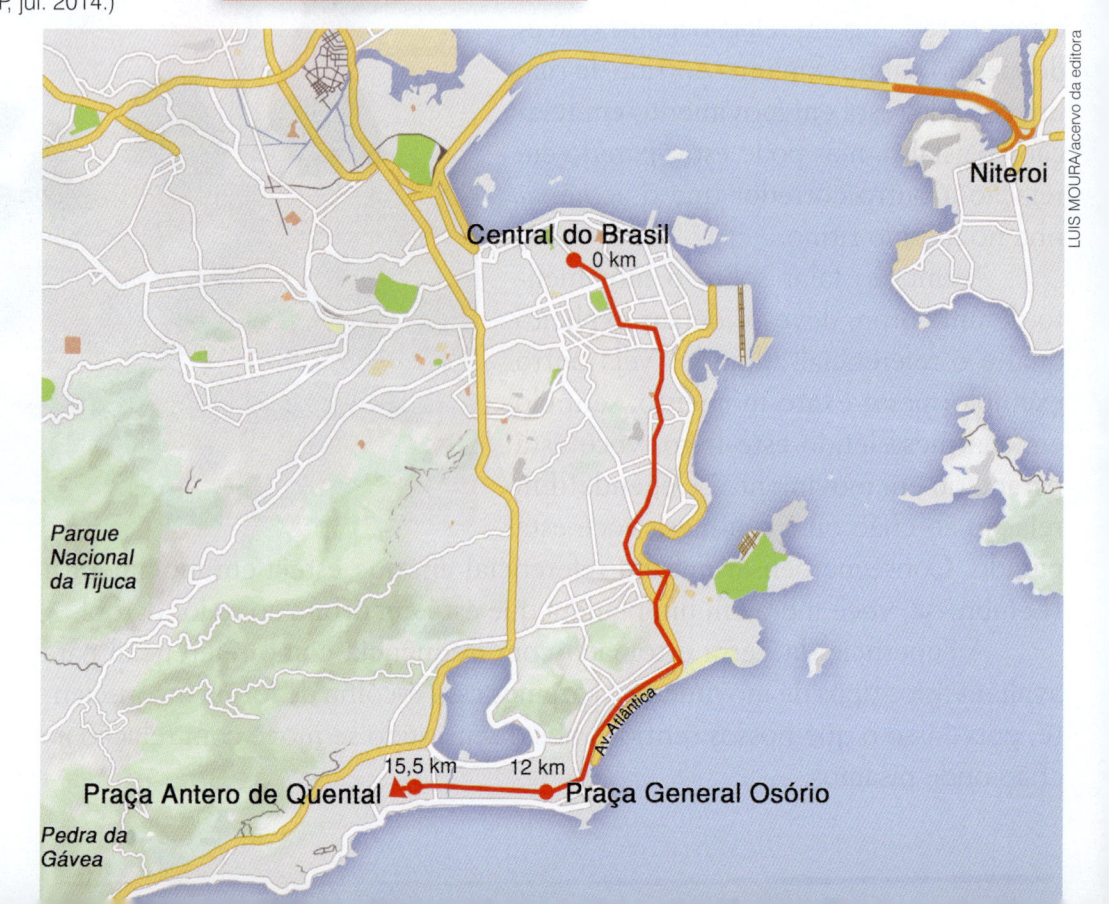

Lembre-se!

Posição é o lugar, o espaço, ocupado por um móvel em sua trajetória.

LUIS MOURA/acervo da editora

CAPÍTULO 9 • Descrevendo movimentos (Cinemática)

As sucessivas posições ocupadas por um móvel definem a **trajetória** de seu movimento.

Associando marcos de posição ao desafio intermodal do Rio de Janeiro, é possível identificar a posição inicial, parcial e a posição final da trajetória. A representação da trajetória possibilita também a determinação de distâncias entre os pontos.

> **Lembre-se!**
> **Trajetória** é o conjunto de posições ocupadas por um móvel durante seu deslocamento.

[Mapa mostrando trajetória: Central do Brasil (0 km) → Praça General Osório (12 km) → Praça Antero de Quental (15,5 km), passando pela Av. Atlântica]

Por vezes, o estudo do movimento requer uma visão mais simples do que a imagem anterior: a mesma trajetória acima pode ser representada esquematicamente de forma simplificada conforme mostra a ilustração ao lado.

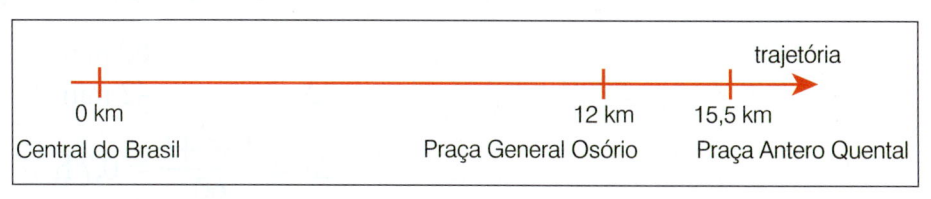

[Esquema linear: 0 km (Central do Brasil) —— 12 km (Praça General Osório) — 15,5 km (Praça Antero Quental) → trajetória]

Compare o mapa que ilustra a trajetória do desafio com a representação acima. Ambos representam o mesmo movimento. Ao analisar apenas o movimento de um lugar para outro, talvez não seja necessário considerar, por exemplo, que um carro passa por lombadas, buracos, derrapa... ou mesmo seu tamanho ou cor, por isso utilizar esta forma simplificada de representar o movimento facilita nosso estudo.

Portanto, essa representação simplificada informa apenas que o móvel percorreu as distâncias indicadas, mas não diz nada a respeito de o móvel ter seguido uma linha reta ou ter feito curvas no caminho. Ainda assim, essa representação é bastante importante para definir uma grandeza que permite a comparação entre o desempenho de cada tipo de transporte, a **velocidade média** (v_m).

> **Lembre-se!**
> Quando um móvel percorre uma trajetória em linha reta, dizemos que seu movimento é **retilíneo**. Já quando descreve uma trajetória em curva, dizemos que seu movimento é **circular**.

Velocidade média

O conceito de velocidade está relacionado à rapidez com que certa distância é percorrida, ou seja, está relacionado a espaço e tempo. A velocidade média é o **deslocamento** (espaço percorrido) por **intervalo de tempo** (tempo gasto para realizar o percurso):

$$v_m = \frac{\text{deslocamento}}{\text{intervalo de tempo}} = \frac{\Delta s}{\Delta t} = \frac{s_f - s_i}{t_f - t_i}$$

> **Lembre-se!**
>
> A letra grega Δ (delta) é utilizada aqui e em outras áreas da Física como símbolo para indicar a **variação** de uma grandeza.

em que Δs é o deslocamento, s_i é a posição inicial (origem) e s_f é a posição final, Δt é o intervalo de tempo, t_i é o instante inicial e t_f é o instante final.

A unidade de velocidade no SI é m/s, mas é usual medir a velocidade em km/h.

Para compreender essa equação, vamos analisar um dos modais que participaram do desafio no Rio de Janeiro, a combinação entre metrô e bicicleta: o participante que optou por esse modal saiu da Central do Brasil (0 km) às 9h da manhã e chegou à Praça Antero Quental (15,5 km) às 9h42min. Para esses dados, temos:

$$\Delta s = 15,5 \text{ km}$$
$$t_i = 9\text{h}$$
$$t_f = 9\text{h}42 \text{ min}$$
$$\Delta t = t_f - t_i \Rightarrow \Delta t = 9\text{h}42\text{min} - 9\text{h} \Rightarrow \Delta t = 42\text{min}$$

Transformando o intervalo de tempo de minutos para horas, temos:

$$1 \text{ h} \longrightarrow 60 \text{ min}$$
$$\Delta t \longrightarrow 42 \text{ min}$$

$$\Delta t = \frac{1 \times 42}{60} = 0,7 \text{ h}$$

Assim, a velocidade média será:

$$v_m = \frac{\Delta s}{\Delta t} = \frac{15,5}{0,7}$$

$$v_m = 22,1 \text{ km/h}$$

Para transformar a unidade dessa velocidade na unidade do SI, m/s, devemos considerar que:

$$1 \text{ km} = 1.000 \text{ m} \quad \text{e} \quad 1 \text{ h} = 60 \text{ min} = 3.600 \text{ s}$$

Assim,

$$v_m = \frac{22,1 \times 1.000}{3.600} = 6,1 \text{ m/s}$$

CAPÍTULO 9 • Descrevendo movimentos (Cinemática)

É SEMPRE BOM SABER MAIS!

Como regra prática, podemos multiplicar ou dividir a velocidade por 3,6 para transformar m/s em km/h ou o contrário. Veja no esquema a seguir:

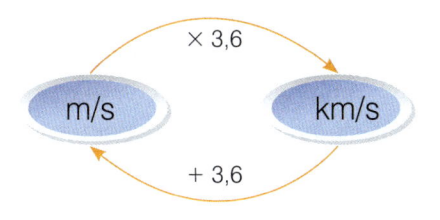

m/s × 3,6 → km/s
     ← ÷ 3,6

Jogo rápido

Utilize a regra ao lado e converta as seguintes velocidades:
- 36 km/h para m/s;
- 20 m/s para km/h.

Assim, no exemplo anterior, para converter a velocidade de km/h para m/s, bastaria dividi-la por 3,6:

$$v_m = \frac{22,1}{3,6} = 6,1 \text{ m/s}$$

Veja, agora, a tabela dos resultados do desafio intermodal contendo as velocidades de todos os tipos de transporte.

Velocidade média dos diferentes tipos de transporte utilizados no desafio intermodal Estação Central do Brasil-Praça Antero de Quental (cidade do Rio de Janeiro, RJ).

Modal	Distância percorrida (km)	Tempo total (min)	Velocidade média	
			km/h	m/s
metrô + bicicleta	15,5	42	22,1	6,2
moto	15,5	45	20,7	5,7
carro	15,5	54	17,2	4,8
metrô + pedestre	15,5	63	14,8	4,1
bicicleta masculino	15,5	64	14,5	4,0
bicicleta feminino	15,5	71	13,1	3,6
ônibus	15,5	71	13,1	3,6
bicicleta ciclovia	18,0	76	14,2	3,9

Fonte: ASSOCIAÇÃO TRANSPORTE ATIVO. *Desafio intermodal.* Transporte ativo. Rio de Janeiro: RJ, 2011. p. 3.
Disponível em: <http://www.ta.org.br/site/area/arquivos2/relatorio_dirj_2011.pdf>.
Acesso em: 20 jul. 2014. Adaptado.

Note que para determinar a velocidade média, não foi necessário considerar o tempo ou as distâncias intermediárias. Levamos em conta apenas a distância total percorrida na trajetória. É isso que significa dizer que estamos calculando a **velocidade média**.

Fique por dentro!

O que significa, de fato, dizer que "o carro está a 60 km/h" ou "um atleta corre a 10 m/s"?

Podemos interpretar os valores de velocidade fazendo uma leitura das unidades. Se um objeto se move a 60 km/h significa que, se ele mantiver esse movimento, a cada hora percorrerá 60 km. O mesmo para um atleta que corre a 10 m/s: se ele mantiver seu movimento, a cada segundo ele se deslocará 10 m.

UNIDADE 5 • ESTUDO DOS MOVIMENTOS

É SEMPRE BOM SABER MAIS!

Pequeno como um ponto ou grande como um corpo extenso?

Dependendo da relação entre distâncias que se pretende percorrer e as dimensões do móvel, ele pode ser classificado como **ponto material** ou **corpo extenso**.

Um *ponto material* é aquele em que suas dimensões (seu tamanho) não interferem na descrição do movimento. Nesses casos, o móvel pode ser considerado uma partícula pontual. Exemplos de pontos materiais: um carro viajando entre duas cidades separadas por centenas de quilômetros; uma pessoa que corre uma maratona; um satélite lançado da Terra para o espaço.

Fonte: DER – Departamento de Estrada de Rodagem.

A distância por rodovia entre Porto Alegre e São Paulo é de 1.150 km, aproximadamente, e o tamanho de um carro de passeio é, em média, 3,6 m de comprimento.

Já um *corpo extenso* é o móvel cujas dimensões interferem na descrição do movimento. Nesses casos, o móvel não pode ser considerado como uma partícula pontual. Exemplos de corpos extensos: um carro que está fazendo uma baliza para estacionar; uma pessoa carregando várias malas passando por uma porta estreita; um satélite sendo acomodado em um ônibus espacial.

Perceba que um carro, uma pessoa ou um satélite podem ser pontos materiais ou corpos extensos, dependendo da circunstância em que os estamos avaliando.

Durante uma manobra para estacionar um carro entre dois veículos afastados apenas 4 m, podemos considerar o carro como sendo um corpo extenso.

CAPÍTULO 9 • Descrevendo movimentos (Cinemática) 197

EM CONJUNTO COM A TURMA!

Visite o *Google maps* e procure analisar a distância percorrida no trajeto que faz de sua casa até a escola (https://www.google.com.br/maps). Procure medir o tempo gasto para percorrer o trajeto e faça uma estimativa da sua velocidade média.

Discuta seus resultados com os outros colegas de seu grupo de trabalho, buscando responder às seguintes perguntas:

- Quais são os colegas que têm a maior velocidade média?
- Quais são os colegas que utilizam os modais com menor impacto ao meio ambiente?
- Como é o trânsito de sua cidade?
- Que tipo de modal (meio de transporte) é mais utilizado por seus colegas?
- Qual é o melhor meio para se locomover por sua cidade?

Velocidade instantânea

Agora, considere outra situação em que você está dentro de um carro e observa o velocímetro que marca a velocidade de 30 km/h. Essa é a velocidade no instante da sua observação. Após alguns segundos, talvez o carro precise frear, pois se aproxima de um semáforo; quando o sinal abrir, a velocidade do carro aumentará a partir do zero até outro valor. A cada instante durante o movimento há uma velocidade que vamos denominar de **velocidade instantânea**.

Os velocímetros marcam a velocidade instantânea do móvel.

Fique por dentro!

Em alguns países, como nos Estados Unidos, a unidade usual de velocidade é milhas por hora (mi/h), sendo que 1 milha = 1,6 km. Na imagem ao lado, podemos ver a correspondência de alguns valores de velocidades em km/h e mi/h.

Grandezas escalares e vetoriais

Mas para descrever os movimentos não basta que tenhamos uma trajetória e o conhecimento da velocidade do móvel. É necessário saber para onde ele está indo! Para entender isso, imagine a seguinte situação: Juca combina de andar de bicicleta pelas ruas de Recife com seu colega João. Combinam de se encontrar na esquina da Avenida da Saudade com a Rua do Sossego, mas como João se atrasou, Juca decide iniciar o passeio. Antes, envia uma mensagem para seu amigo dizendo: "João, comecei a andar de bicicleta, estou seguindo a 10 km/h. Pedale mais rápido do que isso e me alcance".

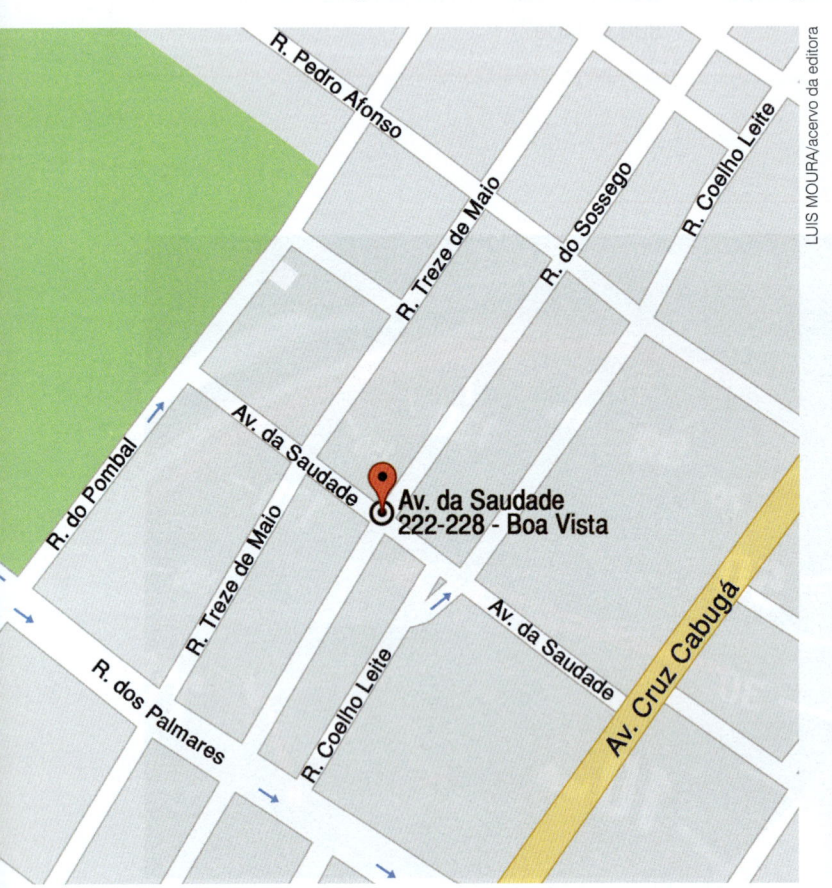

Será que basta ao João pedalar mais do que Juca para que eles se encontrem? Ou seja, será que se João começar a pedalar com velocidade superior à de Juca eles irão se encontrar?

A resposta é: não necessariamente. Isso porque João não sabe se Juca foi para o lado da Avenida Cruz Cabugá, para a Rua do Pombal, para a Rua dos Palmares ou para a Rua Pedro Afonso.

Entendendo a ironia da mensagem e sabendo que era pouco provável encontrar Juca escolhendo a direção meramente pelo acaso, João pergunta: "Engraçadinho. Em qual rua você está?"

Juca responde: "Avenida da Saudade". Essa informação define apenas uma direção para o movimento de Juca, mas João ainda precisaria saber qual era o sentido do movimento. "Em que sentido?", pergunta João.

"Sentido Av. Cruz Cabugá". Finalmente, João sabe para onde deve seguir. Agora basta pedalar com velocidade superior à de Juca para que logo o encontre.

Nessa breve narrativa, podemos identificar que para compreender perfeitamente o significado da velocidade é necessário conhecer, além do seu valor numérico ou também **intensidade** da velocidade (10 km/h, no caso de Juca), uma **direção** (Av. da Saudade) e um **sentido** (sentido Av. Cruz Cabugá).

Grandezas físicas que necessitam de intensidade, direção e sentido para serem definidas são chamadas de **grandezas vetoriais**. É o caso da velocidade e também da força, grandeza que será estudada no próximo capítulo.

Uma grandeza que não é vetorial é dita **escalar**. Essas necessitam apenas da intensidade e uma unidade de medida para serem compreendidas. É o caso do tempo, por exemplo. Quando alguém diz a você que são 19h35min, não precisa dizer em que direção ou para qual sentido. O mesmo ocorre quando ouvimos o meteorologista informar que a temperatura é de 18 °C, ou quando o açougueiro diz que a quantidade de carne que separou foi de 750 g.

O entendimento da diferença entre grandezas escalares e vetoriais nos permite agora mostrar a diferença entre deslocamento e distância percorrida. Vamos voltar e observar novamente o trajeto do desafio intermodal do Rio de Janeiro. Considere agora que, enquanto todos os participantes seguem o trajeto do desafio, uma equipe de reportagem que deseja cobrir a largada e a chegada sai de helicóptero da Central do Brasil e vai diretamente até a Praça Antero Quental. Sem restrições no espaço aéreo, o helicóptero segue a menor distância que separa os pontos inicial e final. Seu caminho é identificado na figura a seguir por um **vetor** (representado pelo desenho de um segmento de reta **orientado**). O comprimento do vetor indica a intensidade da grandeza espacial, ou seja, a distância entre os pontos inicial e final. A orientação do vetor indica a direção e o sentido do movimento.

Orientado: neste caso, reta com uma ponta de seta.

Fica evidente que a distância associada ao movimento do helicóptero é menor do que a distância percorrida pelos participantes do desafio. Isso significa que o deslocamento e a distância percorrida não são necessariamente iguais.

Para compreender a relação entre distância percorrida e deslocamento, considere que você deve percorrer algumas quadras (300 m) para sair de um ponto A e chegar a um ponto B em uma cidade, conforme ilustrado a seguir.

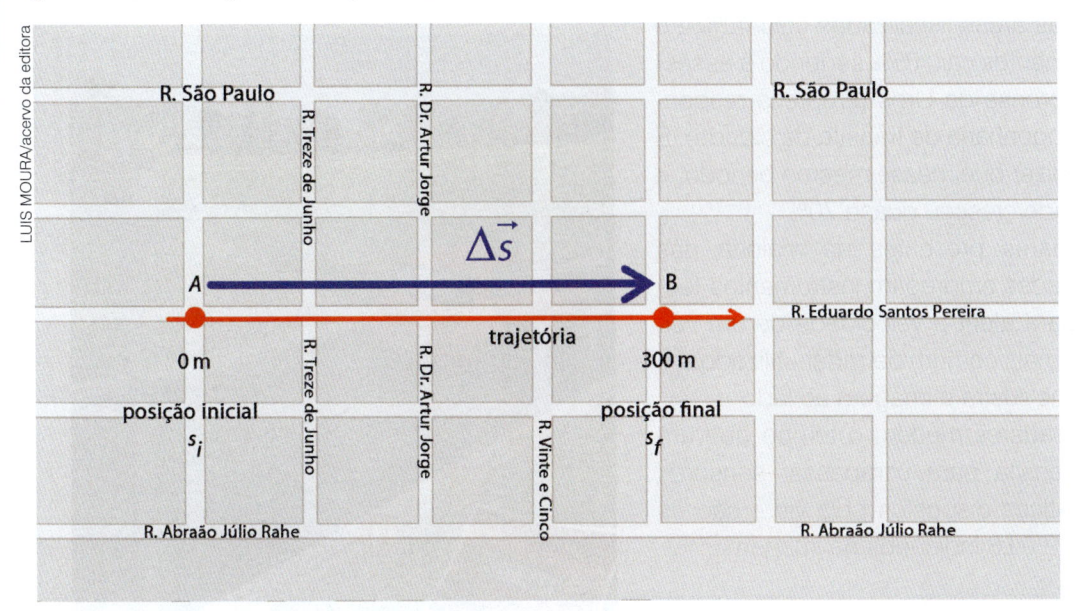

O vetor deslocamento $\Delta \vec{s}$ é o segmento de reta que tem origem na posição inicial (s_i) e termina na posição final (s_f). Para esse caso, a intensidade do deslocamento é dada por:

$$\Delta s = s_f - s_i = 300 - 0$$

$$\Delta s = 300 \text{ m}$$

A distância percorrida por você entre A e B também será de 300 m. Esse, então, é um caso em que a distância percorrida e o deslocamento possuem a mesma intensidade.

Agora, considere que você sai do ponto A, vai até o ponto B e retorna ao ponto A. Nesse caso, a distância percorrida será de 600 m, sendo 300 m na ida de A para B e 300 m de B para A. Mas e quanto à intensidade do vetor deslocamento? Para esse caso, como as posições inicial e final são iguais, o deslocamento é nulo. Ou seja, nessa situação, a distância percorrida e o deslocamento não possuem a mesma intensidade.

ESTABELECENDO CONEXÕES

Cotidiano

Os radares no trânsito

Presentes na maioria das grandes cidades, os radares de trânsito são utilizados como instrumentos de suporte à fiscalização policial, e tentam tornar o trânsito mais seguro, limitando a velocidade nas vias e punindo aqueles que desrespeitam os limites estabelecidos.

Pesquisas indicam que o índice de acidentes pode cair muito em locais com radares e redutores de velocidade. Em Curitiba, por exemplo, entre 1999 (quando os radares começaram a ser utilizados) e 2009, o nível de acidentes nas áreas fiscalizadas caiu 42% e o de atropelamentos caiu 65% segundo a assessoria de imprensa da Urbs (empresa responsável pela engenharia de trânsito da cidade). É importante dizer que, nesse mesmo período, a frota da cidade cresceu quase 70%.

Os radares presentes na maioria das grandes cidades empregam instrumentos tecnológicos para aferir a velocidade de um veículo. O tipo mais comum de radar utilizado é o fixo, conforme ilustra a imagem ao lado.

Esses radares medem o tempo que um veículo necessita para ultrapassar sensores eletromagnéticos dispostos pela via – são os pontos L1, L2 e L3 indicados na imagem.

Essas três faixas de sensores são utilizadas para diminuir eventuais erros na determinação da velocidade: ao serem fixados a uma distância conhecida, é medido o tempo gasto para passar da primeira até a segunda faixa de sensores, e da segunda até a última. A média do tempo gasto para ultrapassá-los é utilizada no cálculo da velocidade média do veículo. O resultado pode acionar uma câmera fotográfica que registra a placa dos veículos que estiverem acima da velocidade máxima permitida na via.

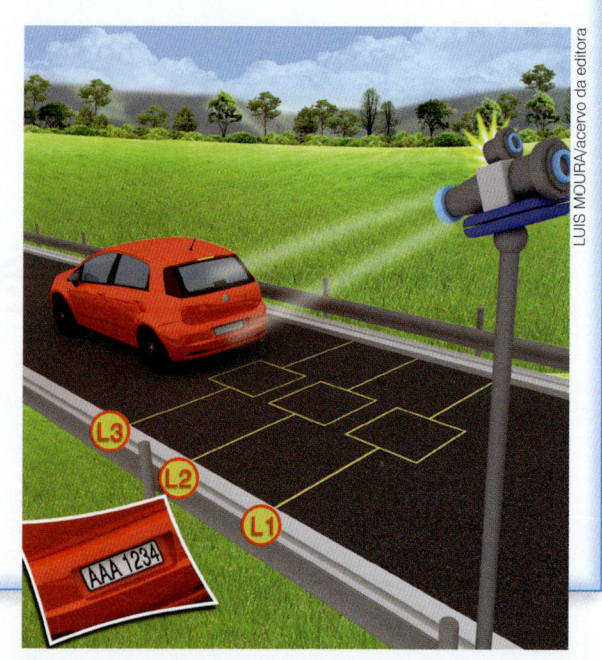

Aceleração média

Para uma descrição ainda mais abrangente dos movimentos, é preciso considerar não só referencial, distâncias percorridas, deslocamentos, velocidade... mas também a taxa com que a velocidade se modifica.

Quando um carro está parado em um semáforo e inicia o movimento, sua velocidade varia. Quando é dada a largada de uma corrida de atletismo, os atletas aceleram do repouso até atingir a velocidade máxima; portanto, sua velocidade varia.

A ideia de aceleração nos é familiar. Quando estamos atrasados, aceleramos para ir mais rápido e ganhar tempo. Ao pisar no acelerador do carro, sua velocidade aumenta. Reconhecemos o efeito de acelerações quando a velocidade de um móvel se altera.

A **aceleração média** é a grandeza física que mede a variação da velocidade e é expressa matematicamente da seguinte forma:

$$a_m = \frac{\Delta v}{\Delta t}$$

em que Δv representa a variação da velocidade, isto é, a diferença entre a velocidade final e a inicial:

$$\Delta v = v_f - v_i$$

A unidade de aceleração no SI é m/s². Mas o que significa m/s²? Considere um corpo que parte do repouso e acelera com aceleração de 2 m/s². Isso significa que a cada segundo a velocidade do móvel aumenta em 2 m/s. Acompanhe na tabela ao lado a velocidade do móvel a cada instante de tempo.

Instante	Velocidade
t = 0 s	0 m/s
t = 1 s	2 m/s
t = 2 s	4 m/s
t = 3 s	6 m/s
t = 4 s	8 ms

A aceleração pode também fazer com que a velocidade de um corpo diminua. Considere um automóvel que está se deslocando com velocidade de 72 km/h (20 m/s) quando observa um obstáculo no caminho. Se a aceleração (desaceleração, na verdade) imposta pelos freios do carro for de −4 m/s², a velocidade do automóvel vai diminuir 4 m/s a cada segundo. Na tabela ao lado podemos ver quanto tempo o carro precisaria para parar.

Instante	Velocidade
t = 0 s	20 m/s
t = 1 s	16 m/s
t = 2 s	12 m/s
t = 3 s	8 m/s
t = 4 s	4 ms
t = 4 s	0 m/s

É SEMPRE BOM SABER MAIS!

Tipos de movimento

Dentre os vários movimentos que podem ocorrer na natureza, há alguns que apresentam uma facilidade maior para a descrição – o **movimento uniforme** e o **movimento uniformemente variado**.

Ao analisar a velocidade de um móvel, apenas duas situações podem ocorrer: ou ela permanece constante ou ela se altera. Quando a velocidade se mantém constante e é diferente de zero, dizemos que o móvel está em *movimento uniforme*.

Veja agora o outro caso, aquele em que a velocidade não se mantém constante. Se a velocidade muda, então há uma aceleração diferente de zero associada a essa mudança. Se essa aceleração for constante, dizemos que o corpo se encontra em **movimento uniformemente variado**.

DE OLHO NO PLANETA

Ética & Cidadania

Uma preocupação coletiva

O desafio intermodal é um projeto de cidadania e reflexão. Seu objetivo é mostrar às pessoas que é possível ir e vir pelas ruas de sua cidade com meios de transporte que contribuam com o trânsito e sejam menos poluentes, e mais saudáveis. A preocupação com a poluição gerada por veículos tem modificado a tecnologia dos carros fabricados atualmente, mas isso não é o bastante para resolver o problema. Além disso, o tempo empregado no deslocamento das pessoas para o trabalho, escola, retorno a casa, diminui e muito a qualidade de vida do cidadão, pois lhe retira um tempo que poderia ser empregado para seu aprimoramento, lazer ou convívio com familiares e amigos.

➢ O desafio para diminuir a poluição causada por veículos automotores e também melhorar o tráfego não é só do governo, mas também de cada um de nós, cidadãos. Como você, seus familiares e amigos poderiam contribuir para essa melhoria?

CAPÍTULO 9 • Descrevendo movimentos (Cinemática) 203

Nosso desafio

Para preencher os quadrinhos de 1 a 9, você deve utilizar as seguintes palavras: direção, espaço, m/s, média, referencial, sentido, tempo, velocidade, vetorial.

À medida que você preencher os quadrinhos, risque a palavra que escolheu para não usá-la novamente.

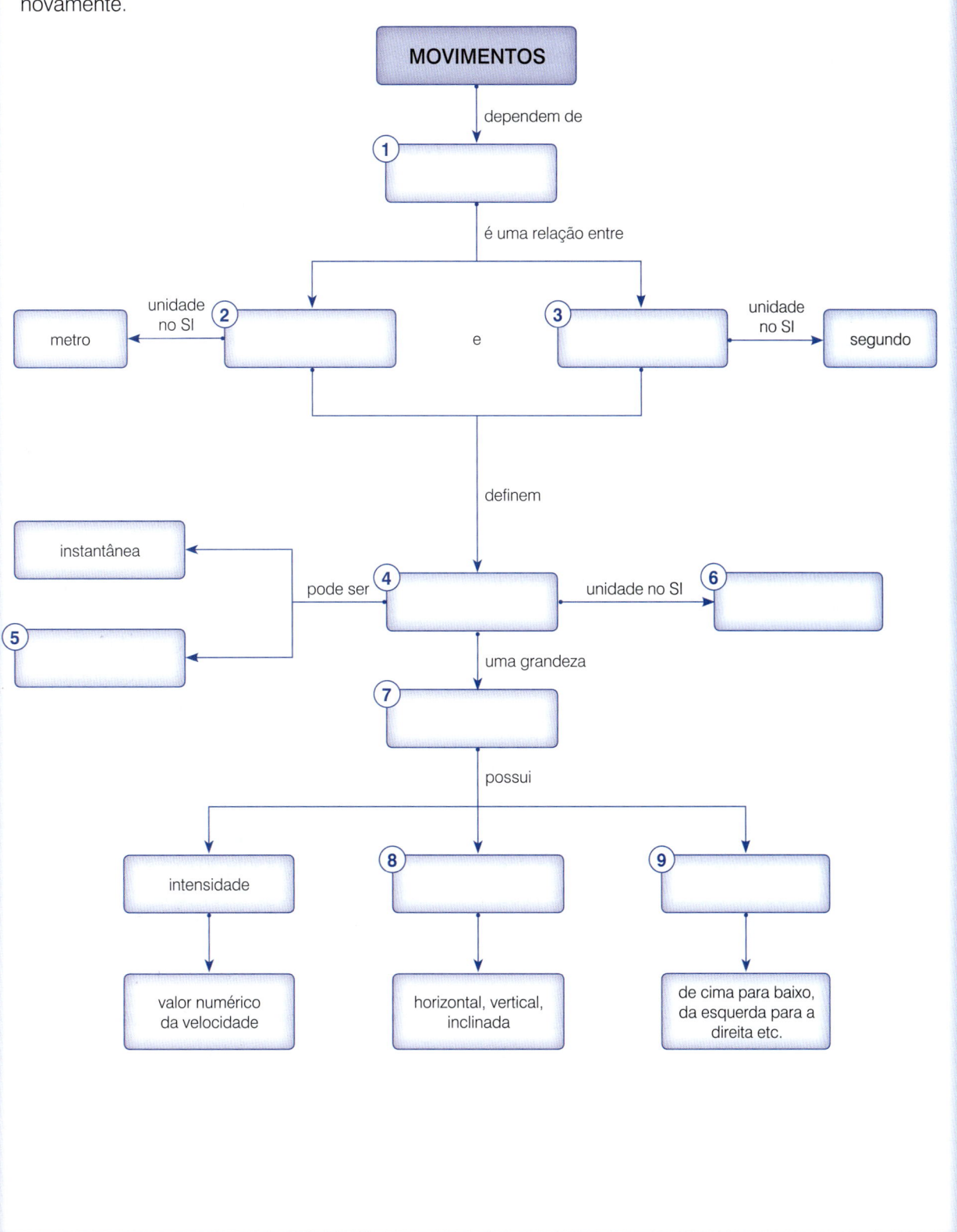

```
                    MOVIMENTOS
                        │
                   dependem de
                        ▼
                      ( 1 )
                        │
                 é uma relação entre
            ┌───────────┴───────────┐
            ▼                       ▼
  unidade                                    unidade
  no SI  ( 2 )          e          ( 3 )     no SI
 metro ◄──┤                         ├──► segundo
            └───────────┬───────────┘
                     definem
                        ▼
 instantânea         ( 4 )         unidade no SI   ( 6 )
         ◄── pode ser ─┤ ├── unidade no SI ──►
  ( 5 )                 │
                   uma grandeza
                        ▼
                      ( 7 )
                        │
                     possui
         ┌──────────────┼──────────────┐
         ▼              ▼              ▼
    intensidade       ( 8 )          ( 9 )
         │              │              │
         ▼              ▼              ▼
  valor numérico   horizontal,    de cima para baixo,
  da velocidade    vertical,      da esquerda para a
                   inclinada      direita etc.
```

Atividades

1. Considere que você e seus amigos estão subindo na escada rolante de um *shopping*. Nessa situação, analise as proposições abaixo e marque V para verdadeiro ou F para falso:

    ( ) A escada está em repouso em relação a você.

    ( ) Você está em movimento em relação à escada.

    ( ) Você está em repouso em relação à escada.

    ( ) O teto do *shopping* está em movimento em relação a você.

    ( ) O piso do *shopping* está em repouso em relação a você

    ( ) Você está em movimento em relação ao piso do *shopping*.

    ( ) Você está em movimento em relação aos seus amigos.

    ( ) Seus amigos estão em repouso com relação a você.

    ( ) Para falar sobre repouso, não precisamos falar em referenciais.

    ( ) Os movimentos não dependem do referencial adotado.

2. Na corrida de mobilidade pela cidade do Rio de Janeiro, os participantes estão parados ou em movimento? Cite um referencial no qual um participante está parado e outro no qual está em movimento.

3. Em que circunstância a intensidade do deslocamento de um móvel é igual à intensidade da distância percorrida por ele?

4. Uma bola é lançada em movimento uniforme com velocidade de 3 m/s. Considerando que a bola parte da origem da trajetória adotada, determine as posições ocupadas por ela durante os 4 segundos iniciais de seu movimento.

5. Qual a distância percorrida em 15 s por um objeto que se desloca em movimento uniforme com velocidade $v = 3$ m/s?

6. Um veículo passou pelos 80 cm que separam a primeira e a última faixa de sensores de um radar em 0,04 s. Sabendo que o limite de velocidade nesse local é de 40 km/h, ele deveria ser multado ou não? Justifique sua resposta aplicando a definição de velocidade média e a regra de conversão de unidades de m/s para km/h.

7. Um veículo parte do quilômetro 90 de uma rodovia e segue por 2 h até o quilômetro 230. Qual é sua velocidade média?

8. Suponha que uma pessoa esteja andando a uma velocidade média de 1 m/s durante 2 minutos. Calcule a distância aproximada percorrida por essa pessoa.

9. Estafanildo deveria levar um presente de aniversário para sua sogra. Saiu com seu carro às 13 horas de sua casa, que fica no km 340 da Rodovia Só-que-não, e chega às 17 horas na residência da sogra que fica no km 20 dessa mesma rodovia.

    a. Faça o esquema simplificado da trajetória, indicando as posições do móvel segundo o referencial indicado no texto.

    b. Determine o deslocamento do carro de Estafanildo e interprete seu resultado.

    c. Calcule a velocidade média desenvolvida pelo veículo.

10. Um novo modelo de carro de corrida atingiu a velocidade média de 180 km/h em uma pista de testes. Partindo da largada, o modelo percorreu a pista durante 30 min e parou depois desse tempo, logo que passou pela linha de chegada. Para essa situação, determine:

    a. a distância total que ele percorreu nesse período;

    b. seu deslocamento total. Prove seu raciocínio.

11. Vimos que os aparelhos conhecidos como radares podem indicar a velocidade de um móvel. Suponha que em uma de nossas vias um radar indicou que um veículo estava se deslocando com uma velocidade de

35 m/s, enquanto a velocidade máxima permitida naquele trecho era de 70 km/h.

a. O motorista do veículo deveria ser multado por ultrapassar a velocidade máxima permitida? Por quê?

b. Determine em m/s a velocidade máxima permitida nessa via?

12. Se um corpo possui aceleração, podemos afirmar que:

a. sua posição muda sempre o mesmo tanto a cada instante de tempo
b. sua velocidade sempre aumenta.
c. sua posição não muda.
d. sua velocidade muda a cada instante.

14. O guepardo ou chita é o animal terrestre mais veloz que se conhece. Partindo do repouso, ele pode chegar a 90 km/h em apenas 2 s. Determine o valor de sua espantosa aceleração.

13. Dizer que a aceleração média de um corpo é de -4 m/s^2 significa que:

a. sua velocidade muda em 4 m a cada segundo ao quadrado.
b. o corpo anda para frente com relação ao referencial.
c. sua velocidade diminui a uma taxa de 4 m/s a cada segundo que passa.
d. seu deslocamento está aumentando a cada segundo que passa.
e. o movimento é sempre variado.

15. Um ciclista pedalando a 15 m/s freia completamente sua *bike* em 3 s.

a. Determine sua aceleração média.
b. Explique como devemos entender o resultado anterior.
c. Qual a velocidade da *bike* depois de 2 s?
d. Qual a distância que o ciclista percorreu para parar a *bike*?

Navegando na net

Veja como os radares funcionam em um infográfico animado:

<http://www.tecmundo.com.br/infografico/10350-como-funcionam-os-radares-de-transito-infografado-.htm>

Acesso em: 7 out. 2014.

capítulo 10

As forças e o movimento

Talvez, o esporte mais popular

O futebol é um esporte bastante popular no mundo todo e, do ponto de vista da Física, poderia ser descrito como um esporte no qual o objetivo é produzir alterações no movimento da bola até que ela cruze a linha do gol adversário.

Escanteios, cobranças de falta, lançamentos e chutes a gol. Todas essas ações executadas pelos jogadores modificam o movimento da bola.

Mas qual é a grandeza física que possibilita descrever essas modificações de movimento?

Nem velocidade, deslocamento ou aceleração; a grandeza de que estamos falando chama-se **força**!

Neste capítulo, vamos explorar o conceito de força e como diversos pensadores buscaram descrever os movimentos observados na natureza.

Esses conceitos foram desenvolvidos a ponto de formular um conjunto de leis capazes de descrever não só o movimento da bola em um jogo de futebol, mas também nos levou, por meio de sondas e ônibus espaciais, da Terra à Lua, e muito além pelo Universo.

SERGEY NIVENS/SHUTTERSTOCK

Inércia e a primeira lei de Newton

Ao longo da história, várias civilizações antigas procuraram explicações para a ocorrência dos movimentos que observavam na natureza: de pedras rolando morro abaixo ou caindo livremente no ar, de nuvens no céu, das águas dos rios, e também de estrelas e outros corpos celestes.

Os gregos, por exemplo, dedicaram boa parte de suas reflexões sobre a natureza para investigar e compreender tais questões. Uma das explicações que desenvolveram foi elaborada pelo filósofo grego Aristóteles (384-322 a.C.), que descrevia o movimento dos corpos de acordo com sua teoria dos quatro elementos (terra, água, ar e fogo), da qual já falamos anteriormente. Para Aristóteles, uma pedra lançada ao ar cairia, pois pertenceria à Terra e a ela naturalmente voltaria. Devido à influência política de Aristóteles, sua teoria prevaleceu entre os gregos sobre outras rivais.

O desenvolvimento da religião e a influência de seus dogmas sobre a sociedade fizeram com que a descrição racional da natureza fosse deixada de lado por um longo período de tempo.

Apenas durante a Idade Média (séculos V a XV) é que a descrição racional da natureza ganharia atenção novamente. Um dos nomes responsáveis por esse renascimento de ideias foi o sacerdote e filósofo italiano Tomás de Aquino (1225-1274). Buscando aliar descrições racionais às ideias religiosas, Aquino resgatou algumas ideias de Aristóteles e também o modelo para a descrição do sistema solar de Ptolomeu, que continha a Terra no centro (geocentrismo).

Essas ideias foram sofrendo duras críticas de outros pensadores, mas foi só no século XVII que as propriedades físicas associadas ao movimento foram identificadas e suas causas compreendidas. As contribuições de dois grandes personagens da Ciência foram fundamentais para isso: um deles, o filósofo, físico, astrônomo e matemático italiano Galileu Galilei (1564-1642). Seus trabalhos influenciaram o físico e matemático inglês Isaac Newton (1642-1727). Apesar de nunca terem se conhecido (pois Newton nasceu no mesmo ano em que Galileu faleceu), um complementou o trabalho do outro.

Galileu e o método científico

Galileu foi um grande experimentador: durante anos realizou diversas experiências reais e mentais relacionadas a diferentes temas da física. É o responsável pela moderna concepção de ciência, ao aplicar e aprimorar um método de descrição quantitativa para os fenômenos observados e estudados pela ciência – é

Retrato de Galileu Galilei. Óleo sobre tela, de Justus Sustermans (1597-1681), color., 86,7 cm x 68,6 cm, cerca 1640. National Maritime Museum, Londres, Inglaterra.

o chamado *método científico*. Seus estudos sobre o movimento de queda dos corpos e de pêndulos, dentre outros, permitiram abandonar e superar as ideias aristotélicas sobre o movimento dos corpos, aceitas em sua época. Por seu posicionamento ousado para a época e também por algumas questões políticas, Galileu foi acusado de heresia pela igreja católica e condenado à prisão domiciliar.

Heresia: pensamento que se opõe ao que estabelece determinado credo ou religião.

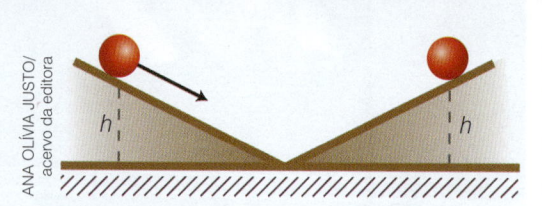

Galileu diante do Tribunal do Santo Ofício no Vaticano. Óleo sobre tela, de Joseph Nicolas Robert-Fleury (1797-1890), color., 196,5 cm x 308 cm, 1847, retratando o julgamento de Galileu.

Em seus estudos sobre o movimento, Galileu utilizou um conjunto de rampas inclinadas sobre as quais lançava pequenas bolas. Criando um sistema quase sem atrito, ele pôde observar que, quando a bola era lançada de certa altura de um lado da rampa, atingia a mesma altura do outro lado.

Mas o que aconteceria se ao invés de ter do lado direito uma rampa com a mesma inclinação, fosse colocada uma rampa com uma inclinação menor? Galileu investigou essa situação conforme ilustrado a seguir.

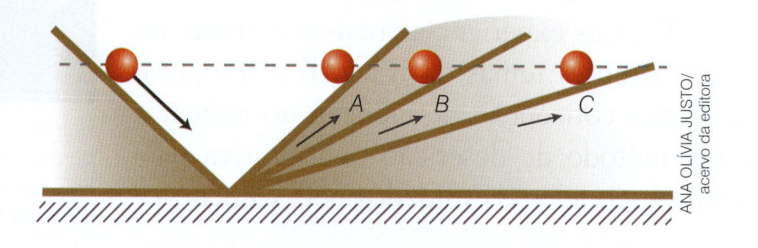

Quanto menor for a inclinação do lado direito, maior será a distância horizontal percorrida pela bola até atingir a mesma altura do lançamento. Para uma inclinação muito pequena do lado direito, a distância percorrida horizontalmente pela bola seria muito grande. Levando esse pensamento ao limite, podemos dizer que quando a inclinação da rampa da direita se aproxima de zero, a distância horizontal percorrida pela bola torna-se imensamente grande (infinitamente grande). O que isso significa?

A interpretação de Galileu foi a de que um corpo colocado em movimento, permanece em movimento. Da mesma forma, se a bola fosse posta em repouso, continuaria em repouso.

Conceito de inércia

Associada à tendência de um corpo se manter em repouso, temos então o conceito de **inércia**. Quanto maior for a inércia de um corpo, maior é a tendência do corpo em *permanecer* em repouso ou em movimento, sendo a massa do corpo uma medida de sua inércia.

Para compreender melhor o fenômeno da inércia, considere que você está esperando um ônibus. Ao avistá-lo, faz sinal e o veículo para. Quando sobe, o motorista começa a mover o veículo, e você sente um empurrão para trás.

> **Lembre-se!**
>
> **Inércia** é a tendência de um corpo permanecer em seu estado de repouso ou de movimento, desde que não haja nada agindo sobre ele.

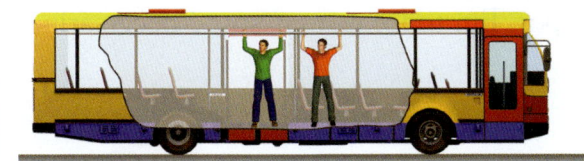

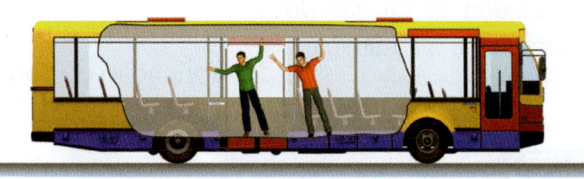

Nesse caso, você estava parado e sua tendência era de permanecer parado (inércia). Quando o ônibus começa a se mover, é como se ele fosse em frente e você ficasse parado. O puxão que sentimos e nos coloca em movimento junto com o ônibus deve-se ao atrito com a superfície e ao fato de estarmos nos segurando na estrutura do próprio ônibus.

Após se movimentar por um tempo, o ônibus então freia e para novamente. Nessa ocasião, você é projetado para o sentido em que ele se movia. Seu corpo em movimento tende a permanecer em movimento. Quando o ônibus freia, é como se seu corpo continuasse em movimento para frente.

ESTABELECENDO CONEXÕES

Cotidiano

A segurança no trânsito

A obrigatoriedade do cinto de segurança, tanto para motorista como para passageiros, em todo o território nacional se deu em 1997 (anteriormente, só era obrigatório nas rodovias).

O uso desse equipamento naturalmente tem como objetivo diminuir os acidentes com vítimas, tendo em vista que em uma freada brusca o corpo, que vinha em movimento, por *inércia* tende a continuar em movimento, como vimos neste capítulo. Nesses casos, o corpo dos passageiros tende a ser projetado para a frente, podendo ocasionar ferimentos graves.

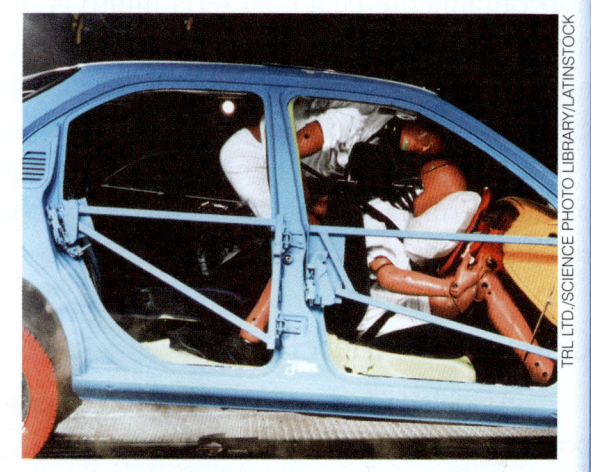

Teste de colisão realizado com manequins. As portas do automóvel foram removidas a fim de que se possa ver o movimento no interior do veículo. Observe que o motorista foi protegido pelo cinto de segurança e pelo acionamento do *air bag*. Já o passageiro, sem o cinto de segurança, foi projetado para a frente.

Conceito de força

Lembre-se!

A parte da Mecânica que estuda as causas do movimento é a Dinâmica.

A formulação do conceito de **força** qualificaria ainda mais a descrição de Galileu e a inércia. Podemos pensar nesse conceito com base nas experiências cotidianas de levantar, empurrar, comprimir e puxar corpos. Em todos esses casos, é necessária a aplicação de força.

CAPÍTULO 10 • As forças e o movimento

A força é uma *grandeza vetorial*, portanto possui *intensidade*, *direção* e *sentido*. A unidade de medida da força é o **newton** (N), sendo que:

$$1 \text{ N} = 1 \text{ kg} \cdot \text{m/s}^2$$

É SEMPRE BOM SABER MAIS!

Dinamômetro

Podemos medir a intensidade de uma força por meio de um aparelho chamado dinamômetro. Nesse equipamento, uma mola ligada a uma escala pode ser esticada de modo que sua deformação é proporcional à força que é aplicada.

As deformações aplicadas a uma mola (ou outro material elástico qualquer) por meio de uma força desaparecem quando essa força é retirada.

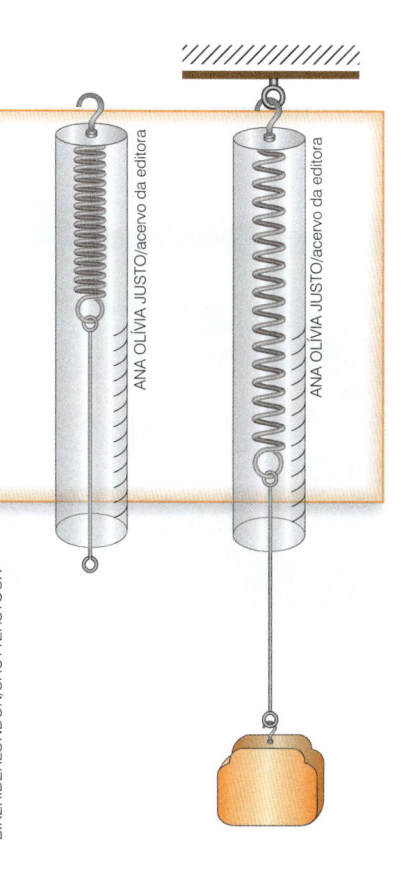

Apertar, levantar, empurrar, puxar, são atividades de nossa vida em que há aplicação de força.

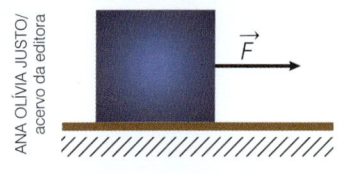

As grandezas vetoriais são representadas com uma seta sobre as letras que as representam, como o $\vec{F}$ da ilustração acima.

Para que tenhamos uma ideia quantitativa de força, ainda que não tenhamos falado sobre a força peso, podemos dizer que o peso de 1 kg é de aproximadamente 10 N. A figura ao lado mostra como representar uma força atuando sobre um corpo na horizontal e para a direita.

Considere agora uma situação na qual duas pessoas puxam com uma corda um barco para fora da água, uma puxando com uma força igual a 100 N e a outra com 80 N.

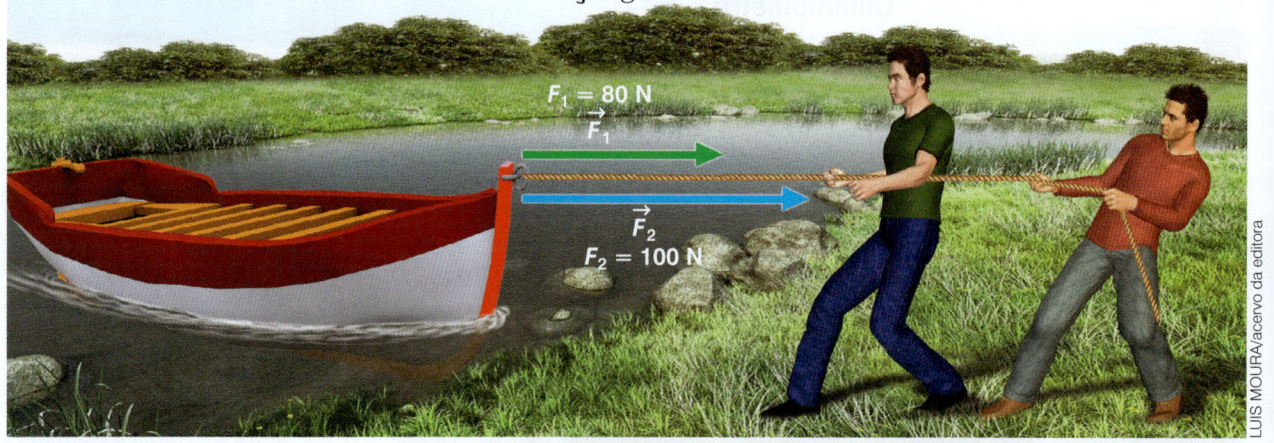

Quando duas ou mais forças atuam sobre um corpo ou objeto, elas formam o que se chama de **sistema de forças**.

O efeito produzido sobre o barco é equivalente a uma única pessoa puxando o barco com uma força de 180 N. O valor de 180 N é denominado **força resultante** entre as forças de 80 N e de 100 N. A resultante, nesse caso, tem direção horizontal e sentido para a direita. Matematicamente, temos:

Resultante entre duas forças paralelas e com mesmo sentido:
$$\vec{F}_R = \vec{F}_1 + \vec{F}_2$$

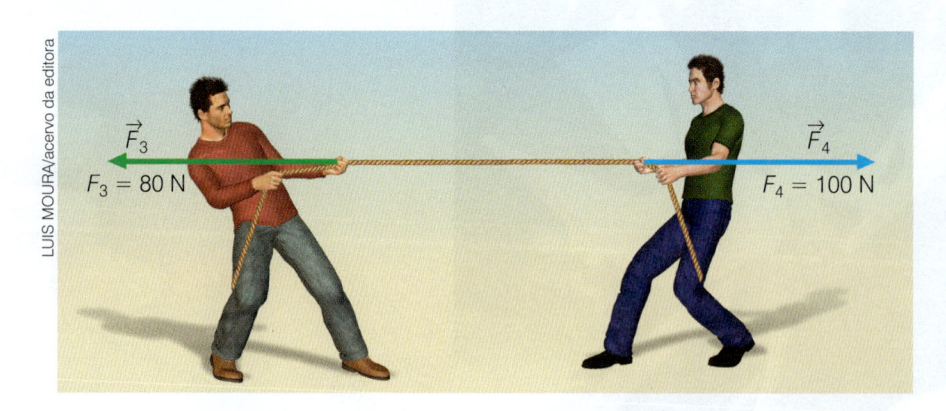

Em outra situação, considere que duas pessoas estão brincando de cabo de guerra, uma puxando a corda com 100 N e a outra com 80 N. Ganhará a brincadeira aquele que puxar com mais força.

Nesse caso, a força resultante será de 20 N, terá direção horizontal e sentido para a direita. Matematicamente, temos:

Resultante entre duas forças paralelas e com sentidos opotos:
$$\vec{F}_R = \vec{F}_1 - \vec{F}_2$$

Para calcularmos como seria a força resultante de duas forças perpendiculares entre si, precisamos observar como é feita a soma desse tipo de vetores (perpendiculares). Vamos usar a regra do paralelogramo para somar graficamente vetores perpendiculares: para isso, a origem dos dois vetores deve coincidir e os lados do paralelogramo são formados pelos próprios vetores.

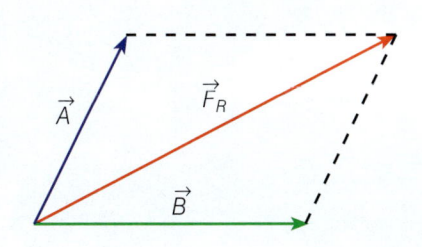

A intensidade da força resultante será determinada pelo teorema de Pitágoras. No caso de uma força de 30 N perpendicular a outra de 40 N, a resultante será:

$$\vec{F}_R^2 = 30^2 + 40^2$$

$$\vec{F}_R = 50 \text{ N}$$

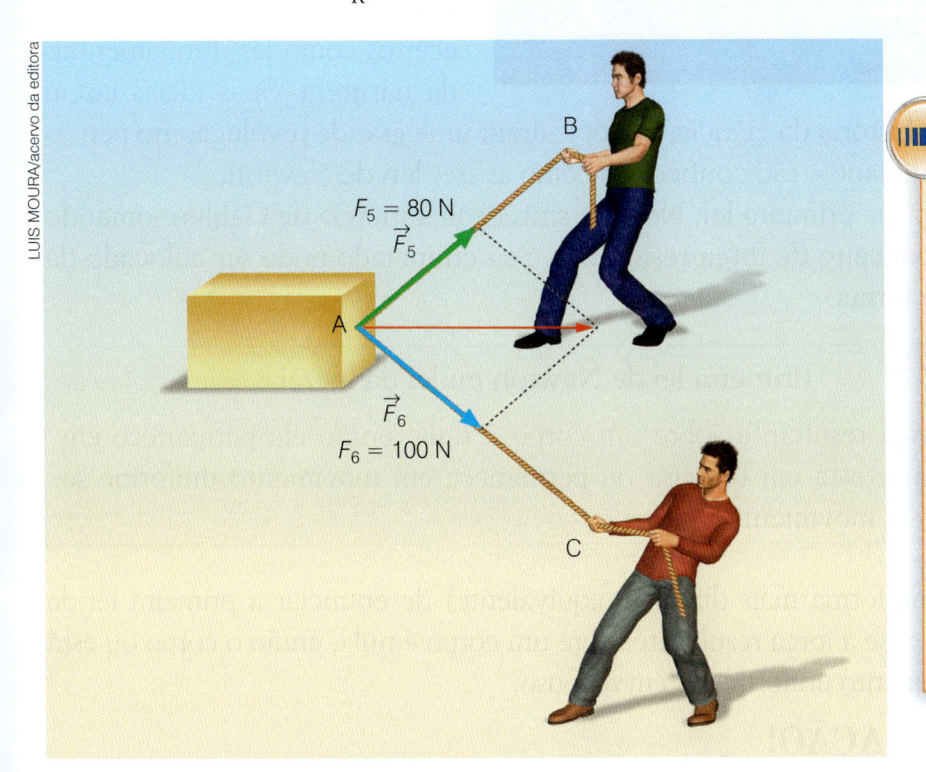

Lembre-se!

O teorema de Pitágoras estabelece que em um triângulo retângulo o quadrado da hipotenusa é igual à soma do quadrado dos catetos:

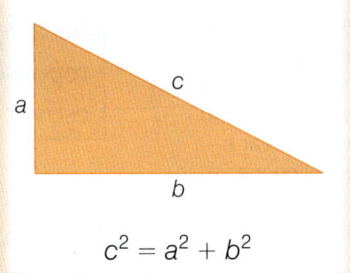

$$c^2 = a^2 + b^2$$

Resultante entre duas forças perpendiculares entre si

$$\vec{F}_R^2 = \vec{F}_1^2 + \vec{F}_2^2$$

As ideias de Newton

Newton, com apenas 24 anos de idade, apresentou ao mundo suas ideias e ferramentas elaboradas para descrever fenômenos mecânicos e também ópticos da natureza. Juntamente com o matemático francês Gottfried Wilhelm Leibniz (1647- -1716), com o qual travou uma acirrada disputa intelectual,

Acirrada: implacável, persistente.

Isaac Newton em seu Jardim em Woolsthorpe, no outono de 1665. Óleo sobre tela, de Robert Hannah (1812-1909), color., 86 cm x 125,5 cm, cerca 1856. The Royal Institution, Londres, Inglaterra.

Dizem algumas histórias que a inspiração de Newton ocorreu ao observar e questionar a simples queda de uma maçã.

desenvolveu uma teoria matemática, chamada Cálculo Diferencial e Integral, utilizada para análises e previsões de diversas aplicações atuais, que vão, por exemplo, do arremesso de bolas de basquete a lançamento de satélites.

Newton entendeu que a ação de forças modifica o estado de movimento de um corpo. Os resultados de seu trabalho aplicam-se a todo tipo de movimento no Universo, e são aceitos como leis fundamentais da natureza. Suas ideias fazem parte da história da ciência, e propiciaram uma grande revolução no pensamento humano – são conhecidas como as três leis de Newton.

Em sua primeira lei, Newton sintetizou a inércia de Galileu somando a ela o conceito de força resultante. Seu enunciado pode ser colocado da seguinte forma:

> **Primeira lei de Newton ou lei da inércia**
>
> Se a força resultante sobre um corpo é nula, então ele permanece em repouso se está em repouso ou permanece em movimento uniforme se estiver em movimento uniforme.

Uma forma mais direta (e equivalente) de enunciar a primeira lei de Newton é: se a força resultante sobre um corpo é nula, então o corpo ou está em movimento uniforme ou em repouso.

ENTRANDO EM AÇÃO!

Você conhece a "mágica" de puxar a toalha de mesa cheia de copos e pratos, e nada vai para o chão, tudo fica parado sobre a mesa? Será que isso é realmente "mágica"?

Experimente: posicione uma única folha de papel sobre a superfície de uma tigela com a boca para baixo e coloque uma moeda acima da folha. Segure na extremidade da folha e puxe-a rapidamente. O que acontece?

Repita essa "mágica", mas desta vez colocando sobre uma folha de papel um copo de plástico com água em seu interior. Será que você consegue puxar a folha sem molhá-la?

Procure explicar, com base no que você aprendeu, como é possível fazer essa mágica.

DE OLHO NO PLANETA

Meio Ambiente

Lixo em órbita ao redor da Terra

Desde que o foguete Sputnik marcou a exploração espacial na década de 1950, a cada novo lançamento são deixados em órbita da Terra uma quantidade significativa de detritos.

Atualmente, são cerca de 23.000 detritos com 10 cm de diâmetro e mais de uma centena de milhares de outros de tamanho menor do que 10 cm. São restos de foguetes, tanques de combustível, peças e ferramentas de reparo.

Atraídos pela força gravitacional e em órbita ao redor da Terra, esses fragmentos podem atingir velocidades de 25.000 km/h. Com essa velocidade, uma colisão com um novo ônibus espacial lançado ou mesmo com algum satélite ainda operacional em órbita seria catastrófica.

Vários pesquisadores no mundo avaliam possibilidades para fazer uma limpeza espacial, veja uma das propostas a seguir.

Cientistas australianos propõem atingir o lixo espacial, potencialmente perigoso, com raios laser para que caia na atmosfera terrestre, onde se desintegraria, (...) "Queremos limpar o espaço para evitar o risco crescente de colisões e prevenir os tipos de incidentes contados no filme 'Gravidade' ", declarou o diretor do centro de pesquisa astronômica e astrofísica da Universidade Nacional da Austrália, Matthew Colless.

Um novo centro de pesquisa com a participação, entre outros, da NASA, [buscará] isolar as partes menores de lixo espacial e prever sua trajetória graças ao observatório de Mount Stromlo, em Camberra [capital da Austrália]. O objetivo é desviar estes restos (satélites fora de serviço, corpos de foguetes) de sua trajetória, atingindo-os com raios laser a partir da Terra. Isso os obrigaria a diminuir sua velocidade e a cair na atmosfera, onde pegariam fogo até se desintegrar.

O responsável pelo novo centro (...) também considerou provável "uma avalanche catastrófica de colisões (de restos), que destrua rapidamente todos os satélites".

G1. Cientistas australianos propõem destruir lixo espacial com laser. *Disponível em:* <http://g1.globo.com/ciencia-e-saude/noticia/2014/03/cientistas-australianos-propoem-destruir-lixo-espacial-com-laser.html>. *Acesso em:* 30 out. 2014.

No filme *Gravidade* (2013, EUA/Reino Unido), dirigido por Alfonso Cuarón e estrelado por Sandra Bullock e George Cloney, destroços de uma base espacial atingem um grupo de astronautas que reparam um satélite. Apesar de ser uma obra de ficção, as semelhanças com a realidade não são mera coincidência.

Alterando movimentos – segunda lei de Newton

Vimos até aqui que se a força resultante sobre um corpo for nula seu estado de movimento não se altera (primeira lei de Newton). Mas e se a resultante for diferente de zero? O que podemos concluir?

Ora, pensando logicamente, podemos concluir que se o estado de movimento de um corpo (em movimento uniforme ou em repouso) for alterado, então necessariamente a resultante das forças que atuam sobre o corpo não é nula.

No capítulo anterior, vimos que a grandeza física que descreve as mudanças de velocidade de um corpo é a aceleração. Assim, como a mudança de velocidade pode ser associada à mudança de estado de movimento, e a aceleração descreve a mudança de velocidade, é possível estabelecer uma relação entre a força resultante que altera o estado de movimento de um corpo e a aceleração adquirida por esse corpo. Como a dificuldade de modificar o estado de movimento é descrita pela inércia, que é medida pela massa, é possível estabelecer uma equação que contenha massa, aceleração e força.

Para entender que equação é essa, considere o conjunto de dados da tabela a seguir que podem ser obtidos experimentalmente. Procure analisar os valores e encontrar uma relação matemática entre $\vec{F}$, m e $\vec{a}$ (força, massa e aceleração, respectivamente).

$\vec{F}_R$ (N)	m (kg)	$\vec{a}$ (m/s²)	
10	2	5	Mesma aceleração, forças e massas diferentes.
20	4	5	
50	10	5	
6	2	3	Mesma massa, forças e acelerações diferentes.
12	2	6	
18	2	9	
12	3	4	Mesma força, massas e acelerações diferentes.
12	4	3	
12	6	2	

Analisando os dados, podemos encontrar uma relação entre força, massa e aceleração e enunciar a segunda lei de Newton:

> **Segunda lei de Newton ou Princípio Fundamental da Dinâmica**
>
> $$\vec{F}_R = m \cdot \vec{a}$$

Para compreender melhor a segunda lei de Newton, vamos por meio de exemplos aplicar essa expressão em algumas situações cotidianas.

Exemplo 1:

Um corpo de 2 kg sofre uma aceleração de 4 m/s² quando uma força resultante $\vec{F}$ age sobre ele. Qual é a intensidade dessa força?

Resolução:

Aplicando a segunda lei, temos:

$$\vec{F} = m \cdot \vec{a}$$
$$\vec{F} = 2 \cdot 4 = 8 \text{ N}$$

Exemplo 2:

Ao receber uma força resultante de 40 N, um corpo sofre uma aceleração de 2 m/s². Qual é a sua massa?

Resolução:

$$\vec{F} = m \cdot \vec{a}$$
$$40 = m \cdot 2 \quad \therefore \quad m = 20 \text{ kg}$$

> **Fique por dentro!**
> O símbolo $\therefore$ significa "portanto".

Exemplo 3:

Um objeto de 10 kg sofre a ação de uma força resultante de 5 N. Qual é sua aceleração?

Resolução:

$$\vec{F} = m \cdot \vec{a}$$
$$5 = 10 \cdot \vec{a} \quad \therefore \quad \vec{a} = 0,5 \text{ m/s}^2$$

Queda dos corpos

Uma aceleração particularmente importante na natureza é a aceleração de queda dos corpos. Ao analisar a queda dos objetos, Galileu verificou que o movimento executado é do tipo *uniformemente variado*, ou seja, apresenta uma *aceleração constante*.

Para diminuir o efeito da resistência do ar, ele repetiu incansáveis vezes suas medidas utilizando esferas metálicas de diferentes tamanhos e pesos. Seus resultados também eram válidos ao deixar as esferas rolarem do alto de rampas inclinadas de diferentes alturas e inclinações.

Ao calcular a aceleração de objetos em queda livre, os resultados eram sempre os mesmos: os objetos soltos moviam-se para o chão com a mesma aceleração, cujo valor aproximado era de 10 m/s² (9,8 m/s², com um pouco mais de precisão). Esse valor é conhecido como **aceleração da gravidade**.

Galileu compreendeu assim que todos os objetos caiam com a mesma aceleração, independente de sua massa. Suas conclusões, contudo, não foram bem aceitas na época, pois todos concordavam com as ideias apresentadas por Aristóteles de que objetos pesados cairiam antes do que objetos leves. Você também concorda com elas? (Na seção "Em conjunto com a turma", você poderá explorar essas ideias.)

Conta a história que Galileu teria solto esferas metálicas do alto da Torre de Pisa para analisar a queda livre.

UNIDADE 5 • ESTUDO DOS MOVIMENTOS

Jogo rápido

Quando o patinador está no ar, há alguma força agindo sobre ele?

É SEMPRE BOM SABER MAIS!

O efeito da resistência do ar na queda dos corpos

Se deixarmos cair uma pena e uma maçã ao mesmo tempo, é claro que a maçã cai mais rápido, porque a resistência do ar (que atua sobre os objetos em queda no sentido de *retardar* seu movimento) tem um efeito maior sobre a pena. No entanto, para objetos pesados, como esferas de metal, o efeito da resistência do ar é praticamente nulo.

Agora, se deixarmos cair a pena e a maçã dentro de uma câmara que não tenha ar, ou seja, no vácuo, tanto a maçã como a pena cairão ao mesmo tempo (veja a foto ao lado).

Ao movimento de queda dos corpos no vácuo ou quando a resistência do ar é desprezível dá-se o nome de **queda livre**.

CAPÍTULO 10 • As forças e o movimento

Identificando a aceleração da gravidade por g, podemos aplicar a segunda lei de Newton para encontrar uma expressão que determine a força **peso**, que a Terra exerce sobre os corpos. Acompanhe o raciocínio a seguir:

$$\vec{F} = m \cdot \vec{a}$$

Quando a aceleração da gravidade atua sobre um corpo ($\vec{a} = \vec{g}$) e a força é identificada por $\vec{P}$ ($\vec{F}_R = \vec{P}$).

Força peso
$$\vec{P} = m \cdot \vec{g}$$

É SEMPRE BOM SABER MAIS!

Qual o seu peso?

Pense antes de dar sua resposta... Pois alguns podem responder algo do tipo "40 kg". Errado, pois kg é unidade para medir massa. Ao subir em uma balança você mede seu peso? Não, pois balanças medem massas!

Peso é uma *força*, produto de sua massa pela aceleração da gravidade. Sendo assim, seu peso é o produto de sua massa (o valor que a balança indica) pela aceleração da gravidade. Portanto, o peso de uma pessoa de 50 kg de massa é:

$\vec{P} = m \cdot \vec{g}$
$\vec{P} = 50 \cdot 9,8 \cong 490$ N

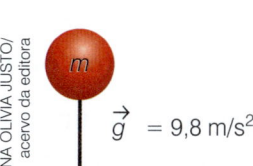

$\vec{g} = 9,8$ m/s²

Agora, faça a conta com o valor da sua massa e responda: qual o seu peso?

Compare seu resultado com o de seus colegas e calculem o peso médio da sua turma.

Descubra você mesmo!

Vimos que a força peso está diretamente ligada à aceleração da gravidade. Pesquise se o valor da aceleração da gravidade é o mesmo na Terra e em seu satélite, a Lua. Se um astronauta desse um pulo na Lua ele atingiria a mesma altura do que na Terra?

EM CONJUNTO COM A TURMA!

Vamos reproduzir de maneira simplificada um dos experimentos feitos por Galileu? Você vai precisar de um caderno e uma folha de papel.

Destaque uma folha de seu caderno e segure-a a certa altura do chão. Com a outra mão, segure seu caderno, na mesma altura. Peça para seus colegas confirmarem visualmente se ambos estão na mesma altura.

Depois que sua turma confirmar a altura dos objetos, peça para que olhem atentamente para o chão, no local provável onde o livro e a folha cairão. Conte até três e solte-os juntos. Qual chega primeiro?

Para essa situação, certamente o livro será a sua resposta. Seria pelo fato de ele ser mais pesado do que a folha?

Vamos repetir o experimento, mas agora amasse a folha de papel antes de soltá-la. E agora: qual chega antes?

Pense: ao amassar a folha você alterou a massa da folha? Então, o que foi modificado? (*Dica*: entre o chão, a folha e o livro existe ar...)

Ação e reação – terceira lei de Newton

Quando acidentalmente derrubamos um copo contendo líquido dentro, mesmo antes que ele bata no solo já estamos angustiados contemplando o inevitável.

É possível prever o resultado da interação entre o copo e o chão, não é? Mas por que o copo se quebra se, ao cair, é ele quem faz força no chão?

A resposta pode ser simples, mas seu entendimento revela uma característica importante sobre a interação entre os corpos que nos passa despercebida. Em um primeiro momento, pode-se afirmar que o copo quebra por ser frágil. Porém, para quebrar, é necessário que uma força atue sobre ele – nesse caso, a força que o chão exerce sobre o copo. Mas por que o chão faz força sobre o copo, se é o copo que age sobre o chão ao tocar nele?

Para compreender essa ideia, tente lembrar-se de uma situação que, certamente, já aconteceu com você: alguma vez você bateu sem querer seu pé no canto da mesa? A dor que você provavelmente sentiu origina-se de uma força sobre seu corpo. Que força é essa se foi você quem aplicou uma força sobre a mesa?

Tais situações e tantas outras ilustram a terceira lei de Newton: a lei da ação e reação.

> **Terceira lei de Newton ou princípio da ação e reação**
>
> Para toda ação de um corpo A sobre um corpo B, há uma reação do corpo B sobre o corpo A, de mesma intensidade, mesma direção e sentido oposto.

Matematicamente, a terceira lei pode ser escrita da seguinte maneira:

$$\vec{F}_{AB} = -\vec{F}_{BA}$$

Assim, nas situações descritas anteriormente, o copo se quebra ao tocar no chão, pois nesse momento recebe uma força de reação do chão, de mesma intensidade e direção, mas no sentido contrário a sua queda.

Matematicamente, pode-se escrever essa relação da seguinte forma:

$$\vec{F}_{copo\text{-}chão} = -\vec{F}_{chão\text{-}copo}$$

Lembre-se!
O sinal de menos indica que os dois vetores possuem sentidos opostos.

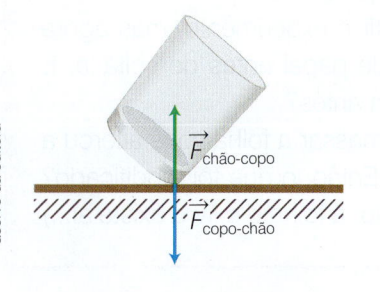

CAPÍTULO 10 • As forças e o movimento

Da mesma forma, ao chutar o pé da mesa, a mesa reage, exercendo a mesma força sobre seu pé. E quanto maior a intensidade do chute, maior a reação da mesa sobre seu pé. Matematicamente:

$$\vec{P}_{pé\text{-}mesa} = -\vec{F}_{mesa\text{-}pé}$$

A terceira lei de Newton revela algumas características gerais sobre forças:

- forças somente existem aos pares: para toda força de ação existe uma força de reação de mesma intensidade e direção, mas sentido contrário;
- as forças de ação e reação atuam em corpos diferentes: o corpo que origina a ação recebe a reação do outro corpo.

Jogo rápido

Faça um desenho simples para representar as forças de ação e reação envolvidas na interação do seu pé com a mesa na hipotética situação de chutar esse móvel.

O lançamento de foguetes está baseado na terceira lei de Newton. No lançamento, um foguete se desloca para cima como reação à queima do combustível, cujos gases são eliminados para baixo.

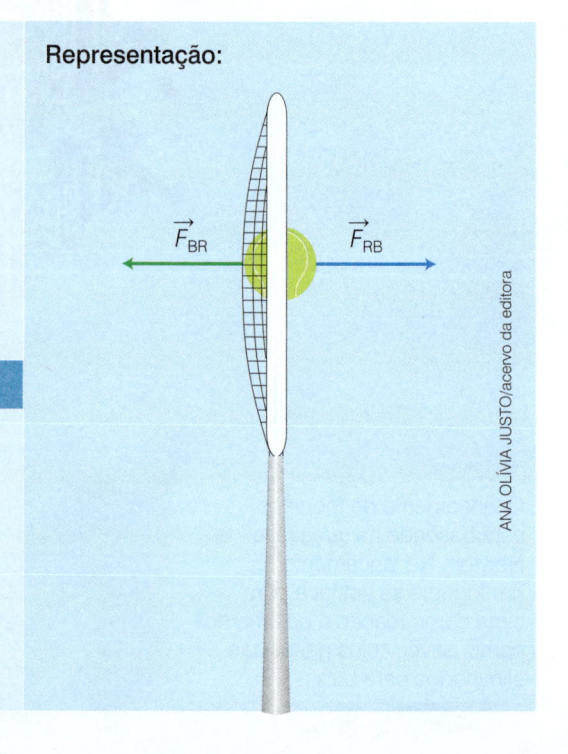

Jogo de tênis e a ação e reação

Observe agora como a terceira e as demais leis de Newton se aplicam em algumas situações cotidianas.

Considere um jogo de tênis ilustrado na foto ao lado. A imagem mostra o jogador suíço Roger Federer batendo na bola com sua raquete. De acordo com a terceira lei de Newton, a bola faz força na raquete, e a raquete faz uma força contrária na bola.

A força que a raquete exerce sobre a bola é a força de ação, e chamaremos de $\vec{P}_{raquete\text{-}bola}$ ou, simplesmente, $\vec{F}_{RB}$. A força de reação é a força da bola na raquete, $\vec{F}_{BR}$. Matematicamente, essas forças são iguais e contrárias, ou seja: $\vec{F}_{RB} = -\vec{F}_{RB}$.

Como essas duas forças são iguais, aplicando a primeira lei de Newton é possível avaliar a consequência dessa relação: o objeto de menor inércia é quem irá se mover com maior aceleração. No caso, a bola, que é bem mais leve do que a raquete, se move. Ainda, supondo que ao receber a força da rebatida a bola, de 100 g, adquire uma aceleração de 5 m/s², é possível determinar a força aplicada sobre ela utilizando a segunda lei.

A tabela a seguir organiza as informações acima, e revela como aplicar as leis de Newton na interação entre dois corpos.

RADIN/SHUTTERSTOCK

Situação: raquete rebatendo uma bola de tênis

Ação: força DA raquete NA bola ($\vec{F}_{RB}$)

Reação: força DA bola NA raquete ($\vec{F}_{BR}$)

Relação: $\vec{F}_{BR} = -\vec{F}_{RB}$

Consequência: a bola se move, pois possui menos inércia

Pergunta

Qual a força que a bola exerce na raquete?

$$\vec{F}_{RB} = m \cdot \vec{a}$$
$$\vec{F}_{RB} = 0{,}1 \cdot 5 = 0{,}5 \text{ N}$$

Como $\vec{F}_{RB} = -\vec{F}_{BR}$, então

$$\vec{F}_{RB} = -0{,}5 \text{ N}$$

Representação:

Futebol e a ação e reação

Observe, agora, a imagem de um jogador chutando uma bola de futebol. De acordo com a terceira lei de Newton, quando o jogador chuta a bola (chamaremos de $\vec{P}_{Jogador-Bola}$ ou, simplesmente, $\vec{F}_{JB}$), a bola exerce uma força no jogador ($\vec{F}_{BJ}$). Essas forças são de iguais intensidades, mas atuam em sentido contrário – ou seja, $\vec{F}_{JB} = -\vec{F}_{BJ}$. Novamente, o corpo de menor inércia – no caso, a bola – irá se mover.

Nessa situação, determine a aceleração adquirida pela bola, supondo um chute de 8 N sobre uma bola de 400 g (0,4 kg).

Situação: jogador chutando uma bola de futebol

Ação: força DO jogador NA bola ($\vec{F}_{JB}$)

Reação: força DA bola NO jogador ($\vec{F}_{BJ}$)

Relação: $\vec{F}_{JB} = -\vec{F}_{BJ}$

Consequência: a bola se move, pois possui menos inércia

Pergunta

Qual é a aceleração adquirida pela bola com o chute?

$$\vec{F}_{JB} = m \cdot \vec{a}$$

$$8 = 0{,}4 \cdot a$$

$$\vec{a} = \frac{8}{0{,}4} = 20 \text{ m/s}^2$$

Representação:

Corpo em queda e a ação e reação

Por fim, considere o caso de um corpo em queda, como o copo que cai no chão. Seu movimento ocorre devido ao seu peso, que é a força que a Terra exerce sobre ele ($\vec{P}_{\text{Terra-copo}}$). Devido à terceira lei, se a Terra puxa o copo, o copo puxa a Terra ($\vec{F}_{\text{copo-Terra}}$). Em comparação com a Terra, o copo possui uma inércia muito pequena e, por isso, ele é quem se move. Ainda assim, ele exerce uma força sobre a Terra.

Considere um copo com água, cuja massa seja de 400 g. Sabendo que a massa da Terra é de aproximadamente 10^{23} kg, qual a aceleração que a Terra adquire quando o copo age sobre ela?

Situação: copo com água caindo

Ação: força DA Terra NO copo ($\vec{F}_{TC}$)

Reação: força DO copo NA Terra ($\vec{F}_{CT}$)

Relação: $\vec{F}_{TC} = -\vec{F}_{CT}$

Consequência: o copo se move, pois possui menos inércia

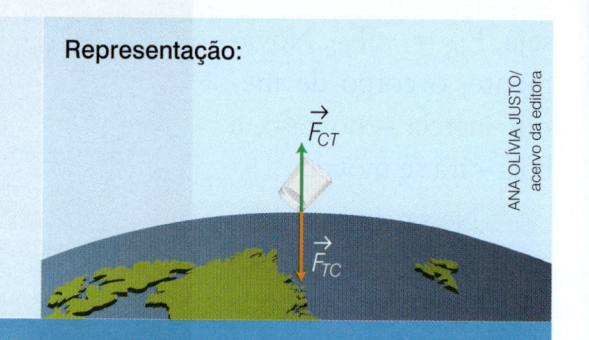

Representação:

Pergunta

Qual é a força que o corpo exerce sobre a Terra?

$$\vec{F}_{TC} = \vec{P} = m \cdot \vec{g}$$
$$\vec{F}_{TC} = \vec{P} = 0{,}4 \cdot 9{,}8$$
$$\vec{F}_{TC} = \vec{P} = 3{,}92 \text{ N}$$

Como $\vec{F}_{TC} = -\vec{F}_{CT}$, tem-se que

$$\vec{F}_{CT} = -3{,}92 \text{ N}$$

Qual a aceleração que a Terra sente com essa força?

$$\vec{F} = m \cdot \vec{a}$$
$$3{,}92 = 10^{23} \cdot a$$
$$\vec{a} = \frac{3{,}92}{10^{23}} \approx 0$$

Ou seja: a Terra não se move, pois a ação do copo sobre ela é insignificante.

É SEMPRE BOM SABER MAIS!

A força de atrito

O atrito é uma força que existe devido à interação entre as superfícies dos corpos. Quando duas superfícies de dois objetos são colocadas em contato, há uma interação entre as imperfeições microscópicas de cada um. A característica principal da força de atrito é que ela atua sempre no sentido contrário ao do movimento. Ou seja, a força de atrito se opõe ao movimento ou à tendência de movimento.

A força de atrito está presente em várias situações diferentes, como, por exemplo, no corriqueiro ato de caminhar. Ela surge da interação do seu pé com o chão, devido a minúsculas irregularidades das superfícies. Mesmo um piso polido de madeira, por exemplo, possui irregularidades que geram uma força de atrito com seus pés.

Aliás, já parou para pensar que ao caminhar para frente seus pés empurram o chão para trás? Devido à terceira lei de Newton, o chão exerce uma força contrária que lhe empurra para frente – é a força de atrito que age entre seus pés e o chão. Portanto, quando caminhamos para frente, é o chão quem na verdade nos empurra nessa direção!

ENTRANDO EM AÇÃO!

Sentindo a força de atrito

Posicione sua mão sobre sua mesa. Puxe-a paralelamente à superfície, na direção de seu corpo. Agora, empurre sua mão para frente.

Consegue descrever o que sentiu em ambas as situações? Foi a força de atrito agindo entre sua mão e a mesa!

Repita o movimento e observe: quando puxa sua mão na direção de seu corpo, parece que a mesa impede seu movimento. O mesmo ocorre quando empurra sua mão para frente. Isso demonstra a principal característica da força de atrito: é uma força que sempre se opõe ao movimento.

Nosso desafio

Para preencher os quadrinhos de 1 a 8, você deve utilizar as seguintes palavras: aceleração, Cinemática, Dinâmica, forças, lei da inércia, leis de Newton, princípio da ação e reação, segunda lei.

À medida que você preencher os quadrinhos, risque a palavra que escolheu para não usá-la novamente.

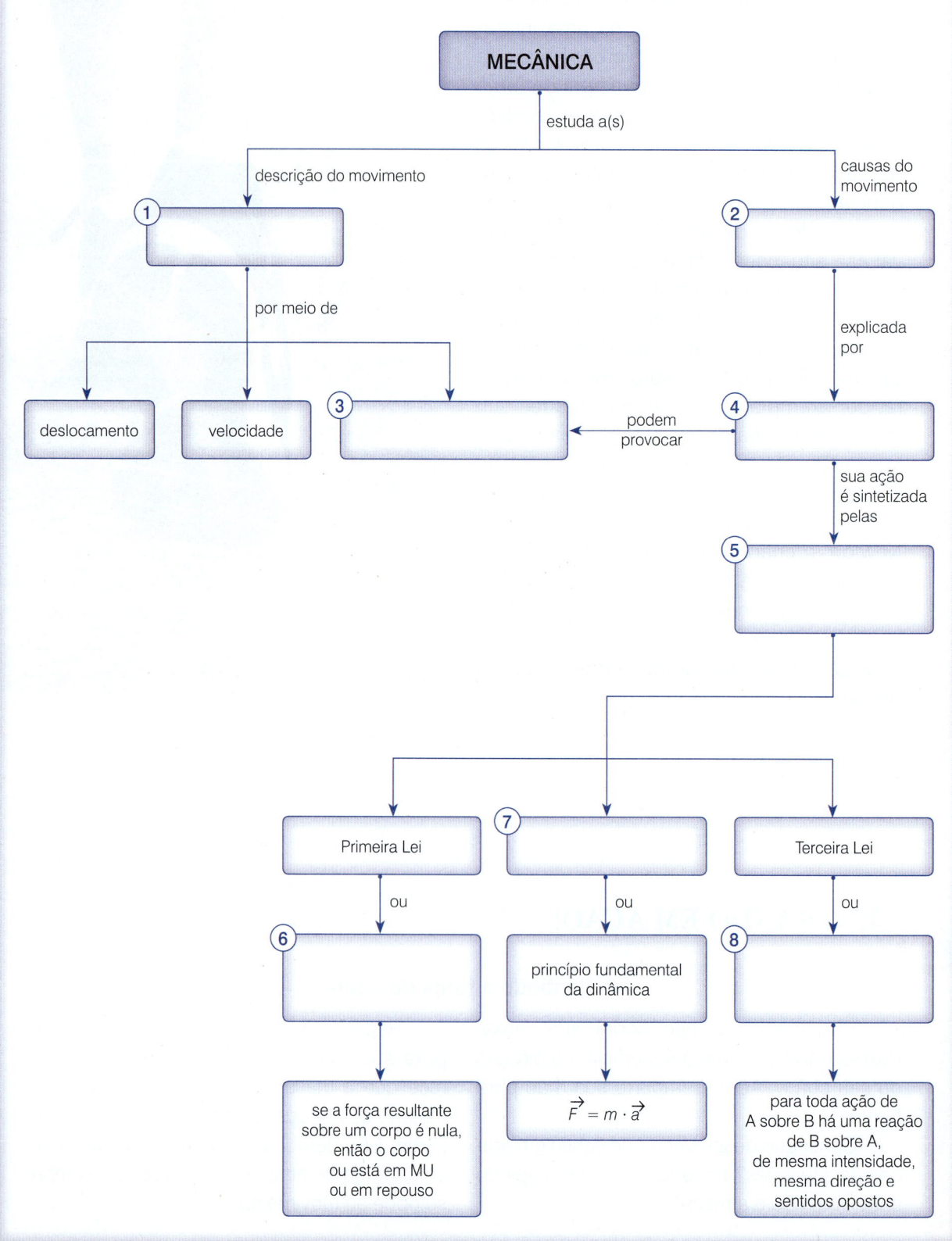

MECÂNICA

estuda a(s)

- descrição do movimento → (1) ▢
- causas do movimento → (2) ▢

(1) por meio de:
- deslocamento
- velocidade
- (3) ▢

(2) explicada por → (4) ▢

(4) podem provocar → (3)

(4) sua ação é sintetizada pelas → (5) ▢

(5) se divide em:
- Primeira Lei — ou — (6) ▢
- (7) ▢ — ou — princípio fundamental da dinâmica
- Terceira Lei — ou — (8) ▢

(6) → se a força resultante sobre um corpo é nula, então o corpo ou está em MU ou em repouso

(princípio fundamental da dinâmica) → $\vec{F} = m \cdot \vec{a}$

(8) → para toda ação de A sobre B há uma reação de B sobre A, de mesma intensidade, mesma direção e sentidos opostos

Atividades

1. Um bloco de massa 4 kg está submetido à ação das forças $\vec{F}_1$, $\vec{F}_2$ e $\vec{F}_3$, conforme ilustra cada uma das figuras abaixo. Sabendo que a intensidade das forças são, respectivamente, 16 N, 12 N e 8 N, para cada caso determine a força resultante.

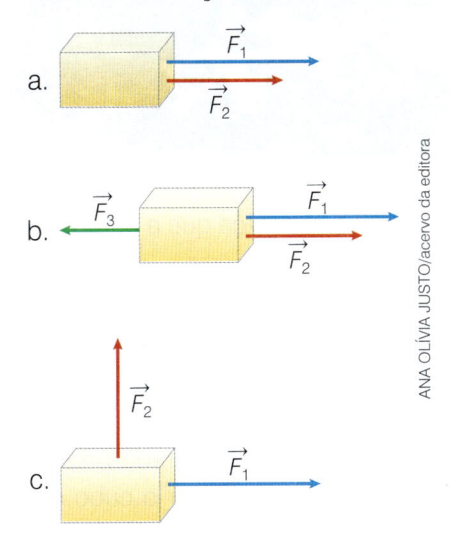

   a.

   b.

   c.

2. Em algumas situações, um corpo pode sofrer a ação de várias forças, e estará em uma espécie de "cabo de guerra": seu movimento (ou seja, a aceleração que irá ter) dependerá da soma de todas as forças envolvidas. Veja como isso ocorre em um corpo de massa $m = 5$ kg que sofre a ação de duas forças horizontais, $\vec{F}_1$ para a direita e $\vec{F}_2$ para a esquerda, respectivamente de 4 N e 3 N. A imagem abaixo representa essa situação:

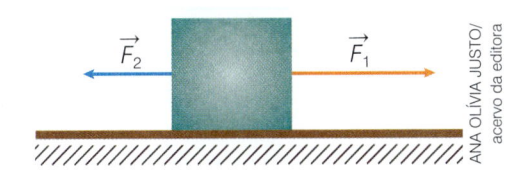

   Comparando visualmente o tamanho dos vetores $\vec{F}_1$ e $\vec{F}_2$, indique para que lado o corpo vai se mover e calcule a aceleração do movimento.

3. Uma força de 10 N é aplicada horizontalmente para a direita sobre um corpo de 2 kg que está apoiado em uma mesa perfeitamente lisa. Represente essa situação com vetores, e determine a aceleração que ele irá adquirir.

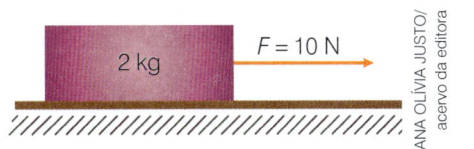

4. (PUC – RS) Analise em cada situação se o par de forças de ação e reação está corretamente identificado. Faça as correções nas alternativas incorretas.

   I. Ação: a Terra atrai a Lua.
   Reação: a Lua atrai a Terra.

   II. Ação: o pulso do boxeador golpeia o adversário.
   Reação: o adversário cai.

   III. Ação: o pé chuta a bola.
   Reação: a bola adquire velocidade.

   IV. Ação: sentados em uma cadeira, empurramos o assento para baixo.
   Reação: o assento nos empurra para cima.

5. Sobre um corpo atuam duas forças horizontais. Calcule a força resultante para as seguintes situações, e explique o que acontece com o corpo em cada caso:

   a. $\vec{F}_1 = 30$ N e $\vec{F}_2 = 45$ N

   b. $\vec{F}_1 = -30$ N e $\vec{F}_2 = 45$ N

   c. $\vec{F}_1 = 30$ N e $\vec{F}_2 = -45$ N

   d. $\vec{F}_1 = -40$ N e $\vec{F}_2 = -40$ N

6. Utilize o princípio da ação e reação para justificar o fato de sentirmos dor quando levamos um tombo e caímos no chão.

7. Um carro de massa $m = 800$ kg, parado, é puxado por um caminhão, que exerce sobre ele uma força $\vec{F} = 1.000$ N. Determine a

   a. aceleração do carro;

   b. força que o carro exerce no caminhão.

8. Três objetos de 100 N, 50 N e 25 N foram apoiados um sobre o outro. Qual o valor da força necessária para sustentá-los? Ao colocá-los sobre o solo, quem exerce essa força?

9. Qual a importância de se utilizar o cinto de segurança ao andar de carro? Justifique sua resposta utilizando as leis de Newton.

10. Um garçom deixa cair acidentalmente a bandeja onde levava um prato vazio, uma garrafa de água e guardanapos. Considerando esses 4 objetos, qual deles chega primeiro ao chão? Justifique sua resposta.

11. A aceleração gravitacional é diferente em cada planeta do Sistema Solar. Em Júpiter, ela vale aproximadamente 30 m/s². Sendo assim, explique qual o valor que uma balança indicará em Júpiter ao "pesar" um objeto de 4 kg. Justifique sua resposta.

12. A exemplo do que foi feito neste capítulo, aplique a terceira lei de Newton para a seguinte situação (siga o mesmo modelo de resposta que foi apresentado nos exemplos do texto): uma bola de demolição de 900 kg foi lançada contra uma parede de tijolos com uma aceleração de 2 m/s². Qual a força que a parede exerce sobre a bola?

Situação: _____

Ação: _____ (___)

Reação: _____ (___)

Relação: _____

Consequência: _____

Representação:

Pergunta: Qual a força que a parede exerce sobre a bola?

13. (PUC – RS) A figura abaixo representa uma aeromoça servindo bebidas geladas no interior de um Jumbo 747 que voa em movimento uniforme com uma velocidade de 900 km/h no sentido mostrado pela flecha. Quando a aeromoça soltar o cubo de gelo (G), ele vai cair dentro de qual copo? Justifique sua resposta.

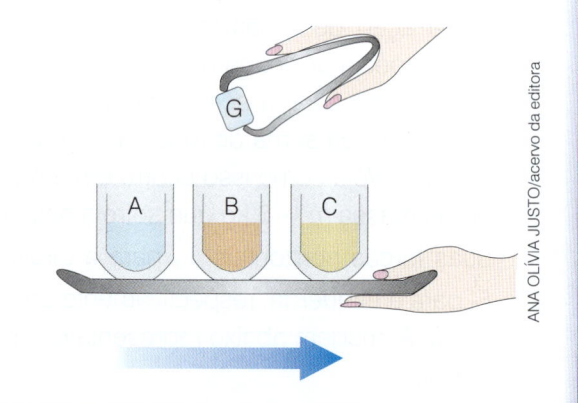

Navegando na net

Descubra mais sobre a importância de Galileu e Newton assistindo ao episódio "Assim na Terra como no céu", da série "Poeira das Estrelas". Foi veiculada no programa Fantástico (Rede Globo) em 2006 e é narrada pelo físico Marcelo Gleiser:

<http://www.youtube.com/watch?v=4ZIYMmJ2ewE>

Acesso em: 30 out. 2014.

capítulo 11
A energia dos movimentos

Energia elétrica e desenvolvimento sustentável

A geração e o consumo de energia elétrica no Brasil têm aumentado significativamente na medida em que o país vem se desenvolvendo. A principal fonte de toda essa energia são as usinas hidrelétricas. Itaipu, a principal representante do setor, bateu o recorde mundial de geração, em 2013, com assombrosos 98.630.035 kWh!

Essa imensa quantidade de energia é gerada e transmitida para todo o Brasil e é utilizada para iluminar, aquecer ou resfriar ambientes, refrigerar alimentos, aquecer água para banho, alimentar TVs, rádios, computadores, mover motores elétricos de máquinas de lavar, liquidificadores... São tantas as aplicações que é difícil imaginar um mundo sem energia elétrica.

Mas como as usinas podem gerar tanta energia? O que é o kWh (quilowatt-hora)? Como medir e reduzir o consumo de energia para garantir um desenvolvimento sustentável das nações? Para investigar essas e muitas outras questões, vamos estudar neste capítulo o conceito de energia, suas diferentes formas, processos de transmissão e de transformação.

STEFANO EMBER/SHUTTERSTOCK

UNIDADE 5 • ESTUDO DOS MOVIMENTOS

■ Energia e sociedade

Desde a descoberta do fogo, que possibilitou ao homem cozinhar os alimentos, até as baterias de celulares e computadores, cada vez menores e mais duradouras, o acesso e a manipulação de fontes de energia contribuíram para o desenvolvimento da humanidade.

Dentre várias formas de energia que podemos identificar na natureza, algumas das que estão presentes em nosso cotidiano estão representadas nas imagens a seguir.

Quando ouvimos música, certa quantidade de energia sonora é transmitida para nossos ouvidos.

A energia mecânica pode estar associada a sistemas em movimento, como uma pessoa pedalando uma bicicleta.

A energia térmica pode ser usada, por exemplo, em nossa casa para cozinhar os alimentos e pela indústria metalúrgica para derreter o ferro e produzir aço.

A energia gerada em hidrelétricas é transferida para subestações que, por sua vez, transmitem a energia elétrica até nossas casas.

CAPÍTULO 11 • A energia dos movimentos 231

A energia química produzida nas reações de combustão possibilita o movimento de todos os veículos cujos motores funcionam consumindo algum tipo de combustível.

A energia luminosa torna as ruas mais seguras para um passeio noturno e também ilumina nossas residências.

As formas de energia dos exemplos mostrados podem ser classificadas, de acordo com a fonte, em **renováveis** e **não renováveis**.

As fontes de energia *renováveis* podem ser associadas a ciclos naturais que fazem com que a energia sempre se renove e sempre esteja disponível, como é o caso da energia armazenada na água das hidrelétricas, a energia solar e a energia eólica, entre outras.

Já outras são chamadas de fontes *não renováveis*, ou seja, uma vez utilizadas não podem ser novamente reaproveitadas em um ciclo natural de curta duração. É o caso da energia radioativa, da energia do carvão mineral e do petróleo e seus derivados.

Energia eólica: é a energia transformada a partir da energia do vento (*aeolicus*, em latim, quer dizer "referente a Éolo", deus dos ventos na mitologia grega).

Jogo rápido

Qual a principal diferença entre o conceito de energia renovável e não renovável?

Tendo em vista os problemas de poluição e o consumo desenfreado das reservas naturais de energia, nações do mundo todo buscam desenvolver tecnologias que permitam cada vez mais o uso de fontes renováveis de energia. Apesar disso, o percentual de energias renováveis consumidas no mundo é de apenas cerca de 10%.

É SEMPRE BOM SABER MAIS!

E no Brasil? Você sabe quais são as fontes de energia mais utilizadas? Veja a seguir os percentuais de cada fonte na liberação total de energia.

RENOVÁVEIS ⊃ 42,4%

- biomassa de cana – 15,4%
- hidráulica e eletricidade – 13,8%
- lenha e carvão vegetal – 9,1%
- lixívia* e outras renováveis – 4,1%

* Lixívia é o resíduo líquido oriundo do processamento da madeira para a extração da celulose.

CAPÍTULO 11 • A energia dos movimentos

A participação de energias renováveis na matriz de consumo do Brasil é uma das maiores do mundo, cerca de 40%. Ainda assim, o uso de petróleo e seus derivados é bastante significativo, principalmente porque é dele que vem o combustível que move a imensa quantidade de veículos no país.

Dentre as formas de energia que vimos, aquela que talvez tenha maior impacto nas transformações sociais e no desenvolvimento tecnológico é a **energia elétrica**. A compreensão dos fenômenos elétricos e magnéticos ocorrida na Revolução Industrial, no final do século XIX, levou ao desenvolvimento de tecnologias para a transformação da energia, e transmissão e distribuição de energia elétrica em larga escala.

Apesar de usarmos o termo "geração de energia", a energia não pode ser criada, pode apenas ser *transferida* ou *transformada*. Essa transformação ocorre nas usinas hidrelétricas, termelétricas, nucleares, de biomassa, eólica e solar.

> **Fique por dentro!**
>
> Energia não pode ser criada, nem destruída. Apenas transformada ou transferida. É o que ocorre, por exemplo, na transformação da energia solar em energia química contida nos alimentos no processo de fotossíntese.

> **Jogo rápido**
>
> A energia mecânica associada à imagem do ciclista pedalando, mostrada anteriormente, seria renovável ou não renovável?

NÃO RENOVÁVEIS ⇒ 57,6%%

- petróleo e derivados – 39,2%
- gás natural – 11,5%
- carvão mineral – 5,4%
- urânio – 1,5%

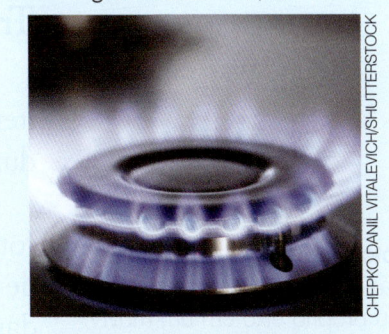

Fonte: BRASIL. *Balanço Energético Nacional 2013* – Ano base 2012: Relatório Síntese. Rio de Janeiro: Empresa de Pesquisa Energética, 2013. p. 18.

DE OLHO NO PLANETA

Sustentabilidade

Energia e desenvolvimento sustentável

Desde o início dos anos 90, estudiosos e cientistas alertavam para os efeitos da deterioração ambiental provocada pela ação humana. Um deles é o aquecimento global, provocado pelo elevado volume de emissões dos gases causadores do efeito estufa (GEE), particularmente o dióxido de carbono (CO_2), liberado em larga escala nos processos de combustão dos recursos fósseis para produção de calor, vapor ou energia elétrica. Outro é a possibilidade de esgotamento, no médio prazo, das reservas de recursos naturais mais utilizadas. Entre elas, carvão mineral e petróleo. Do ponto de vista econômico, este último, por sinal, durante quase uma década foi caracterizado pela (...) tendência de alta das cotações (que superaram US$ 100,00 por barril em 1980 e, mais recentemente, em 2008), o que se revelou como um forte estímulo para as iniciativas de substituição por outras fontes.

A atividade de obtenção de energia – e, particularmente, da energia elétrica – ingressou no século XXI, portanto, em busca do desenvolvimento sustentável, conceito que alia a expansão da oferta, consumo consciente, preservação do meio ambiente e melhoria da qualidade de vida. É o desenvolvimento capaz de suprir as necessidades da geração atual, sem comprometer a capacidade de atender as necessidades das futuras gerações. É o desenvolvimento que não esgota os recursos para o futuro.

Em outras palavras: o desafio é reduzir o impacto ambiental e, ao mesmo tempo, ser capaz de suportar o crescimento econômico – que, entre outros desdobramentos, proporciona a inclusão social de grandes contingentes da população, com o aumento da geração de renda e da oferta de trabalho.

Fonte: AGÊNCIA NACIONAL DE ENERGIA ELÉTRICA (BRASIL). *Atlas de Energia Elétrica do Brasil.* 3. ed. Brasília: Aneel, 2008. p. 13.

Transformação da energia

A ideia central por trás de todas as usinas citadas no final do item da página anterior é o uso de algum tipo de energia para produzir movimento de rotação das turbinas acopladas a um gerador.

Turbinas são máquinas cujo elemento principal é um rotor com hélices que se movimentam conforme uma corrente de água, gás ou vento passa por elas. As turbinas são acopladas aos **geradores elétricos,** equipamentos que transformam a energia contida no movimento das turbinas em energia elétrica.

No caso das **hidrelétricas,** o movimento da água que escoa pelos condutos da barragem passa pelo conjunto de pás provocando o movimento da turbina.

Rotor: componente de uma máquina que gira em torno de seu próprio eixo em um movimento de rotação.

Detalhe de uma turbina, cujas hélices se movimentarão à medida que uma corrente fluida passar por elas, fazendo girar o rotor.

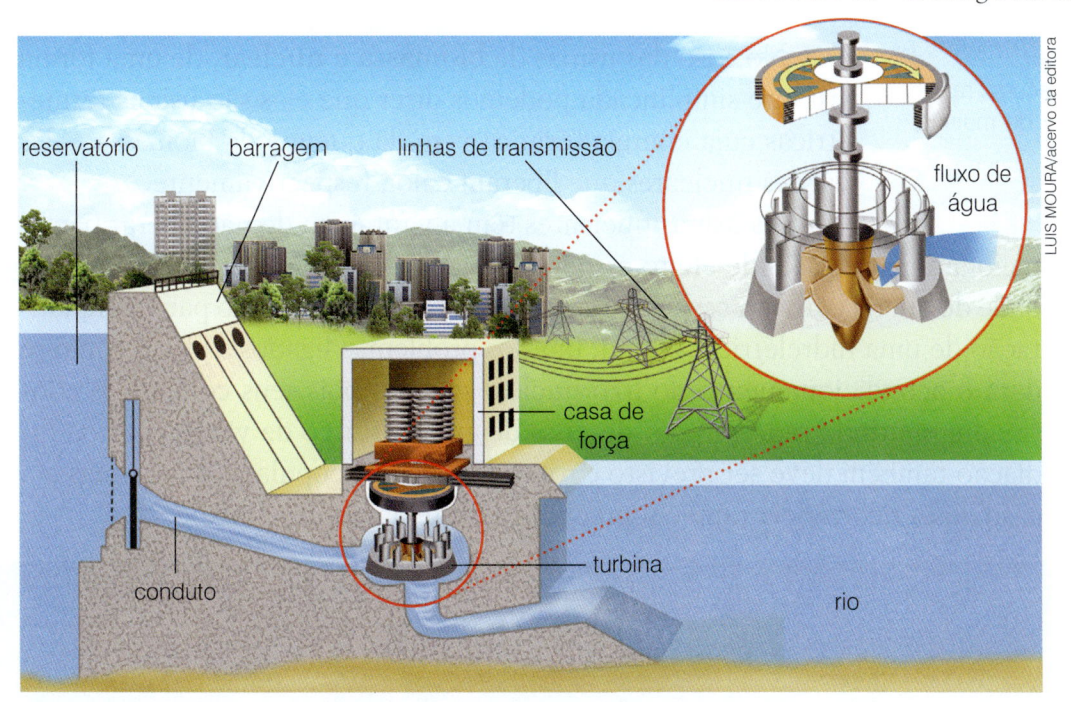

Adaptado de: AGÊNCIA NACIONAL DE ENERGIA ELÉTRICA (BRASIL). *Atlas de energia elétrica do Brasil.* 3. ed. Brasília: Aneel, 2008. p. 51.

Esquema simplificado de uma hidrelétrica. É construída uma barragem para conter as águas de um rio e formar um reservatório. Por um duto, a água é levada do reservatório até onde se encontram as turbinas, ligadas por um rotor ao gerador. É pelo movimento das pás das turbinas e do gerador que a energia do movimento da água é convertida em energia elétrica. Depois de passar pela turbina, a água é direcionada novamente para o rio. Quando há excesso de água no reservatório, ela sai pelo vertedouro. (Ilustração fora de escala.)

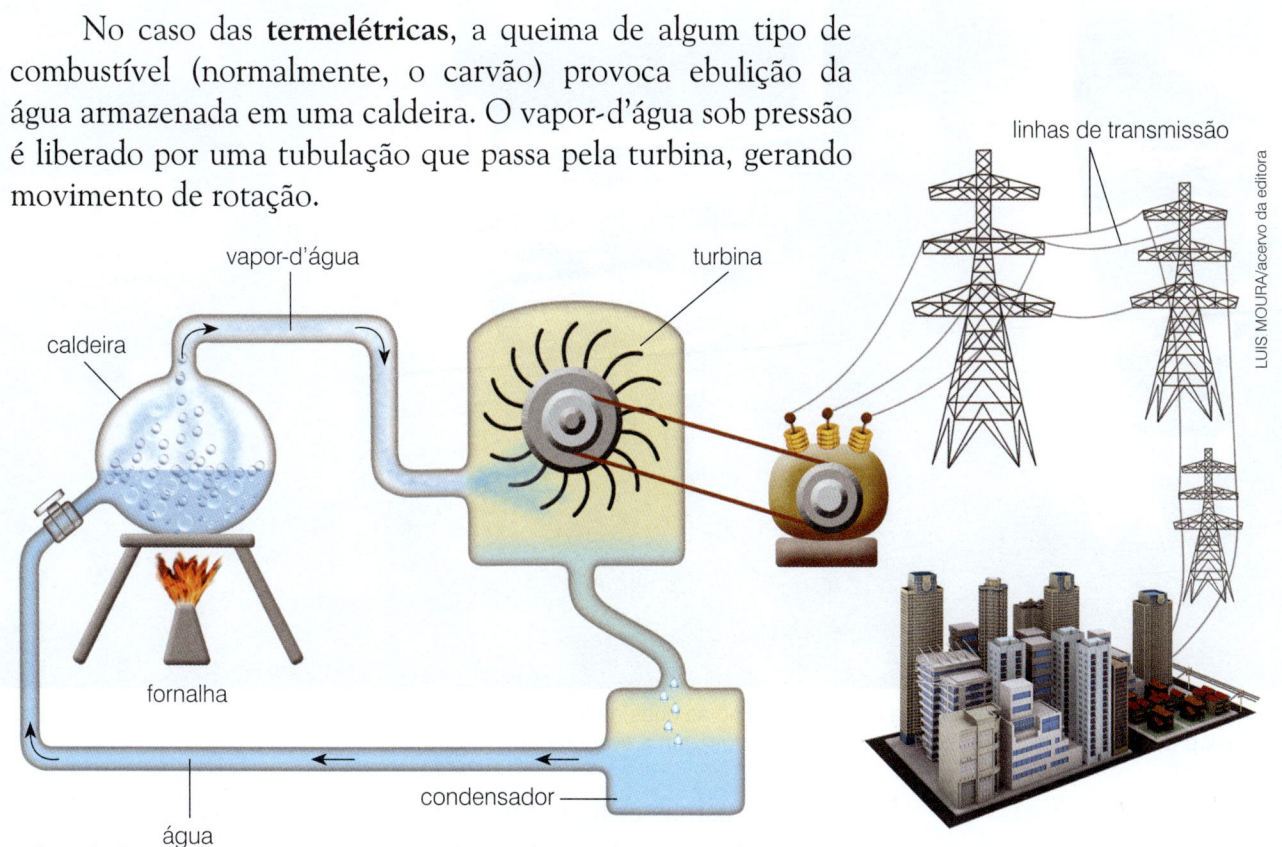

No caso das **termelétricas**, a queima de algum tipo de combustível (normalmente, o carvão) provoca ebulição da água armazenada em uma caldeira. O vapor-d'água sob pressão é liberado por uma tubulação que passa pela turbina, gerando movimento de rotação.

Adaptado de: Programa educ@ar. *Disponível em:* <http://educar.sc.usp.br/>. Acesso em: 16 nov. 2014.

Esquema simplificado do funcionamento de uma termelétrica. (Ilustração fora de escala.)

> **Biomassa:** todo recurso renovável que provém de matéria orgânica.

No caso das usinas de **biomassa** e **nuclear**, de uma forma bastante simplificada podemos dizer que elas são usinas termelétricas cuja energia térmica vem da queima da biomassa e das reações nucleares que liberam calor, respectivamente.

As usinas nucleares têm a vantagem de não liberar para o meio ambiente gases de efeito estufa, além de poderem gerar grande quantidade de energia em um espaço bem menor do que o necessário para a implantação de uma hidrelétrica. Porém, um dos problemas ligados a elas é como se dará o acondicionamento do lixo nuclear gerado, pois seus compostos continuam emitindo radiação por dezenas de anos. O risco de vazamento da radiação também deve ser previsto e rotas de fuga das populações próximas em caso dessa ocorrência também precisam ser previamente estabelecidas.

As torres de resfriamento das usinas nucleares, como as duas da foto acima, são utilizadas para liberar para a atmosfera o calor envolvido no processo. Geralmente, para isso utilizam a evaporação da água.

As usinas **eólicas** têm um mecanismo mais simples: basicamente, é o vento o responsável pelo movimento de rotação das hélices que estão acopladas a geradores elétricos.

CAPÍTULO 11 • A energia dos movimentos   237

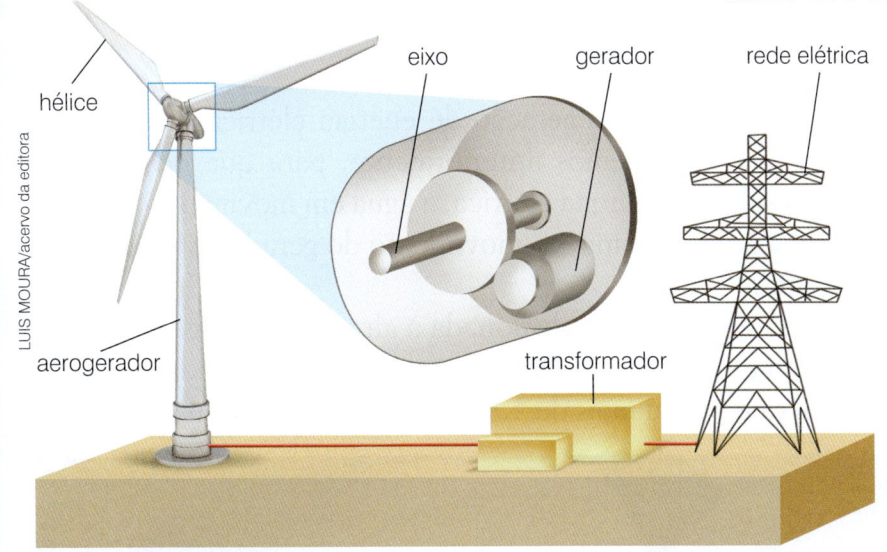

hélice
eixo
gerador
rede elétrica
aerogerador
transformador

Adaptado de: <http://www.bbc.co.uk/portuguese/especial/1931_energia/page4.shtml>. Acesso em: 16 nov. 2014.

Esquema simplificado de uma usina eólica. As pás do aerogerador estão ligadas por meio de um rotor a um gerador. O giro das hélices e do gerador transformam a energia do vento em energia elétrica, que pode ser acumulada e depois transmitida pelas linhas de transmissão. (Ilustração fora de escala.)

Parque eólico em que podem ser vistos vários aerogeradores.

Descubra você mesmo!

As imagens ao lado mostram uma usina solar e os painéis coletores de energia solar. Você sabe como funciona esse tipo de usina?

Faça uma pesquisa e busque entender como ocorre a captação de energia solar e a transformação em energia elétrica. Compartilhe sua descoberta com seus familiares e colegas.

Energia mecânica

Vamos retomar a questão da geração de energia elétrica liberada por uma hidrelétrica. Como já dissemos anteriormente, para que ocorra uma transformação que resulte em energia elétrica, a água em movimento transfere energia para a rotação da turbina e o movimento do gerador. Mas de onde vem a energia da água?

A origem dessa energia está relacionada à altura da barragem e à aceleração da gravidade ($\vec{g} = 10$ m/s^2). Dizemos que a água represada na barragem da hidrelétrica, que possui mais de 100 m de altura, armazena energia.

Imagem dos condutos forçados da barragem de Itaipu (essa barragem tem 7.919 m de extensão e altura máxima de 196 m, o equivalente a um prédio de 65 andares). Por essa canalização a água é forçada em direção às turbinas. Em Itaipu, são 20 os condutos, cada um com 10,5 m de diâmetro interno e 142,2 m de comprimento.

Para entender como essa energia pode ser armazenada, pense em uma simples experiência. Você segura uma bolinha de tênis a certa altura do solo. Quando você abre a mão, a bolinha entra em movimento de queda. Podemos dizer que a bolinha em queda possui energia associada ao seu movimento, assim como qualquer outro corpo que se move com certa velocidade tem também uma energia – **energia cinética**.

> A energia associada ao movimento de um corpo é denominada **energia cinética**.

A energia cinética (E_C) de um corpo de massa (m) que se move com velocidade (v) é dada por:

$$E_C = \frac{m \cdot v^2}{2}$$

Lembre-se!
A unidade de energia no SI (Sistema Internacional de Unidades) é o **joule** (J).

CAPÍTULO 11 • A energia dos movimentos

Mas antes de você abrir sua mão, a bolinha não possuía velocidade; portanto, não tinha energia cinética. De onde veio, então, a energia cinética?

O simples fato de existir um campo gravitacional que atrai os corpos para a Terra e de você segurar a bolinha a certa altura do solo faz com que exista uma energia armazenada na bolinha junto a sua mão e em relação ao solo, que é chamada **energia potencial gravitacional.**

> A energia armazenada em um corpo devido a sua altura em relação a uma superfície e à existência da gravidade é chamada de energia potencial gravitacional.

A energia potencial gravitacional (E_G) de um corpo de massa (m), que está a certa altura (h) do solo em uma região onde há aceleração da gravidade ($\vec{g}$), é dada por:

$$E_G = m \cdot \vec{g} \cdot h$$

A energia cinética está associada à bolinha em seu movimento de queda.

Quando você solta a bolinha de tênis, a energia potencial gravitacional é transformada em energia cinética e a bolinha entra em movimento de queda. O mesmo raciocínio se aplica para uma hidrelétrica.

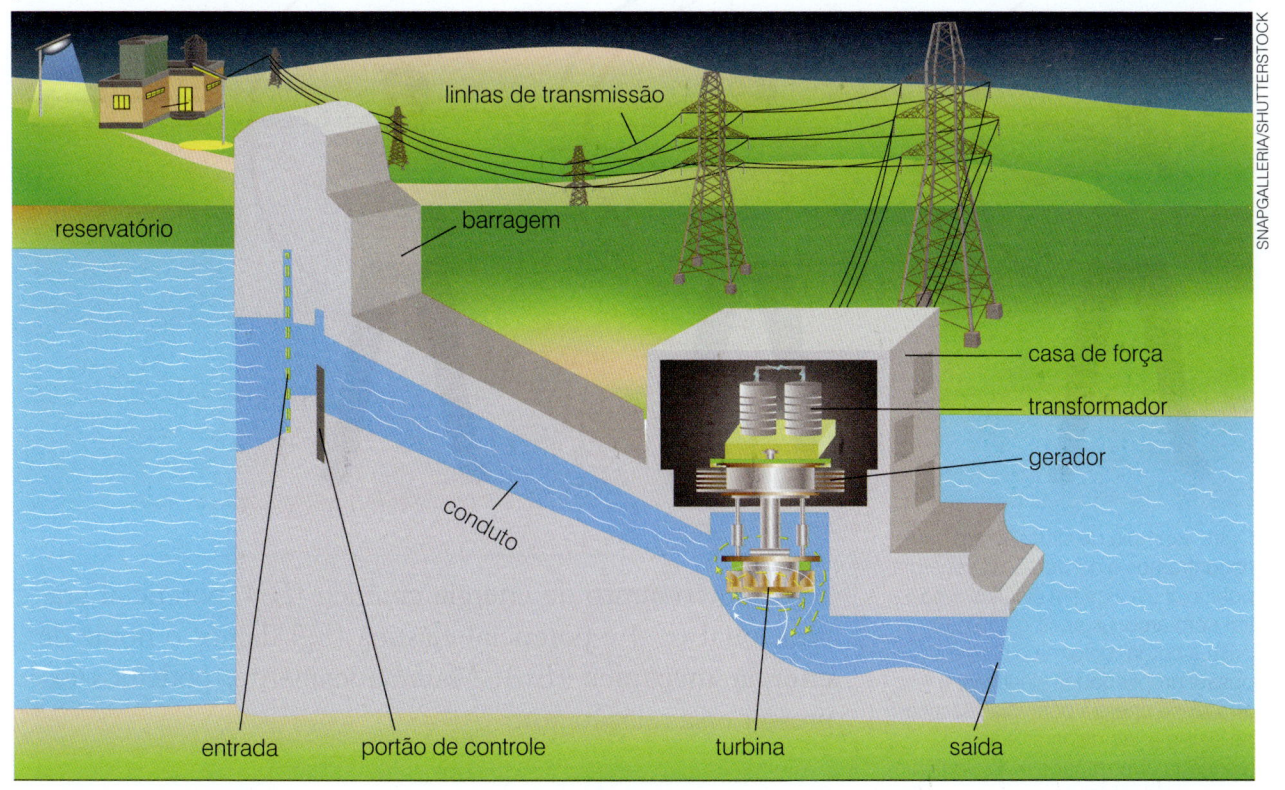

A água na barragem (represa) de uma hidrelétrica possui energia potencial gravitacional (energia armazenada). Quando flui pela entrada de água caindo por uma centena de metros ao longo dos dutos, essa energia é convertida em energia cinética (movimento) que faz girar a turbina e o gerador elétrico.

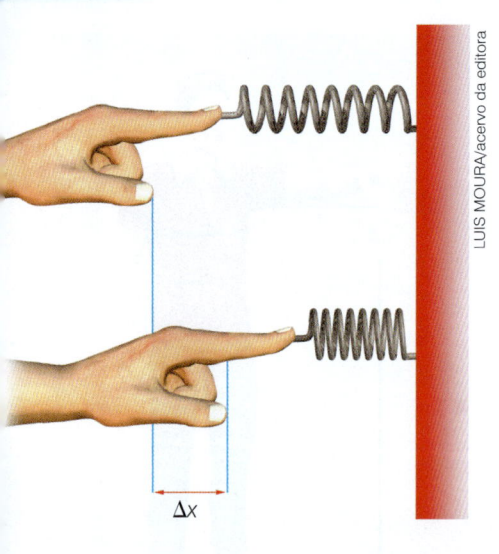

Para estender um pouco a compreensão sobre o armazenamento de energia, vamos considerar outro sistema: uma mola ou um elástico. Quando comprimimos uma mola contra a parede, por exemplo, sentimos a mola pressionando nosso dedo na tentativa de volta ao estado inicial.

Da mesma forma, quando esticamos uma mola, percebemos que há uma tendência de a mola retornar ao estado inicial. Enquanto a mola está esticada ou comprimida, há uma energia armazenada no sistema, que é chamada **energia potencial elástica**.

Quando mantemos um elástico esticado entre nossos dedos, o sistema armazena energia potencial elástica. Quando soltamos o elástico do dedo indicador, a energia potencial elástica é convertida em energia cinética e ele entra em movimento.

A energia armazenada devido à deformação e à elasticidade de um material é chamada de **energia potencial elástica**.

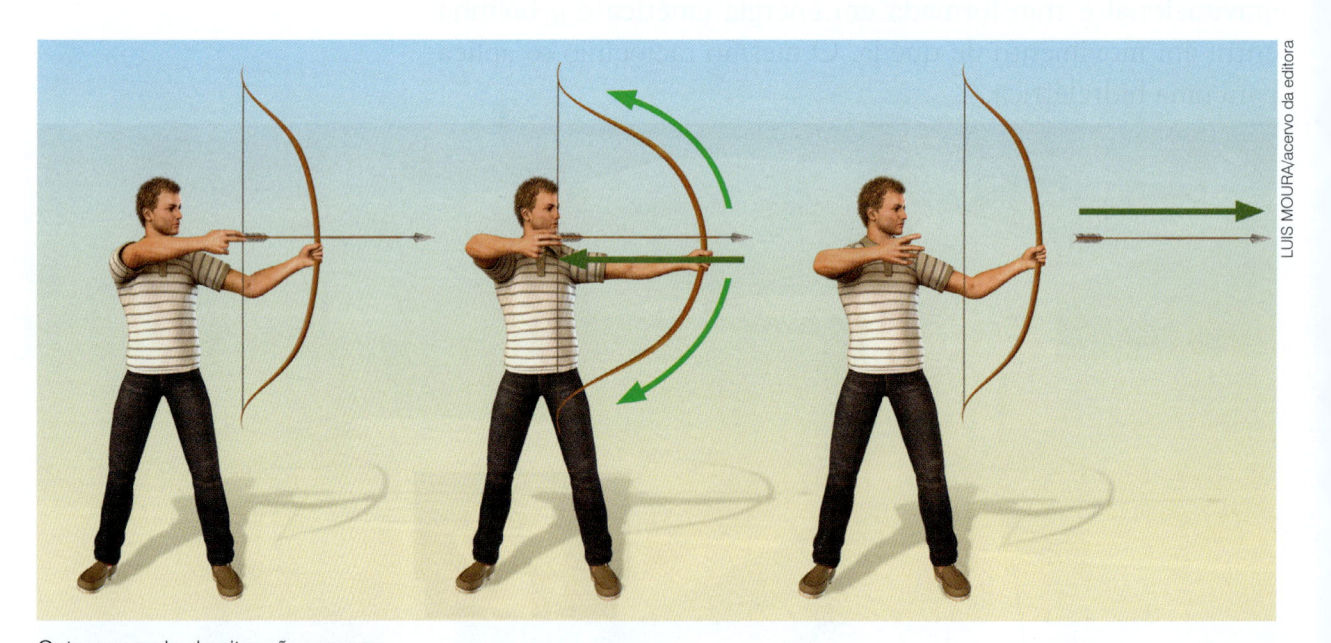

Outro exemplo de situação em que encontramos a conversão de energia potencial elástica em cinética é no tiro com arco. Quando o arqueiro puxa a corda, deforma o arco (que possui propriedades elásticas) e armazena energia potencial elástica no sistema. Ao disparar a flecha, a energia armazenada é convertida em energia cinética.

Ao conjunto de energia cinética (E_C), potencial gravitacional (E_G) e potencial elástica (E_E) damos o nome de **energia mecânica** (E_M). Matematicamente, podemos expressar essa relação por:

$$E_M = E_C + E_G + E_E$$

Princípio da Conservação da Energia

O lançamento de um elástico por nossos dedos, o tiro com arco e flecha, a queda de uma bolinha de tênis, o movimento da água em uma usina hidrelétrica, todas essas situações têm em comum o fato de que a energia total sempre se conserva (**Princípio da Conservação da Energia**), isto é, a energia total no início de um processo é igual à energia total em qualquer outro momento desse processo. Isto é sempre válido nos casos de processos que ocorrem em sistemas isolados, isto é, em que não há dissipação para o ambiente de energia por atrito, calor, som ou outra forma.

Quando soltamos uma bolinha de tênis contra o solo, por exemplo, verificamos que ela quica atingindo alturas cada vez menores. Isso ocorre, pois a energia potencial gravitacional se converteu em cinética fazendo com que a bola caia, mas quando ela bate no solo, produz som, vibração e uma quantidade mínima de calor. Essa energia é dissipada para o ambiente ao redor. O que resta de energia cinética volta a se converter em energia potencial gravitacional e a bola sobe, mas não atinge a mesma altura inicial. Depois que toda energia cinética foi convertida em potencial gravitacional, a bola volta a cair e o processo se repete. A cada colisão da bola com o solo, parte da energia mecânica do sistema é perdida até que não reste mais energia cinética para a bola voltar a subir.

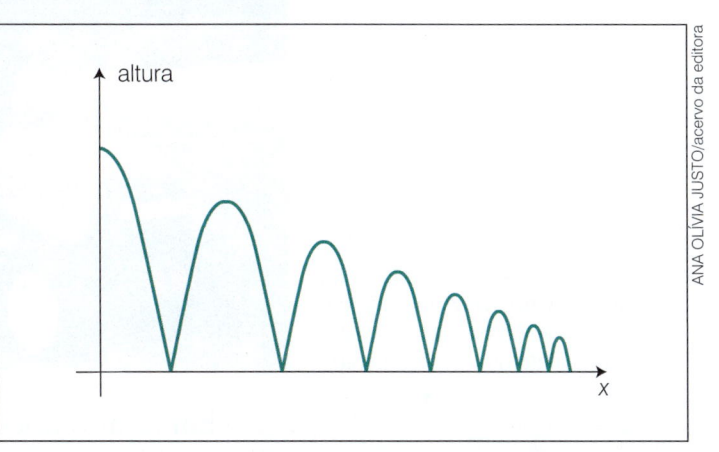

Quando uma bola toca o solo e volta a subir, parte de sua energia inicial se dissipa na forma de vibração, som e calor. Daí o porquê de ela não atingir novamente a altura inicial.

ENTRANDO EM AÇÃO!

Vamos analisar a perda de energia de uma bolinha de tênis ou de borracha quando ela colide com o solo.

Você vai precisar de uma bolinha de tênis ou de borracha, mas também pode utilizar uma bola de futebol ou de basquete desde que você saiba a massa dessa bola.

1. Anote a altura inicial de onde você vai abandonar a bolinha de tênis.
2. Considere que uma bola de tênis tem aproximadamente 60 g e determine a energia potencial gravitacional da bola.
3. Solte a bola e deixe que ela colida com o solo e suba novamente.
4. Procure anotar a altura atingida pela bola após colidir com o solo.
5. Com base nessa altura e na massa da bolinha, determine a energia potencial gravitacional da bolinha após a colisão.
6. Subtraindo os valores obtidos nas etapas 5 e 2, calcule a energia perdida durante a colisão.
7. Com base nos valores obtidos e na energia inicial, faça uma estimativa de quantas vezes a bolinha vai colidir com o solo até parar.
8. Solte a bolinha novamente e conte quantas vezes ela colide com o solo até parar. Compare esse número com sua estimativa obtida na etapa 7.

Trabalho, potência e energia

No cotidiano, nós associamos a ideia de trabalho a um esforço físico ou mental. Quando você está sentado diante de um computador cinco horas por dia em uma sala de bate papo, sem se deslocar, está realizando trabalho? Podemos dizer que, no cotidiano, sim. Em Física, trabalho está *ligado a força e ao deslocamento produzido* por essa força; portanto, no sentido físico, você não estaria realizando trabalho, ou seja, só a aplicação da força não é suficiente para a realização de um trabalho.

Na foto ao lado, a criança está realizando um trabalho, pois a força que ela aplica sobre o carrinho está produzindo um deslocamento.

Em termos físicos, trabalho é a medida da quantidade de energia necessária para que uma força que atua sobre um corpo o movimente ou lhe cause deformações.

Para uma força constante e paralela ao deslocamento, o trabalho pode ser calculador por:

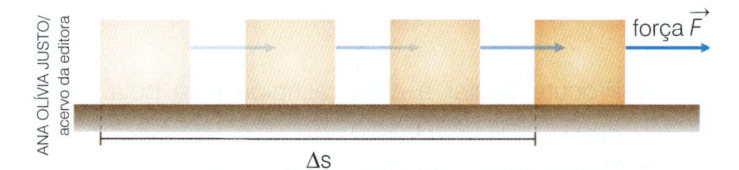

$$\tau = \vec{F} \cdot \Delta s$$

em que a letra grega τ (lê-se *tau*) é o trabalho, $\vec{F}$ é o **módulo** da força constante e Δs é o deslocamento. O sinal positivo de trabalho indica que a força e o deslocamento apresentam o mesmo sentido. O sinal negativo de trabalho, ao contrário, indica que a força e o deslocamento apresentam sentidos opostos; nesse caso, a força seria de **resistência**.

Outra grandeza pertinente para a descrição dos processos de transformação e transferência de energia é a **potência**. A potência mecânica de um dispositivo está relacionada com a **eficiência** com que um trabalho é realizado ou a energia é transformada.

Módulo: um valor ou número absoluto, isto é, um número tomado sempre com sinal positivo.

Lembre-se!
No SI, a unidade de medida do trabalho de uma força é o **joule** (J) ou N · m.

Eficiência: capacidade de conseguir o efeito desejado.

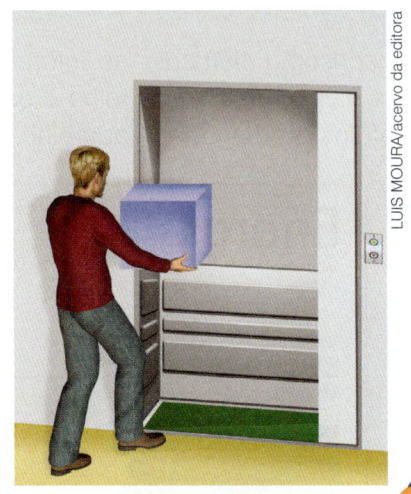

Se você precisar levar uma caixa até o 10.º andar de um edifício, pode transportá-la pela escada ou utilizando o elevador. Em ambas as situações, o trabalho realizado é o mesmo, mas há uma diferença entre as situações: utilizando o elevador você gasta um intervalo de tempo menor (como o elevador é mais potente que o homem, ele realiza o mesmo trabalho em um intervalo de tempo menor).

Matematicamente, a potência (P) pode ser calculada em termos do trabalho (τ) ou da energia (E) por:

$$P = \frac{\tau}{\Delta t} \quad \text{ou} \quad P = \frac{E}{\Delta t}$$

Fique por dentro!

A unidade de potência mecânica no SI é o **watt** (W) ou J/s. Quando falamos em equipamento de potência elevada, é comum utilizarmos o termo quilowatts (o prefixo "quilo" é igual a mil):

1 kW = 1.000 W

ESTABELECENDO CONEXÕES

Cotidiano

Entendendo sua conta de luz

Para medir a quantidade de energia elétrica utilizada por uma residência, as empresas de cobrança levam em conta a potência elétrica e o tempo de uso:

$$P = \frac{E}{\Delta t} \Rightarrow E = P \cdot \Delta t$$

Mas em vez de medir a potência em watt e o tempo em segundos para obter a energia em joules, as empresas medem a quantidade de energia consumida em uma unidade diferente daquela utilizada no SI: elas utilizam o *quilowatt-hora* (kWh).

Para isso, consideram a potência medida em kW (sendo que 1 kW = 1.000 W) e o tempo medido em horas (1 h = 3.600 s).

Profissionais especializados visitam todos os meses as residências para fazer a leitura do consumo de energia elétrica. Se um medidor, por exemplo, registra 2.481 kWh em uma leitura e, no mês seguinte, 2.581 kWh, o consumo de energia no mês foi de 100 kWh.

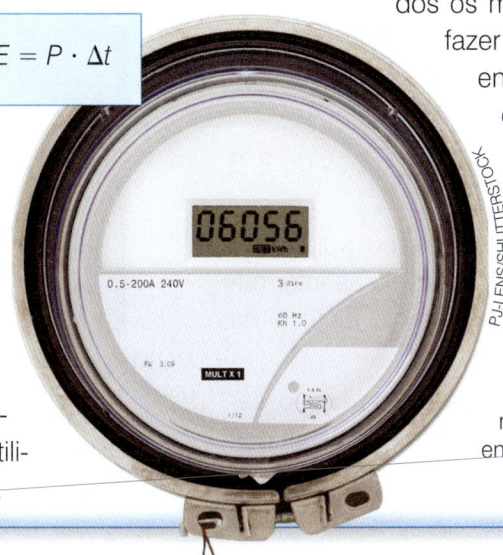

Os medidores ciclométricos registram o consumo de energia de uma residência.

UNIDADE 5 • ESTUDO DOS MOVIMENTOS

Você pode calcular o consumo elétrico dos equipamentos elétricos e eletrônicos de sua casa buscando nos rótulos ou manuais as informações de potência de cada aparelho e estimando o tempo de uso de cada aparelho.

O nível de consumo de muitos equipamentos pode ser observado também no selo Procel, um dispositivo criado pelo Programa Nacional de Conservação da Energia Elétrica que tem por objetivo orientar o consumidor no momento da compra para ajudá-lo a optar por equipamentos mais eficientes e que apresentem menor consumo.

Descubra você mesmo!

Verifique na conta de luz de sua casa qual é o valor pago por 1 kWh. A seguir, supondo que o chuveiro elétrico de sua casa tenha 2.800 W de potência, calcule qual o custo de um banho seu.

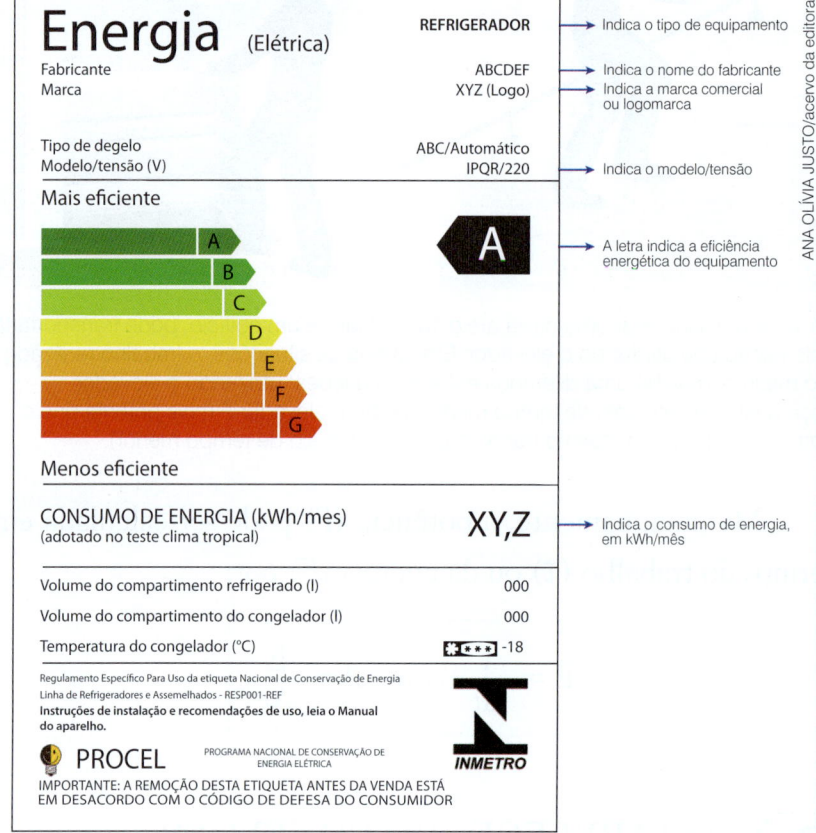

Disponível em: <http://www.eletrobras.com/ELB/main.asp?TeamID=%7B95F19022-F8BB-4991-862A-1C116F13AB71%7D>. Acesso em: 3 dez. 2014.

EM CONJUNTO COM A TURMA!

Desafio da economia de energia elétrica

Nessa atividade, vamos analisar algumas medidas que podemos tomar visando a reduzir o consumo de energia elétrica.

1. Em sua turma, forme vários grupos de 2, 3 ou 4 alunos.
2. Cada um dos integrantes de seu grupo deve pedir aos pais ou responsáveis as informações de consumo de energia elétrica da conta de luz de sua casa.
3. Encontre o gasto energético do grupo somando os gastos, em kWh, de cada um dos membros da equipe.

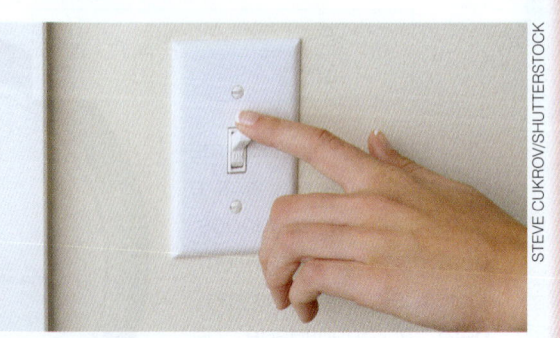

Medidas simples, como apagar a luz dos cômodos quando não há pessoas neles ou quando a iluminação natural é suficiente, fazem diferença não só na conta paga pela energia, mas também para o meio ambiente.

4. Discuta com seu grupo que ações podem ser tomadas na casa de cada um dos integrantes para que o consumo do mês seguinte seja reduzido.
5. Leve suas ideias para sua casa, discuta com seus familiares e procure aplicá-las ao longo do mês.
6. Após um mês, o grupo deve analisar novamente as contas de luz somando os valores.
7. Fazendo uma regra de três simples, descubra qual foi a redução percentual após aplicar as ações para diminuir o consumo.
8. O consumo total de cada grupo deve ser diferente, mas a redução percentual pode ser comparada. Faça essa comparação entre os vários grupos. Qual foi o grupo vencedor? Qual foi o segredo da vitória?
9. Discutam entre todos os grupos quais foram as ações mais efetivas para reduzir o consumo.

ESTABELECENDO CONEXÕES

Geografia

Horário de verão

Se você mora nas regiões Sudeste, Sul ou Centro-Oeste já está familiarizado com as mudanças que o chamado horário de verão acarreta. Mas o que é esse tal de horário de verão?

Os períodos de claro e de escuro do dia estão relacionados com o eixo de inclinação da Terra e com a órbita de nosso planeta ao redor do Sol. A duração desses períodos também varia conforme a latitude em que nos encontramos, sendo menos perceptíveis as diferenças de tempo entre os períodos de claro e de escuro no Equador do que nos polos.

É no período de outubro a fevereiro, época do ano em que o período de claridade do dia é maior, que em algumas regiões do Brasil se adianta o relógio em uma hora: quando o relógio marcaria, por exemplo, 10h, como ele foi adiantado, então ele passa a marcar 11h no chamado "horário de verão".

Com isso, aproveita-se mais o período de luz natural, utilizando-se menos energia elétrica para iluminar os ambientes, principalmente no horário de pico de consumo de energia (entre as 18h e as 20h). Essa diminuição da demanda também reduz a pressão sobre o sistema de distribuição de energia, diminuindo o risco de uma falha no sistema, com a consequente falta de energia para a população.

O horário de verão tem permitido uma redução no consumo e nos gastos públicos que não deve ser desprezada.

HORÁRIO DE VERÃO 2014

Fonte: ATLAS Geográfico Escolar. 6. ed. Rio de Janeiro: IBGE, 2012. Adaptado.

UNIDADE 5 • ESTUDO DOS MOVIMENTOS

Nosso desafio

Para preencher os quadrinhos de 1 a 10, você deve utilizar as seguintes palavras: cinética, joule, mecânica, não renováveis, potência, potencial elástica, potencial gravitacional, renováveis, trabalho, watt.

À medida que você preencher os quadrinhos, risque a palavra que escolheu para não usá-la novamente.

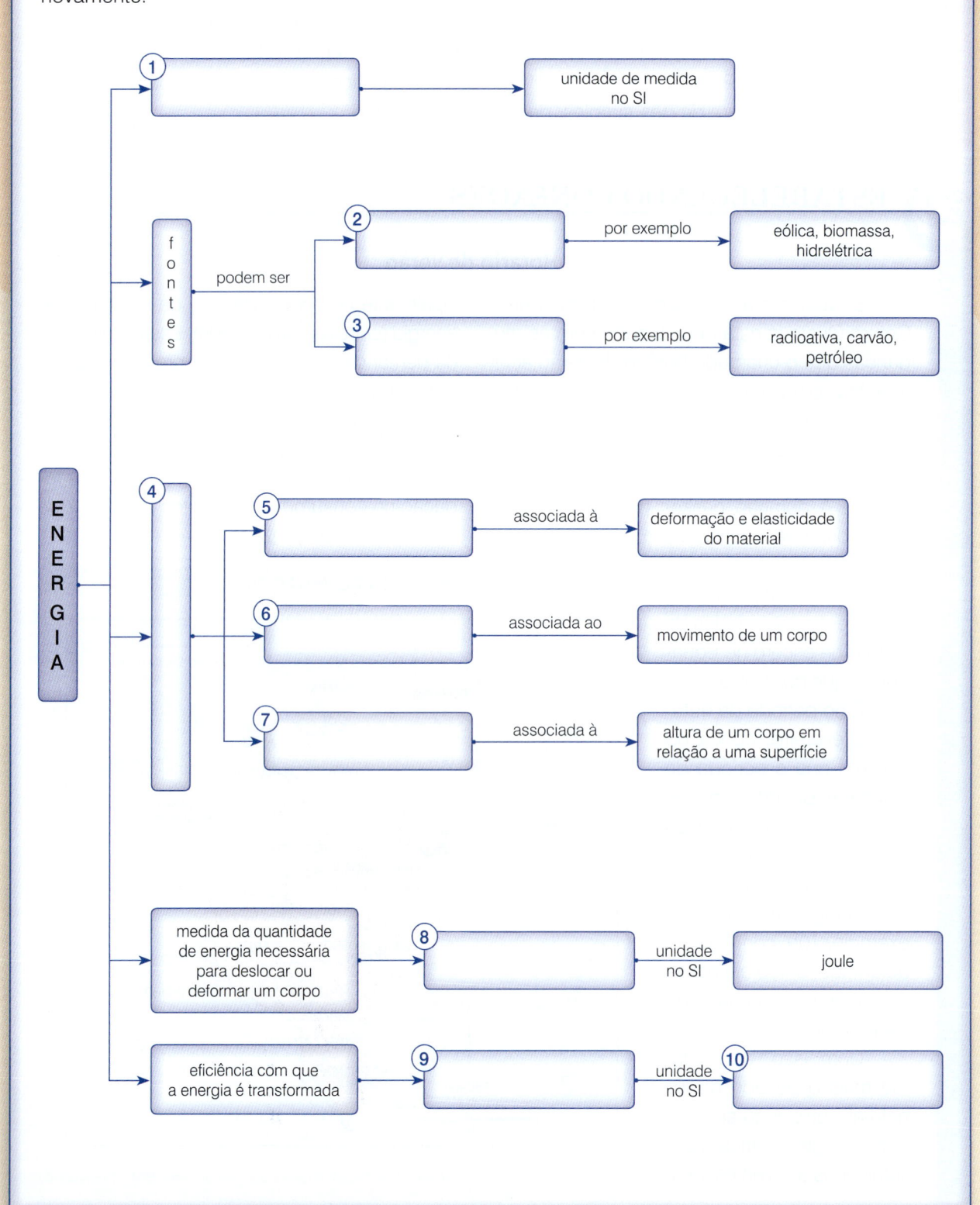

ENERGIA

- (1) ⟶ unidade de medida no SI
- fontes podem ser:
  - (2) ⟶ por exemplo ⟶ eólica, biomassa, hidrelétrica
  - (3) ⟶ por exemplo ⟶ radioativa, carvão, petróleo
- (4)
  - (5) ⟶ associada à ⟶ deformação e elasticidade do material
  - (6) ⟶ associada ao ⟶ movimento de um corpo
  - (7) ⟶ associada à ⟶ altura de um corpo em relação a uma superfície
- medida da quantidade de energia necessária para deslocar ou deformar um corpo ⟶ (8) ⟶ unidade no SI ⟶ joule
- eficiência com que a energia é transformada ⟶ (9) ⟶ unidade no SI ⟶ (10)

Atividades

1. Vimos que a energia elétrica pode ser obtida por diferentes tipos de usina, entre elas: hidrelétricas, termelétricas, nucleares e eólicas. Discuta os pontos positivos e negativos de cada uma delas.

2. (ENEM) A energia elétrica consumida nas residências é medida, em quilowatt-hora, por meio de um relógio medidor de consumo. Nesse relógio, da direita para esquerda, tem-se o ponteiro da unidade, da dezena, da centena e do milhar. Se um ponteiro estiver entre dois números, considera-se o último número ultrapassado pelo ponteiro. Suponha que as medidas indicadas nos esquemas seguintes tenham sido feitas em uma cidade em que o preço do quilowatt-hora fosse de R$ 0,20.

leitura atual

leitura do mês passado

FILHO, A. G.; BAROLLI, E.
Instalação Elétrica.
São Paulo: Scipione, 1997.

O valor a ser pago pelo consumo de energia elétrica registrado seria de
 a. R$ 41,80.
 b. R$ 42,00.
 c. R$ 43,00.
 d. R$ 43,80.
 e. R$ 44,00.

3. (ENEM) O esquema mostra um diagrama de bloco de uma estação geradora de eletricidade abastecida por combustível fóssil.

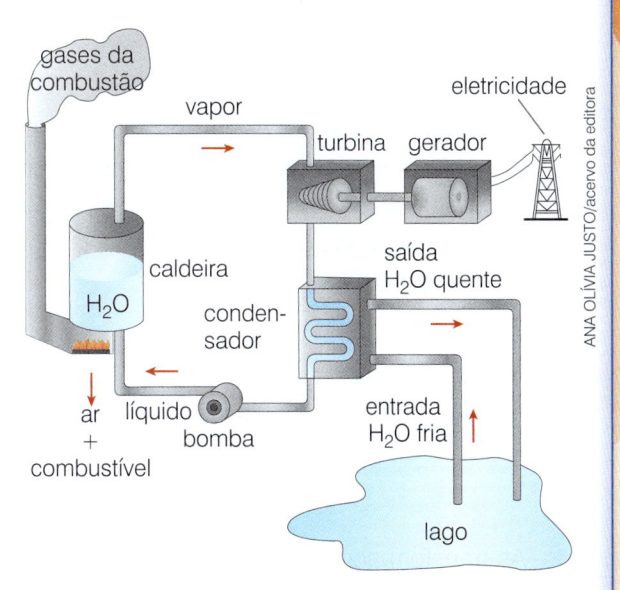

HINRICHS, R. A.; KLEINBACH, M.
Energia e o Meio Ambiente.
São Paulo: Pioneira Thomson Learning, 2003.
Adaptado.

Se fosse necessário melhorar o rendimento dessa usina, que forneceria eletricidade para abastecer uma cidade, qual das seguintes ações poderia resultar em alguma economia de energia, sem afetar a capacidade de geração da usina?
 a. Reduzir a quantidade de combustível fornecido à usina para ser queimado.
 b. Reduzir o volume de água do lago que circula no condensador de vapor.
 c. Reduzir o tamanho da bomba usada para devolver a água líquida à caldeira.
 d. Melhorar a capacidade de os dutos com vapor conduzirem calor para o ambiente.
 e. Usar o calor liberado com os gases pela chaminé para mover outro gerador.

4. (ENEM) Com o projeto de mochila ilustrado na figura a seguir, pretende-se aproveitar, na geração de energia elétrica para acionar dispositivos eletrônicos portáteis, parte da energia desperdiçada no ato de caminhar.

MOCHILA GERADORA DE ENERGIA

- A mochila tem uma estrutura rígida semelhante à usada por alpinistas.
- O compartimento de carga é suspenso por molas colocadas na vertical.
- Durante a caminhada, os quadris sobem e descem em média cinco centímetros. A energia produzida pelo vai-e-vem do compartimento de peso faz girar um motor conectado ao gerador de eletricidade.

O sobe-e-desce dos quadris faz a mochila gerar eletricidade

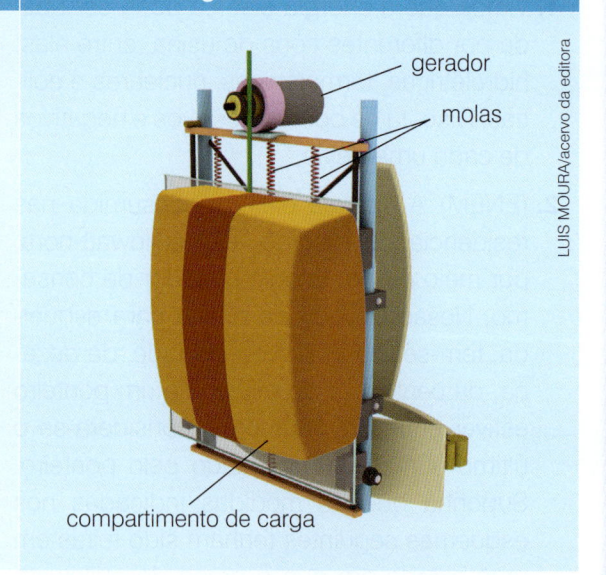

IstoÉ, n. 1.864, p. 69, set. 2005. Adaptado.

As transformações de energia envolvidas na produção de eletricidade enquanto uma pessoa caminha com essa mochila podem ser esquematizadas conforme ilustrado a seguir.

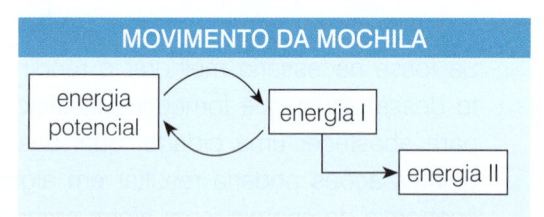

MOVIMENTO DA MOCHILA

energia potencial ⇄ energia I
energia I → energia II

As energias I e II, representadas no esquema anterior, podem ser identificadas, respectivamente, como
a. cinética e elétrica.
b. térmica e cinética.
c. térmica e elétrica.
d. sonora e térmica.
e. radiante e elétrica.

5. (ENEM) A figura a seguir ilustra uma gangorra de brinquedo feita com uma vela. A vela é acesa nas duas extremidades e, inicialmente, deixa-se uma das extremidades mais baixa do que a outra. A combustão da parafina da extremidade mais baixa provoca a fusão. A parafina da extremidade mais baixa da vela pinga mais rapidamente do que na outra extremidade. O pingar da parafina fundida resulta na diminuição da massa da vela na extremidade mais baixa, o que ocasiona a inversão das posições.

Assim, enquanto a vela queima, oscilam as duas extremidades.

Nesse brinquedo, observa-se a seguinte sequência de transformações de energia:
a. energia resultante de processo químico → energia potencial gravitacional → energia cinética.
b. energia potencial gravitacional → energia elástica → energia cinética.
c. energia cinética → energia resultante de processo químico → energia potencial gravitacional.
d. energia mecânica → energia luminosa → energia potencial gravitacional.
e. energia resultante do processo químico → energia luminosa → energia cinética.

6. A barragem da usina hidrelétrica de Itaipu possui altura que equivale a um prédio de 65 andares (196 m). Para cada tonelada de água que é mantida na altura máxima da barragem, determine sua energia potencial gravitacional em J e em kWh (considere 1 kWh = $3,6 \times 10^5$ J).

7. Uma flecha de 200 g é atirada por um arco capaz de armazenar energia potencial elástica de 110 J. Considerando que a energia mecânica se conserva, qual será a energia cinética e a velocidade (em m/s e em km/h) da flecha quando atingir a altura de 10 m?

8. Determine o trabalho realizado por uma força de 30 N que desloca 2 m uma mesa na mesma direção e sentido da força.

9. Suponha um corpo de 20 kg localizado a 10 m acima do solo. Determine sua energia potencial gravitacional em relação ao próprio solo. Considere $\vec{g}$ = 10 m/s².

10. (UFPE) Um bloco é solto no ponto A e desliza sem atrito sobre a superfície indicada na figura ao lado. Com relação ao bloco, podemos afirmar:

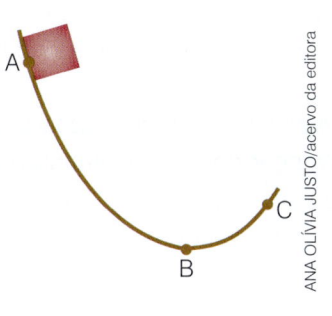

a. a energia cinética no ponto B é menor que no ponto C.

b. a energia cinética no ponto A é maior que no ponto B.

c. a energia potencial no ponto A é menor que a energia cinética no ponto B.

d. a energia total do bloco varia ao longo da trajetória ABC.

e. a energia total do bloco ao longo da trajetória ABC é constante.

11. (UNOPAR) O Brasil utiliza o represamento das águas dos rios para a construção de usinas hidrelétricas na geração de energia elétrica. Porém, isso causa danos ao meio ambiente, como, por exemplo:

– imensa quantidade de madeira nobre submersa nas águas;

– alteração do *habitat* da vida animal;

– assoreamento dos leitos dos rios afluentes.

Em uma usina hidrelétrica, existe a transformação sequencial de energia. Essa sequência é corretamente apresentada na alternativa:

a. cinética – potencial – elétrica.

b. química – cinética – elétrica.

c. cinética – elástica – elétrica.

d. potencial – cinética – elétrica.

e. potencial – química – elétrica.

12. Suponha que um elevador de peso 5.000 N se desloque para cima com velocidade constante, percorrendo 20 m em 5 s. Calcule a potência da força que movimenta o elevador.

13. (PUC – RJ) Sabendo que um corredor cibernético de massa 70 kg, partindo do repouso, realiza uma prova de 200 m em 20 s, mantendo uma aceleração constante de 1 m/s², determine a energia cinética atingida pelo corredor no final dos 200 m, em J.

Navegando na net

Conheça como funciona uma usina hidrelétrica por meio de uma miniatura feita com objetos caseiros. *Disponível em:*

http://www.youtube.com/watch?v=VE5DF_4s6r8

(*acesso em:* 7 dez. 2014).

Leitura
Você, **desvendando** a Ciência

Nova tecnologia de geração de energia por meio de correntes marítimas está em teste no Canadá

Já foi derrubado por uma onda? Na praia, é sempre comum vermos pessoas sendo levadas para lá e para cá pelas ondas do mar. A força de algumas delas é impressionante e até perigosa. A boa notícia é que a correnteza pode ser utilizada para gerar energia elétrica.

No Canadá, a *Fundy Ocean Research Center for Energy* (FORCE) está trabalhando em um projeto que consiste na criação de um gerador de eletricidade marinho. A força das marés, rios e oceanos é utilizada na movimentação desses geradores, que produzem energia.

Especialistas defendem que a energia gerada seria suficiente para abastecer milhares de casas. As expectativas são mais ou menos as seguintes: com a produção de 64 megawatts, o número de casas beneficiadas seria de 20 mil. No entanto, os trabalhos ainda estão se concentrando em conectar as quatro gigantescas turbinas marinhas aos cabos presentes no fundo do Bay of Fudy – baía na costa atlântica da América do Norte.

O atual projeto gerador é financiado pela *Natural Resources Canada* e a *Ocean Renewable Energy*, no *Canada Group*. As esperanças são avançar com a comercialização das tecnologias de energias renováveis marinhas, principalmente no Canadá, e criar competitividade internacional. Finalizando tal projeto, o Canadá poderá se tornar o novo líder em aproveitamento das correntes, rios e ondas para produção de energia elétrica.

Disponível em: <http://www.ecycle.com.br/component/content/article/37-tecnologia-a-favor/2867-nova-tecnologia-de-geracao-de-energia-por-meio-de-correntes-maritimas-esta-em-testes-no-canada.html>.
Acesso em: 2 jul. 2015.

1) Que tipo de conversão de energia está envolvida na tecnologia desse tipo de usina?

2) A estimativa da capacidade de atendimento de residências com a energia gerada é razoável? Em outras palavras, de acordo com o texto, o consumo médio por residência é realista?

TecNews
O que há de mais moderno no mundo da Ciência!

Hidrelétricas emitem gases do efeito estufa, revela estudo

O velho discurso oficial de que as usinas hidrelétricas sempre foram um modelo de geração de energia limpa, ou seja, que não contribuíam para o aquecimento global, caiu por terra.

Estudo de pesquisadores da Coordenação dos Programas de Pós-Graduação em Engenharia (Coppe), da Universidade Federal do Rio de Janeiro (UFRJ), mostra que barragens de hidrelétricas produzem quantidades consideráveis de metano, gás carbônico e óxido nitroso, gases que provocam o chamado efeito estufa.

Em alguns casos, elas podem emitir mais gases poluentes do que as próprias termelétricas movidas a carvão mineral ou a gás natural. Segundo o geógrafo Marco Aurélio dos Santos, um dos autores do estudo, três fatores são responsáveis pela produção desses chamados gases quentes em uma hidrelétrica: a decomposição da vegetação pré-existente, ou seja, das árvores atingidas pela inundação de áreas usadas na construção dos reservatórios; a ação de algas que emitem CO_2 nos lagos das usinas; e o acúmulo nas barragens de nutrientes orgânicos trazidos por rios e pela chuva.

"Ao contrário do que imaginamos, a emissão de gás carbônico e de metano não acaba com a decomposição total da vegetação pré-existente no lago da usina. Há uma renovação constante na produção desses gases, com a chegada de novos materiais orgânicos trazidos pelos rios e pelas chuvas, que são decompostos [por seus decompositores]", explica. (...)

Santos conta que a relação entre a potência energética e a geometria do reservatório é fundamental para a maior ou menor produção de gases quentes. "Lagos profundos em áreas pequenas, e com grande potência energética, emitem poucos gases desse tipo."

MELO, M. F. de. *Hidrelétricas Emitem Gases do Efeito Estufa, Revela Estudo.*
Disponível em: <http://www.apoena.org.br/artigos-detalhe.php?cod=207>. *Acesso em:* 3 ago. 2014.

CLICK E ABASTEÇA AS IDEIAS

Veja nossa sugestão de *links* sobre o assunto e abasteça suas ideias!
- http://www.brasil.gov.br/infraestrutura/2014/08/hidreletricas-podem-absorver-gases-do-efeito-estufa-aponta-estudo
- http://www.mme.gov.br/mme/menu/belo_monte.html

INVESTIGANDO...

Com seu grupo de trabalho, identifiquem o que deve ser levado em conta na análise da área que será alagada para construção de uma barragem para evitar a produção de gases de efeito estufa. Analisem se o artigo deve ser considerado argumento para investimentos em termelétricas em vez de em hidrelétricas

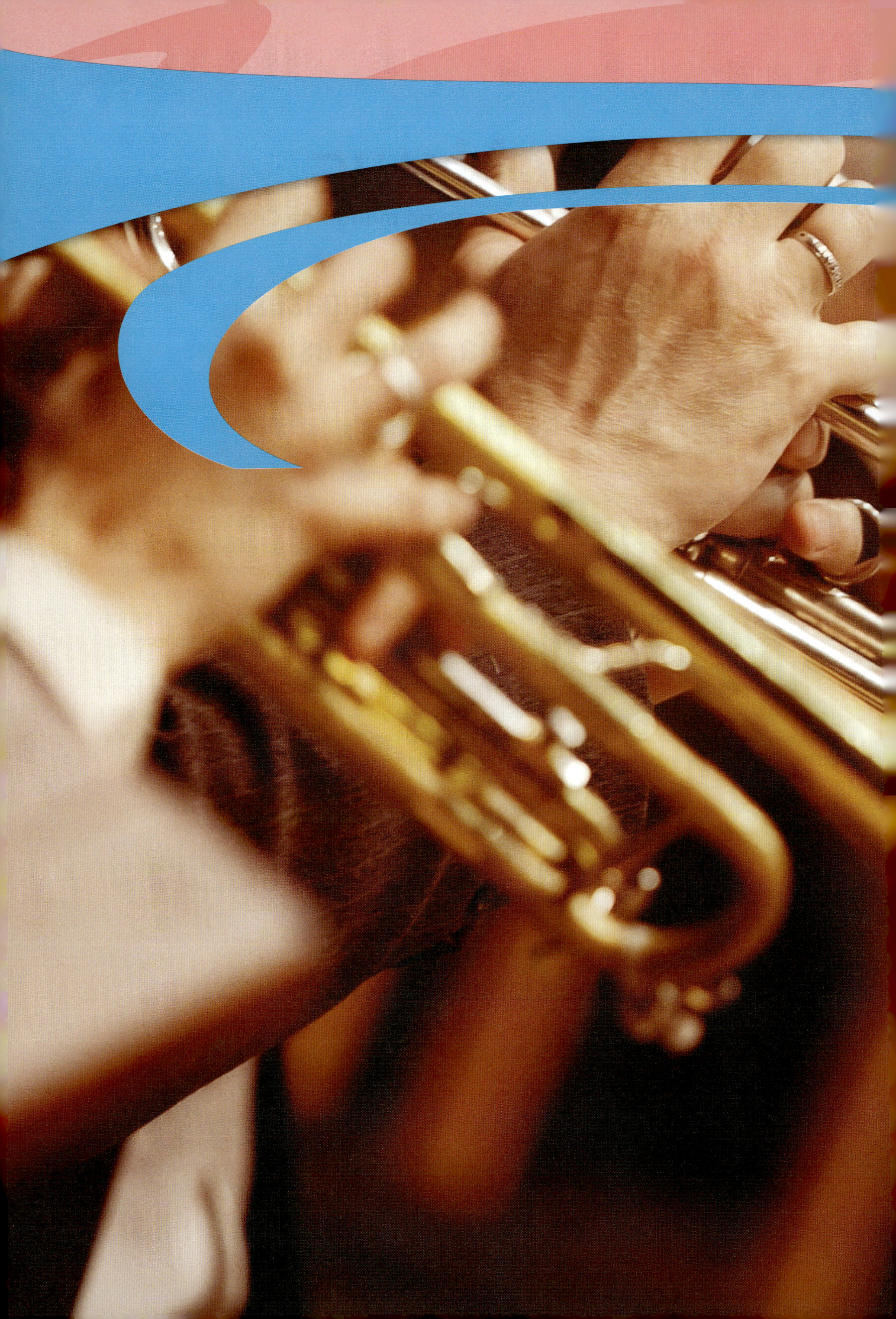

Unidade 6

SOM e luz

Você já se perguntou como podemos saber que algumas coisas estão onde estão, mesmo que estejam distantes de nós? Como você pode ver um carro do outro lado da rua ou saber que existe um cachorro do lado de lá da porta? Como os músicos conseguem produzir sons com seus instrumentos?

Já conhecemos uma Física que estuda os movimentos de corpos pelo espaço, ou seja, das coisas que se deslocam pelo espaço. Mas há algo que se desloca pelo espaço que "sai" do latido do cachorro e chega até nossos ouvidos? Há algo que se move desde o carro do outro lado da rua até nossos olhos? Como podemos ver e ouvir coisas tão distantes como as estrelas e a lua ou o barulho do mar? Nesta unidade, a partir do estudo do som e da luz, você conhecerá como a Física explica esses fenômenos.

FURTSEFF/SHUTTERSTOCK

Ondas e som

capítulo 12

Um fenômeno especial

A foto acima representa uma movimentada avenida e um grupo de capoeiristas se apresentando na calçada. Que sons poderiam ser identificados no local onde a foto foi tirada? De onde vêm esses sons? Como percebemos esses sons?

Se você for um pedestre andando pela calçada poderá ouvir a música dos instrumentos, os sons dos carros passando, pessoas conversando nas calçadas e muitos outros barulhos. A primeira observação que podemos fazer é que você ouve por meio do seu aparelho auditivo (se você tapar com as mãos seus ouvidos, os sons diminuirão significativamente). A segunda observação importante é que o som que atinge seus ouvidos se originou de algum lugar. O mecanismo que permite a "criação" e a transmissão dos sons dos instrumentos ou do carro pelo espaço até chegar aos seus ouvidos é um fenômeno físico muito especial. Neste capítulo, estudaremos esse fenômeno que permite que informações e sinais viajem pelo espaço contornando obstáculos, interferindo e chegando ao seu destino.

Ondas

Vamos imaginar a situação de um cachorro latindo atrás de uma porta de madeira. Você não pode vê-lo, mas pode ouvi-lo, certo? Isso porque existe algo que sai da boca do cachorro e chega até seus ouvidos. Chamamos esse algo de som. Mas o que é o **som**? Vamos explorar melhor esse fenômeno.

Se você mudar a sua posição atrás da porta com um passo para o lado ou para trás você deixará de ouvir o latido do cão? Não! Isso parece nos indicar que o som se espalha pelo espaço em várias direções e a diferentes distâncias da fonte sonora. Portanto, esse algo que sai da fonte sonora não pode ser algo parecido a uma bala ou projétil – é algo que se espalha pelo espaço. Que coisa é essa que percorre o espaço, mas não parece nada com uma partícula? É o fenômeno que em Física chamamos de **onda**.

Fonte sonora: qualquer corpo que emite sons.

A onda é uma forma de *transportar energia* por algum meio, mas sem transportar partículas, ou seja, *sem transportar matéria*. Uma onda pode ainda contornar obstáculos e se propagar em meios materiais, como uma porta de madeira, por exemplo.

Uma onda se espalha por determinado meio e tem propriedades muito características. O som, como veremos mais adiante, é uma onda que se propaga pelo ar.

Para entender melhor alguns conceitos a respeito das ondas, vamos pensar no exemplo de uma gota de chuva caindo em uma poça d'água.

Cada gota que toca a superfície da água cria uma *perturbação*, ou seja, uma mudança em alguma propriedade dessa superfície. Essa mudança ou perturbação se espalha pelo meio gerando uma onda na água. Dizemos que a onda se **propagou** pelo meio, nesse caso, a superfície da água.

Ondas na superfície da água. Como a superfície de líquidos apresentam duas dimensões, suas ondas são classificadas como bidimensionais.

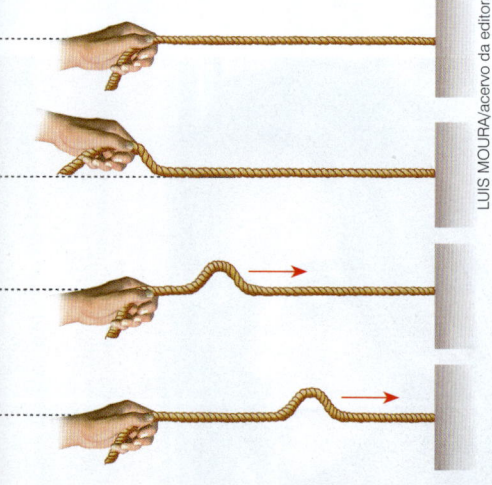

Onda que se propaga em uma só direção

Podemos imaginar ainda uma perturbação que se propague em uma só direção, como uma onda em uma corda. Imagine uma corda presa a uma parede e segurada por uma pessoa na outra extremidade. Se a pessoa levantar e abaixar a mão que segura a corda produzirá uma perturbação que se desloca ao longo dela, chamada **pulso**.

Se a pessoa repetir esse movimento para cima e para baixo várias vezes, de forma rítmica, produzirá uma onda que se propagará pela corda.

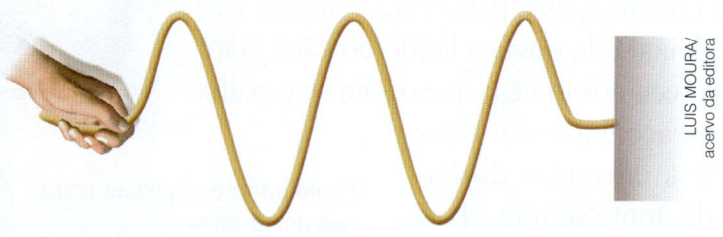

Um pulso se deslocando por uma corda.

O movimento rítmico da mão para cima e para baixo faz com que uma onda se propague pela corda. Observe que o movimento rítmico da mão não transfere nenhuma matéria para a corda, mas apenas transmite energia.

Características de uma onda

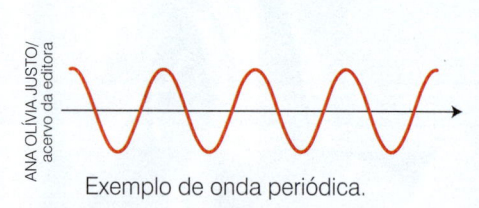

As ondas geradas por uma fonte que realiza movimentos de oscilação em intervalos de tempo regulares são conhecidas como **ondas periódicas**. Veremos, a seguir, algumas importantes características das ondas, como **frequência, período, amplitude, comprimento de onda** e **velocidade de propagação**.

Exemplo de onda periódica.

Frequência e período

Se gotas de água continuarem a cair sobre uma poça, serão criadas sucessivas perturbações, isto é, sucessivas ondas. O número de perturbações completas por unidade de tempo é o que chamamos de **frequência (f)** e o tempo que uma oscilação leva para ser completada é o que chamamos de **período (T)**.

> **Lembre-se!**
>
> A unidade de medida de frequência no Sistema Internacional de Unidades chama-se **hertz** (Hz). Seus múltiplos mais frequentes são o quilohertz (10^3 Hz), o megahertz (10^6 HZ) e o gigahertz (10^9 hertz).

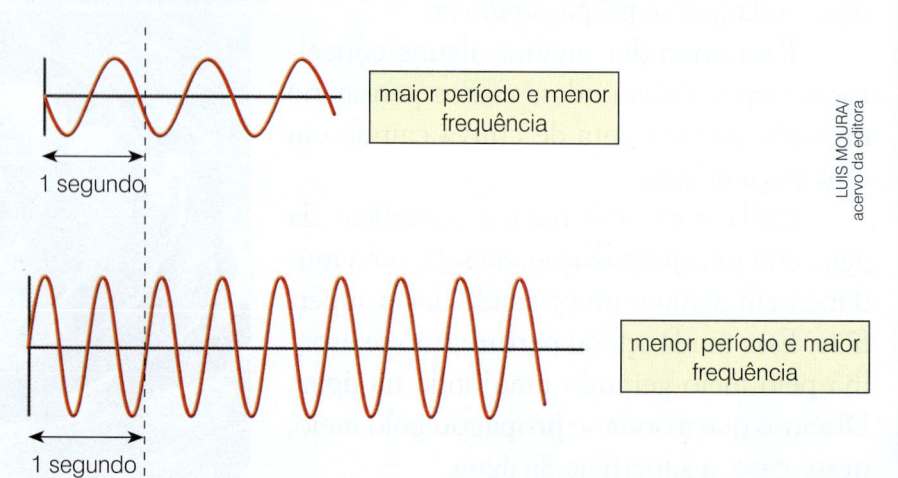

1 segundo — maior período e menor frequência

1 segundo — menor período e maior frequência

Note que quanto menor o tempo para uma oscilação ser completada (menor período), mais oscilações serão produzidas por unidade de tempo e, portanto, maior será a frequência.

CAPÍTULO 12 • Ondas e som   257

Período e frequência se relacionam por:

$$T = \frac{1}{f}$$

em que T é o período e f é a frequência da onda.

Amplitude e comprimento de onda

O exemplo da onda se propagando na corda ainda pode nos ajudar a estudar outros elementos importantes em uma onda, como a **amplitude e o comprimento de onda**.

A **amplitude** está relacionada com o tamanho do movimento feito pela mão de quem balança a corda. Um movimento mais amplo significa maior amplitude da onda, medida pela distância entre uma **crista** e um **vale**.

Lembre-se!

Ondas são fenômenos físicos que transportam energia sem transportar matéria.

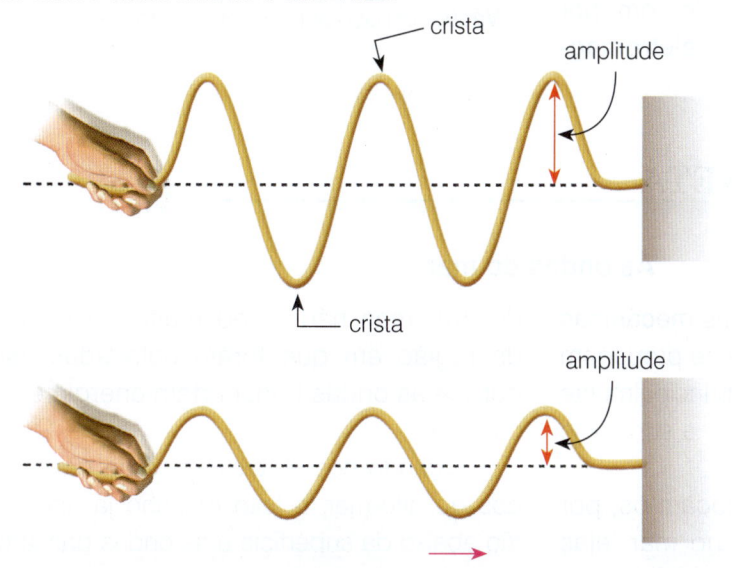

Cristas são as porções mais altas de uma onda e vales são suas porções mais baixas.

Perceba que é possível alterar a amplitude sem modificar a frequência ou o **comprimento de onda**, que é a distância entre duas cristas ou entre dois vales. Esse comprimento pode ser dado em metros ou em centímetros, por exemplo, e é representado pela letra grega λ (lambda).

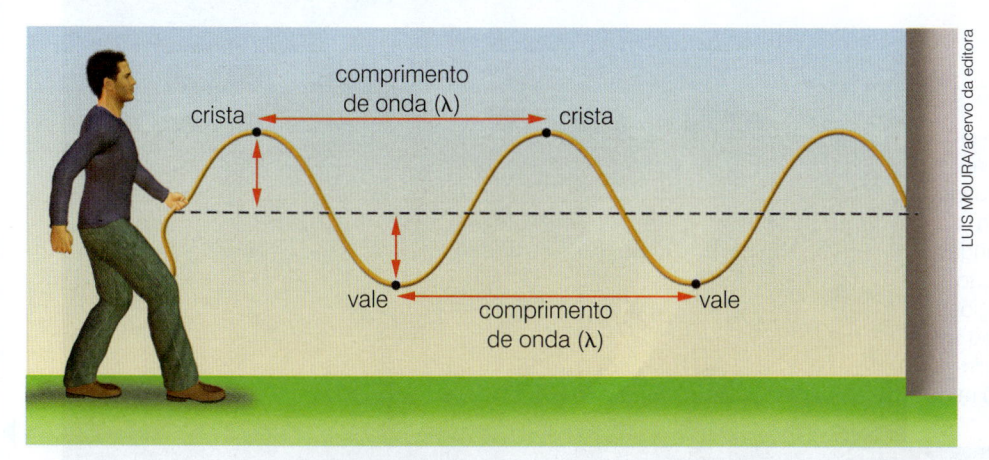

A distância entre duas cristas ou dois vales sucessivos é chamada de comprimento de onda.

Velocidade de propagação

Há ainda mais uma característica importante das ondas que se refere a sua **velocidade de propagação**. Essa velocidade depende das características do meio no qual a onda se propaga.

A velocidade da onda, seu comprimento e sua frequência estão relacionados por:

$$v = \lambda \cdot f$$

em que v é a velocidade da onda, λ é o comprimento de onda e f é a frequência da onda.

É SEMPRE BOM SABER MAIS!

Ondas mecânicas e eletromagnéticas

Podemos classificar as ondas de acordo com a necessidade ou não de um meio de propagação. Se a onda necessita de um meio material para se propagar, dizemos que a onda é **mecânica** – é o caso do som, por exemplo. Já no caso das ondas **eletromagnéticas**, como as ondas do rádio ou da luz elas podem se propagar tanto em meio material quanto no vácuo.

Vácuo: espaço com ausência total de matéria.

DE OLHO NO PLANETA

Meio Ambiente

As ondas do mar

As **ondas do mar** são ondas **mecânicas** e, naturalmente, o meio em que se propagam é a água do mar. São formadas principalmente a partir da ação dos ventos sobre a superfície da água.

Distantes da praia, se colocarmos, por exemplo, boias sinalizadoras no mar, elas executarão um movimento oscilatório (um pouco para cima, um pouco para baixo, um pouco para a esquerda, um pouco para a direita), mas não serão muito deslocadas da região em que foram colocadas. Isso porque as ondas transportam energia e não matéria.

Quando nos aproximamos da praia, vindos do alto-mar, o leito marinho já não está tão abaixo da superfície e as ondas passam a carregar areia e detritos desse leito. Com isso, elas deixam de ter seu formato característico, se dobram e se quebram.

EPIC STOCK MEDIA/SHUTTERSTOCK

O *surf* só é possível em razão da mudança no formato da onda, quando esta se aproxima da praia. As maiores ondas para esse esporte são encontradas em regiões de mar aberto, como as do Havaí (foto), onde podem chegar a 10 m de altura.

CAPÍTULO 12 • Ondas e som

Potencialmente devastadores em virtude da grande quantide de energia associada a eles são os *tsunamis* ou maremotos, ondas originadas, principalmente, por abalos sísmicos no leito do oceano e que quando chegam ao continente causam grandes prejuízos materiais e de vidas.

Um gigantesco tsunami invade a costa nordeste do Japão em 11 de março de 2011, levando consigo barcos, carros, destruindo casas e matando mais de 10.000 pessoas.

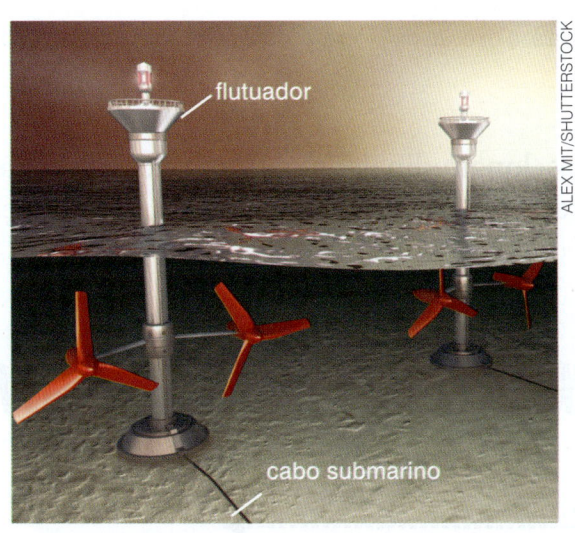

Outra forma de conversão de energia é a partir do movimento das correntes marítimas. O movimento das águas faz girar turbinas que estão conectadas a geradores de energia elétrica.

As ondas do mar também têm sido utilizadas na geração de energia elétrica: o movimento de sobe e desce das ondas movimenta verticalmente flutuadores, que estão conectados a geradores de energia elétrica. Cabos submarinos transmitem a energia para a costa, de onde é distribuída.

Navegando na net

Você pode simular a propagação de onda em uma corda por meio de um aplicativo que está disponível no endereço eletrônico abaixo (*acesso em:* 12 jan. 2015):

<http://phet.colorado.edu/sims/html/wave-on-a-string/latest/wave-on-a-string_en.html>

O texto está em inglês bem básico. Clicando nos ícones, você pode criar um pulso ou uma onda (manualmente ou colocar no automático), com uma extremidade fixa ou as duas soltas, alterar a velocidade da onda e a tensão da corda, além de poder medir o comprimento de onda e a velocidade com que esta se desloca.

Ondas sonoras

Os exemplos de que tratamos na seção anterior são de ondas do tipo **transversal**, ou seja, aquelas em que a direção da vibração é perpendicular à direção na qual a onda se propaga.

Jogo rápido

Com base no que você aprendeu neste capítulo, dê exemplo de onda transversal.

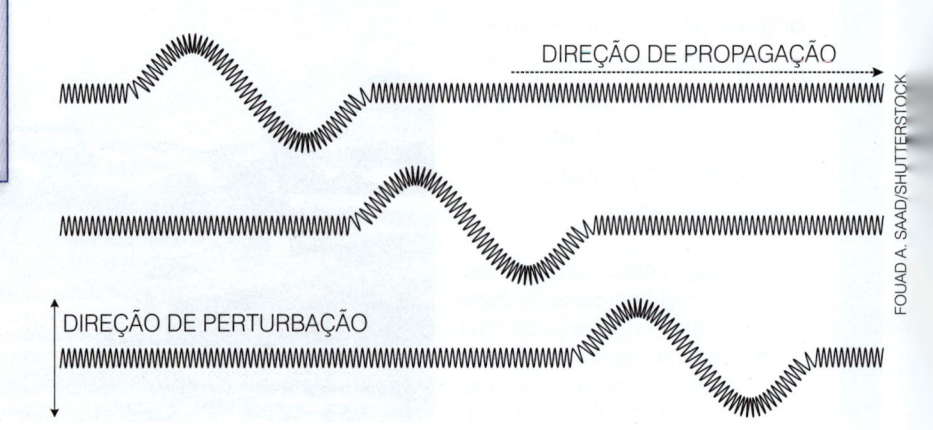

DIREÇÃO DE PROPAGAÇÃO

DIREÇÃO DE PERTURBAÇÃO

Nas ondas transversais, a direção de propagação é perpendicular à direção da oscilação.

Nas ondas **longitudinais**, como as ondas sonoras, por exemplo, a direção da perturbação é a mesma da direção da propagação da onda.

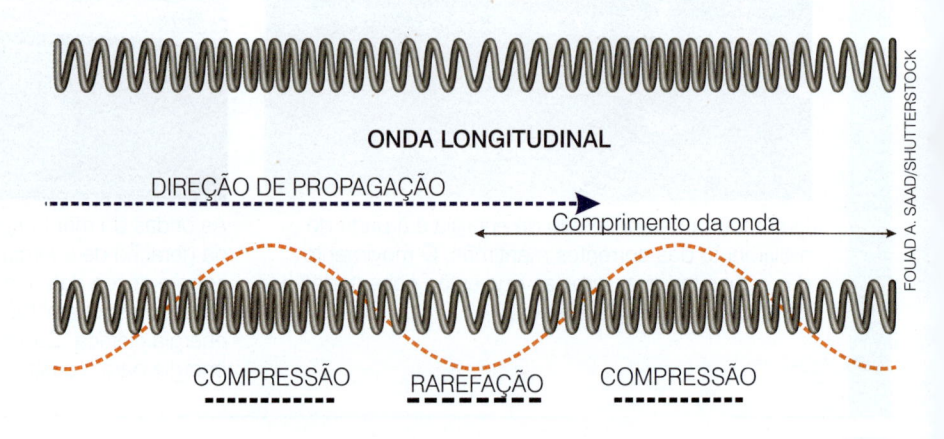

ONDA LONGITUDINAL
DIREÇÃO DE PROPAGAÇÃO
Comprimento da onda
COMPRESSÃO RAREFAÇÃO COMPRESSÃO

Fique por dentro!

Diferente da ilustração da onda longitudinal mostrada ao lado (onda **unidimensional**), o som se propaga em todas as direções e é classificado como uma onda **tridimensional**.

Ondas longitudinais em uma mola. Uma compressão em uma extremidade da mola se propagará no sentido da outra extremidade, pois nas ondas longitudinais a direção de propagação e a da vibração são as mesmas. Observe que as ondas longitudinais se propagam por meio de regiões de **compressão** (maior pressão) e de **rarefação** (menor pressão).

As ondas sonoras são ondas mecânicas que se originam a partir de variações na pressão do meio. Essa perturbação se propaga por um meio material, levando informação e transportando energia.

Assim como todas as ondas, o som leva certo tempo para percorrer determinada distância no espaço. A velocidade de propagação do som no ar é de cerca de 340 m/s, mas ele se propaga com maiores velocidades em meios mais densos!

AUMENTO DA VELOCIDADE DE PROPAGAÇÃO DO SOM

MEIO GASOSO

MEIO LÍQUIDO

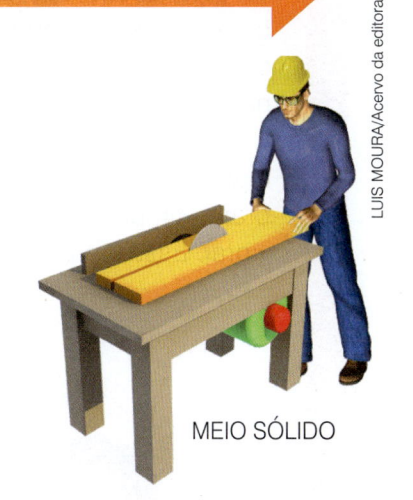

MEIO SÓLIDO

Em termos gerais, quanto mais denso for o meio, maior será a velocidade de propagação do som.

Ondas sonoras e audição

As ondas sonoras atingem a membrana timpânica do nosso ouvido, que vibra, e essas vibrações são convertidas em impulsos nervosos, transmitidos ao nosso cérebro.

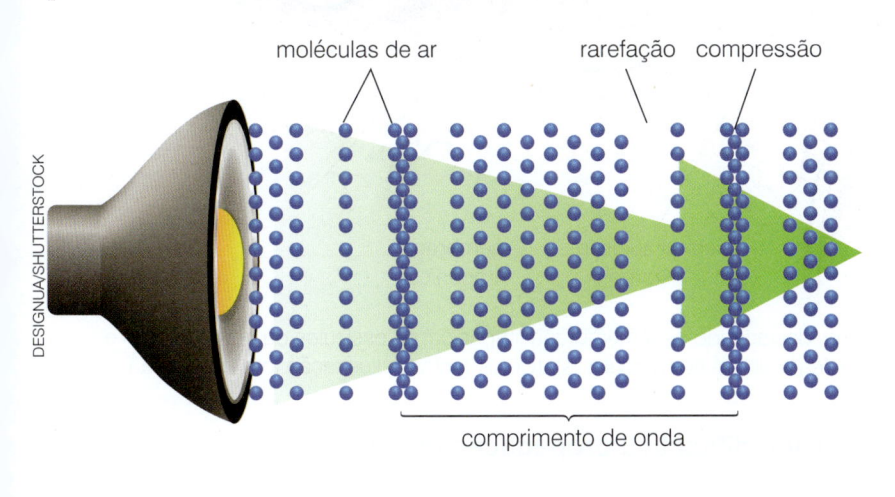

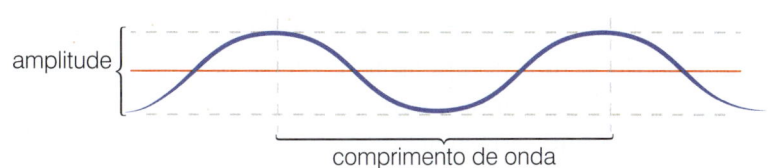

moléculas de ar — rarefação — compressão

comprimento de onda

amplitude

comprimento de onda

A figura representa o que acontece com as moléculas do ar, ficando mais próximas (comprimidas) ou mais esparsas (rarefeitas) de acordo com a vibração que as gerou. Essas perturbações na pressão se propagam pelo ar transportando o som pelo espaço e atingem nosso ouvido.

É SEMPRE BOM SABER MAIS!

Aparelho auditivo humano

O aparelho auditivo humano é um pouco complexo, mas muito interessante. Com ele somos capazes de identificar as características das diferenças de pressão carregadas pela onda sonora através do ar e decodificá-las com o auxílio do sistema nervoso.

Nos ouvidos (ou orelhas) dos seres humanos, as ondas sonoras atingem a membrana timpânica (ou tímpano), fazendo-a vibrar. Essa vibração é transmitida por meio de três ossículos existentes no ouvido médio (ou orelha média) – o martelo, a bigorna e o estribo – para a cóclea (um dos componentes do ouvido interno ou orelha interna), assim chamada por ser parecida com a concha de um caracol. Da cóclea, a mensagem é conduzida pelo nervo auditivo até o cérebro.

Sons de intensidade muito alta podem danificar o ouvido humano. A intensidade sonora é comumente medida em **decibéis** (dB).

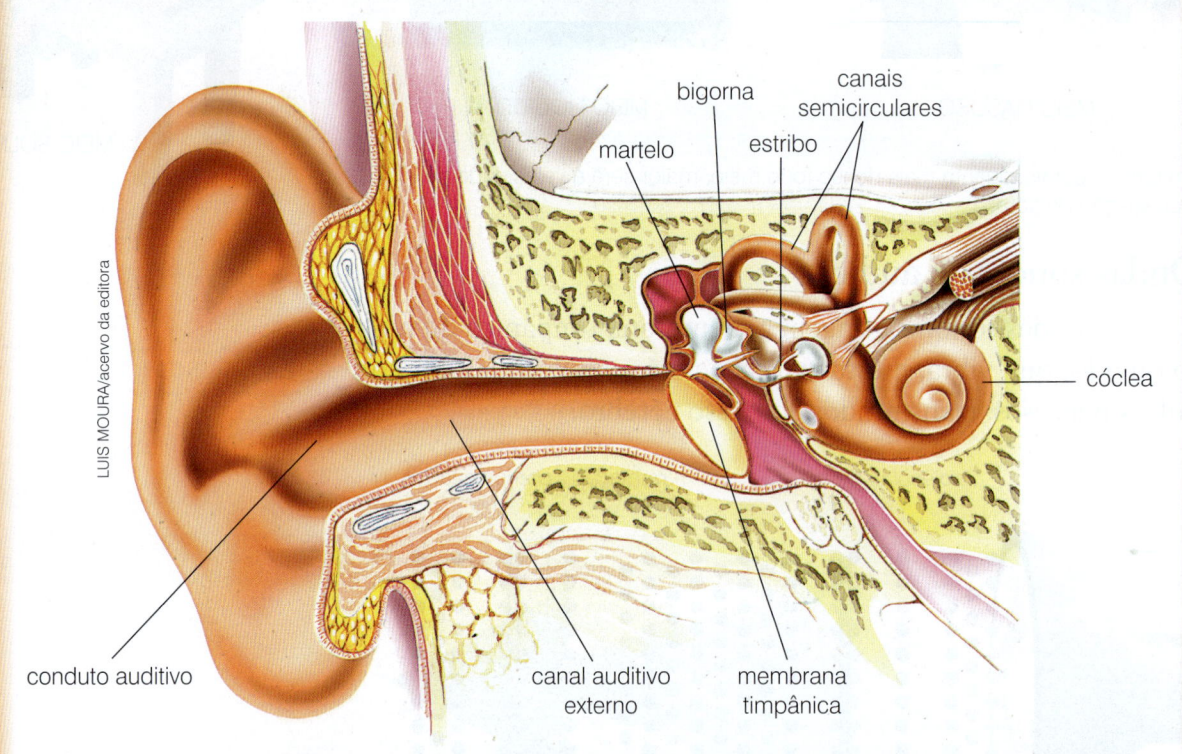

Esquema de ouvido (ou orelha) humano, destacando-se a membrana timpânica, os ossículos do ouvido médio e os componentes do ouvido interno (cóclea e canais semicirculares). (Cores-fantasia. Ilustração fora de escala.)

Cera no ouvido dificulta a propagação do som

Em muitas pessoas, a produção de cera nas paredes internas do canal auditivo externo dificulta a propagação do som em direção à membrana timpânica. Essa situação é mais acentuada em pessoas que possuem canal auditivo muito estreito. Nessas ocasiões, é difícil, por exemplo, dizer de onde vem determinado som e quem ou o que o está emitindo. A resolução dessa situação de má audição causada pelo acúmulo de cera é fácil. Basta procurar um competente profissional médico, otorrinolaringologista, que, prontamente, por meio da utilização de água morna, injetada em jatos no canal auditivo externo, promoverá a remoção da cera acumulada. E, após esse procedimento, a pessoa volta a ouvir normalmente!

EM CONJUNTO COM A TURMA!

Rede social de barbante!

Alguém já brincou de telefone com fio?

Cada pessoa do grupo deve providenciar uma lata que será seu telefone. Aí basta fazer um furo no fundo da lata e prender um barbante dando um pequeno nó. Um mesmo barbante deve ligar ao menos duas latas.

- Se alguém fala algo em uma das latas outra pessoa pode ouvir na lata presa na outra extremidade?
- É possível criar uma conversa entre várias pessoas amarrando vários barbantes? Experimente!

Características das ondas sonoras

O que distingue o som do latido de um cachorro do som de uma buzina? e o suave cantar de um passarinho de uma sirene de ambulância? Podemos apontar as principais diferenças entre os tipos de sons a partir de três qualidades: **timbre**, **altura** e **intensidade**.

Intensidade

A **intensidade** é a qualidade sonora relacionada com o *volume* do som. Quando você gira o botão de volume de um aparelho de som você varia a amplitude da onda produzida, aumentando a intensidade sonora. A intensidade sonora diminui à medida que nos afastamos da fonte, pois o som e a energia carregada pela onda sonora vão se espalhando pelo espaço.

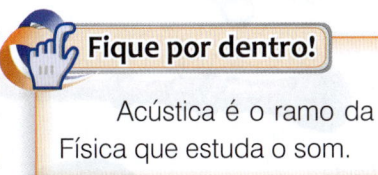

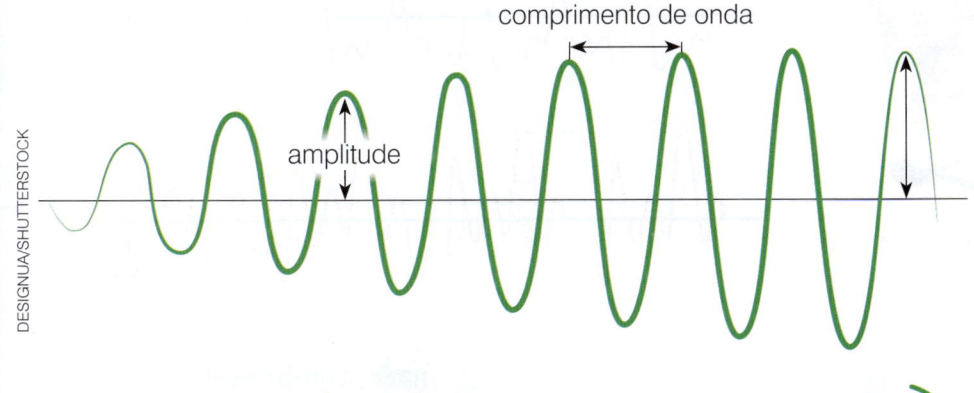

Fique por dentro!

Acústica é o ramo da Física que estuda o som.

Representação esquemática da relação entre amplitude e intensidade sonora: quanto maior a amplitude, maior a intensidade (volume) do som.

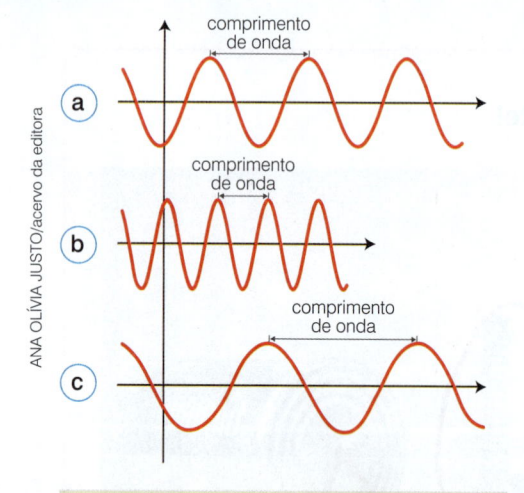

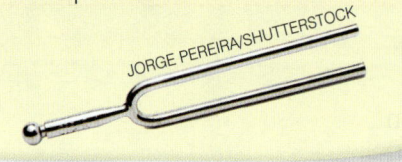

Altura

Já a **altura** do som está relacionada à qualidade de o som ser *agudo* ou *grave*. Assim, cada nota musical corresponde a determinada frequência. Sons agudos têm frequências maior (som alto), enquanto sons graves correspondem a frequências menores (som baixo).

Compare as ondas (b) e (c) com a onda (a). Note que em (b) temos uma frequência maior do que em (a). Neste caso, maior frequência implica comprimento de onda menor e, portanto, som mais agudo. Já em (c) temos um comprimento de onda maior, o que resulta em menor frequência e, portanto, som mais grave.

Timbre

Embora algumas ondas sonoras possam atingir formas muito simples, como a onda produzida por um diapasão, outras têm formas complexas e diversificadas. É o **timbre**, qualidade que correspondente à forma da onda sonora, que diferencia, por exemplo, uma mesma nota musical tocada por um piano da tocada por um violino.

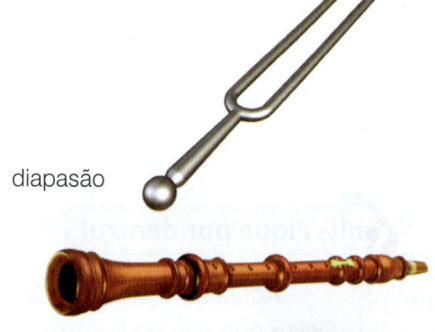

Diapasão: instrumento metálico em forma de forquilha, que ao ser golpeado produz som em alguma determinada frequência.

diapasão

flauta

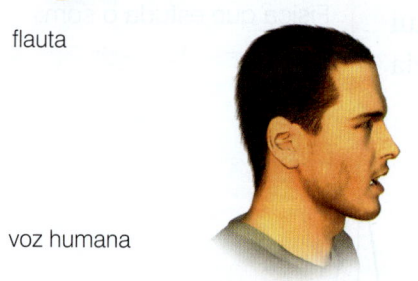

voz humana

violino

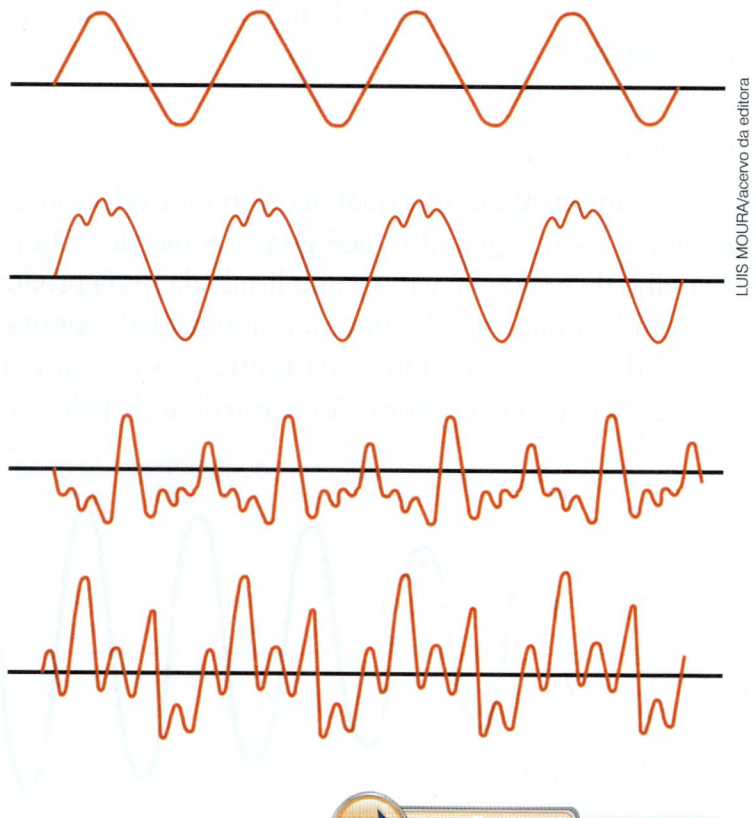

Uma mesma nota, emitida por instrumentos diferentes, apresenta diferença no timbre. Isso ocorre porque para cada nota o instrumento musical ou a voz humana tem várias vibrações, que se somam formando uma única onda.

Lembre-se!

O som é sempre resultado de vibrações!

CAPÍTULO 12 • Ondas e som 265

ESTABELECENDO CONEXÕES

Música

Som e instrumentos musicais

Há três grandes grupos de instrumentos musicais: os de corda (violão, violino, piano), os de percussão (tambor, tamborim, bateria) e os de sopro (flauta, saxofone, clarinete).

Nos instrumentos de corda, é a vibração delas que produz as ondas sonoras e as diferentes notas são obtidas variando-se o comprimento das cordas com os dedos da mão esquerda. A caixa acústica só amplifica o som.

O piano é um instrumento de corda, mas elas não são aparentes, de modo que não podem ser encurtadas com os dedos, como fazemos quando tocamos um violão, por exemplo. No piano, cada tecla está ligada internamente a uma alavanca, que faz vibrar a corda quando acionada.

Quando batemos nos instrumentos de percussão, o que vibra é "a pele" bem esticada do pandeiro ou do tambor, por exemplo.

Percussão: batida, impacto.

Já nos instrumentos de sopro, a vibração do ar é dada pelo próprio sopro do músico e a frequência do som é modificada alterando-se o tamanho da coluna de ar. Isso é feito tapando-se com os dedos os orifícios do instrumento (como no clarinete e na flauta) ou por meio de teclas (como no trompete, abaixo).

É SEMPRE BOM SABER MAIS!

Infrassons e ultrassons

A frequência das ondas sonoras varia muito. O homem é capaz de ouvir sons de frequências entre 16 Hz e 20.000 Hz.

Ondas sonoras abaixo de 16 Hz são denominadas **infrassons** e as superiores a 20.000 Hz são chamadas **ultrassons**. Os cães são capazes de ouvir até 30.000 Hz, enquanto os morcegos podem tanto ouvir como produzir sons de até 100.000 Hz. Elefantes e baleias conseguem ouvir infrassons.

(a) Ultrassons têm sido utilizados em medicina diagnóstica e, muito frequentemente, para acompanhar o desenvolvimento do bebê durante a gravidez.
(b) Os modernos aparelhos permitem obter uma imagem em 3D do feto no útero da mãe, como a da foto (de um bebê de 21 semanas de gestação).

Reflexão de ondas

Quando uma onda, que vinha se propagando em determinado meio, incide sobre a superfície de outro meio e volta, temos o que se chama de **reflexão** da onda. No caso das ondas sonoras, isso ocorre, por exemplo, quando uma onda sonora que vinha se propagando no ar encontra um obstáculo sólido.

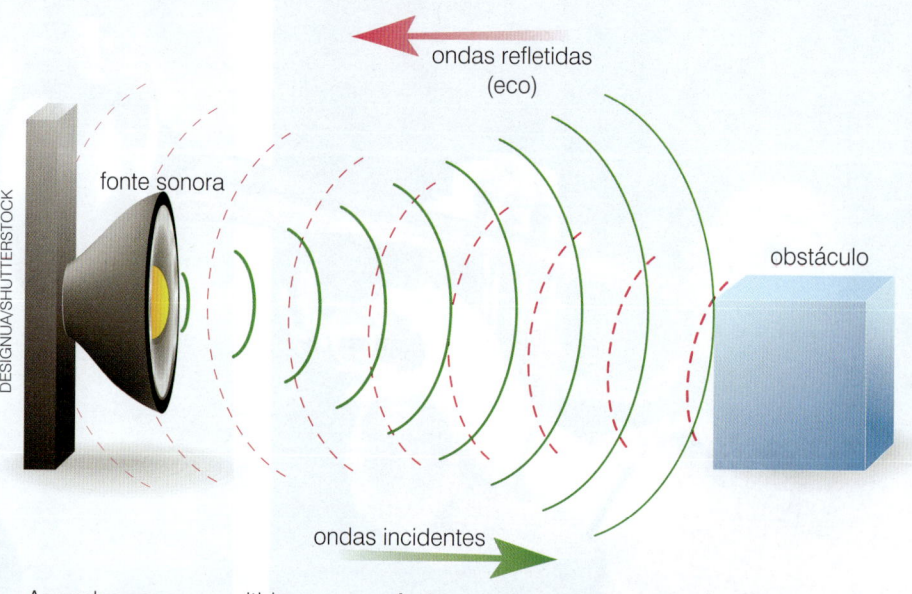

As ondas sonoras emitidas por uma fonte ao encontrarem um obstáculo são refletidas.

Fique por dentro!

Eco e reverberação

Quando várias ondas refletidas chegam ao mesmo tempo a um receptor, de modo que ele não as pode identificar claramente, temos o que se chama de **reverberação**. Já se o obstáculo encontra-se a uma distância grande o bastante para que as ondas refletidas atinjam nosso ouvido com um intervalo de tempo suficiente para que possamos identificar o som, temos o que se chama **eco**.

Descubra você mesmo!

O sonar é um equipamento essencial à navegação marítima e ajuda o navegador a conhecer detalhes sobre o relevo do fundo do mar, além de detectar obstáculos. Pesquise sobre o princípio de funcionamento do sonar e como esse aparelho pode detectar obstáculos.

ESTABELECENDO CONEXÕES

Saúde

Perda auditiva induzida por ruído

O termo ruído é usado para descrever sons indesejáveis ou desagradáveis. Quando o ruído é intenso e a exposição a ele é continuada, em média 85 decibéis por oito horas por dia, ocorrem alterações estruturais na orelha interna, que determinam a ocorrência da Perda Auditiva Induzida por Ruído (PAIR). A PAIR é o agravo mais frequente à saúde dos trabalhadores, estando presente em diversos ramos de atividade, principalmente siderurgia, metalurgia, gráfica, têxteis, papel e papelão, vidraria, entre outros. Seus principais sintomas são:

- perda auditiva;
- dificuldade de compreensão de fala;
- zumbido;
- intolerância a sons intensos;
- o portador de PAIR também apresenta queixas, como cefaleia, tontura, irritabilidade e problemas digestivos, entre outros.

Quando a exposição ao ruído é de forma súbita e muito intensa, pode ocorrer o trauma acústico, lesando, temporária ou definitivamente, diversas estruturas do ouvido. (...)

Limites de tolerância para ruído contínuo ou intermitente.

Nível de ruído (dB)	Máxima exposição diária permissível	Nível de ruído (dB)	Máxima exposição diária permissível
85	8 horas	98	1 hora e 30 minutos
86	7 horas	100	1 hora
87	6 horas	102	45 minutos
88	5 horas	104	35 minutos
89	4 horas e 30 minutos	105	30 minutos
90	4 horas	106	25 minutos
91	3 horas e 30 minutos	108	20 minutos
92	3 horas	110	15 minutos
93	2 horas e 30 minutos	112	10 minutos
94	2 horas	114	8 minutos
95	1 hora e 45 minutos	115	7 minutos

Fonte: Norma Regulamentadora n.º 15 (NR-15), da Portaria do Ministério do Trabalho n.º 3.214/1978.

Sendo o ruído um risco presente nos ambientes de trabalho, as ações de prevenção devem priorizar esse ambiente (...), pois não existe até o momento tratamento para PAIR.

Fonte: Ministério da Saúde. Perda Auditiva Induzida por Ruído (PAIR). Brasília, 2006. *Disponível em:* <http://bvsms.saude.gov.br/bvs/dicas/140perda_auditiva.html>. *Acesso em:* 15 jan. 2015.

O infográfico a seguir traz alguns valores (em dB) de intensidade de sons mais comuns em nosso dia a dia. Observe que nele estão assinalados o **limiar da dor**, que é o nível sonoro máximo que o ouvido humano consegue suportar, acima do qual a onda sonora é prejudicial à saúde e provoca dor, e o **limiar da audição**, abaixo do qual o ouvido humano não consegue detectar a onda sonora. Esses limiares dependem da frequência da onda, variam de pessoa para pessoa e também em função da idade.

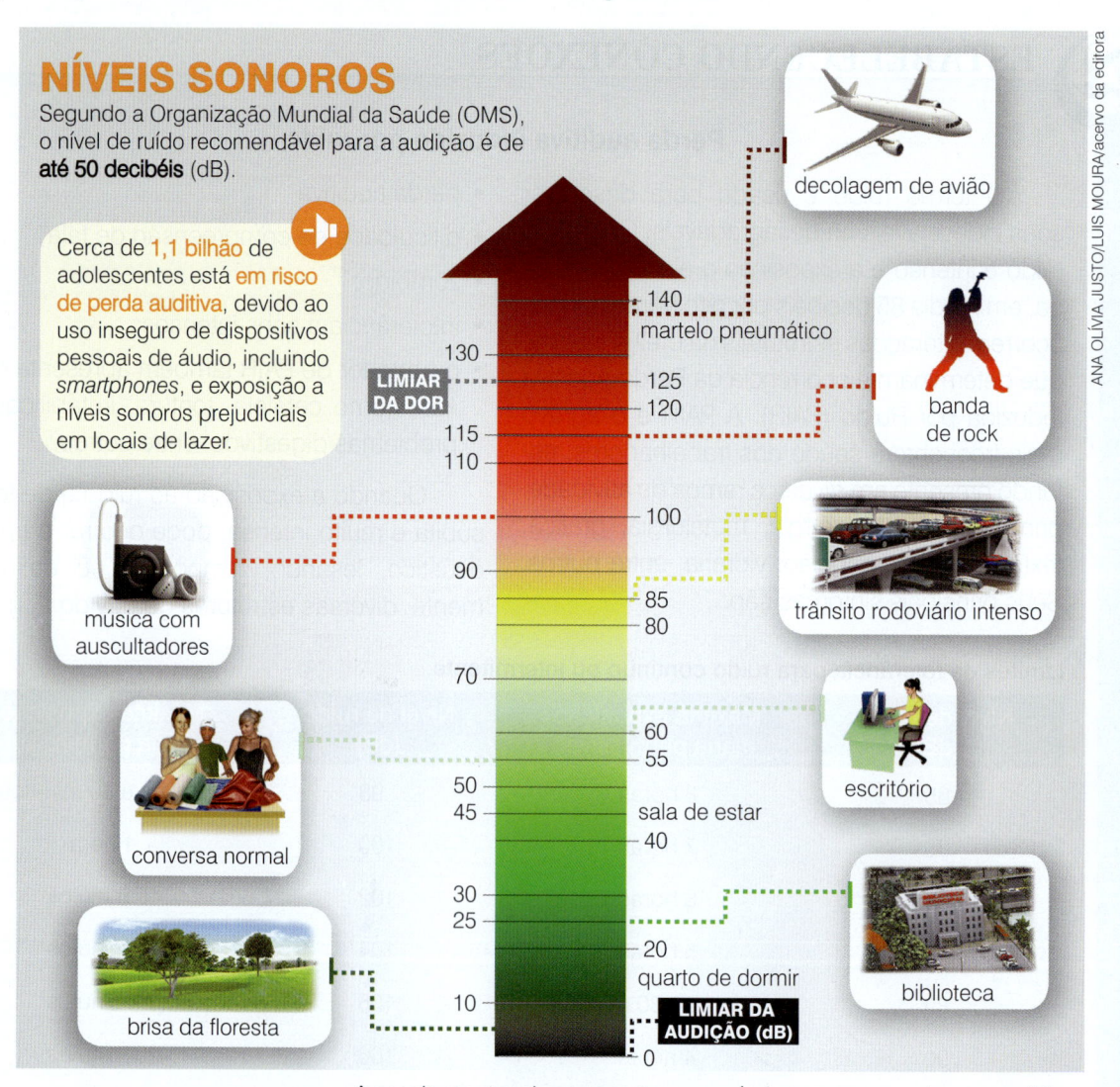

NÍVEIS SONOROS

Segundo a Organização Mundial da Saúde (OMS), o nível de ruído recomendável para a audição é de **até 50 decibéis** (dB).

Cerca de **1,1 bilhão** de adolescentes está **em risco de perda auditiva**, devido ao uso inseguro de dispositivos pessoais de áudio, incluindo *smartphones*, e exposição a níveis sonoros prejudiciais em locais de lazer.

- decolagem de avião — 140
- martelo pneumático
- LIMIAR DA DOR — 125
- banda de rock — 120
- 115
- 110
- trânsito rodoviário intenso — 100
- música com auscultadores — 90
- 85
- 80
- 70
- escritório — 60
- 55
- conversa normal — 50 / 45
- sala de estar — 40
- 30
- biblioteca — 25
- quarto de dormir — 20
- brisa da floresta — 10
- LIMIAR DA AUDIÇÃO (dB) — 0

A escala mostra alguns eventos e os níveis sonoros que decorrem deles. As cores indicam, do verde para o vermelho, o aumento do grau de prejuízo do evento. (Intensidade de sons maiores do que 140 dB, por serem menos frequentes, não foram apresentadas no infográfico.)

Descubra você mesmo!

A partir do texto, tabela e infográfico do quadro *Estabelecendo conexões – Saúde*, procure analisar a sua relação com sons e ruídos. Você está submetido a níveis de exposição conforme o recomendado ou há algo que precise ser ajustado para que você não corra o risco de perda de audição?

DE OLHO NO PLANETA

Ética & Cidadania

Poluição sonora

A poluição sonora é o mal que atinge principalmente os habitantes das cidades, e é constituída de sons capazes de produzir incômodo ao bem-estar ou malefícios à saúde. É provocada por um alto nível de ruídos em determinado local. Esse tipo de poluição difere de outros, porque seus efeitos cessam se o ruído for interrompido, mas, ainda assim, esse tipo de poluição é um problema que vai muito além de um leve desconforto acústico.

Vimos que os ruídos excessivos podem provocar perturbação da saúde, inclusive da saúde mental. Além disso, a poluição sonora ofende também o meio ambiente, podendo afetar a vida coletiva. Isso porque à medida que os níveis excessivos de sons e ruídos aumentam eles causam piora na qualidade de vida e na relação entre as pessoas.

A situação é ainda mais crítica quando os ruídos ficam prejudiciais ao repouso noturno ou ainda quando atingem níveis acima dos limites suportáveis pelo ouvido humano. Embora o ruído seja algo quase inerente às grandes cidades, juristas e políticos defendem a criação de leis que obriguem os cidadãos a respeitarem limites de ruídos, dependendo dos locais e horários que habitam e frequentam.

➤ Como você acha que é possível reduzir a poluição sonora nos grandes centros urbanos?

Nosso desafio

Para preencher os quadrinhos de 1 a 15, você deve utilizar as seguintes palavras: amplitude, comprimento de onda, em uma corda, em uma mola, energia, frequência, longitudinais, luminosas, matéria, mecânicas, meio, na água, período, sonoras, transversais.

À medida que você preencher os quadrinhos, risque a palavra que escolheu para não usá-la novamente.

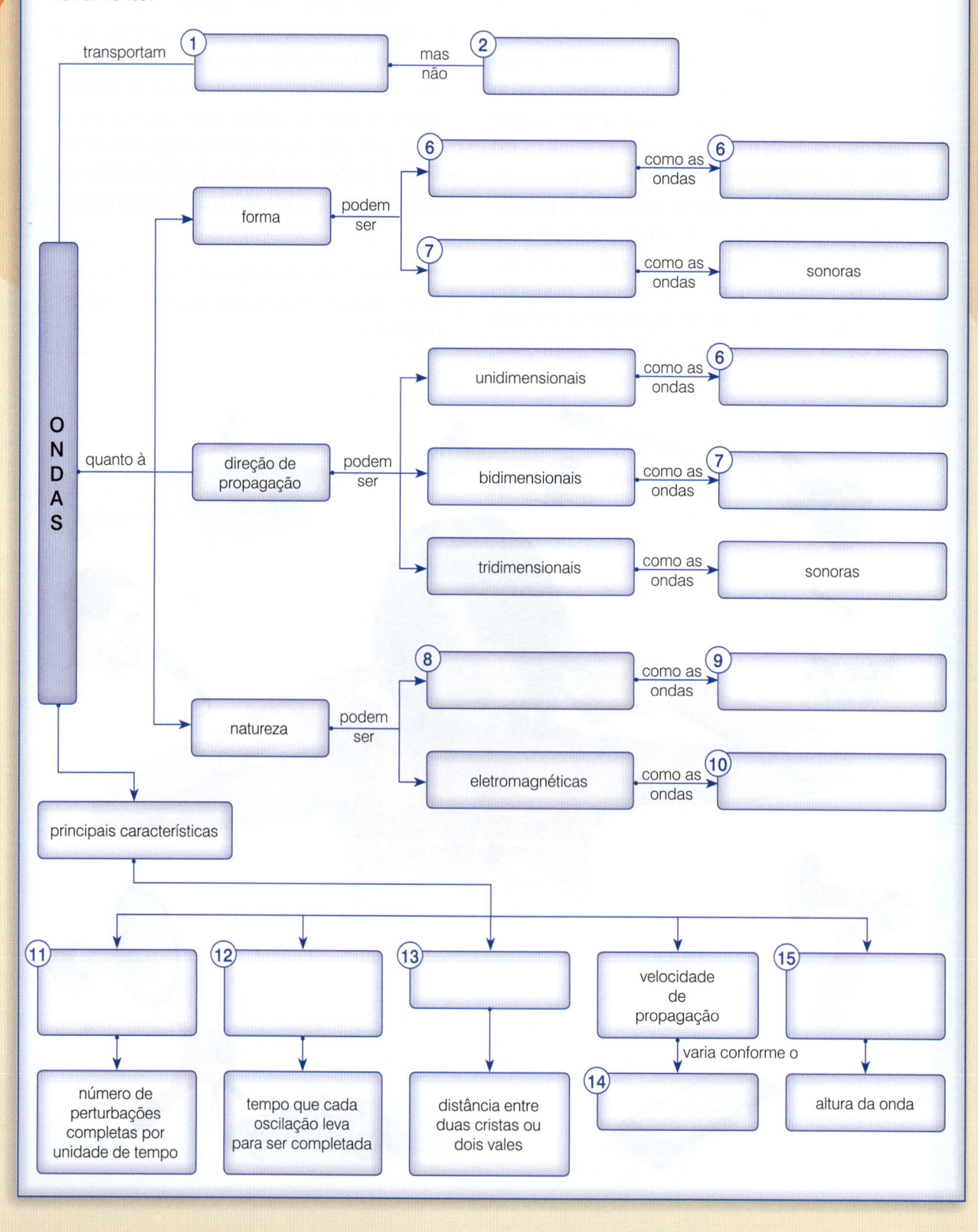

ONDAS

- transportam → (1) ___ mas não (2) ___
- quanto à:
  - **forma** podem ser:
    - (6) ___ como as ondas (6) ___
    - (7) ___ como as ondas sonoras
  - **direção de propagação** podem ser:
    - unidimensionais como as ondas (6) ___
    - bidimensionais como as ondas (7) ___
    - tridimensionais como as ondas sonoras
  - **natureza** podem ser:
    - (8) ___ como as ondas (9) ___
    - eletromagnéticas como as ondas (10) ___
- **principais características**:
  - (11) ___ — número de perturbações completas por unidade de tempo
  - (12) ___ — tempo que cada oscilação leva para ser completada
  - (13) ___ — distância entre duas cristas ou dois vales
  - velocidade de propagação — varia conforme o (14) ___
  - (15) ___ — altura da onda

Atividades

1. Segurando a extremidade de uma corda, presa a uma parede pela outra extremidade, podemos criar uma onda transversal nessa corda com um movimento de mão para cima e para baixo. A perturbação provocada pela sacudida da mão irá se propagar na corda com certa velocidade. De que depende essa velocidade de propagação?

2. (UNITAU – SP) Independentemente da natureza de uma onda, sua propagação envolve, necessariamente:
   a. movimento de matéria;
   b. transporte de energia;
   c. transformação de energia;
   d. produção de energia;
   e. transporte de energia e de matéria.

3. Cite pelo menos dois processos que ocorrem com as ondas.

4. Represente no desenho abaixo a amplitude e o comprimento de onda de uma onda transversal:

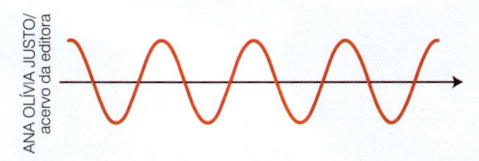

5. Identifique se as afirmações a seguir são falsas ou verdadeiras.
   ( ) O período de uma onda é o inverso de sua frequência.
   ( ) A velocidade de propagação da onda depende do meio.
   ( ) Quanto maior a frequência da onda, maior o seu período.
   ( ) Quanto mais grave, maior a frequência do som.
   ( ) O som é uma onda longitudinal.

6. No violão existem duas cordas denominadas "mi": uma mais grossa, correspondente a um som mais grave, e outra mais fina, correspondente a um som mais agudo. Essas cordas vibram com a mesma frequência? Por quê?

7. (UFMG) Uma pessoa toca, no piano, uma tecla correspondente à nota "mi" e, em seguida, a que corresponde à nota "sol". Pode-se afirmar que serão ouvidos dois sons diferentes, porque as ondas sonoras correspondentes a essas notas têm:
   a. amplitudes diferentes.
   b. frequências diferentes.
   c. intensidades diferentes.
   d. timbres diferentes.
   e. velocidade de propagação diferente.

8. Em relação às ondas sonoras, é correto afirmar que:
   a. se propagam em qualquer meio.
   b. são ondas longitudinais.
   c. não podem contornar obstáculos.
   d. a altura sonora é igual para todas as ondas.
   e. o timbre é igual quando duas pessoas falam a mesma palavra.

9. (UFRGS – RS) Quais as características das ondas sonoras que determinam, respectivamente, as sensações de altura e intensidade (nível sonoro) do som?
   a. Frequência e amplitude.
   b. Frequência e comprimento de onda.
   c. Comprimento de onda e frequência.
   d. Amplitude e comprimento de onda.
   e. Amplitude e frequência

10. (UEPA – adaptado) Sobre as características altura, intensidade e timbre do som, são feitas as afirmativas a seguir:
    I. A altura é a qualidade que permite distinguir um som forte de um som fraco de mesma frequência.
    II. Intensidade é a qualidade que permite distinguir um som agudo de um som grave.
    III. Timbre é a qualidade que permite distinguir dois sons de mesma altura emitidos por fontes diferentes.
    Assinale a alternativa correta.
    a. Somente I é correta.
    b. Somente II é correta.
    c. Todas estão corretas.
    d. I e II estão corretas.
    e. Somente III é correta.

Luz e imagem

capítulo **13**

Luz e imagem

Falar sobre luz e imagem é falar sobre como vemos e representamos o mundo. A visão é um dos sentidos mais evocados na tarefa de descrever e compreender o mundo natural. Como você caracterizaria a diferença entre as duas imagens acima? A imagem da direita é uma famosa pintura em óleo sobre tela (46,5 cm x 40 cm) do artista holandês Johannes Vermeer (1632-1675), intitulada "Moça com Brinco de Pérola", que data de 1665 (encontra-se no Royal Picture Gallery Mauritshuis, em Haia, Holanda). A figura da esquerda é uma fotografia que se propõe a reproduzir a pintura. Que semelhanças e diferenças podemos apontar entre os processos de pintura e fotografia?

As tentativas de construir representações do mundo por meio de figuras são quase tão antigas como a humanidade. Uma peculiaridade interessante sobre a pintura de Vermeer é que o *foco da imagem* está exatamente no brinco da moça. Podemos ainda perceber que a *luz* parece chegar à parte frontal do rosto da moça, produzindo *sombras* na região do pescoço.

O mecanismo que nos permite fazer imagens para codificar e decodificar o mundo é um processo físico muito completo, complexo e interessante. Que coisa é essa chamada "luz", que nos permite ver e representar o mundo?

A natureza da luz

Para começarmos a entender como ocorrem os processos que nos permitem ver o mundo, talvez o mais importante seja relembrar o fato de que não enxergamos no escuro! É preciso que haja luz solar, luz de uma lâmpada, lanterna ou vela ou, ainda, um mísero raio luminoso que entre por alguma fresta na parede para que possamos enxergar o que quer que seja. Se não houvesse **fontes de luz**, nós, com certeza, só conheceríamos a mais absoluta e completa escuridão.

Existem corpos que possuem luz própria. São os chamados **corpos luminosos**, como o Sol. Outros corpos bloqueiam completamente a passagem da luz (são os **opacos**), outros mais permitem quase totalmente a passagem da luz (corpos **transparentes**) ou apenas parcialmente (corpos **translúcidos**).

O Sol é um corpo luminoso, uma fonte de luz.

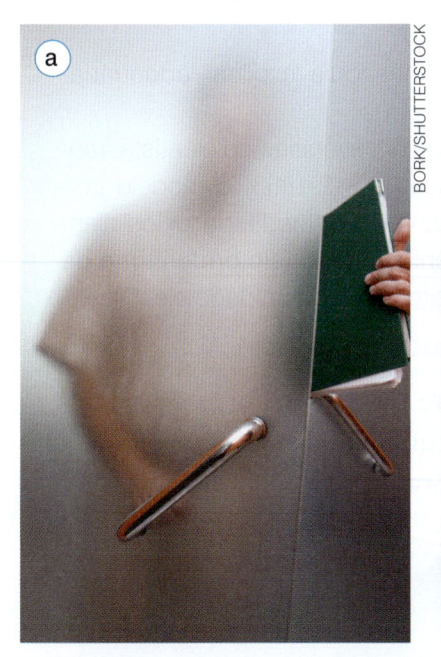

Corpos opacos, que não permitem a passagem de luz, como a porta de madeira em (c), não possibilitam que se veja o que há atrás dela, diferentemente de corpos que deixam passar completamente a luz, como o caso do vidro transparente em (b), ou dos corpos translúcidos, como a porta de vidro em (a), em que se pode perceber atrás dela um corpo, mas não de modo nítido.

Mas o que é a **luz**? Essa pergunta motivou o trabalho de grandes cientistas e já causou muita controvérsia ao longo da história da ciência. E, até hoje, a resposta a essa pergunta não é das mais simples...

A luz como onda

Já vimos que toda onda é resultante de um movimento oscilatório que a gera. A luz é uma **onda eletromagnética** gerada pela oscilação de cargas elétricas. É o único tipo de onda que pode se propagar mesmo no vácuo, ou seja, na ausência de um meio material. A velocidade de propagação da luz no vácuo é muito alta, cerca de 300.000 km/s. Até o momento, não se conhece nada que possa viajar tão rápido!

A propagação das ondas luminosas em um meio homogêneo ocorre em uma trajetória **retilínea** e, por isso, costuma-se representar os raios luminosos como **segmentos** de retas em que a direção e o sentido de propagação da luz estão indicados.

Descubra você mesmo!

A figura ao lado mostra uma lâmpada incandescente, que tem sido substituída nas casas por lâmpadas fluorescentes ou de led. Pesquise por que a população está sendo incentivada a fazer essa substituição.

Segmentos: pedaços, trechos.

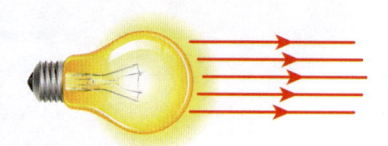

A ilustração mostra um **feixe** de luz, que é um conjunto de raios de luz. Observe que os raios são representados por segmentos de reta orientados, indicando a direção de propagação da luz. (Cores-fantasia. A fim de deixar mais clara a forma de representar os raios de luz, na imagem foram apresentados poucos e apenas à frente da lâmpada.)

É SEMPRE BOM SABER MAIS!

A luz como partícula

O físico e matemático inglês Isaac Newton (1642-1727) propôs um modelo em que a luz seria constituída por partículas, emitidas a partir de uma fonte luminosa. Esse modelo ficou conhecido como **modelo corpuscular da luz**. Apesar de que o modelo de Newton para a luz explicava alguns fenômenos, ele não conseguia explicar adequadamente muitos outros.

A partir das experiências do cientista francês Léon Foucalt (1819-1868) o modelo corpuscular da luz foi desacreditado pelos cientistas. Atualmente, é o **modelo ondulatório da luz** o mais aceito pela comunidade científica.

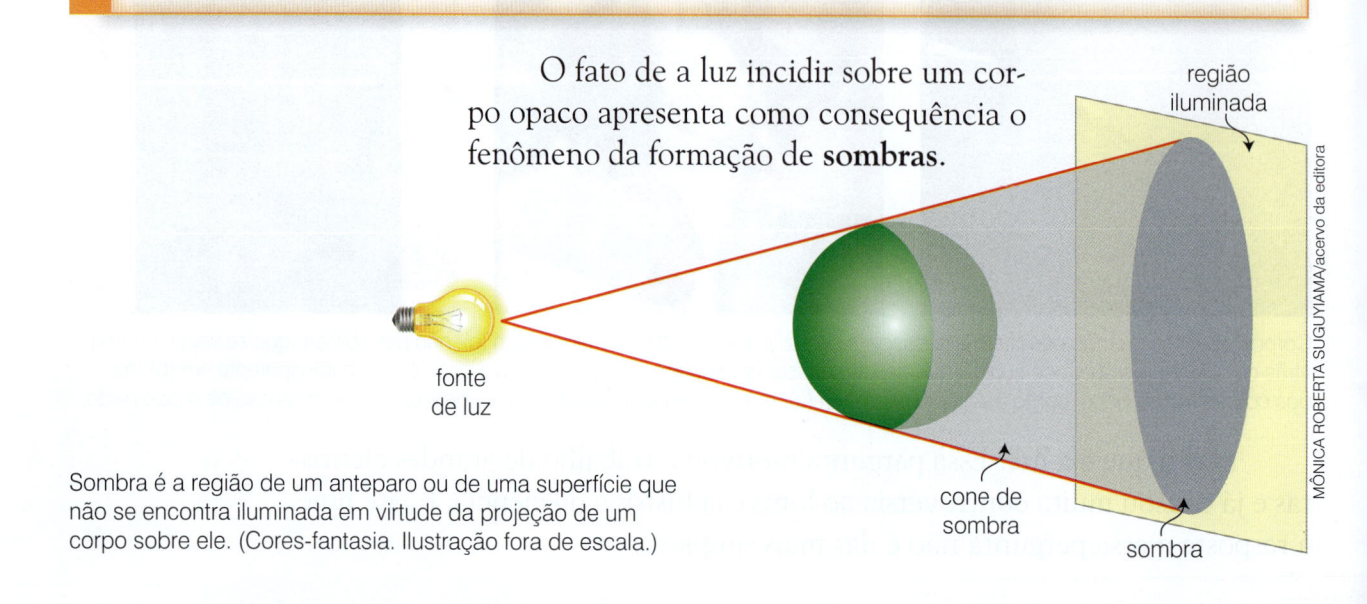

O fato de a luz incidir sobre um corpo opaco apresenta como consequência o fenômeno da formação de **sombras**.

fonte de luz

região iluminada

cone de sombra

sombra

Sombra é a região de um anteparo ou de uma superfície que não se encontra iluminada em virtude da projeção de um corpo sobre ele. (Cores-fantasia. Ilustração fora de escala.)

MÔNICA ROBERTA SUGUYIAMA/acervo da editora

CAPÍTULO 13 • Luz e imagem 275

Quando a fonte luminosa é muito extensa, além da sombra teremos uma região vizinha que não se mostra totalmente escura ou totalmente iluminada, região a que se chama de **penumbra**.

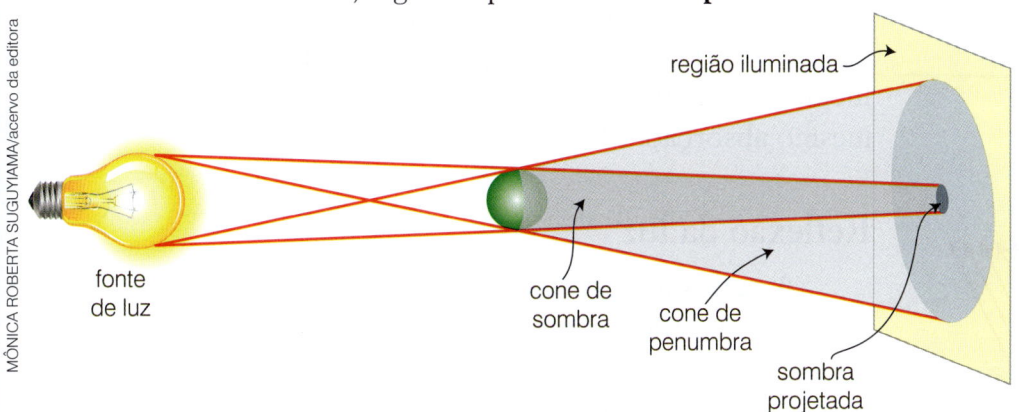

região iluminada
fonte de luz
cone de sombra
cone de penumbra
sombra projetada

Esquema ilustrativo da formação de penumbra a partir de uma fonte de luz muito maior do que o objeto iluminado. (Cores-fantasia. Ilustração fora de escala.)

ESTABELECENDO CONEXÕES

Geografia

Eclipses solar e lunar

Em virtude do movimento de translação da Terra em torno do Sol e do movimento da Lua em torno da Terra, ocorrem os chamados **eclipses**, quando um dos corpos celestes se coloca entre os outros dois.

Nos eclipses, como os corpos celestes encontram-se alinhados, a sombra do astro que está no meio é projetada sobre outro, fazendo com que fique momentaneamente invisível a olhos nus.

Quando a Lua passa entre a Terra e o Sol temos o chamado **eclipse solar**, e quando a Terra passa entre o Sol e a Lua temos o **eclipse lunar**.

Fique por dentro!

O termo eclipse vem do grego e significa "desaparecer", "deixar para trás".

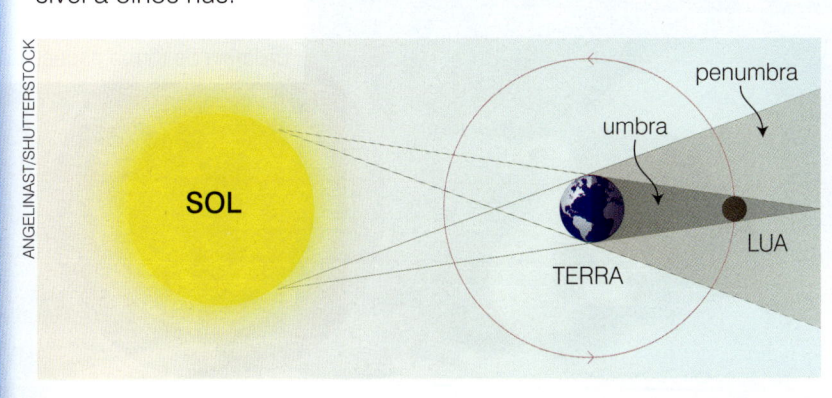

SOL — TERRA — umbra — penumbra — LUA

Eclipse lunar. Observe o alinhamento dos corpos celestes: a Terra, iluminada pelo Sol, projeta sua sombra sobre a Lua que, momentaneamente, deixa de ser visível a olho nu. A região chamada umbra é o cone de sombra que a Terra projeta sobre a Lua. (Cores-fantasia. Ilustração fora de escala.)

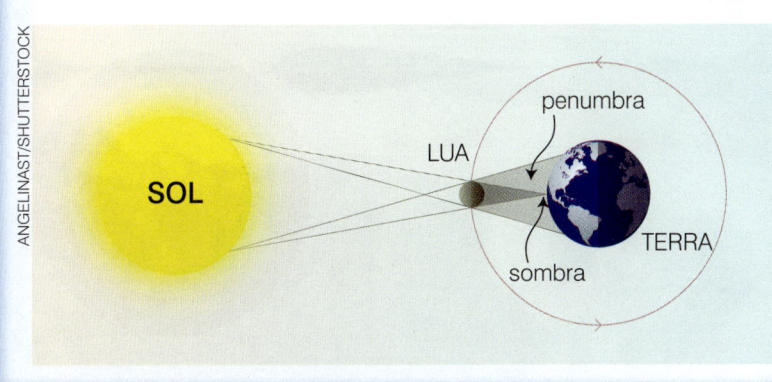

SOL — LUA — penumbra — sombra — TERRA

Eclipse solar. Novamente, os corpos celestes estão alinhados. Nesse eclipse, a Lua, iluminada pelo Sol, projeta sua sombra sobre a Terra. Para os observadores que se encontrem na região de sombra da Lua, o eclipse do Sol será total; para aqueles que estiverem na região de penumbra, o eclipse do Sol será parcial. (Cores-fantasia. Ilustração fora de escala.)

Fenômenos ópticos

Você deve estar se perguntando como podemos ver os corpos que não possuem luz própria, como, por exemplo, a Lua ou a própria Terra. Esses corpos podem ser visíveis porque a luz que incide em determinado corpo pode sofrer **reflexão**, **refração** ou mesmo **absorção**. Mas o que são esses fenômenos?

Reflexão da luz

A **reflexão** ocorre quando uma onda de luz incide sobre uma superfície e retorna ao mesmo meio do qual partiu. Quando os raios paralelos de luz incidem sobre uma superfície plana e polida, temos uma reflexão especular e, nesse caso, a imagem que se forma é idêntica ou muito parecida à do objeto. Na reflexão especular, há uma simetria nos ângulos de incidência e de reflexão dos raios.

> **Especular:** que se refere a espelhos; diz-se do que é invertido como uma imagem de espelho.

No fenômeno de reflexão especular da luz, os raios incidentes sobre uma superfície plana e polida retornam ao meio de onde vieram (raios refletidos), sendo que os ângulos de incidência ($\hat{i}$) e de reflexão ($\hat{r}$), que esses raios fazem com a linha normal (linha imaginária perpendicular ao plano), são iguais. (Cores-fantasia. Ilustração fora de escala.)

A superfície praticamente lisa do chão reflete a bailarina de forma especular.

CAPÍTULO 13 • Luz e imagem

No fenômeno da reflexão, pode ocorrer também o que se chama de reflexão **difusa**: nesse caso, os raios paralelos de luz incidem sobre uma superfície irregular, originando raios refletidos que não mantêm nenhuma simetria. Esse tipo de reflexão nos permite simplesmente ver os objetos em seus padrões de cores.

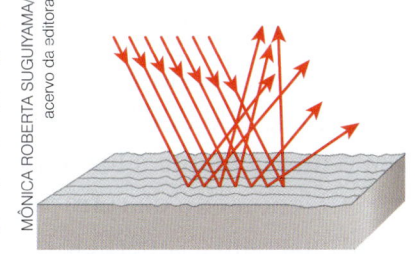

Observe na ilustração ao lado que os raios paralelos de luz que incidem sobre uma superfície irregular são refletidos de modo desorganizado. (Cores-fantasia. Ilustração fora de escala).

Jogo rápido

Analise as imagens abaixo e identifique o tipo de reflexão da luz que pode ser visto em cada uma delas. Justifique sua resposta.

Balneário Camboriú, SC.

Cidade de São Paulo, SP.

Refração da luz

Vimos que, no vácuo, a velocidade da luz atinge a espantosa cifra de 300.000 km/s! Mas essa velocidade varia de acordo com o meio em que a luz se propaga.

O fenômeno da **refração** da luz ocorre quando os raios de luz ultrapassam a superfície que separa dois meios de densidades diferentes (densidades diferentes levam a diferentes velocidades de propagação da luz). Essa diferença na velocidade de propagação da luz quase sempre é acompanhada por um desvio na *direção* de propagação, dando a falsa impressão de que a imagem é "quebrada" quando passa de um meio para outro.

Fique por dentro!

A palavra refração vem do latim *refractio*, que significa quebrar.

Observe os dois canudos da foto acima: eles parecem quebrados ao passarem do ar para a água, mas é uma ilusão causada pelo fenômeno de refração da luz.

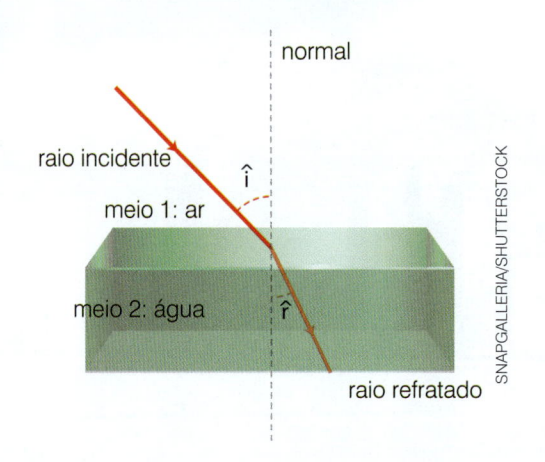

No fenômeno de refração da luz, o raio de luz incidente, ao ultrapassar a superfície que separa dois meios de densidades diferentes, sofre uma mudança na direção de propagação. Nesse caso, os ângulos de incidência e de refração, que esse raio faz com a linha normal (linha imaginária perpendicular ao plano), são diferentes. (Cores-fantasia. Ilustração fora de escala.)

Descubra você mesmo!

Você já deve ter ouvido falar no termo "miragem", fenômeno óptico muito comum em dias ensolarados, em paisagens desérticas ou mesmo em rodovias, em que se tem a impressão de ter uma poça d'água à frente.

Pesquise em livros da biblioteca ou mesmo na internet e procure explicar por que acontece esse fenômeno.

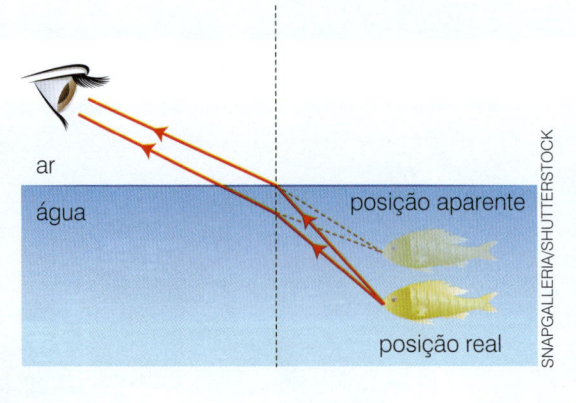

O fenômeno da refração também explica porque uma pessoa equivocadamente vê um peixe dentro d'água acima de sua posição real. (Cores-fantasia. Ilustração fora de escala.)

Decomposição da luz branca

Um fenômeno bastante interessante ligado à refração da luz é o da decomposição da luz branca (como a luz do Sol, por exemplo).

Ao passar um feixe de luz branca por um **prisma** de vidro, podemos ver que o feixe de luz sofre refração, porém não em um único feixe de luz branca, mas em um conjunto de luzes coloridas.

Prisma: sólido com faces superior e inferior paralelas, ligadas por arestas.

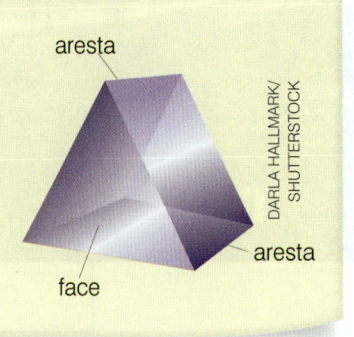

CAPÍTULO 13 • Luz e imagem 279

Isso ocorre porque o feixe de luz branca (luz visível) na verdade é composto por várias ondas oscilando em várias frequências. Quando a luz passa pelo prisma, o ângulo de refração é ligeiramente diferente para cada frequência. E cada frequência corresponde a uma cor.

Observe no espectro que se forma pela decomposição da luz branca que a luz violeta é a que mais sofre desvio, enquanto a vermelha é a que menos se desvia. (Ilustração fora de escala.)

vermelho
laranja
amarelo
verde
cian
azul
violeta

PETER HERMES FURIAN/SHUTTERSTOCK

ESTABELECENDO CONEXÕES

Cotidiano

Arco-íris

Se você já teve a oportunidade de olhar para um céu, iluminado pelos raios do Sol, carregado com gotículas de água deve ter visto a formação de um arco-íris.

O arco-íris é formado porque as gotículas de água na atmosfera se comportam como se fossem um prisma óptico: os raios de luz do Sol (luz branca), ao atingirem essas gotas, sofrem refração, decompondo a luz em suas diferentes frequências.

A formação de arco-íris é mais comum próximo a quedas-d'água (cachoeiras, cataratas) ou quando há gotas de chuva na atmosfera sendo atingidas pelos raios de Sol. Na foto, Cataratas do Iguaçu, Paraná.

ELXENEIZE/SHUTTERSTOCK

EM CONJUNTO COM A TURMA!

Disco de Newton

Newton mostrou a decomposição da luz branca por meio de um prisma, e também que era possível voltar a obter a luz branca a partir da luz decomposta: para isso, só era preciso passar o feixe decomposto por outro prisma. Mas ele também utilizou um disco, conhecido como disco de Newton, para comprovar suas ideias.

Para construirem o disco de Newton, vocês irão precisar:

- lápis;
- régua;
- cartolina branca (um quadrado de aproximadamente 25 x 25 cm);
- tesoura;
- pires redondo ou mesmo um CD;
- lápis ou tinta nas cores: vermelho, laranja, amarelo, verde, cian, azul e violeta;
- vareta (pode usar um lápis, uma caneta ou mesmo agulha de tricô).

Modo de fazer

- Coloquem o pires sobre a cartolina branca e com o lápis risquem seu contorno sobre o cartão.
- Com a tesoura, recortem cuidadosamente o disco riscado e marquem seu centro (com a régua tracem dois diâmetros perpendiculares: o centro do círculo estará no encontro das duas linhas).
- Agora, dividam o disco em sete seções iguais, marcando com o lápis a partir do centro do disco.
- Pintem cada seção com uma cor seguindo a sequência: vermelho, laranja, amarelo, verde, cian, azul e violeta. Deixem secar bem.
- Passem a vareta pelo centro do disco de modo que possam segurar por ela o conjunto.

Disco de Newton.

1. Se girarmos o disco, que cor vocês acreditam que irá prevalecer?
2. Agora, com a parte colorida para cima, girem o disco. O que vocês observam?

Absorção da luz

Por que um corpo se apresenta de determinada cor? Por exemplo, por que as folhas da samambaia que se encontra na foto ao lado se apresentam da cor verde?

Quando um corpo é iluminado por uma luz branca, que é composta por todas as cores, o corpo reflete apenas a luz de sua própria cor e **absorve** as parcelas de luz das outras cores do espectro de luz visível. No caso da samambaia, as folhas refletem a luz verde e absorvem todas as outras cores.

Folhas de samambaia, uma pteridófita.

O espectro eletromagnético

As ondas eletromagnéticas não se limitam apenas às ondas da luz visível. Também são ondas eletromagnéticas as ondas de rádio e televisão, micro-ondas, infravermelho, ultravioleta, raios X e raios gama, entre outras. A esse conjunto de ondas eletromagnéticas, devidamente organizadas por ordem de suas frequências, dá-se o nome de **espectro eletromagnético**.

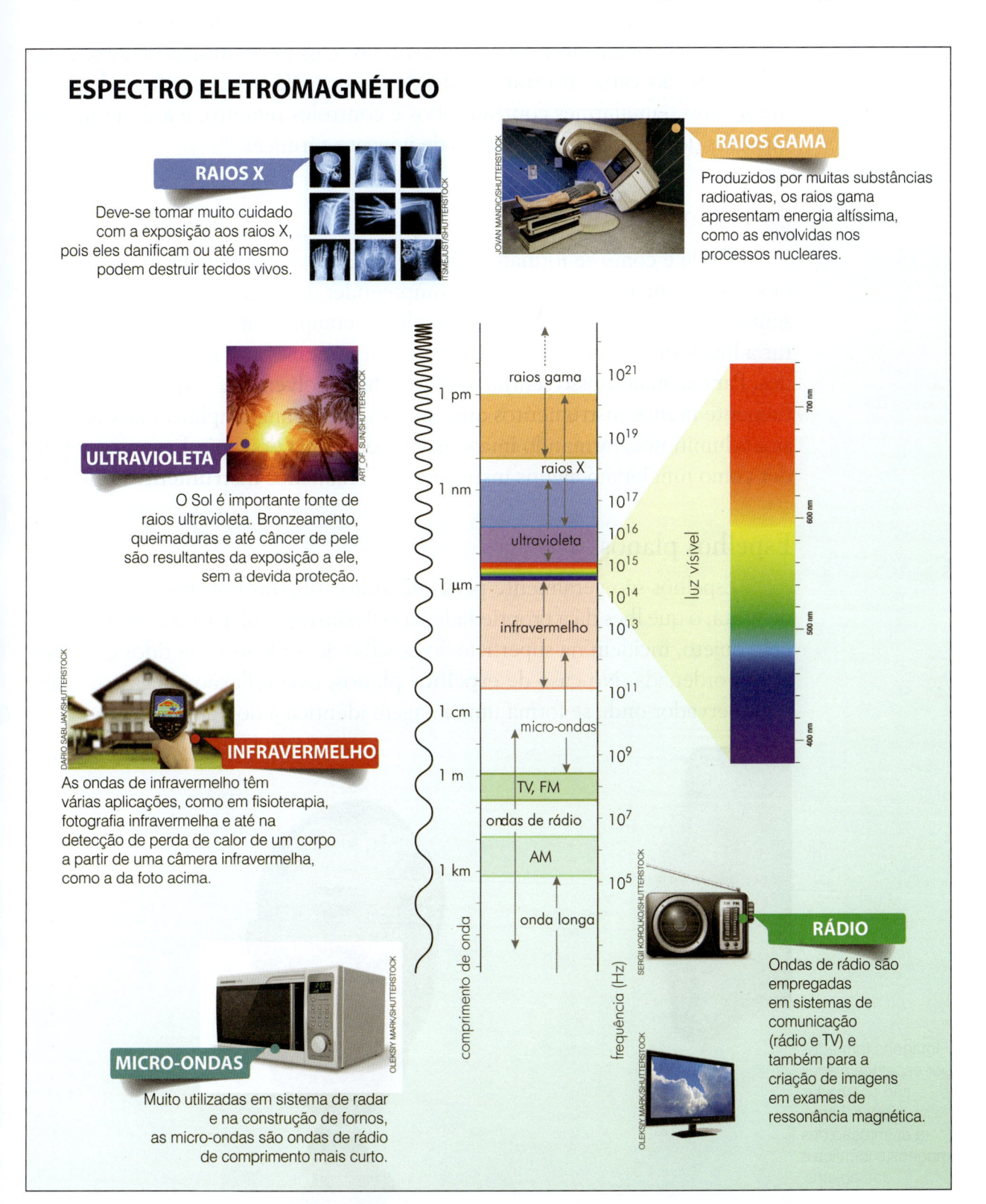

ESPECTRO ELETROMAGNÉTICO

RAIOS X
Deve-se tomar muito cuidado com a exposição aos raios X, pois eles danificam ou até mesmo podem destruir tecidos vivos.

RAIOS GAMA
Produzidos por muitas substâncias radioativas, os raios gama apresentam energia altíssima, como as envolvidas nos processos nucleares.

ULTRAVIOLETA
O Sol é importante fonte de raios ultravioleta. Bronzeamento, queimaduras e até câncer de pele são resultantes da exposição a ele, sem a devida proteção.

INFRAVERMELHO
As ondas de infravermelho têm várias aplicações, como em fisioterapia, fotografia infravermelha e até na detecção de perda de calor de um corpo a partir de uma câmera infravermelha, como a da foto acima.

MICRO-ONDAS
Muito utilizadas em sistema de radar e na construção de fornos, as micro-ondas são ondas de rádio de comprimento mais curto.

RÁDIO
Ondas de rádio são empregadas em sistemas de comunicação (rádio e TV) e também para a criação de imagens em exames de ressonância magnética.

comprimento de onda	faixa	frequência (Hz)
1 pm	raios gama	10^{21}
		10^{19}
1 nm	raios X	10^{17}
	ultravioleta	10^{16}
	luz visível	10^{15}
1 µm		10^{14}
	infravermelho	10^{13}
		10^{11}
1 cm	micro-ondas	
		10^{9}
1 m	TV, FM	
	ondas de rádio	10^{7}
	AM	
1 km		10^{5}
	onda longa	

Luz visível: 400 nm – 700 nm

Observando as frequências do espectro eletromagnético notamos que acima da luz visível temos os raios ultravioleta, emitidos pelo Sol, os raios X, utilizados em medicina diagnóstica, por exemplo, e os raios gama, emitidos por material radioativo, como os utilizados no tratamento de radioterapia contra determinados tumores.

Ondas eletromagnéticas com frequências menores do que as da luz visível são as ondas de rádio e TV, as micro-ondas, cuja aplicação mais conhecida é nos chamados fornos de micro-ondas, e os raios infravermelhos, cujas aplicações são várias no tratamento de doenças de pele, no alívio de dores musculares, em alarmes contra roubos e controles remotos, e até mesmo em questões de segurança, na geração de imagens térmicas.

Formação de imagens

Onde e como se formam as imagens? Uma das principais maneiras que nós, seres humanos, conseguimos compreender o mundo é por meio do nosso sentido da visão. Possuímos uma completa e complexa máquina capaz de captar a luz, formar imagens, decodificar e interpretar cores, formas e intensidades. Para além do nosso sentido de visão desenvolvemos e utilizamos cotidianamente muitos instrumentos que emitem, capturam, amplificam e corrigem sinais luminosos, formando imagens. Na sequência do capítulo vamos aprender como funcionam alguns instrumentos, chamados **instrumentos ópticos**.

Espelhos planos

Espelhos são geralmente peças de vidro cobertas por uma fina película de prata, o que lhes dá a propriedade da reflexão especular. Os raios, refletidos pelo objeto, incidem na superfície do espelho de onde são refletidos de forma muito ordenada. No caso de **espelhos planos**, essa reflexão chega aos olhos do observador onde se forma uma imagem idêntica à do objeto.

Imagens formadas por espelhos planos são chamadas diretas, isto é, a orientação das imagens é idêntica à dos objetos.

CAPÍTULO 13 • Luz e imagem

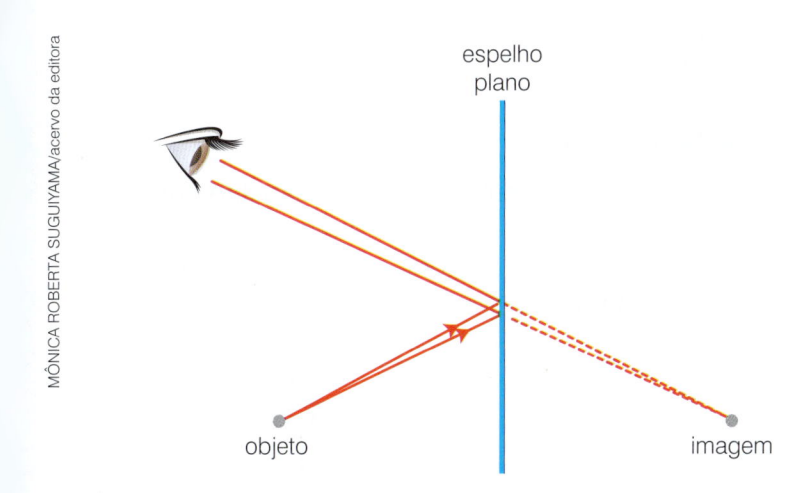

Formação de imagem em um espelho plano. Para o observador, a imagem que se forma em um espelho plano parece estar atrás do espelho, no encontro do prolongamento dos raios. Esse tipo de imagem é chamado de **virtual**. (Cores-fantasia. Ilustração fora de escala.)

Embora a imagem que se forme em um espelho plano tenha a mesma orientação do objeto, ela não é igual ao objeto, mas sim invertida longitudinalmente (invertida com relação à vertical). Isso significa que uma frase ou palavra aparece escrita ao contrário.

Você já deve ter reparado que caminhões de bombeiros apresentam em sua parte frontal a palavra escrita SORIEBMOB, isto é, a palavra bombeiros invertida. Por que isso é feito?

É SEMPRE BOM SABER MAIS!

Espelhos esféricos

Espelhos esféricos ou curvos são aqueles formados por superfícies esféricas bem polidas, capazes de refletir a luz. Quando a superfície interna do espelho é a superfície refletora, então temos um **espelho côncavo**. Ao contrário, quando a superfície externa da calota é a refletora, então temos um **espelho convexo**.

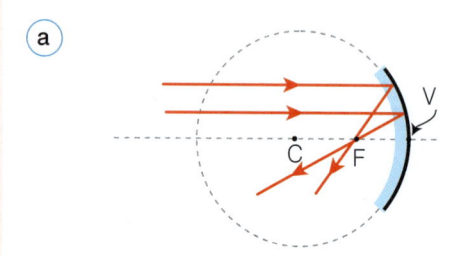

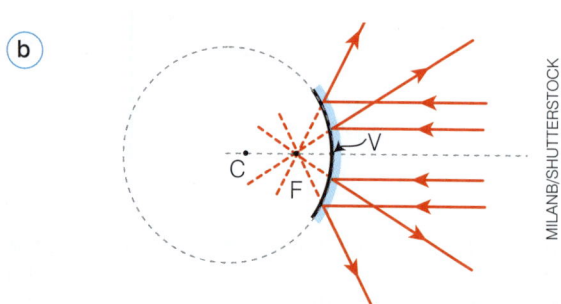

Ilustrações das superfícies refletoras de (a) espelho côncavo e (b) espelho convexo. Nos espelhos côncavos, os raios de luz refletidos convergem (se dirigem) para um ponto chamado **foco** (F), que se situa na metade da distância entre o centro da calota esférica e o vértice (V) do espelho. Já nos espelhos convexos, após a reflexão os raios divergem (se afastam), mas seus prolongamentos se encontram no foco (F). (Cores-fantasia.)

Os espelhos côncavos são usados para se obter uma imagem aumentada dos objetos enquanto os espelhos convexos fornecem uma imagem diminuída.

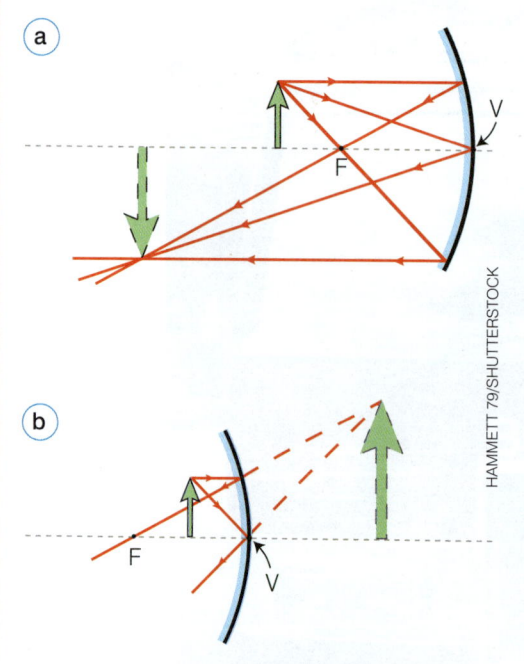

Formação de imagem em um espelho côncavo. (a) Quando o objeto estiver antes do foco, a imagem formada será invertida, maior do que o objeto e real (formada pelo encontro dos próprios raios refletidos). (b) Se o objeto estiver situado entre o foco e o vértice, a imagem formada será direta, maior do que o objeto e virtual (formada pelo encontro do prolongamento dos raios). (Cores-fantasia.)

Os espelhos côncavos produzem imagens aumentadas e são muito empregados para fazer maquiagem ou barba.

Formação de imagem em um espelho convexo. A imagem formada será direta, menor do que o objeto e virtual (formada pelo encontro do prolongamento dos raios refletidos). (Cores-fantasia.)

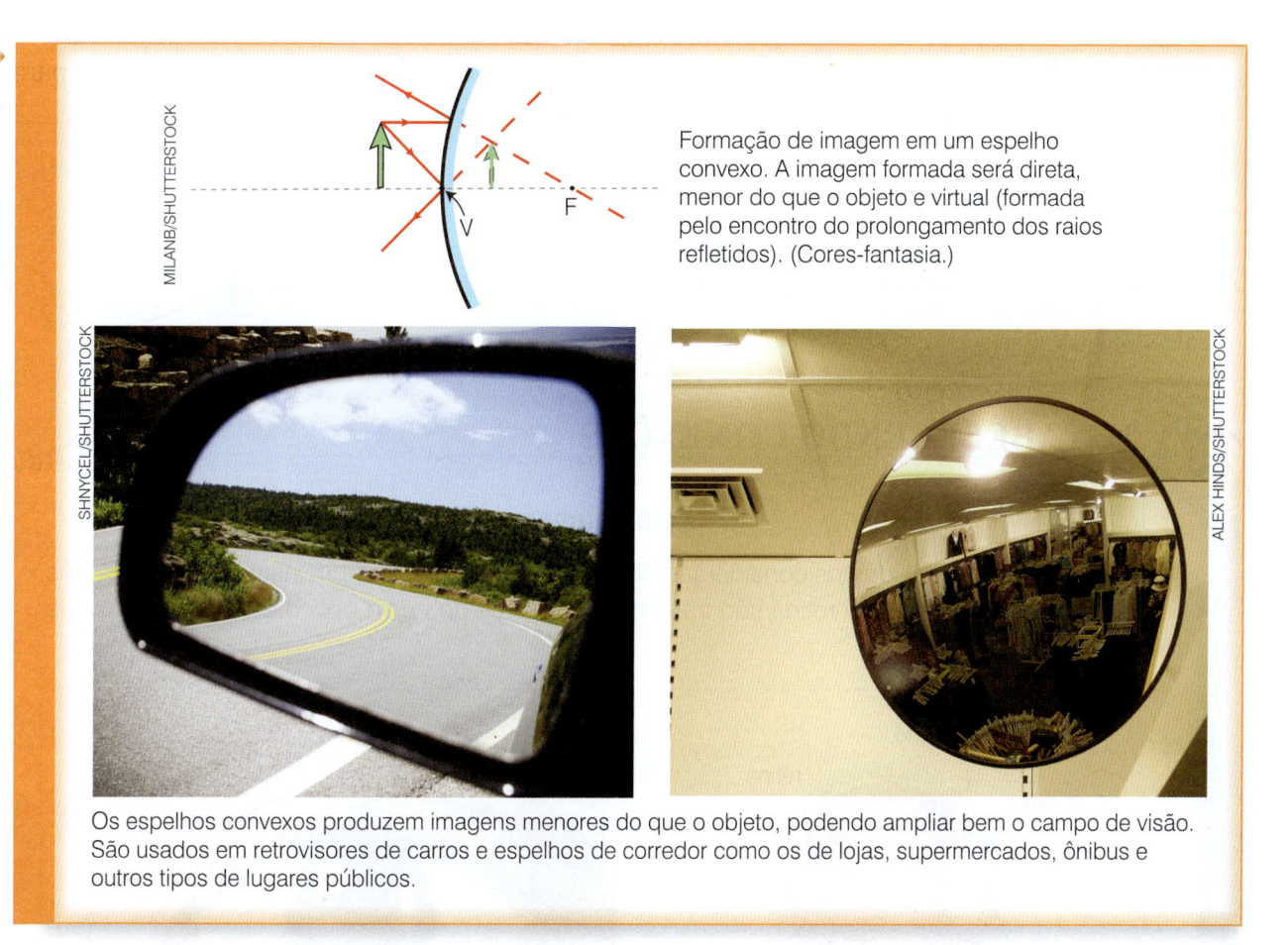

Os espelhos convexos produzem imagens menores do que o objeto, podendo ampliar bem o campo de visão. São usados em retrovisores de carros e espelhos de corredor como os de lojas, supermercados, ônibus e outros tipos de lugares públicos.

Lentes

Lentes são objetos que possuem uma ou duas faces curvas, produzidas a partir de um material transparente (vidro, plástico, acrílico, cristal etc.). Elas podem aumentar, diminuir, inverter uma imagem ou mesmo mudar o local de sua formação.

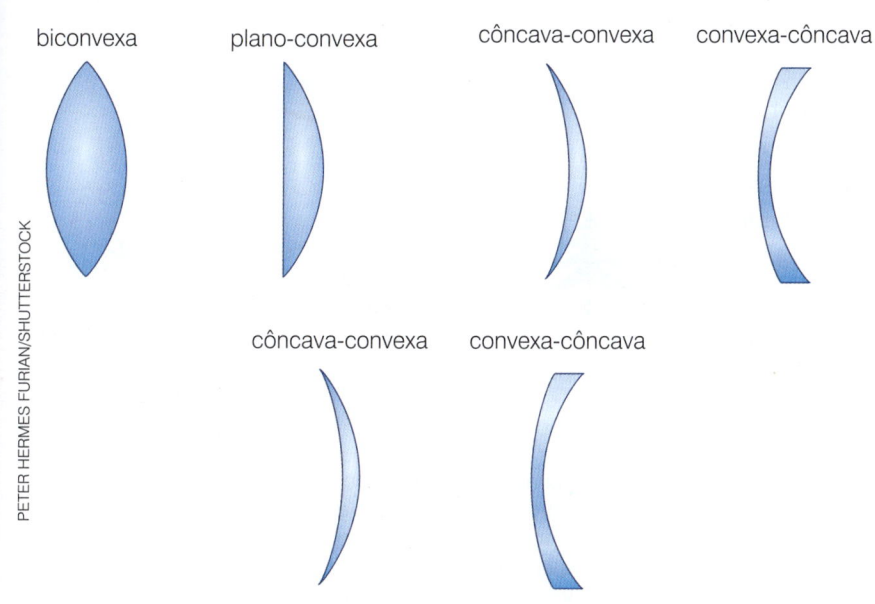

biconvexa   plano-convexa   côncava-convexa   convexa-côncava

côncava-convexa   convexa-côncava

Tipos de lentes. (Cores-fantasia.)

Uma lupa é fabricada a partir de uma lente biconvexa. Esse tipo de lente aumenta o tamanho da imagem.

O fenômeno por trás do funcionamento das lentes é a refração da luz. A luz, ao passar para outro meio, que pode ser vidro ou acrílico, e de volta para o ar, sofre desvios de acordo com as características geométricas da lente.

Uma lente biconvexa faz com que o feixe de luz que a atravessa saia convergente para determinado ponto, enquanto os raios de luz que atravessam uma lente bicôncava saem divergentes. (Cores-fantasia.)

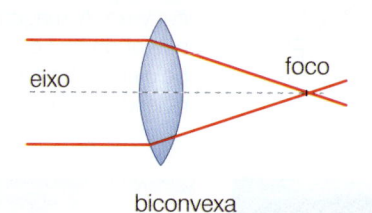

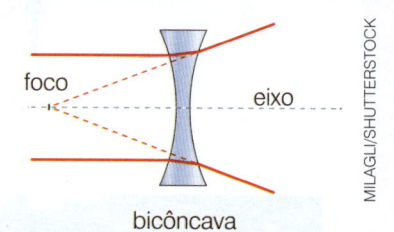

biconvexa

bicôncava

ESTABELECENDO CONEXÕES

Saúde

O olho humano

De certa forma, podemos considerar o olho humano como sendo um instrumento óptico. As imagens que se formam na retina são transmitidas através do nervo óptico até o cérebro, onde são "entendidas".

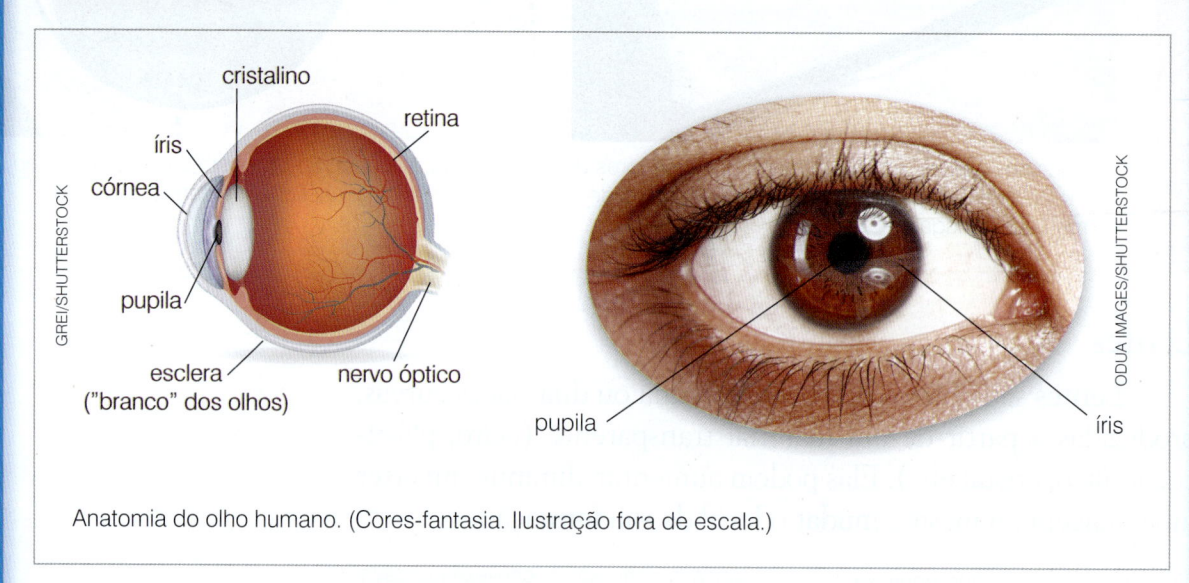

Anatomia do olho humano. (Cores-fantasia. Ilustração fora de escala.)

Os raios de luz que atingem nossos olhos inicialmente passam por uma membrana muito fina, chamada **córnea**, penetram em nosso globo ocular por meio da **pupila**, passam pelo **cristalino**, estrutura em forma de lente biconvexa, atingindo a **retina**, local onde a imagem é inicialmente formada.

Já ao passar pela córnea, os raios luminosos sofrem uma primeira refração que depois é completada ao passarem pelo cristalino. A imagem formada na retina é invertida com relação ao objeto e, naturalmente, menor do que ele. Somente depois de transmitida ao cérebro é que enxergamos a imagem no tamanho e sentido corretos.

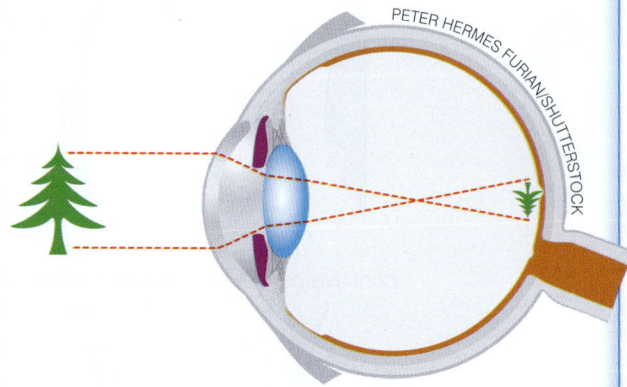

Esquema da formação de uma imagem na retina. As estruturas internas do olho foram simplificadas para uma melhor compreensão do caminho dos raios luminosos até a retina. (Cores-fantasia. Ilustração fora de escala.)

Algumas alterações na estrutura ocular fazem com que certas pessoas tenham dificuldade de visão. Duas dessas alterações são mais frequentes, a hipermetropia e a miopia, e podem ser corrigidas com o uso de lentes adequadas.

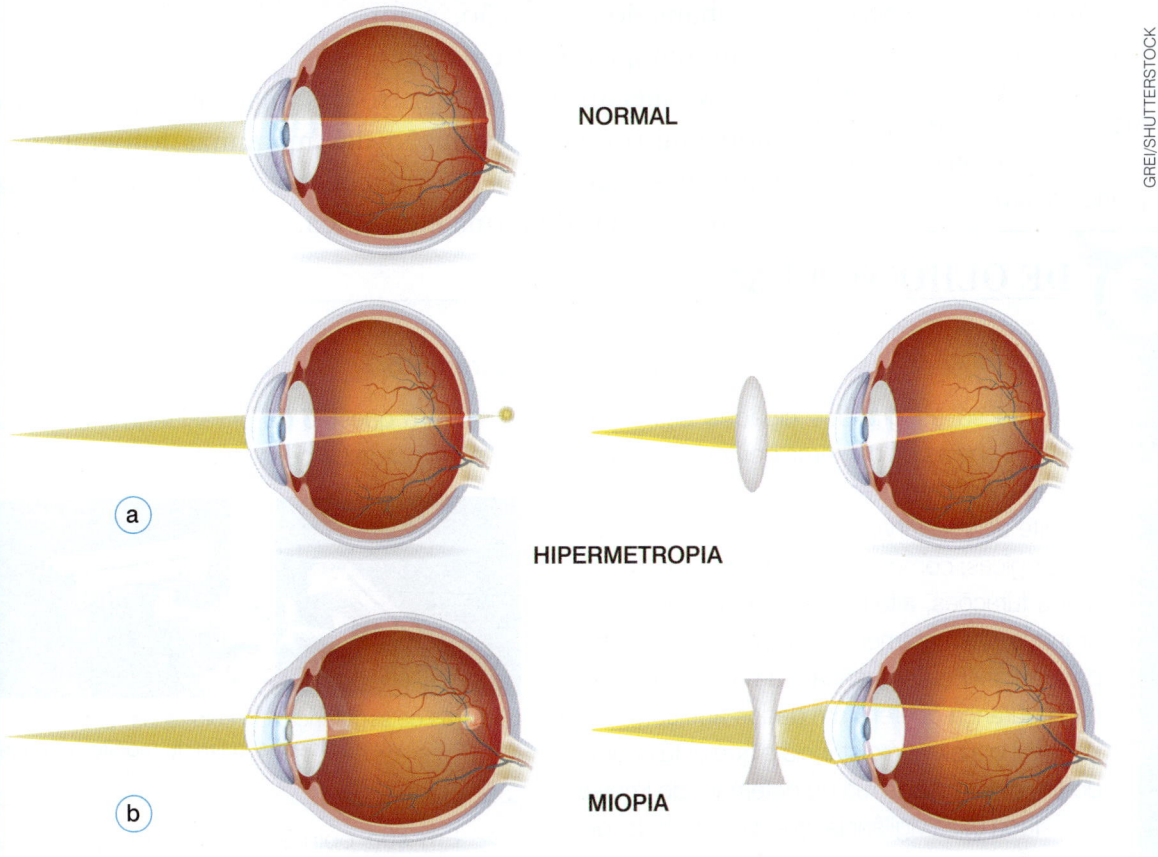

NORMAL

HIPERMETROPIA

a

MIOPIA

b

O formato do globo ocular menor (a), como na hipermetropia, ou maior (b), como na miopia faz com que as imagens são sejam corretamente formadas na retina, levando a uma falta de nitidez. Nesses casos, uma lente corretiva pela qual a luz passe antes de chegar ao olho pode resolver o problema. Daí o uso de óculos e lentes de contato. (Cores-fantasia. Ilustrações fora de escala.)

Câmaras fotográficas

As máquinas fotográficas mudaram muito nos últimos anos, estando agora incorporadas aos celulares e *tablets*, revolucionando nossa maneira de registrar imagens. No entanto, o princípio de captação de imagem continua sendo o mesmo das primeiras máquinas criadas pelo homem.

Os raios que saem do objeto atingem a máquina fotográfica e por meio de uma pequena abertura, chamada **diafragma**, chegam a um conjunto de lentes. Desse conjunto de lentes (chamado **objetiva**) os raios são direcionados para um filme sensível à luz, onde, por meio de reações químicas, a imagem é gravada.

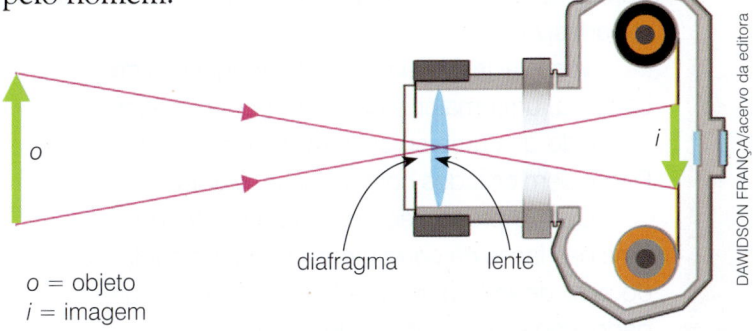

o = objeto
i = imagem

Formação da imagem em uma máquina fotográfica de filme.

Nas máquinas fotográficas, a imagem que se forma é menor, invertida e em negativo. Depois, por meio de um processo químico chamado revelação, a fotografia (em positivo) é fixada.

O mecanismo de registro das imagens é que se transformou muito com a evolução das máquinas fotográficas. Nas máquinas digitais, as informações de cada ponto da imagem são registradas de forma eletrônica.

Imagem em negativo: tipo de imagem em que o objeto claro se apresenta escuro e o escuro se apresenta claro.

Descubra você mesmo!

Pesquise a respeito das máquinas fotográficas de filme e descubra por que o processo de revelação precisa ser feito em um quarto escuro.

DE OLHO NO PLANETA

Ética & Cidadania

Monitoramento remoto

Não só as grandes cidades estão cada vez mais cheias de câmeras por todos os lados.

O monitoramento por imagens de satélites permite acompanhar à distância mudanças meteorológicas, como a aproximação de tempestades e furacões, alterações na paisagem, como grandes desmatamentos, além de ser utilizado para garantir a segurança – a partir de câmeras de segurança que enviam dados aos satélites, é possível visualizar à distância o que está ocorrendo em determinada rua ou determinado imóvel.

Toda essa vigilância, que, por um lado, gera em todos uma maior sensação de segurança, por outro lado costuma gerar também um debate sobre a questão da privacidade e a questão ética envolvida no possível uso dessas imagens.

Câmeras de segurança são colocadas no alto de postes das várias cidades, a fim de monitorar o que acontece.

➢ Em sua opinião, quais são os prós e contras de tanta vigilância?

ENTRANDO EM AÇÃO!

Construa sua própria câmara escura!

Você poderá perceber como se formam as imagens em uma máquina fotográfica construindo o que se chama "câmara escura". Para isso, você vai precisar de cartolina preta fosca, papel vegetal ou manteiga, um prego, cola ou fita adesiva.

Você vai fazer duas caixas retangulares de cartolina, uma maior e outra um pouco menor, de modo que uma se encaixe dentro da outra. Feche bem os lados com a cola ou fita adesiva.

Com o prego, faça um furo no centro de uma das faces da caixa menor, tomando cuidado para deixá-lo o mais redondo possível. Cuidado: não exagere no tamanho do furo.

Feche um dos lados da caixa maior com o papel vegetal ou manteiga, tomando o cuidado para deixá-lo bem lisinho.

Agora basta você encaixar a caixa menor dentro da caixa maior.

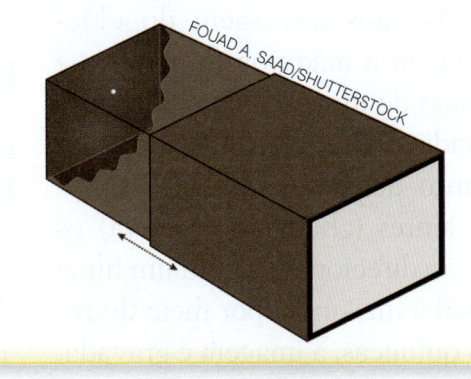

O deslize entre as duas caixas é que permite ao observador ajustar o foco até que a imagem apareça nítida no papel manteiga.

Apague as luzes, mire sua câmara para um objeto bem luminoso como uma vela, por exemplo. Deslize uma caixa dentro da outra até obter a melhor imagem do objeto no papel manteiga.

1. Que características você observa na imagem formada?

Microscópios ópticos

Microscópios ópticos são aparelhos usados para se obter uma imagem muito ampliada de pequenos objetos, podendo chegar a um aumento superior a 1.000 vezes. Possuem conjuntos de lentes que possibilitam diferentes aumentos do objeto a ser analisado. Como a luz precisa atravessar o objeto para que ele possa ser visto, ele é posicionado sobre uma lâmina de vidro. Quando o material a ser observado for muito espesso, será necessário cortar uma fina fatia dele.

A luz refletida pelo espelho atravessa o objeto, passa pela lente chamada objetiva, e uma primeira imagem é formada. A ocular (uma segunda lente) amplia a imagem que foi formada pela objetiva.

- ocular
- objetivas (de diferentes aumentos)
- suporte para lâmina
- espelho para direcionar a luz

Telescópios e lunetas

Esses instrumentos nos permitem observar corpos celestes que se encontram a grandes distâncias da Terra. De modo bem simplificado, podemos dizer que utilizam, assim como o microscópio, a objetiva e a ocular.

(a) Luneta astronômica, também conhecida como telescópio refrator, em que a objetiva é uma lente.
(b) Telescópio refletor utiliza como objetiva um conjunto de espelhos.

Nosso desafio

Para preencher os quadrinhos de 1 a 9, você deve utilizar as seguintes palavras: absorção, corpuscular, difusa, espectro eletromagnético, especular, ondulatório, reflexão, refração, retilínea.

À medida que você preencher os quadrinhos, risque a palavra que escolheu para não usá-la novamente.

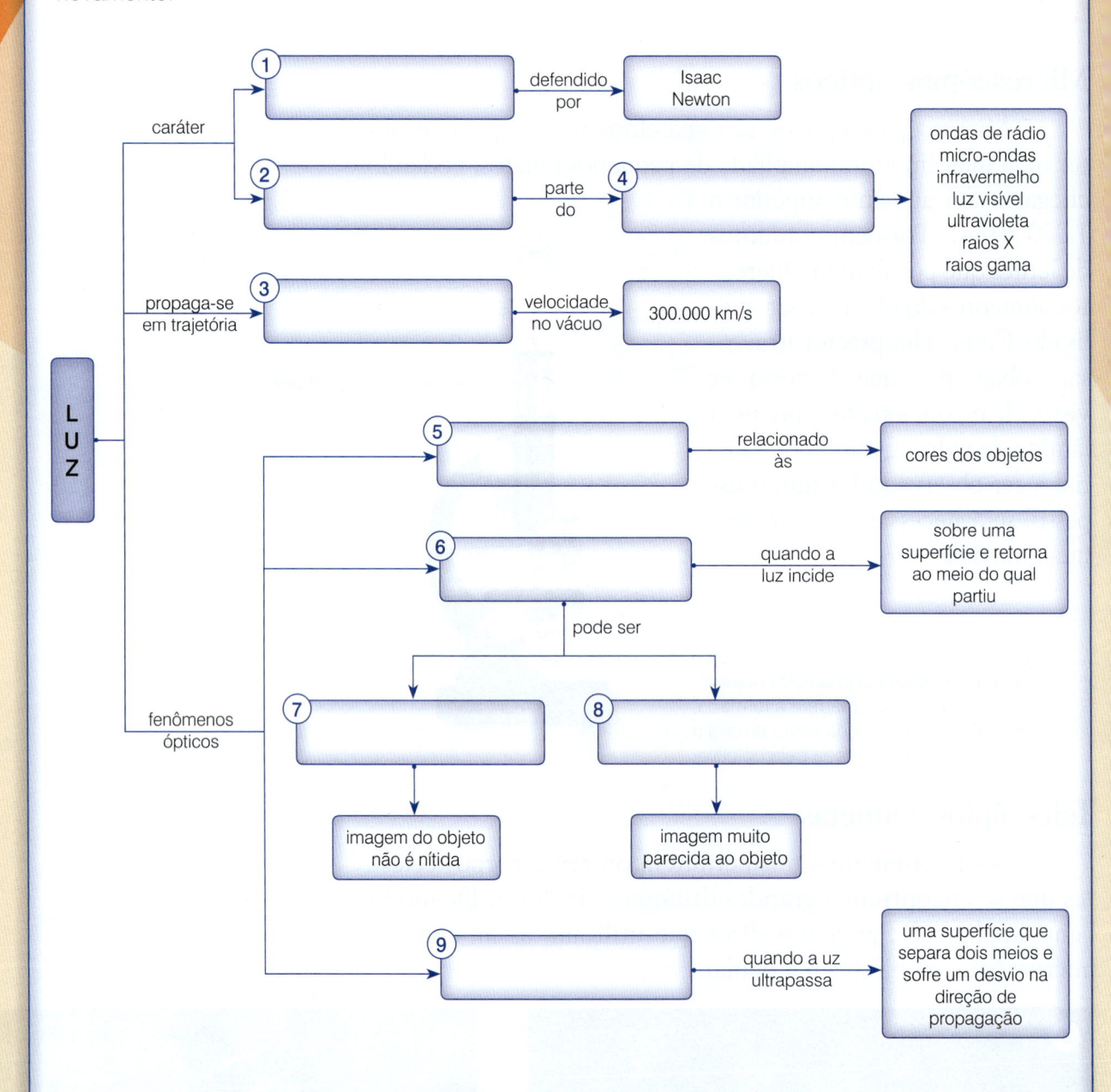

LUZ

- caráter
  - 1. _____ defendido por → Isaac Newton
  - 2. _____ parte do → 4. _____ → ondas de rádio, micro-ondas, infravermelho, luz visível, ultravioleta, raios X, raios gama
- propaga-se em trajetória
  - 3. _____ velocidade no vácuo → 300.000 km/s
- fenômenos ópticos
  - 5. _____ relacionado às → cores dos objetos
  - 6. _____ quando a luz incide → sobre uma superfície e retorna ao meio do qual partiu
    - pode ser:
      - 7. _____ → imagem do objeto não é nítida
      - 8. _____ → imagem muito parecida ao objeto
  - 9. _____ quando a luz ultrapassa → uma superfície que separa dois meios e sofre um desvio na direção de propagação

Atividades

1. Por que não enxergamos nada na ausência de luz?

2. Dê exemplos de corpos luminosos, transparentes, translúcidos e opacos.

3. Sabendo que para ver algum objeto precisamos de uma fonte de luz, além do nosso olho e do objeto, desenhe no esquema abaixo o trajeto que seria percorrido pelo raio de luz (representando esse raio de luz por uma linha reta) para que pudéssemos ver a flor.

4. Ao olharmos pela janela de nossa sala durante o dia vemos com clareza o que tem lá fora. Já durante a noite, com a sala iluminada, vemos no vidro o reflexo da imagem do interior da sala. Por que isso acontece?

5. Identifique os fenômenos aos quais os esquemas abaixo se referem:
    a.
    b.
    c.

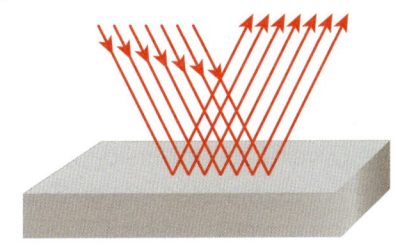

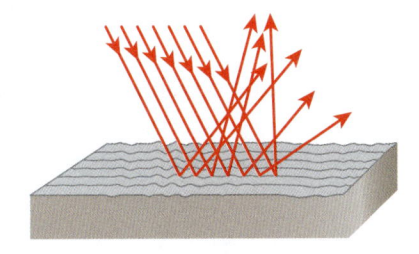

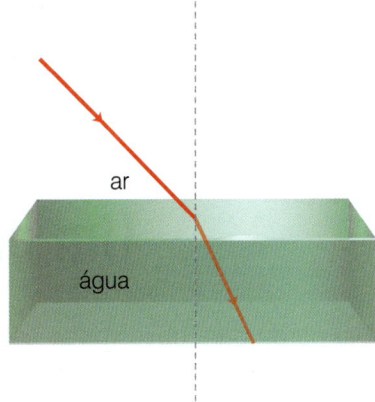

6. O que produz uma onda eletromagnética?

7. Qual a diferença entre uma onda luminosa e um raio X? e a diferença entre uma onda luminosa e uma onda de rádio?

8. O fenômeno de decomposição da luz branca ao atravessar um prisma ocorre porque
    a. a luz branca tem uma frequência muito alta.
    b. no interior do prisma acontece uma dupla reflexão.
    c. a luz branca é composta de várias ondas oscilando em várias frequências.
    d. o ângulo de reflexão não depende da frequência.

9. Com que cor aparece a luz de mais baixa frequência? e a de mais alta frequência?

10. A luz é uma onda ou uma partícula? Explique.

11. Por que nas ambulâncias e nos carros de bombeiro a palavra que identifica esses veículos aparece escrita ao contrário na parte da frente deles?

12. O globo ocular humano pode apresentar alteração em seu formato com consequências na qualidade da visão. Sem o uso de lentes corretivas, na hipermetropia e na miopia onde se formam as imagens com relação à retina?

13. Para que servem as lentes?

14. Que fenômeno físico está por trás do funcionamento das lentes?

Leitura
Você, desvendando a Ciência

Um bravo guerreiro

Você já parou para observar as estrelas no céu? A observação do céu pode mudar bastante quando comparamos o céu de uma grande cidade, onde há bastante poluição visual, e o céu de uma cidade do interior, onde não há tanta luz concorrendo com a luz das estrelas. E como seria observar as estrelas sem interferência da iluminação produzida na Terra? É justamente isso que consegue fazer o telescópio espacial Hubble que, no mês de abril de 2015, comemorou 25 anos. Conheça um pouco mais da história do Hubble no trecho da reportagem a seguir.

Telescópio Hubble.

Lançado em 24 de abril de 1990, o Hubble tem como principal objetivo fazer imagens claras do espaço – melhores que as dos telescópios instalados em terra, que enfrentam dificuldades como as condições atmosféricas, que podem piorar a qualidade das imagens. A construção do Hubble e sua operação ficam a cargo da agência espacial americana, ou NASA, na sigla em inglês.

Pouco depois do lançamento, os cientistas e engenheiros envolvidos na operação do telescópio detectaram um defeito. Em vez das imagens claras que eram esperadas, os cientistas começaram a ver imagens borradas. E como resolver isso? Felizmente, o Hubble foi projetado para receber reparos lá no espaço, sem precisar voltar à Terra. Assim, decidiu-se instalar um conjunto de espelhos capaz de consertar o problema.

Em 1993, sete corajosos astronautas embarcaram na primeira missão de reparo do Hubble e o deixaram pronto para funcionar a todo o vapor. Após esta primeira missão, outras viagens para troca de peças e equipamentos foram feitas.

"Com o Hubble, imagens nunca antes obtidas foram possíveis, modificando radicalmente a maneira de olharmos para o universo", comenta o físico Adilson de Oliveira, da Universidade Federal de São Carlos. "Milhões de novas galáxias foram observadas, supernovas, planetas fora do Sistema Solar e processos estelares que nos deram as mais belas imagens do universo até então", acrescenta.

Disponível em: <http://chc.cienciahoje.uol.com.br/parabens-pra-voce-2/>.
Acesso em: 2 jul. 2015.

1) Por que quando observamos as estrelas em uma noite, por vezes o brilho de uma delas parece oscilar?

2) Alguns astrônomos dizem que observar as estrelas no céu é olhar para o passado. Essa afirmação tem algum sentido? Justifique

TecNews
O que há de mais moderno no mundo da Ciência!

Holografia – a tecnologia dos hologramas

Essa espécie de fotografia tridimensional só é possível graças à propriedade ondulatória da luz. Enquanto o filme da fotografia tradicional registra apenas a variação na amplitude das ondas luminosas (ou seja, sua intensidade), a holografia, com a ajuda do raio laser, pode gravar também as saliências e os vales das ondas, possibilitando produzir imagens em relevo. Ela foi inventada em 1948 pelo físico húngaro Dennis Gabor (1900-1979), agraciado com o prêmio Nobel de Física, em 1971, por essa criação.

A palavra vem do grego *holos* (inteiro) e *graphos* (sinal ou imagem). Os elementos principais para produzir um holograma são: uma fonte de luz que se propague em uma só direção, como o laser, e um filme hipersensível. A luz proveniente do raio laser é dividida em dois feixes: o primeiro ilumina o objeto, que a reflete sobre o filme; o segundo ilumina diretamente o filme.

Essas duas fontes luminosas criam o holograma – uma irreconhecível sucessão de faixas e anéis concêntricos. Quando ele é iluminado, a luz transforma as faixas e os anéis em uma representação tridimensional do objeto fotografado. No início, com exceção de alguns poucos cientistas, ninguém sabia ao certo o que fazer com a holografia, devido a um grande inconveniente: ela precisava do laser, tanto para ser produzida quanto para ser vista. Apenas em 1965, o físico russo Yu Dnisyuk conseguiu fazer hologramas visíveis sob a luz comum.

Disponível em: <http://mundoestranho.abril.com.br/materia/como-funciona-a-holografia>.
Acesso em: 2 jul. 2015.

CLICK E ABASTEÇA AS IDEIAS

Veja nossa sugestão de *link* sobre o assunto e abasteça suas ideias!
- http://www.tecmundo.com.br/celular/59259-takee-1-conheca-primeiro-smartphone-holografico-mundo.htm

INVESTIGANDO...

Com seus colegas, faça uma pesquisa sobre quais fenômenos físicos são observados na formação do holograma.

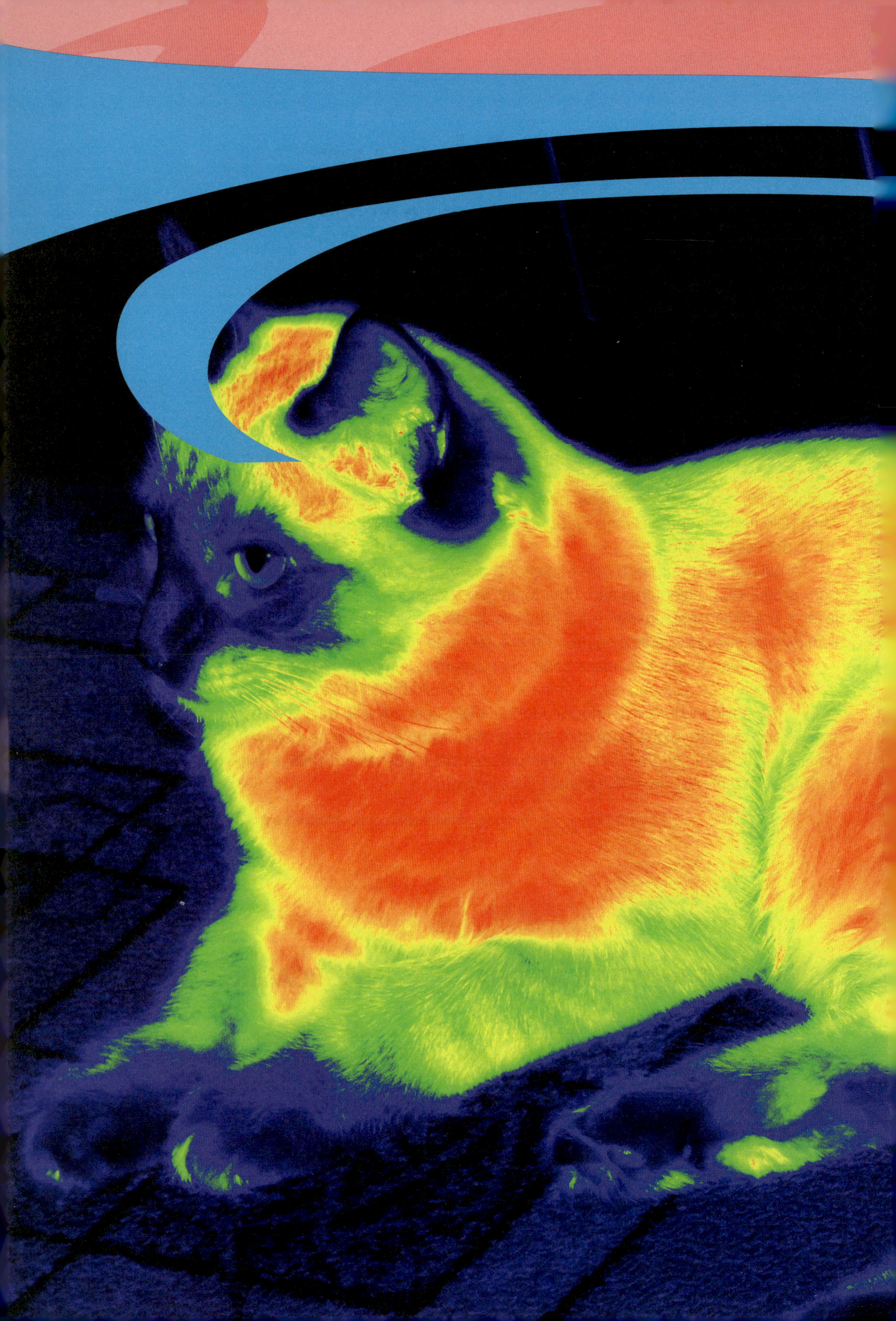

Unidade 7

CALOR E temperatura

Nesta unidade, vamos conhecer os conceitos de temperatura e de calor, suas relações e diferenças. Veremos como são feitas as medidas de temperatura e como podemos transformar uma escala de temperatura em outra.

A dilatação dos corpos, mudança de temperatura, mudança de estado físico e os processos de transmissão de calor também serão estudados. Veremos nos dois próximos capítulos como todos esses conceitos influenciam as diversas situações presentes em nosso cotidiano, desde uma observação sobre a previsão do tempo até o uso de utensílios na cozinha para o preparo de alimentos.

capítulo 14

Termometría

25 °C Boa Vista

17 °C Letícia

23 °C Manaus

30 °C Belém

26 °C Fortaleza

25 °C Imperatriz

17 °C Rio Branco

20 °C Alta Floresta

31 °C Palmas

26 °C Salvador

12 °C Cuiabá

21 °C Brasília

23 °C Teixeira de F

12 °C Santa Cruz de la Sierra

12 °C Campo Grande

12 °C São Paulo

2 °C Antofagasta

7 °C Asunción

Faz frio ou calor?

A foto de satélite acima apresenta a informação das temperaturas pelo Brasil, como vemos com frequência nos noticiários de TV e na internet. Quais cidades apresentam maior temperatura no momento desse registro? e de menor?

Em geral, associamos a ideia de alta temperatura à sensação de calor. Podemos afirmar que está calor em São Paulo e um pouco mais frio em Manaus. No contexto da Física, **calor** e **temperatura** são coisas distintas. Além disso, fisicamente falando, não faz sentido falar em "frio". A sensação de frio está associada a uma perda de calor. Uma perda de calor pode (mas não necessariamente vai) estar relacionada a uma queda de temperatura. Assim como usualmente falamos de temperatura associada ao tempo, ou seja, da medida da temperatura ambiente, podemos falar também em temperatura de um corpo ou objeto. A temperatura de um forno, por exemplo, pode estar mais alta do que a temperatura ambiente, assim como uma pedra de gelo pode apresentar temperatura mais baixa do que a do ambiente. Já o nosso corpo mantém uma temperatura relativamente constante mesmo em dias de muito frio ou calor. Um aumento da temperatura corporal geralmente indica, inclusive, algum problema de saúde.

Como se medem as temperaturas em uma cidade? Como se mede a temperatura do corpo humano? O que é, afinal, temperatura?

ANA OLÍVIA JUSTO/SHUTTERSTOCK/acervo da editora

Medidas de temperatura

Sabemos, conforme as leis da Física, que uma das coisas que pode ocorrer quando fornecemos **calor** (que é uma *forma de energia*) a um corpo ou objeto é o aumento de sua temperatura. E para entender melhor o que significa esse aumento de temperatura precisamos lançar mão do modelo microscópico da matéria. Isso significa imaginar o que acontece com as moléculas e os átomos de determinado corpo quando recebem calor.

Sabemos que átomos e moléculas que compõem qualquer substância estão em permanente agitação ou vibração. Assim, segundo uma teoria microscópica, a **temperatura** é a medida da agitação das partículas de um corpo. Quanto menor a agitação ou vibração, menor a temperatura. Quanto maior a agitação ou vibração, maior a temperatura.

Mas como medir a temperatura de um corpo? Em geral, um corpo ou uma substância é composto de muitos átomos e/ou moléculas. Como as teorias microscópicas são modelos, e não permitem medidas diretas (que seria medir a velocidade de cada partícula!), temos então que fazer medidas indiretas. E, para nossa sorte, a temperatura é uma grandeza que varia de forma conhecida quando outras grandezas, como o volume e a pressão, mudam.

Para a medida de temperatura utilizamos aparelhos chamados **termômetros**.

(a) A temperaturas mais baixas, o estado de agitação das moléculas é menor do que (b) a temperaturas mais elevadas.

> **Lembre-se!**
> A temperatura é a *medida* da agitação térmica das partículas (átomos ou moléculas) que compõem uma substância.

> **Descubra você mesmo!**
> Mergulhe ao mesmo tempo uma das mãos em um balde com água fria e a outra mão em um balde com água quente (**mas não fervendo!!!**). Logo depois coloque as duas mãos em um balde com água morna. Agora, responda: a sensação de quente e frio é um mecanismo eficiente de medida de temperatura?

Termômetro de mercúrio

O termômetro de mercúrio é um dos tipos mais comuns de termômetro que usamos no dia a dia para medir a temperatura corpórea. Também conhecido por termômetro clínico, esse aparelho usa o mercúrio, um metal que é líquido à temperatura ambiente.

Um termômetro de mercúrio consiste em um tubo muito fininho, que chamamos de tubo capilar, ligado a um bulbo, espécie de reservatório, um pouco mais grosso que o capilar. Entre o capilar e o bulbo há um pequeno estrangulamento, de modo que o mercúrio, que se encontra no bulbo, só passa para o capilar quando há aumento de temperatura.

Os termômetros de mercúrio são muito usados para medir a temperatura do corpo humano. Os mais comuns possuem a escala duada entre 35 e 42 °C, consideradas uras extremas para os seres humanos. é adicionado corante vermelho ao sa ficar mais fácil a leitura.

Observe, nas imagens abaixo, a diferença de temperatura marcada pelos termômetros de mercúrio, quando no gelo (o aparelho indica 0 °C) e na areia quente (40 °C).

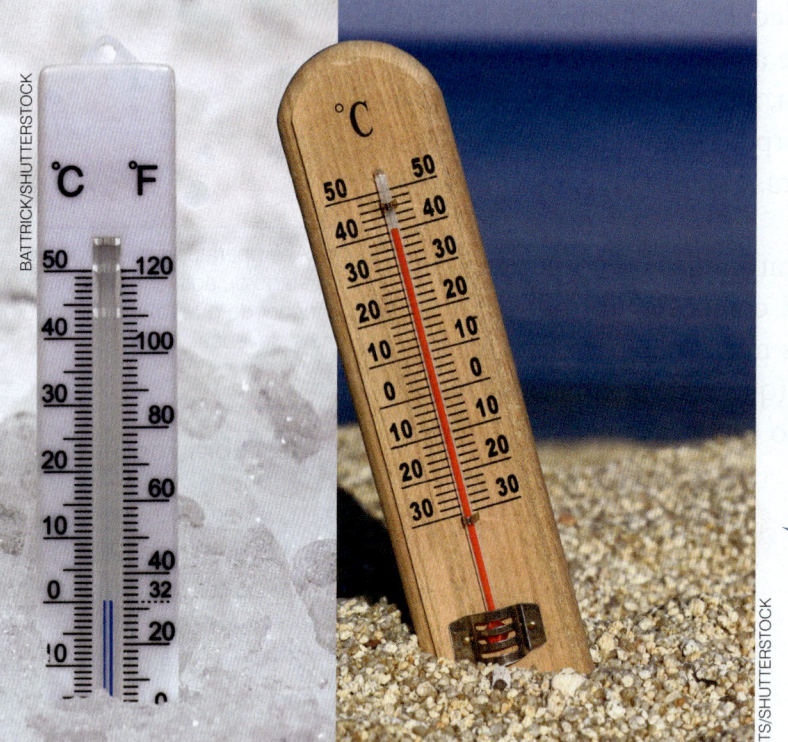

Quando colocamos o bulbo do termômetro em contato com o corpo humano, por exemplo, os corpos (termômetro e corpo humano) entrarão em **equilíbrio térmico**, ou seja, depois de passar algum tempo, ambos estarão à mesma temperatura. O mercúrio do bulbo, que antes estava à temperatura ambiente (pois estava em equilíbrio térmico com o ambiente), estará agora à mesma temperatura do corpo com o qual entrou em contato. Essa medida é possível em um termômetro de mercúrio porque esse líquido se dilata, ou seja, aumenta de volume quando sua temperatura aumenta. E o mercúrio, em específico, tem a propriedade de se dilatar bastante com pouca variação de temperatura.

Como um aumento de temperatura é proporcional a um aumento de volume, basta desenhar uma escala de medida no tubo capilar para podermos medir a variação térmica.

Jogo rápido

Por que precisamos de aparelhos como termômetros para medir a temperatura?

É SEMPRE BOM SABER MAIS!

Termômetros digital e de cristal líquido

Há outros dois tipos de termômetro, que inclusive são empregados para medir a temperatura corpórea: o **digital** e o de **cristal líquido**.

Os termômetros digitais operam com base nas propriedades eletrônicas de alguns de seus componentes e a temperatura é medida a partir da variação dessas propriedades.

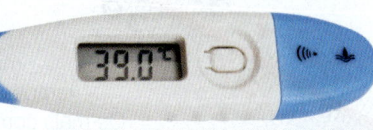

Os chamados termômetros de cristal líquido apresentam-se como uma fita que deve ser colocada sobre a testa do paciente: o valor da temperatura é dado pela mudança de cor do cristal. Não se trata de uma leitura precisa, mas esse aparelho dá uma indicação qualitativa.

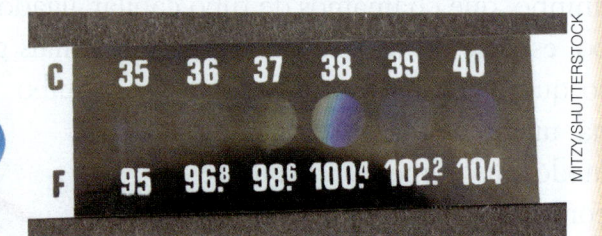

Nos termômetros digitais, a indicação da temperatura é direta.

Termômetro de cristal líquido, indicando a temperatura nas proximidades de 38 °C.

Termômetro a álcool

Também comum em muitas residências, o termômetro a álcool é usado com frequência para medir a temperatura ambiente. Utiliza o mesmo princípio que o termômetro de mercúrio, isto é, a dilatação de um líquido – nesse caso, o álcool. Esse tipo de aparelho pode medir temperaturas maiores e menores do que o termômetro de mercúrio, sendo que sua escala pode variar de −10 a 150 °C.

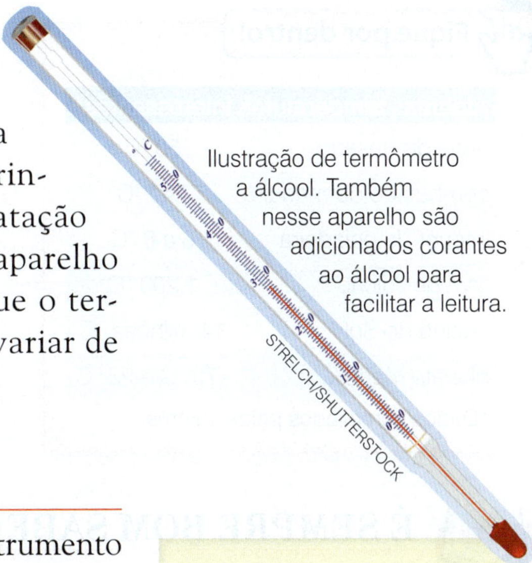

Ilustração de termômetro a álcool. Também nesse aparelho são adicionados corantes ao álcool para facilitar a leitura.

■ Escalas termométricas

Galileu Galilei construiu, em 1592, o primeiro instrumento para avaliar a temperatura. Esse instrumento, um **termoscópio**, era usado para fins médicos e tinha a variação de pressão do ar como princípio de funcionamento.

Termoscópio: instrumento que pode ser utilizado para comparar temperaturas de corpos diferentes.

O termoscópio construído por Galileu consta de um tubo, conectado de um lado a um bulbo e de outro, a um recipiente com água. Para saber se uma pessoa estava com a temperatura normal, inicialmente o bulbo era colocado em contato com o corpo de uma pessoa sadia, e era feita a marcação da coluna de água. Em seguida, o mesmo aparato era colocado em contato com uma pessoa com suspeita de febre. Se a coluna de água apresentasse uma marcação diferente, a pessoa estaria enferma. Nesse caso, temos um aparelho que pode *comparar* duas medidas.

Com o passar do tempo surgiu a necessidade de obter medidas mais absolutas, que permitissem a comparação de vários valores de temperatura em condições diferentes.

A busca pela construção de uma **escala termométrica** (escala de temperatura) precisava de pontos de referência.

Hoje em dia, uma das escalas mais conhecidas e utilizadas é a **escala Celsius**, cuja unidade é o grau Celsius (°C). Na escala Celsius, os pontos de referência são o **ponto de fusão** e o **ponto de ebulição** da água.

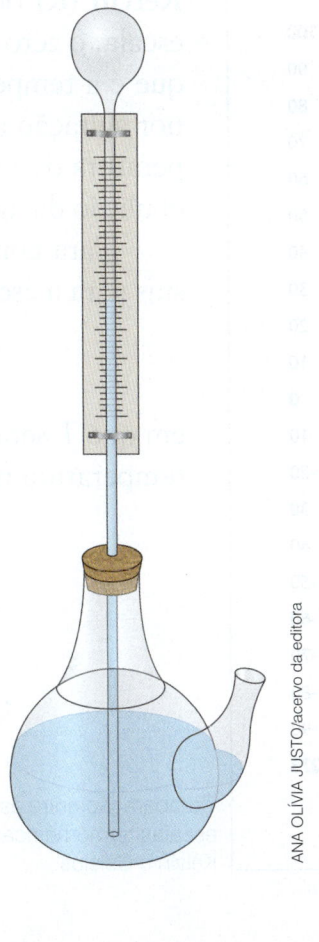

Representação ilustrativa do termoscópio de Galileu.
O bulbo na parte superior contém ar e é colocado em contato com o corpo do qual se quer ter uma ideia da temperatura.
Dependendo da temperatura interna atingida pelo ar, o líquido sobe ou desce pelo tubo.

Fique por dentro!

Algumas temperaturas interessantes*

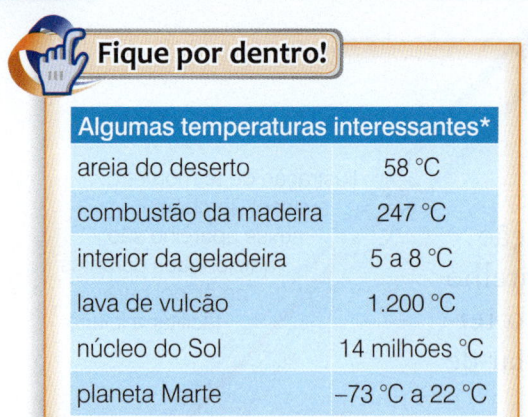

areia do deserto	58 °C
combustão da madeira	247 °C
interior da geladeira	5 a 8 °C
lava de vulcão	1.200 °C
núcleo do Sol	14 milhões °C
planeta Marte	−73 °C a 22 °C

*Dados compilados pelos autores.

Para graduar um termômetro qualquer na escala Celsius, basta colocá-lo em contato com uma mistura de água e gelo, esperar a temperatura estabilizar e marcar o seu zero. Depois, é preciso colocá-lo em contato com água em ebulição, esperar estabilizar e marcar 100 °C. A diferença de marcação entre o ponto de fusão e o de ebulição da água é dividida em cem partes iguais, cada uma sendo um grau da escala. Trata-se, portanto, de uma escala centígrada.

Centígrada: dividida em cem graus.

É SEMPRE BOM SABER MAIS!

O zero absoluto

Se a temperatura é a medida da agitação térmica das partículas de uma substância, é natural nos perguntarmos: e se as partículas estivessem todas totalmente paradas? Que temperatura seria essa? Essa temperatura seria o **zero absoluto**. Cientistas já chegaram muito perto dessa temperatura, que é calculada teoricamente como sendo −273,15 °C. A essa temperatura teriam cessado todos os movimentos de quaisquer moléculas e átomos.

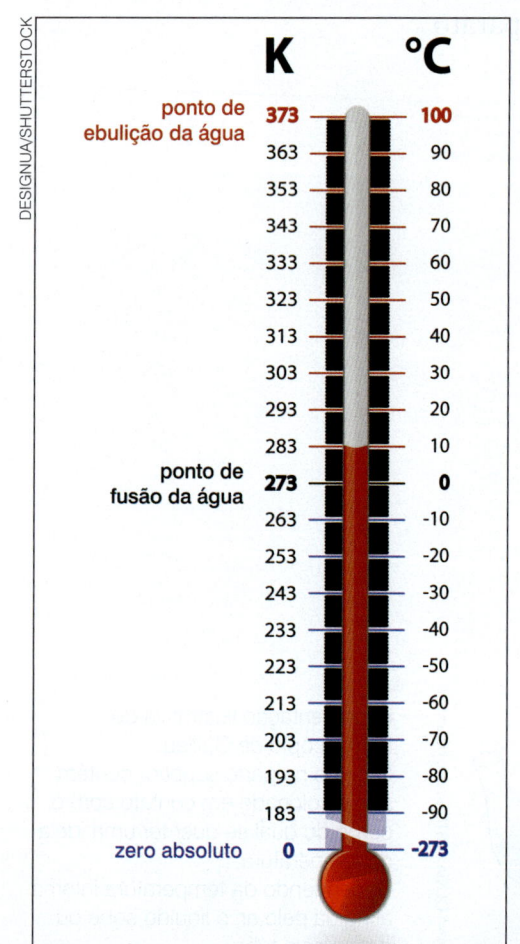

No meio científico, a escala mais comum é a **escala Kelvin** (K) ou escala de temperatura absoluta. Nessa escala, o zero corresponde ao chamado zero absoluto, que é a temperatura em que não há resquício da menor agitação atômico-molecular. Nessa escala, a temperatura de fusão do gelo corresponde a 273 K e a de ebulição da água corresponde a 373 K.

Para converter uma temperatura da escala Celsius para a escala Kelvin, usamos a expressão:

$$T = t_C + 273$$

em que T será a temperatura na escala Kelvin e t_C é a temperatura na escala Celsius.

Comparação entre as escalas termométricas Kelvin e Celsius.

Jogo rápido

Se a temperatura de um corpo é 36,5 °C, qual será sua temperatura na escala Kelvin?

CAPÍTULO 14 • Termometria

Outra escala bastante utilizada nos países de língua inglesa é a escala Fahrenheit (°F). Essa escala usa como referência medidas de temperaturas cotidianas, como a temperatura do corpo humano. O zero da escala Celsius corresponde a 32 °F e a temperatura de ebulição da água nessa escala corresponde a 212 °F. A diferença entre essas duas temperaturas da escala Fahrenheit apresenta 180 graus, diferentemente das escalas Celsius e Kelvin que apresentam 100 graus.

Comparação entre as escalas termométricas Kelvin, Celsius e Fahrenheit.

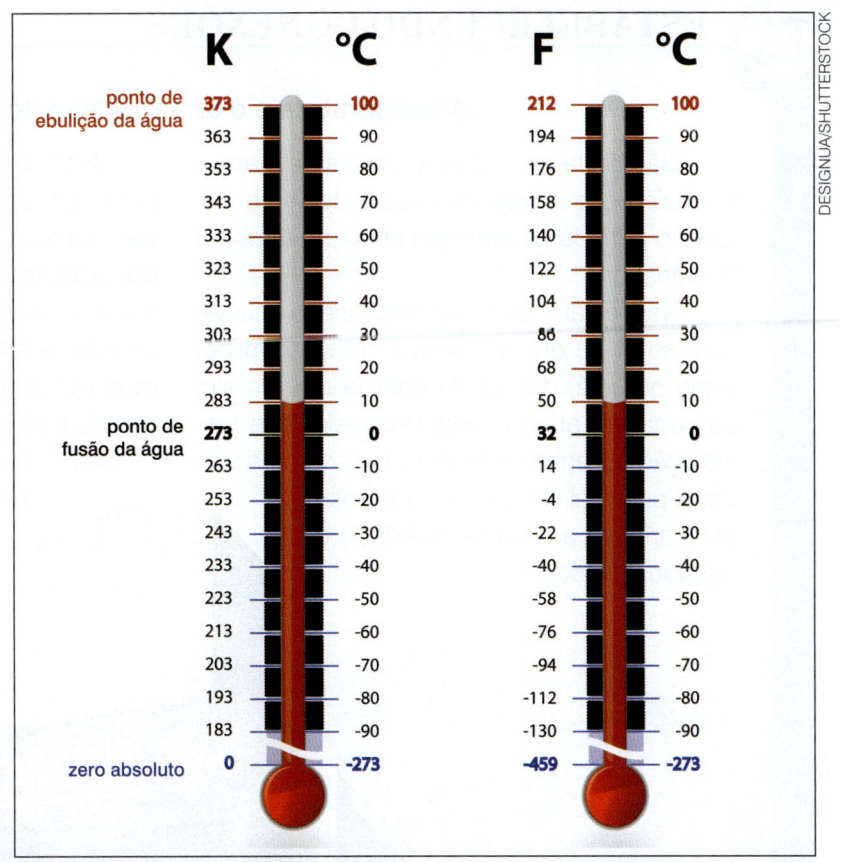

Para converter uma temperatura da escala Celsius para a escala Fahrenheit, usamos a expressão:

$$\frac{t_C}{100} = \frac{t_F - 32}{180} \quad \text{ou} \quad \frac{t_C}{5} = \frac{t_F - 32}{9}$$

em que t_C é a temperatura na escala Celsius e t_F é a temperatura na escala Fahrenheit.

Assim, se a temperatura de uma cidade for 40 °C na escala Celsius, sua temperatura na escala Fahrenheit será:

$$\frac{t_C}{5} = \frac{t_F - 32}{9}$$

$$\frac{40}{5} = \frac{t_F - 32}{9}$$

$$9 \times 40 = 5(t_F - 32)$$

$$360 = 5t_F - 160$$

$$360 + 160 = 5t_F$$

$$t_F = \frac{520}{5} = 104$$

A temperatura da cidade será de 104 °F.

> **Lembre-se!**
> Em resumo, a conversão de temperatura de graus Celsius para Fahrenheit é dada pela equação
> $$\frac{t_C}{5} = \frac{t_F - 32}{9}$$

> **Descubra você mesmo!**
> Pesquise nos livros de uma biblioteca ou mesmo na internet sobre o porquê de as escalas apresentadas se chamarem Celsius, Kelvin e Fahrenheit.

ESTABELECENDO CONEXÕES

Economia

A temperatura e o armazenamento de grãos

Não basta ter uma boa colheita de grãos – é preciso que o produto não se deteriore durante o período de armazenamento e também no transporte.

Não é raro que seja necessário manter uma safra de grãos, como a de soja, milho, feijão ou café, depois de colhida em um silo ou armazém até que seja possível a sua distribuição. O armazenamento tem como finalidade principal conservar os grãos com praticamente a mesma qualidade de quando colhidos.

Nos armazéns mal monitorados, além da perda por ataque de insetos e roedores, também há a importante diminuição da qualidade do produto em decorrência do aumento da temperatura. Além da variação da temperatura externa, a respiração dos grãos (são organismos vivos) libera CO_2, água e também calor, contribuindo para o aumento da temperatura interna do silo ou armazém. Com isso, organiza-se um meio favorável para a ação de fungos, que causam fermentação do produto, deterioração de sua qualidade nutricional além de um tremendo mau cheiro.

Para minimizar a possibilidade de ocorrência de fungos, além da limpeza propriamente dita do local de armazenamento, o controle da temperatura é fundamental: manter as temperaturas baixas dificulta a atividade desses organismos decompositores.

O controle termométrico em armazéns é feito por meio de sensores que detectam as variações de temperatura e, a partir dos dados coletados, pode-se acionar medidas de aeração para resfriar a temperatura interna do silo e, consequentemente, dos grãos ali estocados, preservando sua qualidade.

Silo para armazenamento de grãos na cidade de Santos, SP.

CAPÍTULO 14 • Termometria

Nosso desafio

Para preencher os quadrinhos de 1 a 10, você deve utilizar as seguintes palavras: calor, Celsius, centígrada, é a mesma, é diferente, escala absoluta, Fahrenheit, Kelvin, termômetros, volume.

À medida que você preencher os quadrinhos, risque a palavra que escolheu para não usá-la novamente.

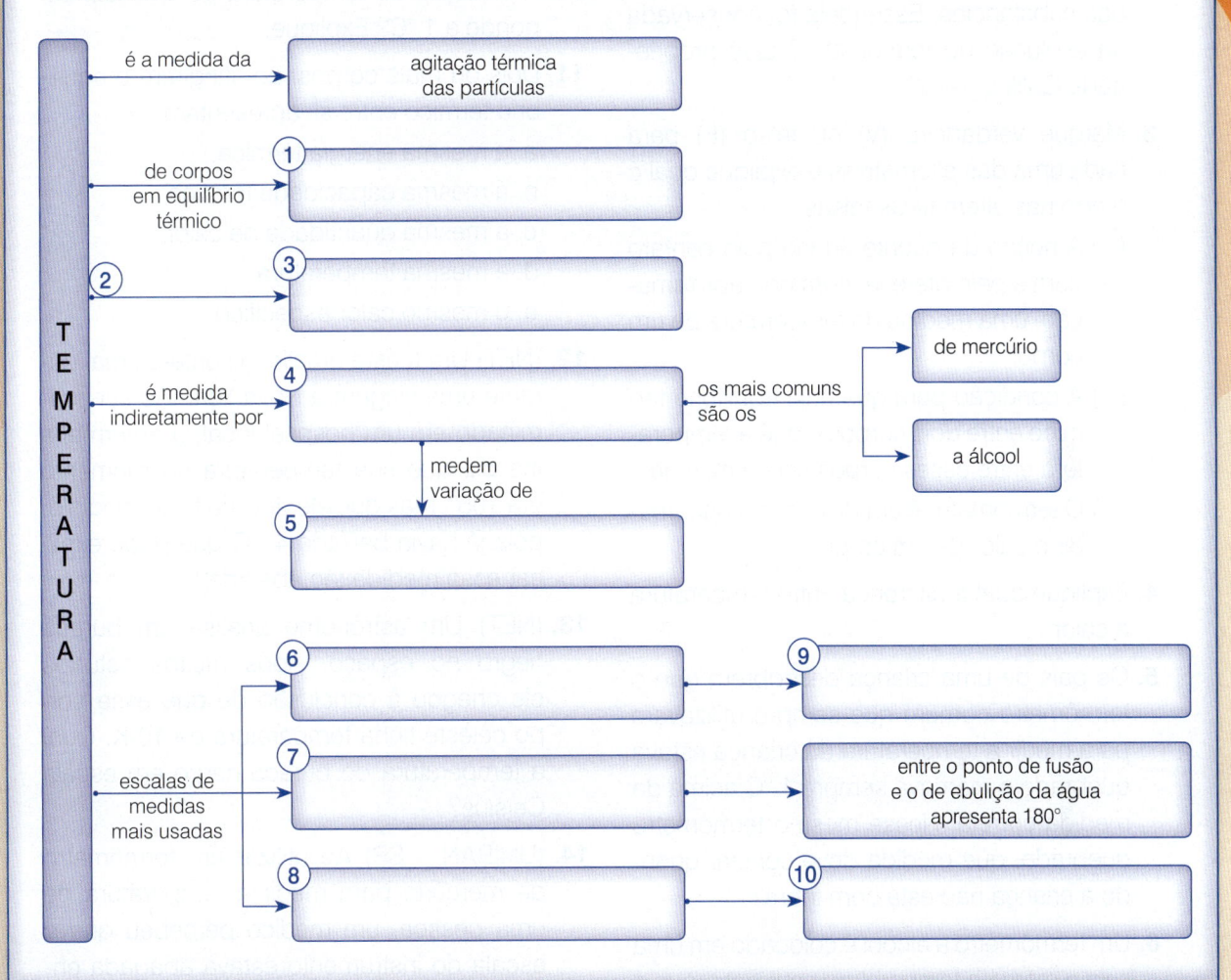

TEMPERATURA
- é a medida da → agitação térmica das partículas
- de corpos em equilíbrio térmico → (1)
- (2) → (3)
- é medida indiretamente por → (4) → os mais comuns são os → de mercúrio / a álcool
  - medem variação de → (5)
- escalas de medidas mais usadas → (6) → (9)
  - (7) → entre o ponto de fusão e o de ebulição da água apresenta 180°
  - (8) → (10)

Atividades

1. O mapa ao lado informa as previsões de temperaturas médias de algumas cidades do Brasil em determinado dia.

   a. De acordo com o que estamos estudando, e com a forma de se apresentar uma grandeza física, há um erro evidente nessa representação. Qual é esse erro?

   b. Que problemas essa informação poderia acarretar a um turista inglês desatento, que estivesse pensando em aproveitar o final do verão carioca?

2. A criação do primeiro instrumento de medida de temperatura pelo homem está articulada com a ideia de Galileu de avaliar as variações de temperatura por meio da variação de outras propriedades mensuráveis das substâncias. Essa ideia foi conservada na evolução do termômetro? Que propriedade Galileu usou?

3. Marque verdadeiro (V) ou falso (F) para cada uma das alternativas e explique qual é o erro nas alternativas falsas.

( ) A noção de quente ou frio pelo contato com a pele oferece, com boa aproximação, uma medida da temperatura de um corpo.

( ) A condição para que haja equilíbrio térmico entre dois corpos é que a temperatura entre esses corpos seja a mesma.

( ) O termômetro é um dispositivo para medir o calor de um corpo.

4. Explique qual a diferença entre temperatura e calor.

5. Os pais de uma criança descobrem que o termômetro comum que sempre utilizavam para medir a temperatura da criança estava quebrado e marcava sempre 1 °C acima da medida correta. Nesse mesmo termômetro quebrado, que medida deve constar quando a criança não está com febre?

6. Um termômetro a álcool é colocado em uma sala e marca a temperatura ambiente, que é de 25 °C. Após algum tempo, a temperatura do ambiente se eleva a 30 °C. O que ocorre com a altura da coluna de álcool no termômetro? Explique.

7. Qual o ponto de referência da escala Kelvin?

8. Quais são os pontos de referência usados para a marcação da escala Celsius?

9. Um amigo seu comenta que leu em um site da internet que os cientistas já conseguiram chegar, em laboratório, a uma temperatura muito, muito baixa (de –290 °C). Você deve confiar nessa informação? Será que o site no qual ele navegou é confiável? Que argumentos você teria para duvidar dessa informação?

10. A variação de temperatura de 1 °F corresponde a 1 °C? Explique.

11. Dois ou mais corpos, ao atingirem o equilíbrio térmico entre si, apresentam:

a. a mesma energia térmica.
b. a mesma capacidade térmica.
c. a mesma quantidade de calor.
d. a mesma temperatura.
e. o mesmo calor específico.

12. (NET) Um turista brasileiro sente-se mal durante uma viagem a Nova York. Ao ser examinado em um hospital local, a enfermeira lhe diz que sua temperatura no momento era 105°, mas que ele deveria ficar tranquilo, pois já havia baixado 4°. O que pode explicar essa medida tão absurda?

13. (NET) Um astrônomo analisa um buraco negro no espaço. Após muitos estudos ele chegou à conclusão de que esse corpo celeste tinha temperatura de 10 K. Qual a temperatura do buraco negro em escala Celsius?

14. (UNIBAN – SP) Ao utilizar um termômetro de mercúrio para medir a temperatura de uma pessoa, um médico percebeu que a escala do instrumento estava apagada entre os valores 36,5 °C e 40 °C. Para saber a temperatura do paciente, o medico mediu o comprimento da escala do instrumento (de 35 °C a 45 °C), encontrando 5,0 cm. Em seguida mediu a altura da coluna de mercúrio correspondente à temperatura da pessoa, encontrando 1,5 cm. Qual a temperatura determinada pelo médico?

15. Nos desertos, entre o dia e a noite a temperatura varia cerca de 40 °C. Na escala Kelvin, a quanto essa variação corresponde?

capítulo 15

Calor

Sob o calor do Sol

O verão é uma estação do ano geralmente marcada pelo calor. Nessa época, algumas pessoas vão à praia e alguns assessórios são muito comuns, como guarda-sol e protetor solar.

A foto acima ilustra um dia típico de verão no Brasil, em que os termômetros podem registrar temperaturas em torno dos 30 °C ou mais. Especialistas alertam a população, todos os anos, sobre os riscos de insolação e desidratação. Para se proteger da insolação, é recomendado permanecer embaixo do guarda-sol e usar protetor solar.

Como a luz do Sol viaja enormes distâncias e nos atinge em um dia de praia? Por que é mais seguro ficar sob um guarda-sol? Por que a água serve para nos refrescar? Por que a areia é tão quente com Sol a pino e tão fria à noite?

Neste capítulo, discutiremos os fenômenos responsáveis por muitas das nossas sensações de calor (e frio). Vamos compreender melhor por que diferentes substâncias, como a areia e a água, se comportam de maneira distinta ao receberem ou emitirem calor. Mas o que é calor, afinal? O que é esse algo que transita do Sol até nós ou da areia quente até nossos pés?

CATARINA BELOVA/SHUTTERSTOCK

A natureza do calor

Comumente, nos referimos ao "calor" como uma sensação associada ao que sentimos em um dia quente de verão ou ao ficarmos expostos ao Sol na areia da praia, uma sensação oposta ao frio.

Mas o que seria essa coisa que chamamos de calor? O calor é proveniente de uma fonte de calor, como o próprio Sol, uma fogueira, um forno ou um dispositivo elétrico, por exemplo. Esse calor produzido por algum dispositivo se propaga, ou seja, de alguma forma transita em corpos e ambientes diferentes. Mas o que é essa coisa que passa ou transita entre corpos e percorre distâncias?

Já se acreditou que o calor fosse uma espécie de substância que "fluiria" entre os corpos. Essa teoria ficou conhecida como a "teoria do calórico". Segundo essa teoria, o calórico seria um fluido transferido dos corpos mais quentes para os corpos mais frios – quanto maior a temperatura de um corpo maior seria a quantidade de calórico que esse corpo possuiria. A sensação de calor estaria associada ao ganho de calórico e a sensação de frio, à perda dessa substância.

As locomotivas a vapor são exemplos de máquinas térmicas.

Embora a teoria do calórico explicasse muito bem vários fenômenos ligados à transferência de calor e até o funcionamento de máquinas térmicas, como a máquina a vapor, algumas outras questões permaneciam controversas.

No fim do século XVIII, veio à tona um problema para o qual a teoria do calórico não oferecia uma boa explicação. Tratava-se do aquecimento de blocos de ferro ao serem perfurados para a fabricação de canhões: toda a vez que se perfurava um bloco de ferro para fazer o canal por onde a bala passaria, se percebia um grande aquecimento. E, nesse caso, não havia nenhum corpo muito quente que pudesse estar transferindo calórico para o bloco de metal.

Na foto, "Tsar dos Canhões", um imenso canhão de 18 toneladas e 5,34 m de altura. Encontra-se exposto em frente ao Kremlin, em Moscou, Rússia.

Se o aumento de temperatura não vinha de um corpo mais quente, então só poderia vir do movimento da broca. É como se parte do movimento da broca, ou da energia mecânica contida nesse movimento, se transferisse para o corpo na forma de aquecimento. Assim, o fenômeno de aquecimento dos corpos estaria associado a um aumento da *energia* do movimento das partículas.

O calor, então, deixou de ser visto como uma "substância" e passou a ser considerado uma forma específica de **energia**, que transita de um corpo a outro quando há diferença de temperatura entre eles. Podemos, então, definir **calor** como sendo energia em trânsito devido a uma diferença de temperatura.

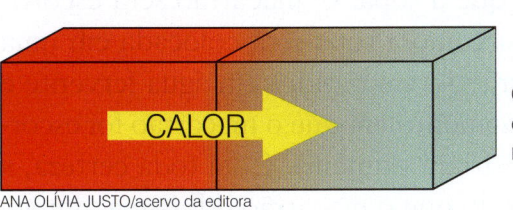

> **Lembre-se!**
> Calor é energia em trânsito devido a uma *diferença de temperatura*.

O calor transita sempre do corpo mais quente para o menos quente. (Cores-fantasia.)

ANA OLÍVIA JUSTO/acervo da editora

> **Lembre-se!**
> Uma caloria é a quantidade de calor necessária para elevar em 1 °C a temperatura de 1 g de H_2O, sob pressão normal.

Como o calor é uma forma de energia, sua unidade de medida no Sistema Internacional é o **joule** (J), em homenagem ao físico inglês James Joule. Outra unidade de medida, no entanto, tem sido mais utilizada: é a **caloria** (cal). Uma caloria é a quantidade de calor necessária para elevar em 1 °C a temperatura de 1 g de água, sob pressão normal (ao nível do mar). A relação entre essas unidades é 1 cal = 4,18 J.

> **Lembre-se!**
> Quilocaloria (kcal) é um múltiplo de caloria e equivale a 1.000 cal.

É SEMPRE BOM SABER MAIS!

Como a quantidade de calor necessária para a elevação de temperatura pode variar um pouco, estipulou-se, mais precisamente, que caloria seria a quantidade de calor necessária para elevar a temperatura de 1 g de água, sob pressão normal, de 14,5 °C para 15,5 °C.

EM CONJUNTO COM A TURMA!

Com seu grupo de trabalho, enumere situações onde ocorre transferência de energia na forma de calor de um corpo a outro. Veja quem consegue enumerar mais situações! Indiquem, para cada situação, de onde para onde a energia transita. Confira seus resultados com o resto da turma e com o seu professor.

Efeitos do calor em substâncias e objetos

Alguns fenômenos dizem respeito especificamente à troca de calor entre os corpos. Entre os fenômenos que podem acontecer se um corpo ganhar ou perder calor, temos **mudança de temperatura**, **dilatação térmica** e **mudança de fase**.

Mudança de temperatura

Primeiramente, é interessante observar que nem todos os corpos têm a mesma tendência ou facilidade para mudar sua temperatura. Podemos pensar em termos de diferentes alimentos, por exemplo. Vamos imaginar que em sua casa, em determinado dia, o jantar seja sopa, mas alguém não gosta de sopa e resolve fazer um macarrão. Vamos supor agora que o macarrão ficou cozido ao mesmo tempo que a sopa. O macarrão será escorrido e colocado em uma travessa, assim como a sopa será colocada em uma sopeira. Tanto a sopa quanto o macarrão foram cozidos em água fervente e estavam à mesma temperatura até o momento em que o macarrão foi escorrido. Qual dos pratos você acha que esfriará primeiro? Com toda certeza, a sopa demorará muito mais para esfriar do que o macarrão... E isso acontece porque a sopa tem mais água! Mesmo que os dois alimentos estivessem à mesma temperatura inicial, e trocassem energia sob a forma de calor com um mesmo ambiente, o alimento que contém mais água esfriará mais lentamente! Mas por quê?

PAMUK/SHUTTERSTOCK

MARCELO KRELLING/SHUTTERSTOCK

> **Lembre-se!**
>
> Calor específico é a quantidade de calor necessária para aumentar em 1 °C a temperatura de determinada substância.

Isso acontece porque a água tem uma grande *capacidade de armazenar energia internamente*. Dizemos, então, que ela tem um alto **calor específico** (*c*). Essa grandeza é definida em termos de quanta energia na forma de calor é necessária para variar em 1 °C a temperatura de uma substância. A unidade de medida do calor específico é cal/g · °C.

Por meio de tabelas, como a tabela abaixo, podemos comparar as substâncias e perceber se demoram mais ou menos para esfriar do que a água, por exemplo.

Calor específico de algumas substâncias.

Substância	Calor específico (cal/g · °C)	Substância	Calor específico (cal/g · °C)
água	1,0	hidrogênio	3,4
álcool	0,6	latão	0,092
alumínio	0,22	madeira	0,42
ar	0,24	mercúrio	0,033
areia	0,22	nitrogênio	0,25
carbono	0,12	ouro	0,032
chumbo	0,031	oxigênio	0,22
cobre	0,091	prata	0,056
ferro	0,11	rochas	0,21
gelo	0,5	vidro	0,16
hélio	1,25		

Disponível em: <http://fep.if.usp.br/~profis/experimentando/diurno/downloads/Tabela%20de%20Calor%20Especifico%20de%20Varias%20Substancias.pdf>. Acesso em: 30 mar. 2015.

Pelo fato de a água ter calor específico relativamente alto, ela demora mais para aquecer e também demora mais para esfriar. Já a areia tem calor específico menor, e é por isso que ela esquenta muito mais do que a água, mesmo recebendo a mesma radiação solar. Por outro lado, a areia também esfria muito rápido, enquanto a água mantém a temperatura por mais tempo.

É possível calcular a **quantidade de calor** (Q) envolvida na mudança de temperatura de determinada substância, também chamada de **calor sensível**, a partir de sua massa (m) em gramas, seu calor específico (c) e a variação de temperatura (Δt) em graus Celsius:

$$Q = m \cdot c \cdot \Delta t$$

Lembre-se!

$\Delta t = t_2 - t_1$

Assim, por exemplo, podemos calcular a quantidade de calor envolvida na mudança de temperatura de 100 g de água de 30 °C para 100 °C:

$$Q = m \cdot c \cdot \Delta t$$

$$Q = 100\,g \cdot 1\,\frac{cal}{g \cdot °C} \cdot (100 - 30)\,°C$$

$$Q = 7.000\,cal$$

Jogo rápido

Compare o valor de Q obtido na mudança de temperatura da água ao lado com a quantidade de calor necessária para mudar a temperatura de 100 g de ferro de 30 °C para 100 °C.

ESTABELECENDO CONEXÕES

Cotidiano

Embalagens longa vida

A conservação dos alimentos usa muitos dos conhecimentos sobre o calor. Você já se perguntou por que um alimento conservado na geladeira demora mais para estragar? Isso acontece porque a maioria dos fungos e bactérias que atuam na decomposição de alimentos vive menos ou não sobrevive a temperaturas mais baixas. Assim, quanto mais conseguirmos manter um alimento longe de calor e oxigênio maior será seu tempo de validade. É por isso que algumas embalagens, conhecidas como "longa vida", são formadas por várias camadas, algumas delas "espelhadas". Com isso, é possível manter o alimento dentro da embalagem isolado do calor e da luz.

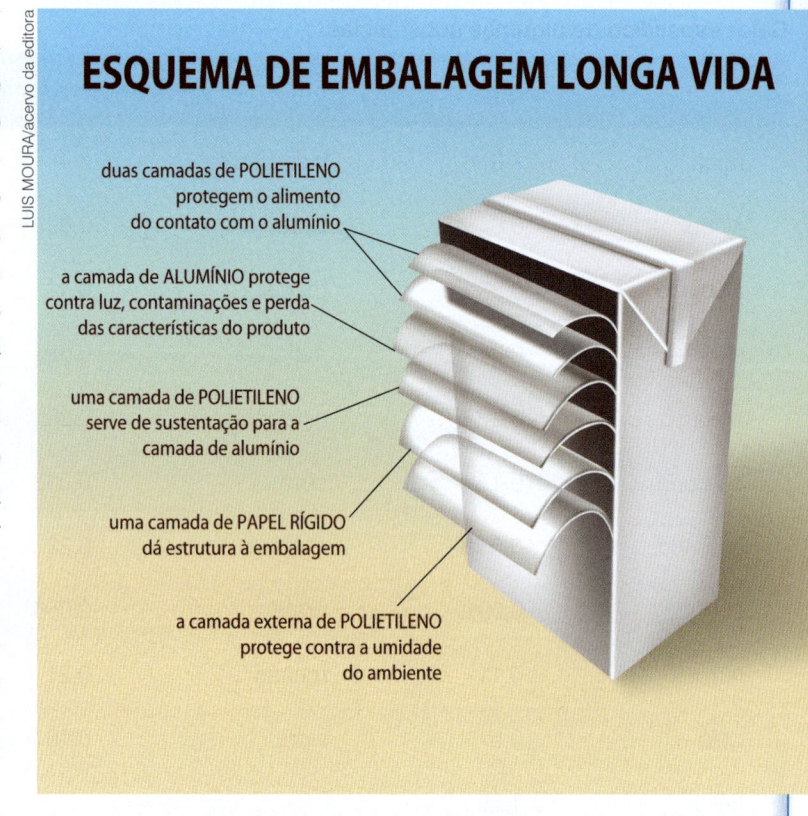

ESQUEMA DE EMBALAGEM LONGA VIDA

- duas camadas de POLIETILENO protegem o alimento do contato com o alumínio
- a camada de ALUMÍNIO protege contra luz, contaminações e perda das características do produto
- uma camada de POLIETILENO serve de sustentação para a camada de alumínio
- uma camada de PAPEL RÍGIDO dá estrutura à embalagem
- a camada externa de POLIETILENO protege contra a umidade do ambiente

Mudança de fase

Um dos efeitos possíveis quando uma substância recebe calor é o seu aumento de temperatura. Porém não é só isso que pode acontecer. Em condições mais específicas uma substância pode receber calor e continuar à mesma temperatura. Isso acontece quando a energia na forma de calor que a substância recebe é usada para uma **mudança de fase**. Durante uma mudança de fase a temperatura da substância permanece constante.

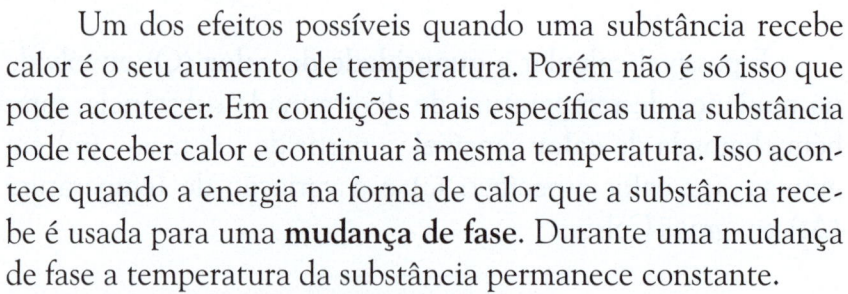

Cada substância tem temperaturas específicas nas quais muda de fase. A água, por exemplo, sai do estado sólido para o líquido a 0 °C (com a pressão de 1 atm, ou seja, ao nível do mar). O gelo pode estar a temperaturas menores e a água a temperaturas maiores, mas quando o gelo começa a derreter, até que todo ele vire água, a temperatura do sistema estará próxima a 0 °C. Assim, dizemos que a temperatura de fusão (transformação de sólido em líquido) da água é 0 °C.

O fenômeno pelo qual as moléculas de água de um líquido escapam na forma de vapor depende de várias coisas, inclusive do ambiente.

Mas sabemos que se formos aumentando a temperatura da água, fornecendo calor, algo acontece quando essa temperatura atinge os 100 °C (com a pressão de 1 atm, ou seja, ao nível do mar). A essa temperatura toda a energia fornecida ao sistema é usada para fazer a água virar vapor-d'água. Por isso, enquanto a água ferve, sabemos que sua temperatura é constante e próxima de 100 °C. Dizemos então que a temperatura de ebulição da água é 100 °C.

Outras substâncias têm diferentes temperaturas de fusão e de ebulição. O óleo de cozinha, por exemplo, de milho ou soja, tem um ponto de ebulição bem mais alto. Por isso usamos óleo quando queremos cozinhar (nesse caso usamos a palavra fritar) algo a uma temperatura maior do que 100 °C.

É SEMPRE BOM SABER MAIS!

Calor latente

Diferentes massas de uma substância necessitam de diferentes quantidades de calor para que ocorra uma mudança de fase. Chama-se **calor latente** (L) à quantidade de calor necessária para fazer com que uma unidade de massa de dada substância mude de estado. Pensando em termos da água, por exemplo, o **calor latente de fusão**, ou seja, a quantidade de energia necessária para que 1 g de água no estado sólido (gelo) passe para o estado líquido é de 80 cal/g. Já seu **calor latente de vaporização**, ou seja, a quantidade de energia necessária para que 1 g de água no estado líquido passe para o estado de vapor é de 540 cal/g.

Para calcular a quantidade de calor (Q) envolvida na mudança de fase de uma substância basta multiplicar sua massa m por seu calor latente (L):

$$Q = m \cdot L$$

ENTRANDO EM AÇÃO!

Fervendo água no papel!

Você vai precisar de
- copo de papel (pode ser feito de dobradura)
- água
- chama de vela

Encha totalmente (se o copo não estiver totalmente cheio a experiência não funciona) o copo de papel de água e leve-o até a chama para que a água esquente.

➢ Por que o papel não queima?

Cuidado: apague a chama e retire o copo de papel com cuidado para não derramar água quente sobre você.

Dilatação térmica

Já sabemos que quando um corpo recebe ou cede calor é possível que sua temperatura se modifique.

Se aumentarmos a temperatura de uma substância, aumentará a energia cinética das partículas que a compõem. Mais movimento leva, em geral, a um maior distanciamento entre as partículas e, em consequência, a um aumento de volume.

O aumento de volume devido a um aumento de temperatura é conhecido como **dilatação térmica**.

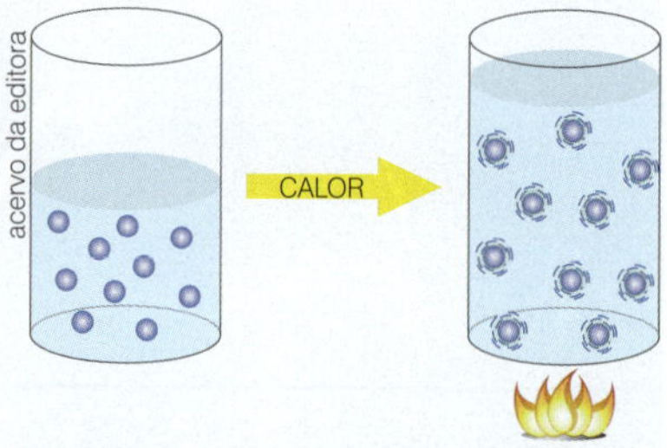

O aumento de temperatura leva, em geral, a um aumento de volume. (Cores-fantasia. Ilustração fora de escala.)

O aquecimento de uma barra leva a uma dilatação, que depende do material de que ela é feita. (Cores-fantasia. Ilustração fora de escala.)

As peças de um automóvel, por exemplo, devem ter folgas para compensar o efeito da dilatação dessas peças quando o conjunto está aquecido. Estruturas muito grandes, como pontes e vigas de prédios, tendem a dilatar mais e, por isso, têm folgas que podem ser facilmente notadas para compensar esses efeitos.

Junta de dilatação em uma ponte.

Junta de dilatação na Rodovia Carvalho Pinto, Guararema, SP. Essa "rachadura" na ponte é na verdade uma "junta de dilatação", que nada mais é do que uma solução técnica (e não um defeito como pode parecer) para contornar o fenômeno da dilatação. Se não fosse essa abertura, com um aumento normal da temperatura no verão, por exemplo, essa ponte correria o risco de se deformar ou mesmo de rachar! Com a diminuição da temperatura, os materiais se contraem. Engraçado que coisas tão estáticas como pontes e prédios tenham que ser preparadas para o movimento de suas peças, não é?

Fique por dentro!

Algumas vezes, ao colocarmos água fervente em um recipiente de vidro, mesmo mais espesso, ele se quebra, porque a porção do recipiente em contato com o líquido quente se dilata mais do que as outras partes.

Há ainda uma complexidade a mais, porque as substâncias não se dilatam todas do mesmo jeito: cada uma possui seu próprio **coeficiente de dilatação**. O mercúrio, por exemplo, é uma substância que se dilata bastante, enquanto o ferro se dilata menos. A madeira se dilata menos ainda, mas em corpos grandes podemos sempre sentir os efeitos da dilatação.

Lembre-se!

Materiais diferentes apresentam diferentes coeficientes de dilatação.

É SEMPRE BOM SABER MAIS!

Comportamento anômalo da água

A água tem um comportamento diferente, que chamamos de anômalo, quando sua temperatura varia de 0 °C a 4 °C: em lugar de sofrer uma expansão com o aumento de temperatura, a água sofre uma contração. Aumentando mais a temperatura, a água volta a sofrer expansão.

Quando colocamos água no congelador para fazer gelo, o comportamento anômalo pode ser facilmente observado: o gelo depois de formado terá um volume maior do que a água líquida! Isso significa que enquanto a água se resfriava ela aumentou de volume e não diminuiu como as outras substâncias fazem! Faça essa experiência em casa!

Jogo rápido

Por que uma garrafa completamente cheia de água e bem tampada pode estourar quando deixada no congelador ou no *freezer*?

Energia transitando na forma de calor

Para podermos compreender melhor os fenômenos envolvidos nas sensações de um dia de praia, por exemplo, precisamos conhecer as formas pelas quais o calor se propaga. A seguir, vamos estudar os fenômenos da **irradiação**, da **condução** e da **convecção**.

O fenômeno da irradiação

O Sol encontra-se a cerca de 150 milhões de quilômetros da Terra. A energia produzida nessa estrela é resultado de um processo de fusão nuclear.

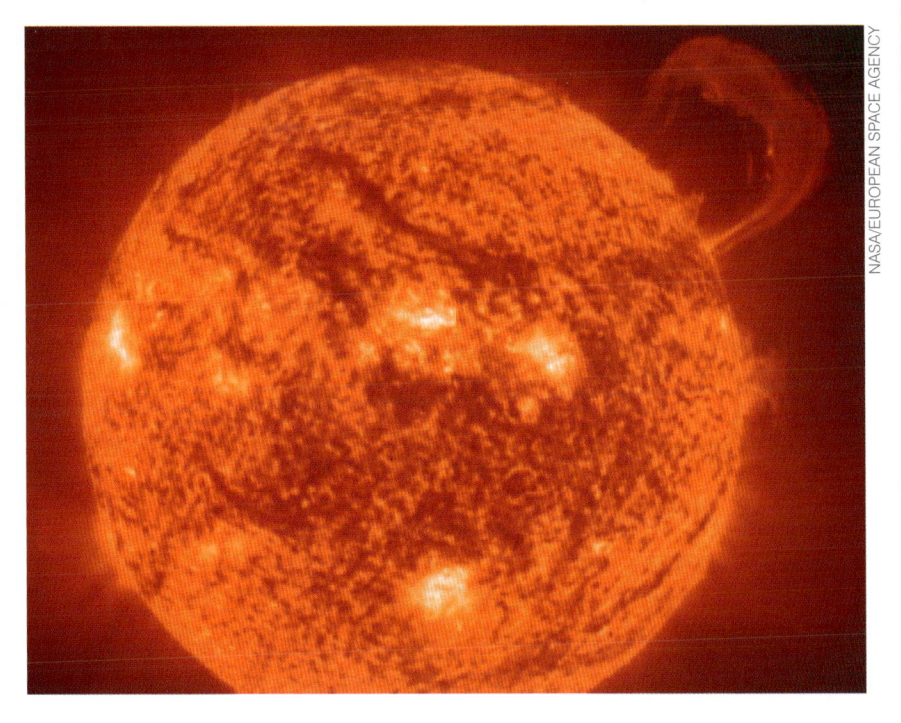

Fusão nuclear: simplificadamente, processo em que núcleos de hidrogênio se juntam formando átomos mais pesados e liberando muita energia.

NASA/EUROPEAN SPACE AGENCY

Imagem do Sol, estrela do Sistema Solar. As áreas mais claras, quase brancas, são as mais quentes, enquanto as regiões mais escuras são as mais frias. Estima-se que a temperatura da superfície solar seja de 5.500 °C e a do núcleo, de 15.000.000 °C.

Tanto o Sol como qualquer corpo com uma temperatura diferente do zero absoluto (temperatura na qual todas as partículas de um corpo estão completamente ordenadas e paradas, equivalente e $-273\ °C$) emite radiação. Essa radiação vai variar em função da temperatura do objeto. Corpos muito quentes, como o Sol, emitem radiação também na faixa do visível. Já corpos a temperaturas mais amenas, como o próprio corpo humano, emitem radiação na faixa do infravermelho. Nossos olhos não detectam radiação infravermelha, mas existem algumas câmeras que podem fazer isso.

Fotografia obtida com câmera de infravermelho. As regiões da casa que receberam mais insolação apresentam as cores amarelo, laranja e vermelho.

A **irradiação térmica**, também chamada **radiação térmica**, é um processo que tem origem no movimento de cargas elétricas, em geral no interior do átomo. Esse movimento emite uma onda eletromagnética que pode se propagar inclusive no vácuo por muitos e muitos milhões de quilômetros. Essa radiação interage diretamente com as partículas do corpo sobre o qual incide, podendo causar aquecimento, sem depender de nenhum meio de propagação.

É assim que a energia do Sol chega até nós e incide diretamente sobre as partículas da sua pele, sobre a areia da praia, sobre o telhado da sua casa, sobre as plantas, animais etc.

Descubra você mesmo!

Como funcionam os aquecedores solares? Pesquise na internet ou na biblioteca da sua escola sobre os vários tipos de aquecedores solares!

DE OLHO NO PLANETA
Meio Ambiente

Ilhas de calor

Cada material que compõe a superfície da Terra tem certa capacidade para absorver e refletir os raios solares. Como vimos neste capítulo, diferentes materiais têm diferentes capacidades de absorver calor, alterar a sua temperatura e interagir com outros corpos.

Quando vegetações nativas e rios são substituídos por concreto, asfalto, vidro, telha etc., podemos esperar mudanças na absorção e nas trocas de calor. Ruas, prédios, telhados e estacionamentos, por exemplo, caracterizam-se pela grande capacidade de reflexão e emissão de radiação térmica, diferente das áreas rurais e paisagens naturais. Além disso, a poluição atmosférica pode interferir no mecanismo que permite ao calor refletido pela superfície terrestre ser dissipado atmosfera afora.

Esses fenômenos podem culminar na formação de "ilhas de calor" nas grandes cidades, que se caracterizam pelo aumento da temperatura em determinada área, que pode chegar a vários graus de diferença em relação às áreas do entorno. Nessas situações, perde-se em conforto térmico e ambiental, além de aumentar o risco de ocorrência de grandes chuvas torrenciais.

Para evitar esse fenômeno é preciso aumentar as áreas verdes, não impermeabilizar o solo, diminuir a emissão de poluentes e cuidar dos rios e lagos da cidade!

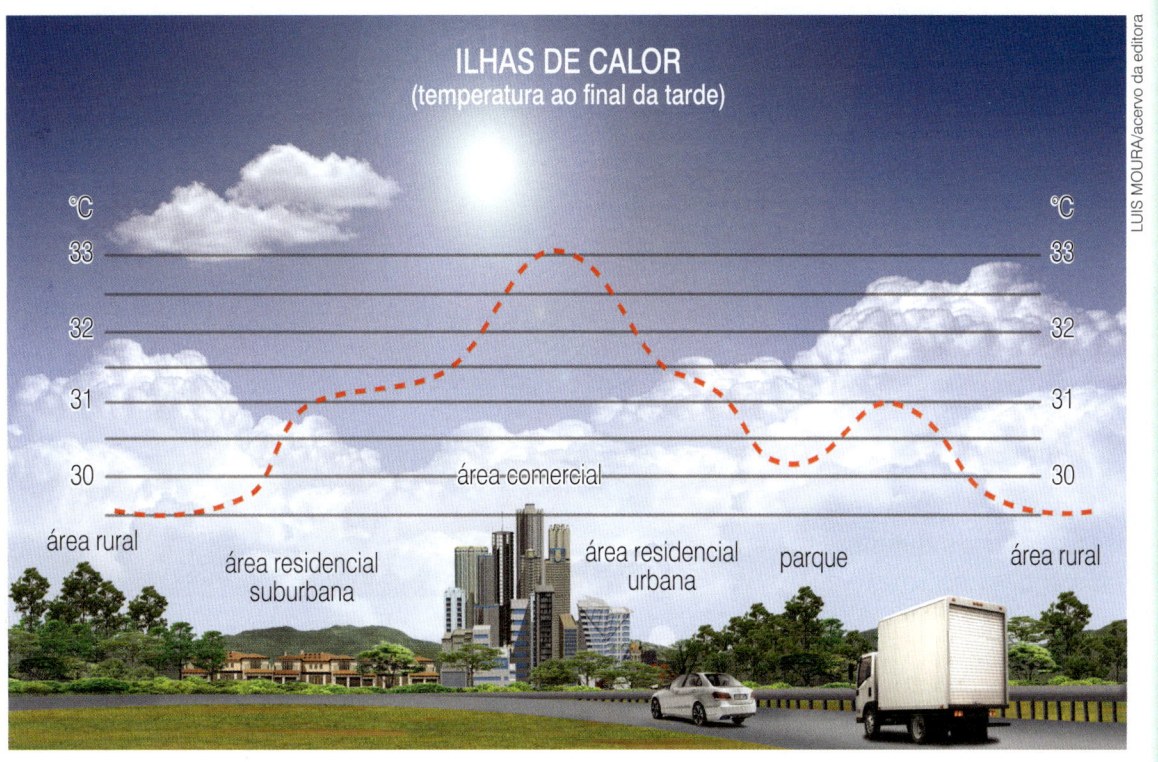

ILHAS DE CALOR
(temperatura ao final da tarde)

Observe no esquema acima como a temperatura da região urbana é mais alta do que a da região rural.

O fenômeno da condução

Outra maneira pela qual a energia em forma de calor pode transitar de um corpo para outro é pelo próprio contato. Quando dois corpos estão em contato, a agitação das partículas de um corpo (que está a maior temperatura) é transferida para o outro (que está a menor temperatura). Chamamos a esse fenômeno de propagação por **condução**.

Esse tipo de propagação ocorre principalmente em corpos sólidos e depende das características desses corpos. Metais, por exemplo, são bons condutores de calor. Se aquecermos uma barra metálica em uma das extremidades, o calor se propagará em direção à outra extremidade por condução.

Descubra você mesmo!

Os povos nômades do deserto costumam utilizar vestimentas escuras e de lã, o que parece um contrassenso tendo em vista as temperaturas diurnas da região. Pesquise na biblioteca ou mesmo pela internet o porquê desse hábito.

Saber se uma substância é **isolante** ou **condutora** de calor é muito importante para que empreguemos materiais adequados na confecção de objetos e estruturas.

Um cobertor ou um casaco de frio deve ser feito de material **isolante**, impedindo que o calor do corpo se propague para o ambiente.

Uma frigideira, por exemplo, deve ser feita com um material que seja **bom condutor**, para que o calor da chama do fogão atinja o alimento.

Fique por dentro!

Em geral, os pisos de cerâmica são chamados de **pisos frios**, enquanto pisos de madeira são chamados de **pisos quentes**. Embora qualquer piso vá ter a mesma temperatura de todo o ambiente, a cerâmica é melhor condutora de calor do que a madeira e, assim, rouba mais calor de um par de pés descalços do que a madeira. Por isso, alguém que pisa no chão de cerâmica tem uma maior sensação de frio!

O fenômeno da convecção

Esse fenômeno ocorre predominantemente em líquidos e gases. Quando em certa quantidade de líquido ou gás há um aquecimento desigual (uma parte pode estar mais próxima da fonte de calor do que outra), ocorre uma mudança na densidade da porção mais quente. As partículas mais aquecidas apresentam maior energia cinética, com isso movimentam-se mais e ocupam um espaço maior do que as partículas menos aquecidas. Uma mesma quantidade de partículas ocupando espaço maior apresenta uma densidade menor.

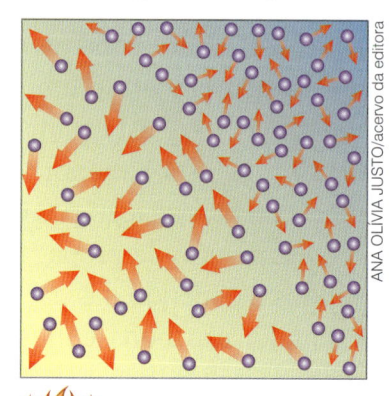

Moléculas mais aquecidas apresentam uma maior energia cinética do que as que se encontram em temperatura mais baixa.

Em geral, a porção com menor densidade tende a subir, enquanto a porção mais densa tende a descer, em um movimento ordenado de subida e descida que gera as chamadas **correntes de convecção**.

É isso o que acontece, por exemplo, quando aquecemos água em uma chaleira, pois a parte inferior da água, mais próxima à chama, irá se aquecer mais rapidamente. Assim que essa porção se aquece antes do restante da água, ela tende a subir. Em contrapartida, a água que está na porção superior apresenta-se mais densa por estar menos quente, e assim tende a descer. Isso gera um movimento de convecção dentro da chaleira que permite ao calor se propagar pelo líquido.

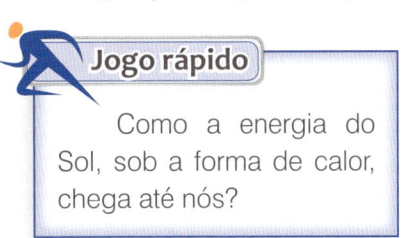

A porção mais quente da água (indicada pelas setas vermelhas), menos densa, tende a subir, enquanto a porção mais fria (indicada pelas setas azuis), mais densa, tende a descer.

Jogo rápido

Como a energia do Sol, sob a forma de calor, chega até nós?

ESTABELECENDO CONEXÕES

Geografia

Correntes de convecção e placas tectônicas

As placas tectônicas flutuam sobre a camada mais externa do manto da Terra, chamada *astenosfera*. Essa camada é mais fria do que a porção mais central do planeta, chamada *núcleo interno*, que apresenta temperatura e pressão extremamente altas, o que faz com que sua consistência seja líquida (magma).

A diferença de temperatura e, portanto, de densidade entre as camadas forma uma corrente de convecção, com o magma (mais quente e menos denso) se movimentando da região central para a astenosfera. Como essa camada é mais rígida, ela força as correntes para se movimentarem lateralmente, e em seu movimento vão perdendo calor. Menor temperatura leva a uma maior densidade, fazendo com que a massa se movimente para baixo novamente, em direção ao centro do planeta.

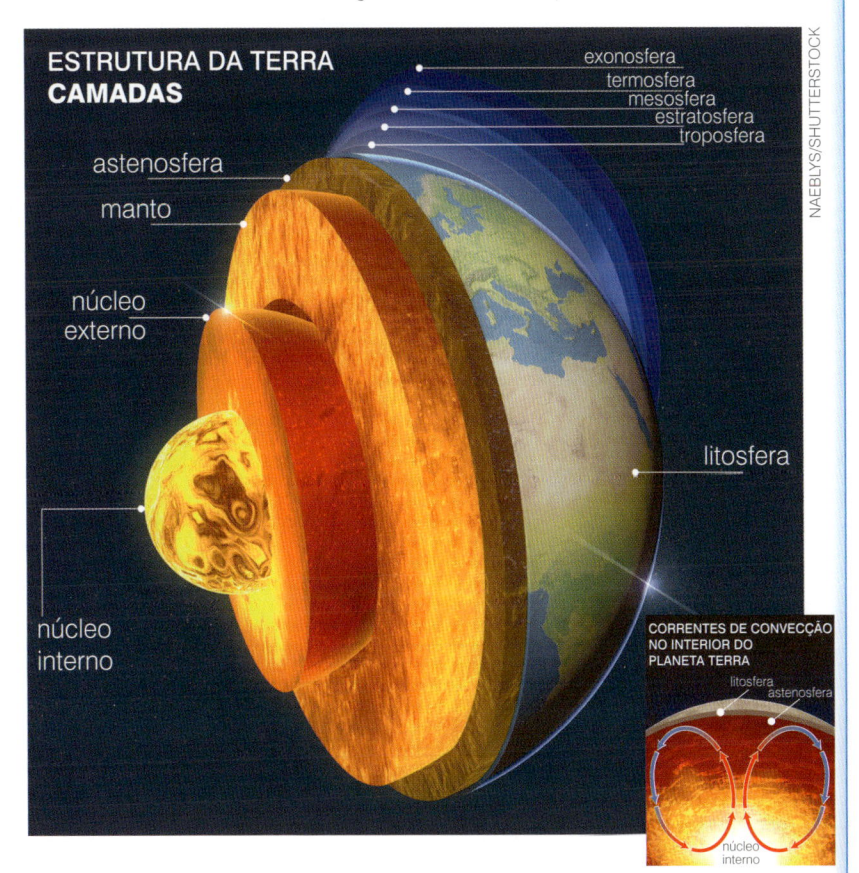

UNIDADE 7 • CALOR E TEMPERATURA

ESTABELECENDO CONEXÕES

Cotidiano

Garrafas térmicas

Uma garrafa térmica é construída de modo a conservar, pelo maior tempo possível, a temperatura do líquido colocado em seu interior. Para isso, ela é construída de modo a evitar ao máximo que ocorram os processos de transmissão de calor.

Esquema de garrafa térmica. A dupla camada de vidro espelhado impede a perda de calor por irradiação; o vácuo entre elas minimiza o fenômeno da condução de calor.

Nosso desafio

Para preencher os quadrinhos de 1 a 10, você deve utilizar as seguintes palavras: ar atmosférico, calórico, condução, convecção, dilatação, forma de energia, irradiação, mudança de fase, Sol, substância.

À medida que você preencher os quadrinhos, risque a palavra que escolheu para não usá-la novamente.

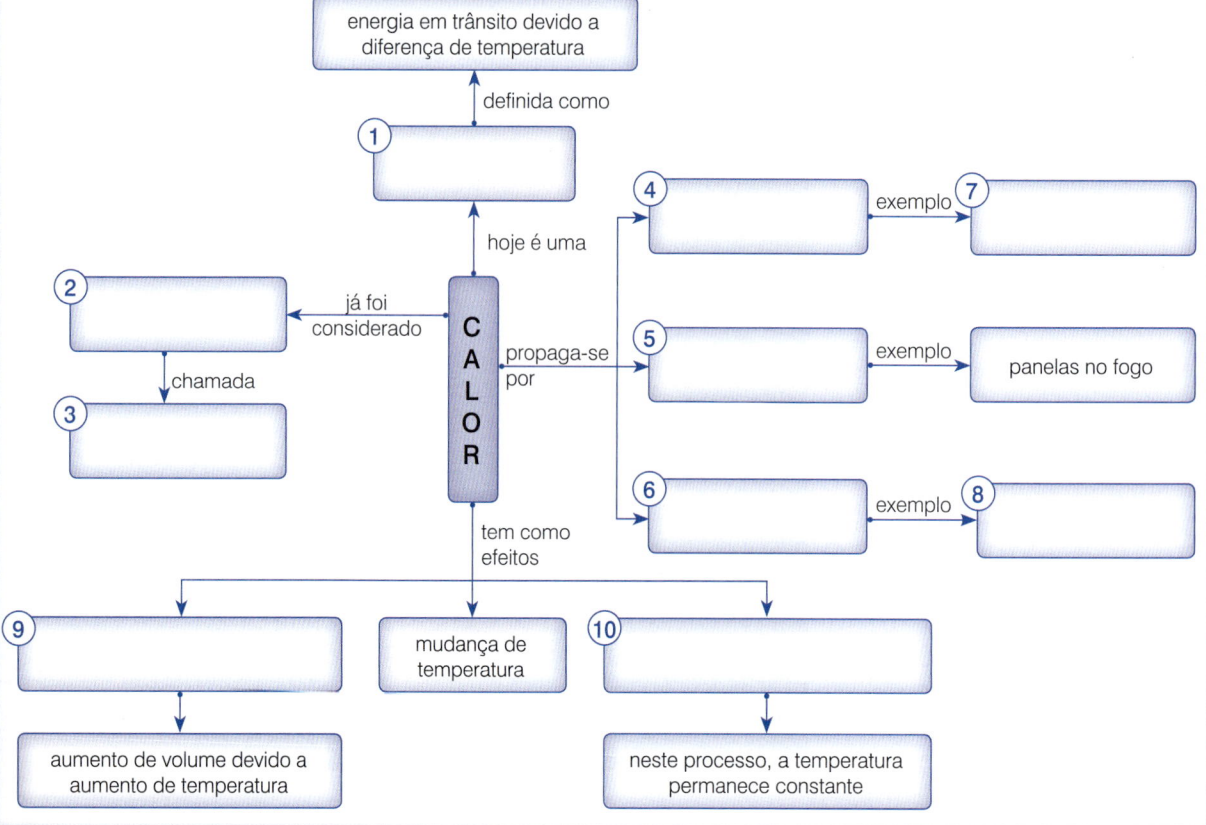

Atividades

1. Segundo a teoria do calórico, como você explicaria o fenômeno em que dois copos de água idênticos, a temperaturas de 10 °C e 20 °C, quando misturados chegam a 15 °C?

2. Que fenômeno observado no século XVIII não podia ser explicado pela teoria do calórico?

3. Para nós, hoje, em Física, o que é calor? Explique.

4. É correto afirmar que calor e temperatura são sinônimos?

5. Marque falso ou verdadeiro. Corrija as afirmações falsas. Associamos a existência de calor a:
   ( ) apenas àqueles corpos que se encontram "quentes".
   ( ) situações nas quais há, necessariamente, transferência de energia.
   ( ) qualquer corpo, pois todo corpo possui calor.

6. É correto afirmar que o cobertor de lã nos aquece nas noites de inverno?

7. Uma bola de voleibol é aquecida durante o dia pelo intenso calor do Sol, enquanto à noite é resfriada. Por essa razão, ela se torna mais dura durante o dia e mais murcha durante a noite. Por que isso acontece?

8. (CEP – DF) Uma garrafa de refrigerante e uma lata de suco permanecem durante certo tempo no interior da geladeira. Esse tempo é suficiente para que ambas estejam à mesma temperatura e em equilíbrio térmico com o interior da geladeira. Entretanto, ao retirarmos os dois recipientes da geladeira, temos a impressão de que a lata está mais fria do que a garrafa. Como você explica esse fato?

9. Se uma pessoa colocar ao Sol um copo contendo água fria, tanto a temperatura da água como a do copo aumentam. Qual o principal mecanismo pelo qual a energia do Sol chega à água do copo?

10. Quando se aquece água em uma vasilha de alumínio, há formação de bolhas de ar que sobem, enquanto outras descem. Quais os processos de propagação de calor envolvidos nesta situação?

11. (UFSCar – SP) Considere as situações a seguir:
    I. circulação de ar em uma geladeira;
    II. aquecimento de uma barra de ferro;
    III. bronzeamento da pele em um banho de Sol.

    Associe, nessa mesma ordem, o principal tipo de transferência de calor que ocorre em cada uma:
    a. convecção, condução, irradiação.
    b. convecção, irradiação, condução.
    c. condução, convecção, irradiação.
    d. irradiação, convecção, condução.
    e. condução, irradiação, convecção.

12. Por que um copo de vidro espesso pode rachar quando é colocado nele algum líquido muito quente?

13. O que acontecerá a uma mistura de água e gelo a 0 °C se ela for mantida isolada, ou seja, sem receber nem ceder calor?

14. Por que usamos óleo em vez de água para "cozinhar" alguns tipos de alimento?

15. Por que um alimento que contém mais água demora mais a esfriar?

Leitura
Você, desvendando a Ciência

Temperatura e produção de melancia

As diferenças de temperatura são um dos elementos importantes para o cultivo de determinados tipos de plantas. No texto a seguir, podemos perceber isso para as cucurbitáceas, família de plantas que incluem abóbora, melancia, abobrinha, pepino entre outras.

As cucurbitáceas se adaptam bem às zonas quentes e semiáridas, com alta luminosidade e temperaturas do ar entre 18 °C e 30 °C, não tolerando temperaturas abaixo de 10 °C. A melhor época para o desenvolvimento da melancia é durante o período seco, pois nos períodos úmidos ela é mais suscetível a doenças. Entre as cucurbitáceas, a melancia é uma das espécies menos tolerantes a baixas temperaturas, principalmente durante a germinação das sementes e emergência, sendo uma cultura tipicamente de clima quente. (...)

Há, na literatura, diferentes informações sobre a faixa de temperatura do ar ideal para cada fase da cultura da melancia. A faixa que favorece a germinação das sementes situa-se entre 21,1 °C e 35 °C, sendo os limites de temperaturas mínimas do ar e do solo iguais a 15 °C e 21,1 °C, respectivamente. A temperatura média do ar ideal para que ocorra a germinação está entre 23,8 °C e 29,4 °C. Dessa forma, quando a temperatura do ar situa-se em torno de 20 °C, a germinação das sementes se completa em 15 dias, enquanto a 30 °C esse processo ocorre em apenas 5 dias, em média. (...)

Caracterização das faixas de temperatura do ar para melancia em distintas fases de desenvolvimento.

Descrição	Congelamento	Paralisação vegetativa	Germinação mínima	Floração ótima	Desenvolvimento ótimo	Maturação do fruto
(°C)	0	11-13	16	20-21	23-28	23-28

Quando as diferenças de temperatura do ar entre o dia e a noite são grandes (>10 °C), pode ocorrer desequilíbrios nas plantas como fendas no colo e ramas, bem como, produção de pólen não viável.

A temperatura do ar elevada, os altos níveis de radiação solar incidente e a baixa umidade relativa do ar proporcionam, quando associados, condições climáticas ideais para uma boa produtividade da cultura e obtenção de frutos de ótima qualidade, pois aumentam o conteúdo de açúcares e melhoram o aroma, o sabor e a consistência dos frutos. Em condições de irrigação do Vale do São Francisco, com os requerimentos hídricos satisfeitos, isso é alcançado no cultivo de agosto a novembro.

Disponível em: <http://sistemasdeproducao.cnptia.embrapa.br/FontesHTML/Melancia/SistemaProducaoMelancia/clima.htm>.
Acesso em: 2 jul. 2015.

A colheita da melancia ocorre 90 dias após o plantio. Considerando uma plantação na região metropolitana de São Paulo, qual seria a melhor época do ano para o plantio?

TecNews
O que há de mais moderno no mundo da Ciência!

Nanotecnologia aplicada em isolamento térmico de edificações

As altas temperaturas e índices de irradiação solar da maior parte do nosso país impactam significativamente na qualidade do conforto oferecido pelas nossas edificações. No que diz respeito a ambientes com possibilidade ou necessidade de climatização, grande parte do consumo de energia utilizada para resfriamento é literalmente desperdiçada pelo fato de os mesmos não contemplarem tecnologias ou soluções adequadas de isolamento térmico principalmente contra a exposição solar.

Atualmente, muitas soluções inovadoras podem ser aplicadas em novas edificações, haja vista a quantidade de novas tecnologias, bem como conceitos arquitetônicos básicos que estão sendo cada vez mais valorizados e promovidos, como a "arquitetura passiva", que tem como principal linha mestra o foco nos projetos que contemplem o máximo de uso de recursos renováveis, como a ventilação natural e luz solar. Mesmo o reaproveitamento de antigas construções, como é o caso dos *retrofit*, onde muitas vezes soluções convencionais não são viáveis de serem utilizadas, o uso inteligente de inovações pode ser a solução para resolver problemas como a impossibilidade de alteração de fachadas por conta de tombamentos pelo patrimônio histórico.

Em termos de soluções para isolamento térmico com a finalidade de eficiência energética e conforto destacam-se novos materiais com nanotecnologia aplicada que apresentam a capacidade de refletir mais de 85% dos raios solares, evitando que os mesmo se convertam em calor. Tal característica se dá pelo fato de que em sua composição, o produto, que pode ser aplicado no formato de tinta e que apresenta espessura final de 250 microns (ou 0,250 milímetros), apresenta esferas cerâmicas de tamanho microscópico que têm o poder de refletir a luz solar. Esse produto pode ser aplicado em variados tipos de superfícies, como metal, alvenaria, cerâmica, concreto, e atende necessidades de redução de calor e controle de temperatura de edificações, como galpões industriais, edifícios residenciais com fachadas sujeitas a grande exposição solar, *shoppings* e centros educacionais, por exemplo.

O foco dos novos produtos para o mercado da construção civil tende a ser voltado para inovações que priorizem construções mais saudáveis, seguras, duráveis, eficientes e de baixo custo de manutenção.

Disponível em: <https://elonanotecnologia.wordpress.com/2013/10/22/nanotecnologia-aplicada-em-isolamento-termico-de-edificacoes/>. *Acesso em:* 6 jul. 2015.

CLICK E ABASTEÇA AS IDEIAS

Veja nossa sugestão de *link* sobre o assunto e abasteça suas ideias!
- http://www.mudancasclimaticas.andi.org.br/node/660.

INVESTIGANDO...

Com seus colegas, considerem o total da radiação solar incidente no planeta como sendo de 342 W/m^2. Sabendo que apenas 45% dessa energia chega a uma residência que usa um material de revestimento conforme o texto, calculem qual a potência de radiação por m^2 que chega ao interior dessa residência.

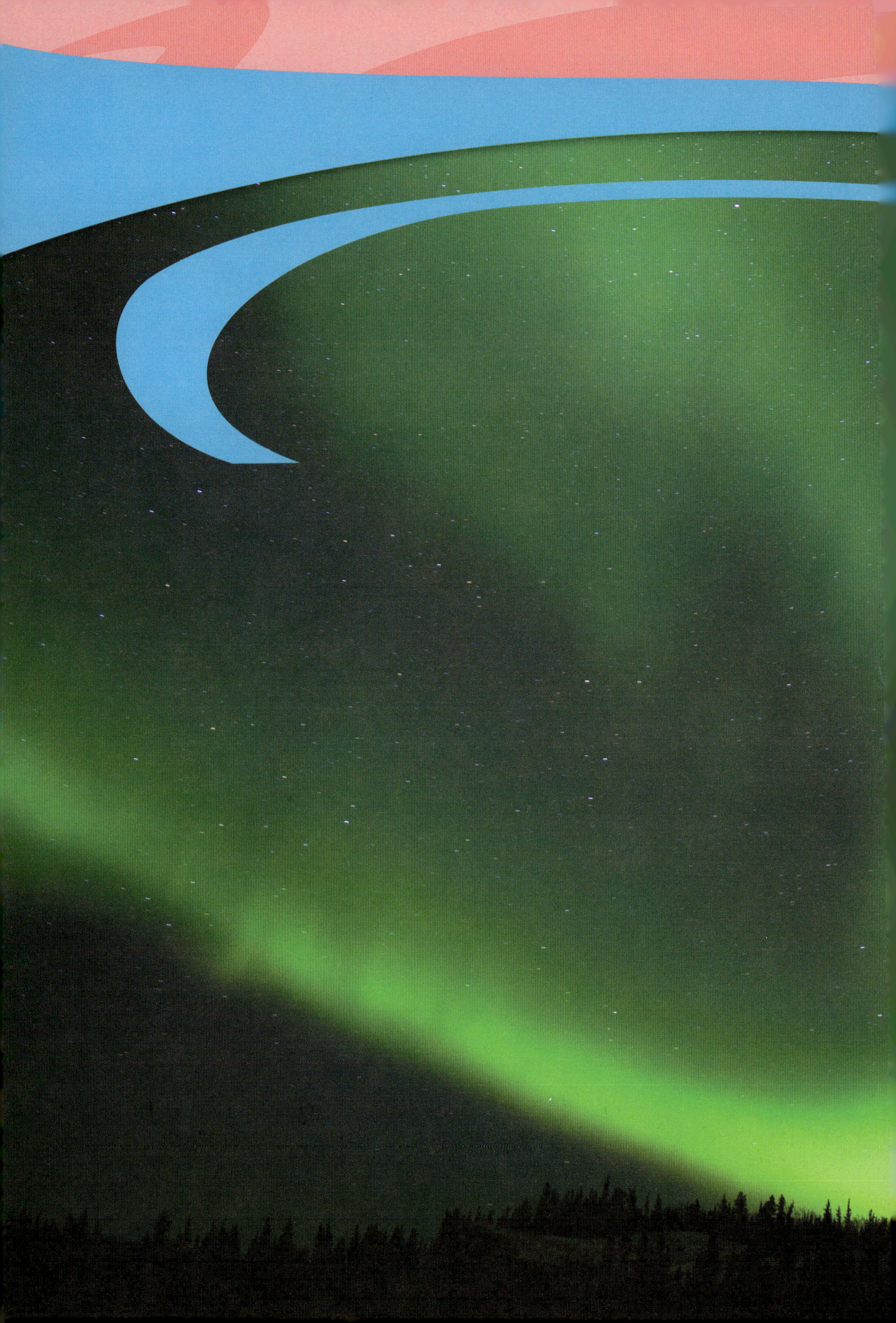

Unidade 8

ELETRICIDADE E magnetismo

Os gregos antigos já sabiam que o âmbar (*elektron*, em grego), uma resina vegetal utilizada para fabricar adornos, quando atritada contra algodão era capaz de atrair pequenos pedaços de palha. Era uma das primeiras descobertas do que seria conhecido posteriormente como eletricidade. Povos da Magnésia, região do oeste da atual Turquia, há mais de 2.500 anos já conheciam a capacidade do minério magnetita (*magnes*, em grego) de atrair pequenos pedaços de ferro, uma das propriedades do que viria a ser conhecido como magnetismo.

Fenômenos inicialmente tratados como distintos foram estudados ao longo dos últimos séculos e hoje sabemos que existe uma íntima relação entre a eletricidade e o magnetismo.

Nessa unidade, vamos conhecer um pouco do desenvolvimento dessas áreas e suas aplicações em nosso cotidiano.

capítulo 16

Cargas, corrente elétrica e magnetismo

Incidência de raios no Brasil

Com mais de 100 milhões de incidências ao longo de um ano, o Brasil é o país onde mais caem raios. São mais de 100 mortos e 500 feridos todos os anos em consequência dessa incrível liberação de energia elétrica pela natureza. Mas como se formam os raios? Do que são feitos? Será que podemos capturar sua imensa energia para suprir nossas demandas de energia elétrica?

Para investigar essas perguntas, precisamos entender algumas propriedades das cargas elétricas, como e onde estão localizadas, de que tipo são e como interagem, além de estudar os processos de eletrização dos corpos.

Neste capítulo, estudaremos fenômenos elétricos que ocorrem com cargas em repouso (eletrostáticos) e também aqueles em que se considera que ocorra um movimento ordenado de cargas (eletrodinâmicos). Por fim, veremos que a eletricidade tem relação com o magnetismo – ramo da Física que é capaz de explicar desde o funcionamento de uma bússola até a operação dos aparelhos de ressonância magnética.

Princípios fundamentais da eletricidade

Você já tomou um pequeno choque ao tocar a maçaneta de uma porta, a lataria de um carro ou mesmo quando encostou em outra pessoa?

Esses pequenos choques, também conhecidos como **descargas eletrostáticas** ocorrem porque, em certas condições, nossos corpos deixam de ser eletricamente neutros e ficam **eletrizados**, isto é, *possuem certa quantidade de carga elétrica*. Quando encostamos em outro material não eletrizado, essa carga elétrica é conduzida para o outro corpo, gerando a sensação de choque.

Mas, afinal, o que é **carga elétrica**?

Assim como a massa, a carga elétrica é uma propriedade de partículas e corpos. Quando estudamos os modelos atômicos, vimos que no átomo temos cargas elétricas de dois tipos: positivas (prótons) e negativas (elétrons).

Dentre os vários cientistas que, ao longo da história, dedicaram sua vida ao estudo da eletricidade, foi o cientista francês Charles François de Cisternay Du Fay (1698-1739) um dos primeiros a identificar que existiam cargas de dois tipos, e que entre elas poderia haver *atração ou repulsão*.

Em 1735, Du Fay publicou uma carta na revista inglesa *Philosophical Transactions of the Royal Society* em que apresentava dois princípios da eletricidade. O primeiro deles estabelecia que havia dois tipos de cargas elétricas, o que hoje conhecemos como **cargas positivas e cargas negativas**. O segundo princípio estabelecia como ocorre a atração e a repulsão entre cargas:

- cargas elétricas de mesmo sinal se repelem e
- cargas elétricas de sinais diferentes se atraem.

Modelo atômico em que nêutrons e prótons se encontram no núcleo e os elétrons orbitam em uma região em torno dele.
(Cores-fantasia. Ilustração fora de escala.)

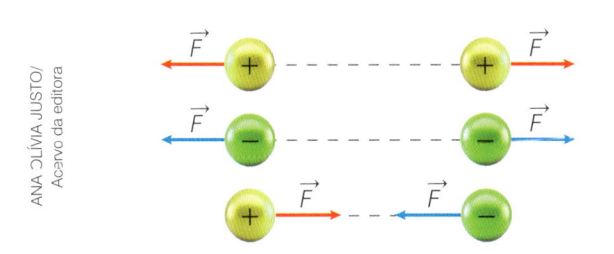

Se há uma aproximação ou uma repulsão entre as cargas é porque uma força está causando isso; neste caso, uma força elétrica.
(Cores-fantasia. Ilustração fora de escala.)

Charles François Du Fay. Gravura em madeira, autor desconhecido, século XVIII.

É SEMPRE BOM SABER MAIS!

A nomenclatura de cargas elétricas positivas e negativas como a usamos hoje é uma contribuição do cientista e inventor estadunidense Benjamin Franklin (1706-1790). Por volta do ano 1750, ele procurou descrever de que forma as forças elétricas poderiam atrair e repelir corpos mesmo sem que existisse contato entre elas. Suas contribuições, juntamente com os trabalhos do físico francês Jean-Antoine Nollet (1700-1770), permitiram a formulação do princípio de conservação da carga elétrica:

> Em um sistema isolado de cargas, a soma das cargas elétricas antes e depois de qualquer processo é constante.

No caso de contato entre dois condutores de mesmas dimensões e formato, ambos ficam com a mesma quantidade de cargas. Assim, por exemplo, se antes do contato um condutor tinha carga 4 e o outro carga 2, após o contato ambos terão carga 3.

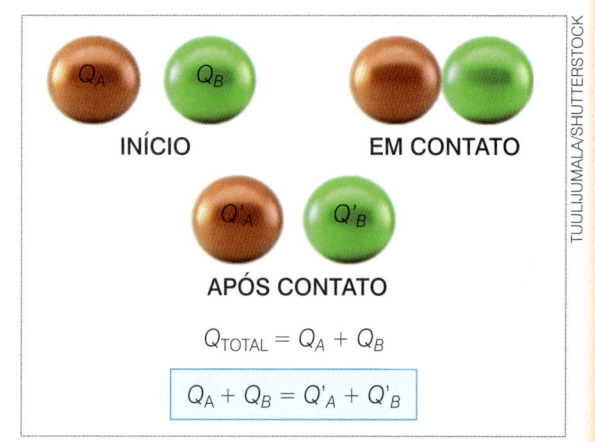

INÍCIO — Q_A, Q_B

EM CONTATO

APÓS CONTATO — Q'_A, Q'_B

$$Q_{TOTAL} = Q_A + Q_B$$

$$Q_A + Q_B = Q'_A + Q'_B$$

Supondo que o sistema acima esteja isolado, ou seja, não há troca de nenhuma forma com o meio externo, a soma das cargas elétricas (Q_A e Q_B) iniciais é igual à soma das cargas elétricas (Q'_A e Q'_B) finais. (Cores-fantasia. Ilustração fora de escala.)

Condutores e isolantes

Quanto ao seu comportamento elétrico, os materiais podem ser classificados em **condutores** ou **isolantes**. Esse fato está relacionado com a força com que os elétrons da última camada eletrônica de alguns átomos são atraídos por seus núcleos.

Assim, são **condutores** os materiais em que os elétrons da última camada de seus átomos estão fracamente atraídos pelo núcleo, o que possibilita que esses elétrons fiquem "livres", isto é, se movimentem com facilidade. Exemplos de materiais condutores são os metais, o solo, o corpo humano, o carvão e as soluções eletrolíticas.

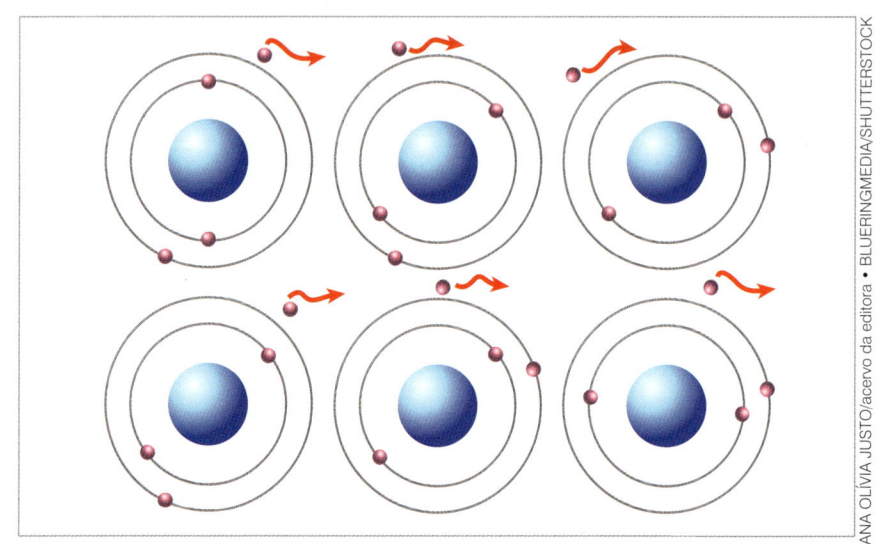

> **Lembre-se!**
> Não temos um condutor ou um isolante perfeitos, mas, sim, um bom condutor ou um bom isolante.

Nos materiais condutores, há maior facilidade de os elétrons da última camada do átomo se encontrarem livres. (Cores-fantasia. Ilustração fora de escala.)

Já materiais **isolantes** ou **dielétricos** são aqueles em que os elétrons da última camada de seus átomos estão fortemente atraídos pelo núcleo, não encontrando facilidade de movimento. Exemplos de materiais isolantes são o ar, a água pura, o vidro, a borracha, o plástico, a seda, a lã e a porcelana.

Os fios elétricos utilizados nas instalações residenciais são feitos de cobre no interior (material condutor), mas revestidos por plástico ou borracha (material isolante) para evitar choques elétricos.

Fique por dentro!

Um material eletrizado, quando colocado em contato com a Terra por meio de um fio de material *condutor* (chamado **fio terra**), se descarrega, tornando-se neutro. Se o corpo estiver eletrizado negativamente, os elétrons livres se deslocarão em direção ao solo.

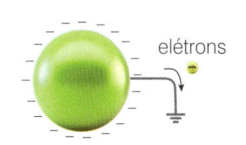

Ao contrário, se o corpo estiver eletrizado positivamente, o fluxo de elétrons será do solo para o corpo.

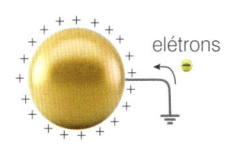

(Cores-fantasia. Ilustrações fora de escala.)

É SEMPRE BOM SABER MAIS!

Semicondutores

Encontramos ainda uma classe de materiais intermediários entre condutores e isolantes, a dos **semicondutores**, muito utilizados em microeletrônica (por exemplo, em circuitos integrados). Os mais conhecidos semicondutores são o germânio e o silício.

Materiais semicondutores são empregados para a construção de circuitos integrados (*chips*).

Os semicondutores são materiais que, em determinadas condições, conduzem corrente elétrica e em outras não. São utilizados para construir processadores de computador que codificam a informação, ou seja, transformam a informação em códigos que podem ser retransmitidos. Essa codificação é binária, isto é, com base apenas em dois números (0 e 1), dependendo se há corrente elétrica (código 1) ou não (código 0).

Com o código binário podem ser escritas todas as letras, números, palavras e sentenças. A palavra CIENCIAS, por exemplo, por essa codificação seria escrita:

01000011 01001001 01000101 01001110
01000011 01001001 01000001 01010011

Tela de computador em que se pode ver uma sequência escrita em código binário.

Processos de eletrização

Em condições normais, toda matéria está eletricamente neutra, ou seja, seu número de prótons é igual ao número de elétrons. Quando ocorre uma diferença entre esses números dizemos que o corpo está **eletrizado**.

A **eletrização**, processo ou ato de eletrizar um corpo ou objeto, ocorre com a perda ou ganho de elétrons.

Corpo eletrizado positivamente – o número de elétrons é menor do que o de prótons (o corpo perdeu elétrons).

Corpo neutro – o número de elétrons é igual ao número de prótons.

Corpo eletrizado negativamente – o número de elétrons é maior do que o de prótons (o corpo ganhou elétrons).

(Cores-fantasia. Ilustrações fora de escala.)

Vamos conhecer agora três processos capazes de eletrizar um corpo: **eletrização por atrito, por contato** e **por indução**.

Eletrização por atrito

A eletrização por atrito ocorre quando dois corpos, inicialmente neutros, são atritados. Nesse caso, um deles cede elétrons e o outro os recebe, o que faz com que esses corpos fiquem eletrizados com cargas de sinais contrários.

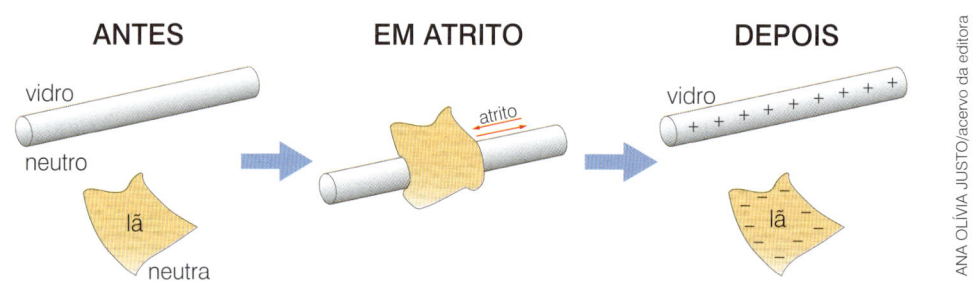

ANTES — vidro neutro / lã neutra
EM ATRITO — atrito
DEPOIS — vidro (+) / lã (−)

Quando atritamos dois corpos, eles se tornam eletrizados. (Cores-fantasia. Ilustrações fora de escala.)

ENTRANDO EM AÇÃO!

Uma experiência simples para que você possa comprovar a eletrização por atrito consiste em passar um pente de madeira ou de plástico várias vezes no cabelo e, em seguida, aproximá-lo de pequenos pedacinhos de papel. Você verá que os pedacinhos de papel são atraídos pelo pente.

Repita a operação atritando agora o pente em uma flanela e aproximando-o dos pedacinhos de papel. O que acontece? Por quê?

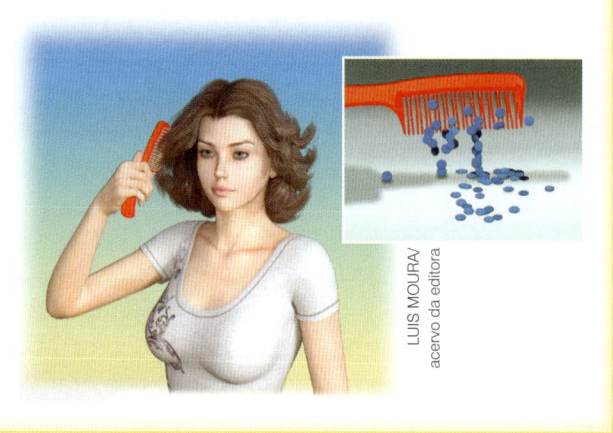

É SEMPRE BOM SABER MAIS!

Na eletrização por atrito, um dos materiais apresenta tendência para ceder elétrons, enquanto o outro, em receber elétrons.

Mas como saber o que irá acontecer quando dois materiais são atritados?

Para responder a essa pergunta, os cientistas elaboraram, com base experimental, uma tabela conhecida como série *triboelétrica*. Nela, os materiais foram dispostos em uma sequência segundo sua resposta quando são atritados com outros. Assim, quando dois materiais dessa tabela são atritados, aquele que está na parte superior dela fica eletrizado positivamente (perde elétrons), enquanto o que está na parte inferior fica eletrizado negativamente (recebe elétrons). Observe que determinado material pode ficar eletrizado positiva ou negativamente, dependendo do material com que é atritado.

SÉRIE TRIBOELÉTRICA
POSITIVO
- pele humana seca
- couro
- vidro
- cabelo humano
- náilon
- lã
- chumbo
- seda
- alumínio
- papel
- algodão
- aço
- madeira
- âmbar
- borracha dura
- níquel e cobre
- prata e latão
- ouro e platina
- poliéster
- isopor
- filme de PVC
- silicone
- teflon

NEGATIVO

ESTABELECENDO CONEXÕES

Cotidiano

Eletricidade estática

Parece que algumas pessoas quando saem de seus carros estão tão agitadas que ao nos cumprimentar até dão choque! Não, não é pelo nervosismo que há a descarga elétrica. Ocorre que o estofamento de alguns veículos é feito com tecido que, ao ser atritado contra o corpo da pessoa, causa uma eletrização por atrito. Ao sair do veículo e em contato com outra pessoa, ocorre a descarga, o choque – a passagem da eletricidade pelo corpo.

Outro exemplo de eletricidade estática pode ser visto nas corridas de automóveis: talvez você já tenha observado que, na hora do abastecimento, os veículos são conectados à terra. Isso porque durante a corrida o carro vai se atritando com o ar, o que acarreta eletricidade estática. Com o aterramento, as cargas são desviadas para o solo e diminui o perigo de explosão durante o abastecimento.

Um bom exemplo da aplicação da eletricidade eletrostática está no funcionamento das máquinas fotocopiadoras. Nelas, o que se quer copiar é direcionado para um cilindro, que permanece eletrizado onde as imagens são projetadas, atraindo as partículas de toner (um pigmento), que, por aquecimento, são fundidas sobre o papel.

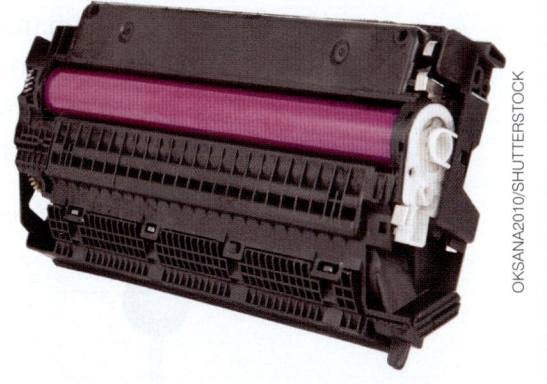

Cilindro de máquina fotocopiadora.

Eletrização por contato

Esse processo ocorre principalmente entre dois corpos condutores de eletricidade, estando um eletrizado e o outro, neutro. Vamos estudar dois casos:

1.º caso – Um corpo eletrizado negativamente é colocado em contato com um corpo neutro: nesse caso, ocorrerá transferência de elétrons para o neutro. Porém, nem todos os elétrons são transferidos e ambos os corpos ficam eletrizados negativamente.

2.º caso – Um corpo eletrizado positivamente é colocado em contato com um corpo neutro; nesse caso, ocorrerá transferência de elétrons do neutro para o eletrizado, com isso o corpo neutro ficará positivo. Porém, a quantidade de elétrons transferida não é suficiente para anular as cargas positivas; assim, os dois corpos ficam eletrizados positivamente.

Eletrização por indução

Indução eletrostática é o fenômeno que ocorre quando um condutor eletrizado (**indutor**) é colocado próximo a um condutor neutro (**induzido**), provocando uma separação de cargas elétricas.

Quando aproximamos um indutor negativo de um corpo neutro e isolado, ocorre um rearranjo de cargas no corpo neutro: os elétrons do induzido deslocam-se para a extremidade oposta, enquanto as cargas positivas tendem a ficar mais próximas das negativas do indutor.

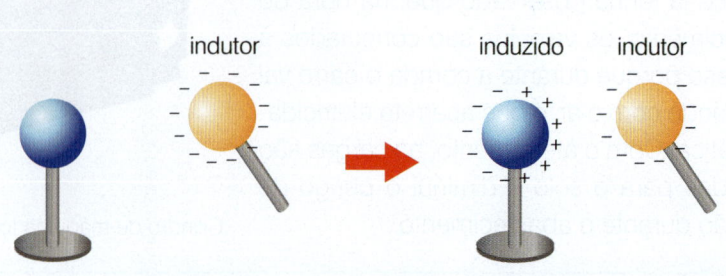

CAPÍTULO 16 • Cargas, corrente elétrica e magnetismo   331

Agora, se ligarmos o induzido a um fio terra, os elétrons livres serão deslocados para a Terra. Ao rompermos a ligação, o corpo estará eletrizado positivamente.

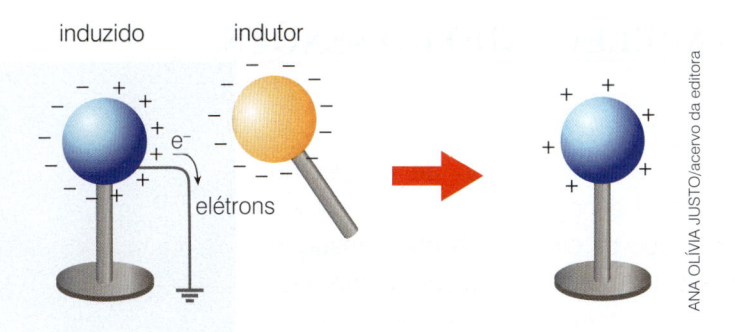

ESTABELECENDO CONEXÕES

Cotidiano

No início deste capítulo, falamos sobre a incidência recorde de raios no Brasil. Você tem perguntas sobre raios? O pesquisador do Grupo de Eletricidades Atmosféricas do Instituto Nacional de Pesquisas Espaciais (INPE), Marcelo M. F. Saba, responde algumas dúvidas comuns no trecho da entrevista a seguir.

A Física das tempestades e dos raios: questões e dúvidas frequentes

Por que as nuvens se eletrificam?

Ainda não há uma teoria definitiva que explique a eletrificação da nuvem. Há, no entanto, um consenso entre os pesquisadores de que a eletrificação surge da colisão entre partículas de gelo, água e granizo no interior da nuvem. Uma das teorias mais aceitas nos diz que o granizo, sendo mais pesado, ao colidir com cristais de gelo, mais leves, fica carregado negativamente, enquanto os cristais de gelo ficam carregados positivamente. Isso explicaria o fato de a maioria das nuvens de tempestade ter um centro de cargas negativas embaixo e um centro de cargas positivas na sua parte superior. Algumas nuvens apresentam também um pequeno centro de cargas positivas próximo à sua base.

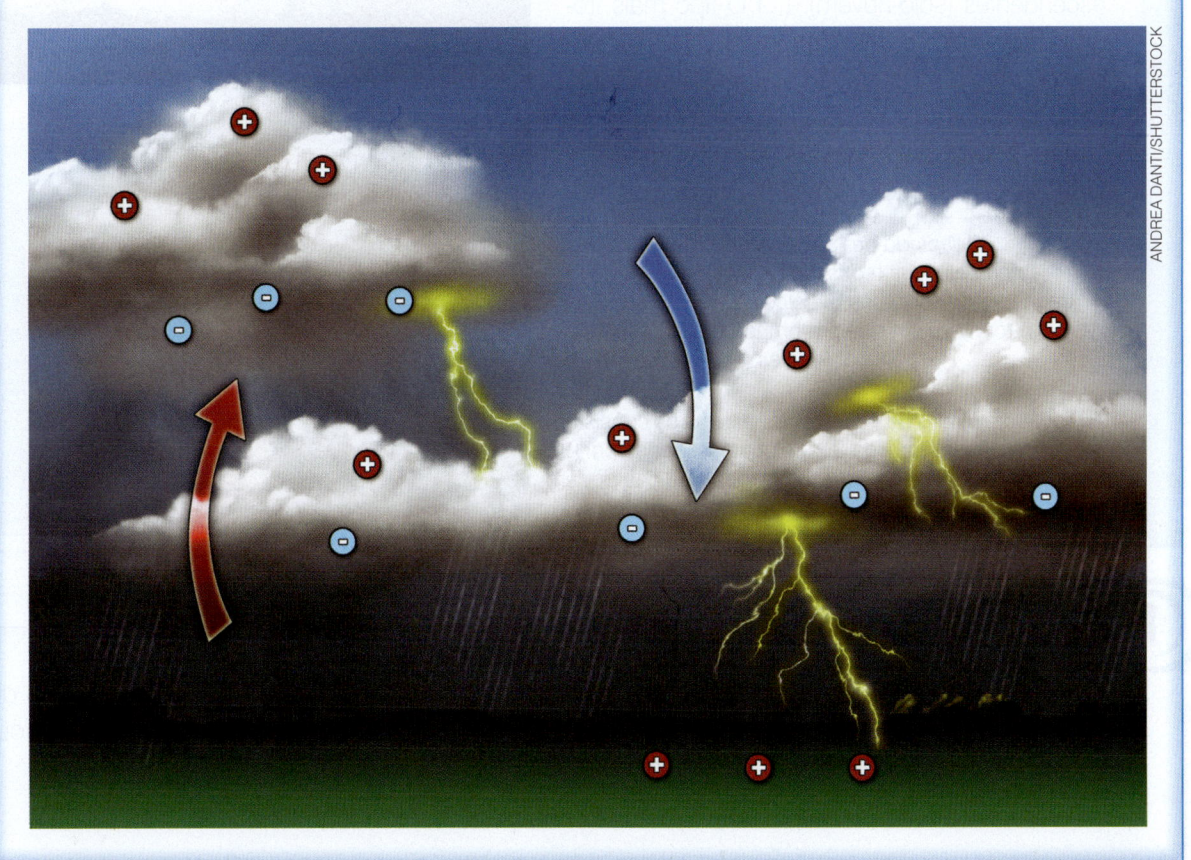

ESTABELECENDO CONEXÕES

Por que existem relâmpagos?

Quando a concentração de cargas no centro positivo e negativo da nuvem cresce muito, o ar que os circunda já não consegue isolá-los eletricamente. Acontecem então descargas elétricas entre regiões de concentração de cargas opostas que aniquilam ou pelo menos diminuem essas concentrações. A maioria das descargas (80%) ocorre dentro das nuvens, mas como as cargas elétricas na nuvem induzem cargas opostas no solo, as descargas podem também se dirigir a ele.

Como funciona o para-raios?

Um para-raios nem atrai nem repele os raios. Ele também não descarrega a nuvem como pensava Benjamin Franklin. Ele simplesmente oferece ao raio um caminho fácil até o solo que é ao mesmo tempo seguro para nós e para o que pretendemos proteger.

Quais os tipos de relâmpagos?

Aqueles que tocam o solo (80%) podem ser divididos em descendentes (nuvem-solo) e ascendentes (solo-nuvem). (...) O tipo mais frequente dos raios é o descendente. O raio ascendente é raro e só acontece a partir de estruturas altas no chão (arranha-céus) ou no topo de montanhas (torres, antenas). Os raios ascendentes têm sua ramificação voltada para cima. (...)

Adaptado de: SABA, M. M. F. *A Física das tempestades e dos raios:* questões e dúvidas frequentes. A Física na Escola, v. 2, n. 1. *Disponível em:* <http://www.sbfisica.org.br/fne/Vol2/Num1/raios.pdf>. Acesso em: 2 abr. 2015.

Colocados no alto de edifícios, os para-raios consistem de hastes metálicas, de 3 ou 4 pontas, ligadas por um condutor à Terra. Com isso, as cargas elétricas podem ser encaminhadas para o solo.

Navegando na net

Preocupada com o número de acidentes envolvendo raios, uma equipe de pesquisadores do Instituto Nacional de Pesquisas Espaciais (INPE) produziu uma série sobre esse fenômeno. Um pouco dessa história é contada no endereço abaixo (*acesso em:* 14 abr. 2015).

<https://www.youtube.com/watch?v=CCPChb7bfpI>

A medida da carga elétrica

A quantidade de elétrons ou de prótons em excesso em um corpo é o valor da carga desse corpo. No Sistema Internacional, a unidade de medida de cargas é o **coulomb** (C). Para que um corpo adquira carga negativa de –1 C, é necessário que apresente um excesso de $6,25 \times 10^{18}$ elétrons (6.250.000.000.000.000.000 elétrons!).

Como as quantidades de carga envolvidas em processos de eletrização cotidianos são tipicamente pequenas, é comum o uso de prefixos multiplicativos. Veja os principais deles na tabela abaixo.

> **Fique por dentro!**
>
> A queda de um raio transporta cargas da ordem de dezenas de coulombs.

Principais múltiplos do coulomb		
prefixo	como se lê	valor
1 mC	milicoulomb	10^{-3} C
1 μC	microcoulomb	10^{-6} C
1 nC	nanocoulomb	10^{-9} C
1 pC	picocoulomb	10^{-12} C

Corrente elétrica e circuitos elétricos

Até aqui estudamos a Eletrostática, que descreve situações envolvendo cargas elétricas em repouso ou em movimento, mas em um movimento desordenado. Agora vamos apresentar alguns elementos da Eletrodinâmica, ramo da eletricidade que estuda as causas e os efeitos das cargas elétricas em movimento ordenado, o que é fundamental nos dias de hoje, pois é esse movimento que possibilita o funcionamento dos diversos dispositivos elétricos.

Para compreender o que é corrente elétrica, vamos fazer uma analogia com o movimento de água no interior de um cano. Enquanto o cano com água permanecer na horizontal, não haverá um fluxo ordenado de água de um lado para outro. Mas basta inclinar um dos lados do cano para que esse desnível, essa diferença, faça com que a água passe a fluir ordenadamente de um lado para outro. Em um condutor elétrico, um efeito análogo ocorre com os elétrons.

Se visualizássemos a estrutura atômica de um condutor, por exemplo, um fio de cobre, observaríamos que seus elétrons se movimentam em todas as direções, totalmente desordenados. No entanto, quando ligamos esse condutor aos polos de uma bateria, criamos uma diferença entre esses polos e estabelece-se um movimento ordenado de elétrons, ou seja, uma **corrente elétrica**.

> **Lembre-se!**
>
> Quando um conjunto de elétrons segue em movimento *ordenado* por um condutor (circuito elétrico) temos uma **corrente elétrica**.

UNIDADE 8 • ELETRICIDADE E MAGNETISMO

No passado, pensava-se que o sentido da corrente, ou seja, o sentido do movimento ordenado de elétrons, ocorreria do polo positivo da bateria para o polo negativo. Esse é o **sentido convencional** da corrente (ainda em uso), porém oposto ao sentido real do movimento dos elétrons.

> **Lembre-se!**
>
> A montagem ao lado, ou seja, o conjunto formado por bateria, fios, chave e lâmpada, forma o chamado **circuito elétrico**.

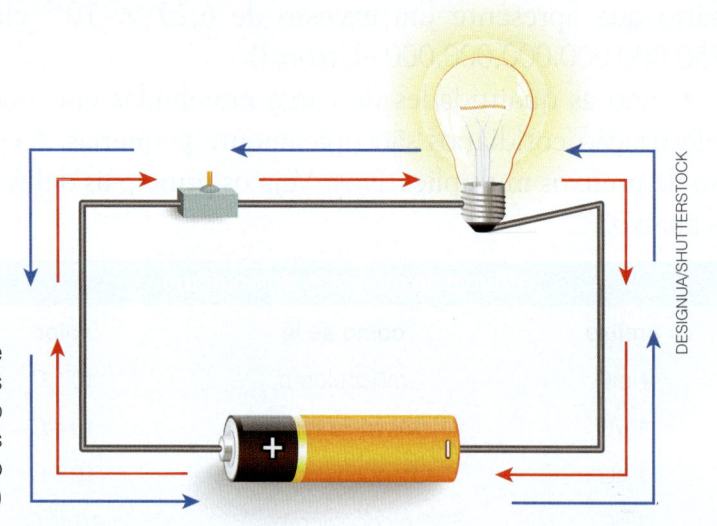

O sentido convencional da corrente elétrica está indicado pelas setas vermelhas, enquanto o movimento real dos elétrons é dado pelas setas azuis. (Cores-fantasia. Ilustração fora de escala.)

A **intensidade** (i) de corrente elétrica pode ser determinada pela razão da quantidade de carga elétrica (Q) que passa por uma seção transversal de um condutor por unidade de tempo (Δt):

$$i = \frac{Q}{\Delta t}$$

> **Seção transversal:** é a região determinada pela intersecção de um corpo com um plano perpendicular a ele.

> **Descubra você mesmo!**
>
> Pesquise a diferença entre circuito elétrico aberto e circuito elétrico fechado.

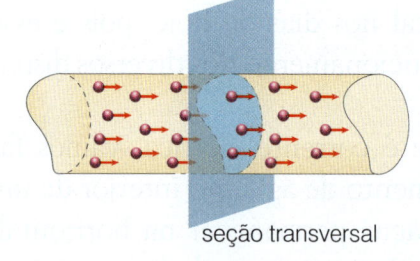

Representação artística de elétrons atravessando a seção transversal de um fio condutor. (Cores-fantasia. Ilustração fora de escala.)

seção transversal

A unidade de corrente elétrica no SI é o C/s, chamado de **ampère** (A), em homenagem ao físico e matemático francês André-Marie Ampère (1775-1836).

> **Lembre-se!**
>
> 1 A = 1 C/s

> **Jogo rápido**
>
> Supondo que por uma seção transversal de um condutor passe, em 10 s, uma quantidade de carga Q igual a 50 C, qual a intensidade da corrente elétrica nesse condutor?

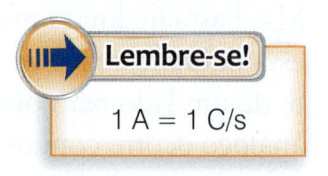

Enquanto nos condutores metálicos as cargas são os elétrons (portadores de carga elétrica), nas soluções eletrolíticas (bateria de um carro, por exemplo) as partículas portadoras de carga são os íons (cátions e ânions). Nos gases (interior de uma lâmpada fluorescente, por exemplo), temos íons e elétrons.

Diferença de potencial (ddp)

Para ocorrer uma corrente elétrica é preciso estabelecer entre dois pontos do condutor uma **diferença de potencial** (ddp), também chamada **tensão elétrica** ou **voltagem**, que é medida em **volts** (V).

A ddp ou tensão força os elétrons a entrar em movimento no interior do condutor. As fontes de ddp são pilhas, baterias ou mesmo as tomadas elétricas.

> **Diferença de potencial:** diferença de energia elétrica potencial entre dois pontos.

É SEMPRE BOM SABER MAIS!

Pilhas e baterias

Pilhas e baterias são dispositivos capazes de, por meio de reações químicas, transformar em energia elétrica a energia química presente nas substâncias que as compõem. São, portanto, **geradores** de energia elétrica.

-borrão embebido em água salgada e prata. Conectando por um fio a parte superior e inferior dessa bateria era possível estabelecer uma corrente elétrica.

Reconstrução da bateria de Volta.

Pilhas e bateria de carro, geradoras de corrente elétrica.

Alessandro Volta, em 1800, foi quem criou a primeira bateria, a partir de uma montagem de camadas alternadas de zinco, papel mata-

Atualmente, as baterias são construídas à base de chumbo e ácido sulfúrico e as pilhas têm em sua composição zinco, manganês e potássio. Como essas substâncias são potencialmente danosas, o descarte de pilhas e baterias não deve ser feito no lixo comum, mas sim em postos de coleta especialmente destinados a esse propósito.

ESTABELECENDO CONEXÕES

Efeitos fisiológicos da corrente elétrica

A consequência de um choque elétrico varia muito de pessoa para pessoa. Os cientistas analisaram o comportamento do organismo humano exposto a uma corrente alternada de frequência igual a 60 Hz (a corrente elétrica de nossas residências), fluindo através do corpo de uma mão à outra, com o coração no caminho. Concluíram que, em geral, existe uma variação intermediária de corrente, de cerca de 0,1 a 0,2 A, que é provavelmente fatal, pois nesse intervalo ela é capaz de produzir fibrilação ventricular (o cessar das contrações normais dos músculos do coração).

Acima desse intervalo, a corrente tende a fazer com que o miocárdio se contraia fortemente, mas que pode voltar a bater por si só cessada a fonte do choque. Daí, a intensidade da corrente nem sempre determina a intensidade da lesão e muitas correntes altas podem não ser tão danosas quanto as de baixa intensidade. Para uma descarga de relâmpago, os danos poderão ir de sequelas gravíssimas até a morte. Veja a tabela abaixo, que associa os prováveis efeitos da corrente elétrica com sua intensidade.

Corrente elétrica (em A)	Efeitos fisiológicos
10^{-3} a 10^{-2}	Princípio da sensação de choque.
10^{-2} a 10^{-1}	Ponto em que um estímulo é suficiente para produzir um efeito doloroso; paralisia muscular, dor severa, dificuldade respiratória; parada cardíaca.
10^{-1} a 2×10^{-1}	Fibrilação ventricular, normalmente fatal se não houver intervenção.
2×10^{-1} a 1	Parada cardíaca; recuperação possível desde que o choque seja terminado antes da morte.
1 a 10	Queimaduras graves e não fatais, a menos que os órgãos vitais tenham sido atingidos.

Disponível em: <http://fisica.icen.ufpa.br/aplicada/choques.htm>. *Acesso em:* 13 maio 2015.

Resistência elétrica

A corrente elétrica pode ser estabelecida em um condutor fechado (circuito elétrico) e mantida por uma fonte de ddp (pilha, por exemplo) para alimentar uma lâmpada ou outro componente. Interruptores podem ser utilizados para ligar e desligar o sistema.

No caso das residências, a fonte de ddp é a rede de transmissão elétrica, um sistema de cabos condutores, que vem desde a usina geradora de energia elétrica até os postes nas ruas, passando por vários elementos intermediários.

Mas o fluxo de elétrons no interior de um condutor não ocorre livre de certa resistência – a **resistência elétrica**. As ligações entre átomos e moléculas dos materiais por onde a corrente passa formam estruturas geométricas que dificultam a passagem da corrente elétrica. Quando os elétrons fluem pelos materiais, perdem parte da energia para a estrutura do material. Essa energia é dissipada na forma de calor.

Quanto maior for a resistência do condutor, menor será a corrente elétrica que passa por ele. Esquematicamente, os elementos de um circuito elétrico podem ser representados como mostrado ao lado, onde i é a corrente elétrica, R é a resistência elétrica e U é a ddp (diferença de potencial).

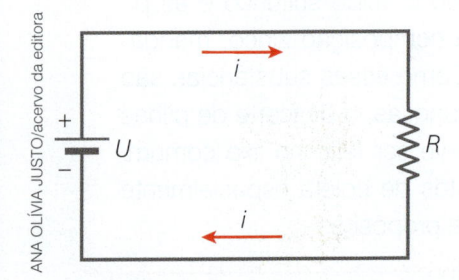

A resistência de um condutor é identificada por R e sua unidade de medida é o **ohm** (Ω), uma homenagem ao físico e matemático Georg Simon Ohm (1789-1854). Suas contribuições levaram à formulação de uma lei que relaciona as grandezas ddp, resistência e corrente elétrica – a **Lei de Ohm**:

$$U = R \cdot i$$

Navegando na net

Aumentando ou diminuindo valores da ddp e da resistência, a simulação disponível no endereço abaixo, exemplifica as relações de proporção presentes na Lei de Ohm:

<http://phet.colorado.edu/en/simulation/ohms-law>

(Para iniciar, clique em "Run Now". *Acesso em:* 13 maio 2015.)

Potência elétrica

No Capítulo 11, definimos a grandeza potência mecânica. Em termos de eletricidade, a potência também desempenha um papel importante. Chuveiros elétricos de 3.200 W aquecem mais a água do que os de 2.400 W. Lâmpadas de 100 W brilham mais do que as de 40 W; secadores de cabelo de 1.200 W são mais efetivos do que os de 800 W... Esses são alguns exemplos nos quais a **potência elétrica** determina os benefícios de aparelhos elétricos e eletrônicos.

Potência elétrica é a energia consumida por unidade de tempo, e é dada por

$$P = \frac{E}{\Delta t}$$

em que P é a potência elétrica, E é a energia consumida e Δt é a unidade de tempo. Sua unidade de medida no Sistema Internacional é o **watt** (W).

Suponha, por exemplo, um aquecedor elétrico de potência 1.500 W utilizado durante 30 dias, 1 hora por dia, e vamos calcular o consumo de energia, em kWh, desse aparelho:

$$E = P \times \Delta t$$
$$E = 1,5 \times 1 \times 30 = 45 \text{ kWh}$$

Portanto, a energia elétrica consumida pelo aquecedor nas condições de uso apresentadas no exemplo é de 45 kWh.

A potência elétrica pode ser determinada por meio da ddp e da corrente elétrica:

$$P = U \cdot i$$

em que P é a potência elétrica, U é a ddp e i, a corrente elétrica.

Efeito Joule

Quando da passagem de corrente elétrica por uma resistência, ocorre certo aquecimento (a resistência se aquece), conhecido como **efeito Joule**.

Isso acontece porque, como vimos, a corrente elétrica é o resultado de movimentação de elétrons livres. Ao existir corrente elétrica, as partículas que estão em movimento acabam colidindo com outras partículas da resistência, causando um aumento na excitação dessas partículas, o que por sua vez irá gerar o efeito de aquecimento.

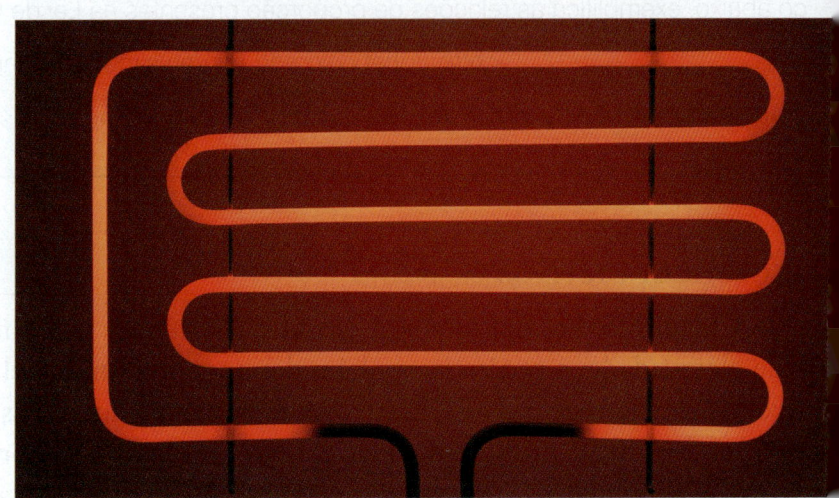

Jogo rápido

A água do chuveiro está em contato com a resistência para se aquecer. Se a água é condutora de eletricidade, por que não tomamos choque durante o banho?

Descubra você mesmo!

Pesquise que aparelhos presentes em sua casa se utilizam do efeito Joule em seu funcionamento.

Resistência aquecida de forno elétrico. Quando uma corrente elétrica passa pela resistência ela se aquece por efeito Joule.

DE OLHO NO PLANETA

Ética & Cidadania

Economizar energia elétrica? Por quê?

Apesar de termos a possibilidade de obtenção de energia elétrica a partir do vento, do Sol ou até mesmo das marés, em nosso país a obtenção mais comum é por meio das hidrelétricas, termelétricas e, também, das usinas nucleares.

As hidrelétricas são responsáveis por cerca de 70% da geração de energia elétrica no Brasil. Para sua construção são necessários grandes reservatórios de água, obtidos a partir do alagamento de grandes extensões de terra e do desvio do curso natural de rios, com reflexos sobre a fauna, a flora e a própria comunidade da região.

Nos períodos de estiagem, a escassez de água faz com que essas hidrelétricas não consigam trabalhar em sua plenitude, o que leva a uma deficiência do fornecimento de energia elétrica. Nesses casos, aumenta o uso das termelétricas, em que se utiliza a queima de gás, carvão, petróleo ou biomassa para gerar eletricidade. Além de utilizar em sua maioria recursos não renováveis, esse processo acarreta resíduos que devem ser tratados antes de serem lançados para a atmosfera.

Menos usadas, mas ainda assim responsáveis por cerca de 2% da geração de energia elétrica no Brasil, as usinas nucleares originam lixo radioativo, cujo acondicionamento requer cuidado especialíssimo para que não tenhamos vazamentos com sérias e danosas consequências.

MATRIZ DE PRODUÇÃO DE ENERGIA ELÉTRICA (fevereiro 2015)

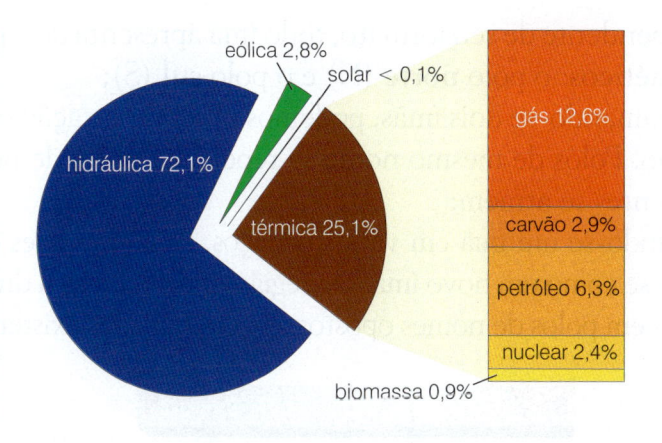

- hidráulica 72,1%
- térmica 25,1%
- eólica 2,8%
- solar < 0,1%
- gás 12,6%
- carvão 2,9%
- petróleo 6,3%
- nuclear 2,4%
- biomassa 0,9%

Dados contabilizados até fevereiro de 2015.
Fonte dos dados: CCEE e Eletrobras.
Em "Petróleo" estão consideradas as usinas a óleo diesel, a óleo combustível e as usinas bicombustíveis.

➤ Analise como você e sua família consomem energia elétrica e proponha algumas ações que poderiam ser tomadas para reduzir esse consumo.

Magnetismo

De acordo com a história, a palavra magnetismo tem como origem a cidade Magnésia, localizada na Turquia, onde um mineral que apresenta propriedade de atrair partículas de ferro foi descoberto. Esse mineral é constituído de óxido de ferro (Fe_3O_4), denominada magnetita – um **ímã natural**. A magnetita é capaz de atrair pequenos fragmentos de ferro e, quando aproximada de outra magnetita, pode exercer atração ou repulsão. Apesar da similaridade com a atração elétrica, aqui temos um fenômeno diferente.

Magnetita.

Todos os ímãs possuem a propriedade de atrair determinados metais, como o ferro, por exemplo.

Mais tarde descobriu-se que substâncias ferromagnéticas podem ser transformadas em ímãs, em um processo denominado imantação. Um experimento simples utilizado para imantar consiste em atritar (sempre no mesmo sentido, pois o atrito no sentido oposto desfaz a imantação) uma barra de ferro neutra com um ímã.

Substâncias ferromagnéticas: aquelas que são atraídas por ímãs.

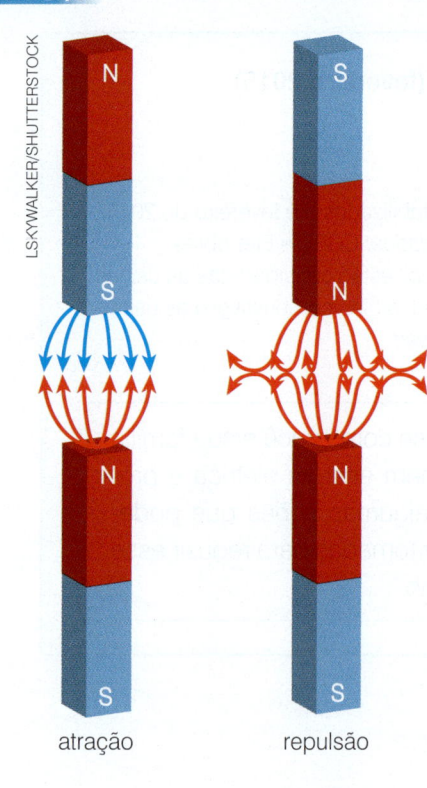

Polos de um ímã

Podemos entender os princípios do magnetismo por meio de algumas propriedades:

1 – independente de seu formato, todo ímã apresenta dois **polos magnéticos**: o polo **norte** (N) e o polo **sul** (S);

2 – aproximando-se dois ímãs, podemos observar atração ou repulsão. Polos de mesmo nome se repelem e polos de nomes diferentes se atraem;

3 – dividindo-se um ímã em vários pedaços, cada um deles comporta-se como um novo ímã. Na região onde ocorreu a divisão aparecem polos de nomes opostos às extremidades existentes.

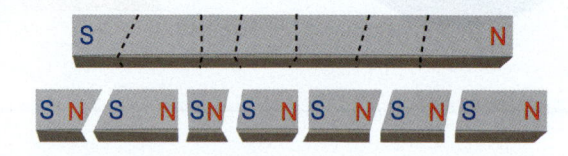

atração

repulsão

Os ímãs formam ao seu redor um campo magnético, que não pode ser visto a olho nu. Porém, seus efeitos podem ser observados por meio de uma ação muito simples: se jogarmos limalhas de ferro ao redor de um ímã, poderemos observar a formação das chamadas **linhas de força** do campo.

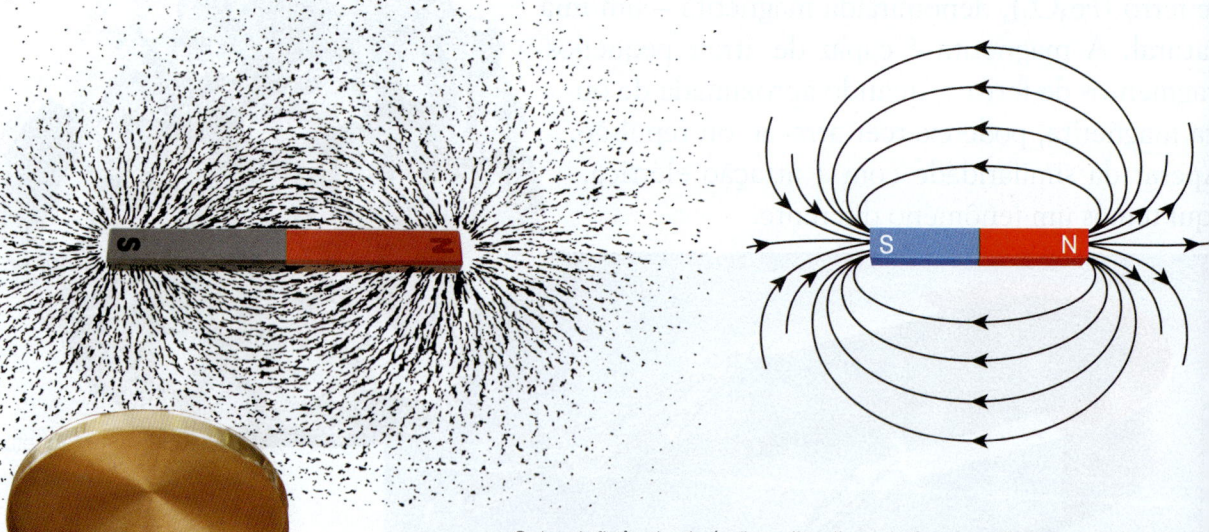

Sob a influência do ímã, as limalhas de ferro se dispõem evidenciando as linhas de força do campo magnético. (Cores-fantasia.)

Uma das aplicações mais antigas e importantes do magnetismo é a bússola. Inventada pelos chineses no século I a.C., a bússola permitiu grandes avanços nas navegações quando foi apresentada aos europeus no século XIII.

Bússola magnética.

CAPÍTULO 16 • Cargas, corrente elétrica e magnetismo

Uma bússola nada mais é do que um ímã bastante sensível, que aponta sempre na direção norte-sul da Terra, pois se orienta pelo magnetismo terrestre. É que nosso planeta se comporta como um grande ímã, porém o norte magnético se encontra no sul geográfico, e o sul magnético encontra-se no norte geográfico.

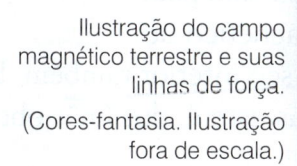

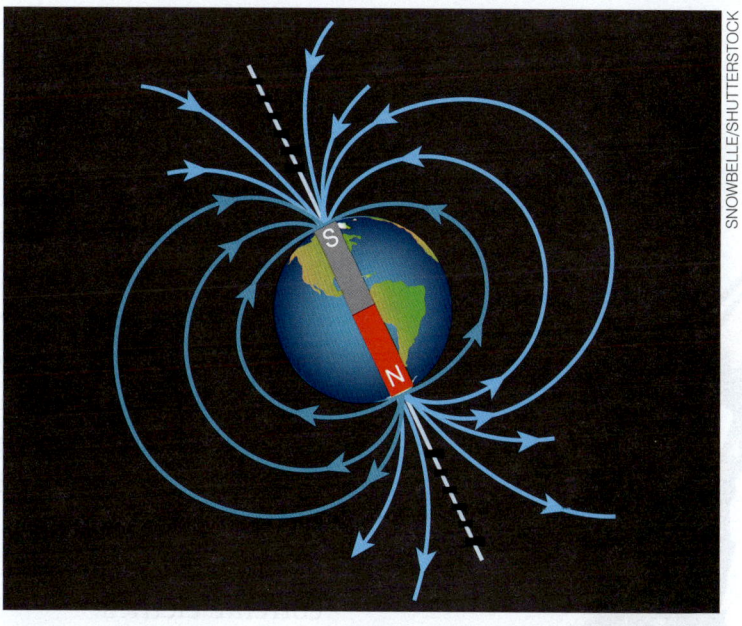

Ilustração do campo magnético terrestre e suas linhas de força.
(Cores-fantasia. Ilustração fora de escala.)

Assim, se a agulha da bússola (polo norte do ímã da bússola) aponta para o norte geográfico da Terra, isso significa que o polo norte da bússola foi atraído pelo sul magnético terrestre.

Eletromagnetismo

Até meados do século XIX, acreditava-se que os campos magnéticos eram gerados apenas por ímãs naturais e artificiais. Isso mudou com um experimento realizado pelo físico dinamarquês Hans Christian Oersted (1777-1851), que descobriu que correntes elétricas também poderiam gerar campos magnéticos.

Para chegar a essa conclusão, Oersted posicionou uma agulha magnética abaixo de um fio condutor em um circuito elétrico e verificou que quando a corrente elétrica percorria o circuito a agulha magnética sofria um desvio.

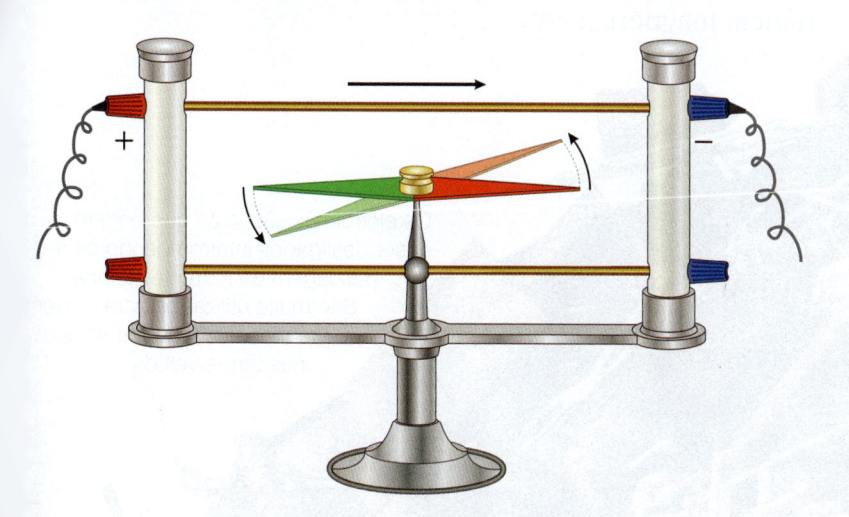

> **Fique por dentro!**
>
> Há certa confusão quanto ao nome dos polos: é que, *por convenção*, chama-se polo norte magnético àquele que se encontra próximo ao polo norte geográfico.

Montagem da experiência de Oersted. Quando a corrente passa pelo circuito, a agulha magnética se movimenta, evidenciando que a corrente elétrica gerou um campo magnético em torno dela. (Cores-fantasia. Ilustração fora de escala.)

Esse experimento foi o ponto de partida para a compreensão de que eletricidade e magnetismo são fenômenos intimamente relacionados, tanto que eletricidade e magnetismo são estudados em conjunto no Eletromagnetismo, um dos ramos da Física.

Estudos posteriores ao experimento de Oersted mostraram que é possível obter campos magnéticos a partir de correntes elétricas. Por exemplo, se ligarmos um **solenoide**, também chamado de **bobina**, a uma bateria elétrica, a corrente que passará pelo fio criará um campo magnético ao redor do solenoide e em seu interior também. Esse é o princípio dos chamados **eletroímãs**, isto é, dos ímãs obtidos por meio de corrente elétrica.

Solenoide: é um fio condutor, enrolado várias vezes como um espiral.

Ilustração de um campo magnético gerado por corrente elétrica em um solenoide. (Cores-fantasia. Ilustração fora de escala.)

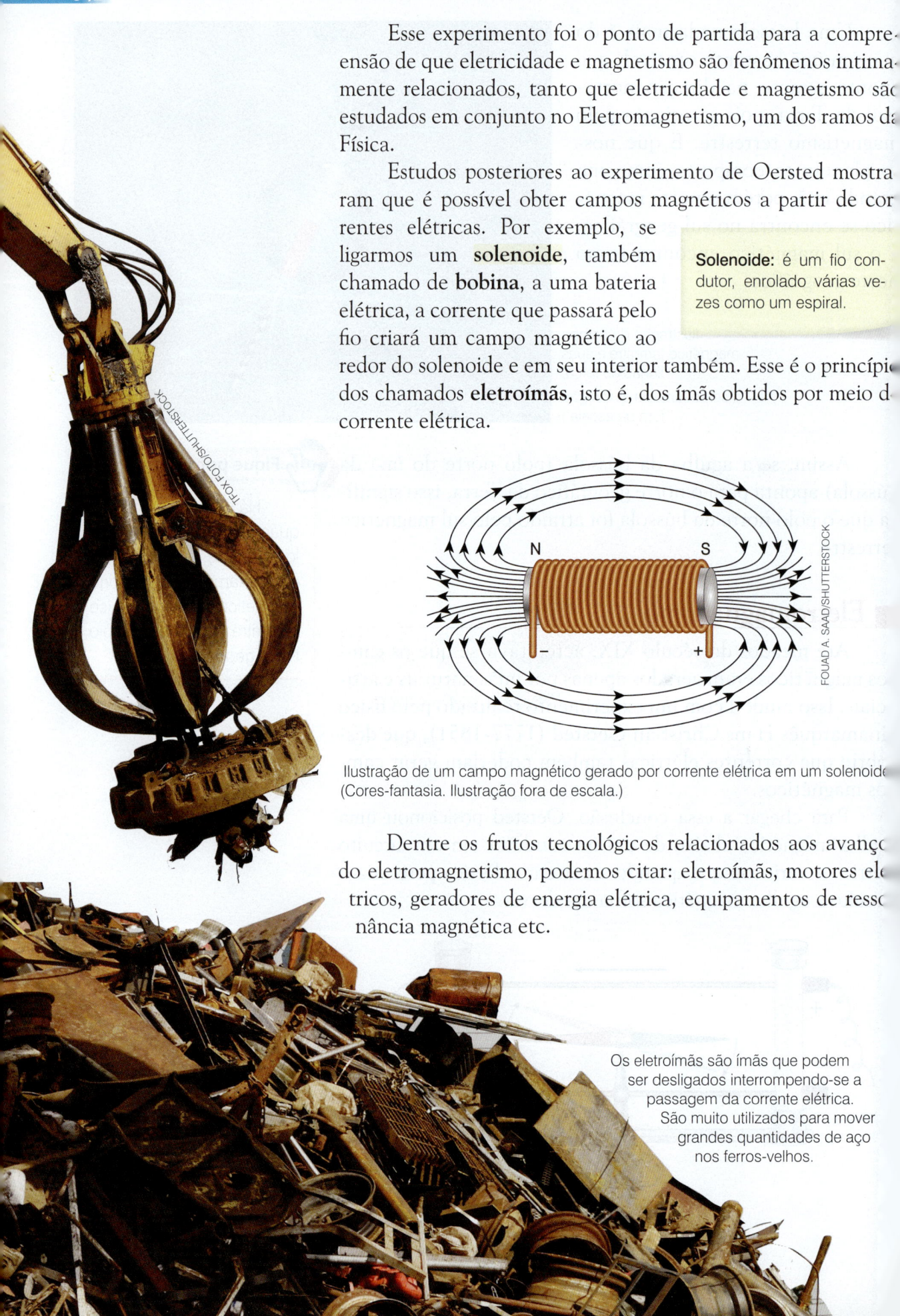

Dentre os frutos tecnológicos relacionados aos avanços do eletromagnetismo, podemos citar: eletroímãs, motores elétricos, geradores de energia elétrica, equipamentos de ressonância magnética etc.

Os eletroímãs são ímãs que podem ser desligados interrompendo-se a passagem da corrente elétrica. São muito utilizados para mover grandes quantidades de aço nos ferros-velhos.

CAPÍTULO 16 • Cargas, corrente elétrica e magnetismo

ESTABELECENDO CONEXÕES

Geografia

Auroras polares

Você observou a foto que se encontra na abertura desta unidade? Ela mostra uma **aurora polar**, fenômeno luminoso que acontece próximo aos polos terrestres. Existem duas auroras polares: a **boreal**, próxima ao polo Norte, e a **austral**, próxima ao polo Sul. Mas qual a origem desses fenômenos?

Os ventos solares são carregados de elétrons e quando atingem nosso planeta são "direcionados" para as regiões polares em virtude do campo magnético da Terra naquelas regiões ser mais intenso.

Interagindo com os gases da atmosfera terrestre, os elétrons dos ventos solares, que se encontram em grande velocidade, provocam choque entre as moléculas com a produção do fenômeno luminoso, cuja cor depende dos gases envolvidos.

Aurora boreal (Noruega).

V. BELOV/SHUTTERSTOCK

dução eletromagnética

Vimos que uma corrente elétrica pode induzir um campo agnético. Agora, vamos aprender que um campo magnético de induzir uma corrente elétrica.

Se movimentarmos um ímã, afastando-o ou aproximano de uma bobina em repouso, haverá passagem de corrente trica, fenômeno chamado de **indução eletromagnética**.

Fique por dentro!

Michael Faraday (1791- -1867) foi quem primeiro observou o fenômeno de uma **corrente induzida** por um campo magnético.

Uma corrente elétrica também será induzida se o ímã for mantido em repouso e a bobina for movimentada. Portanto, para que haja uma corrente induzida é preciso que ou o solenoide ou o ímã se movimentem.

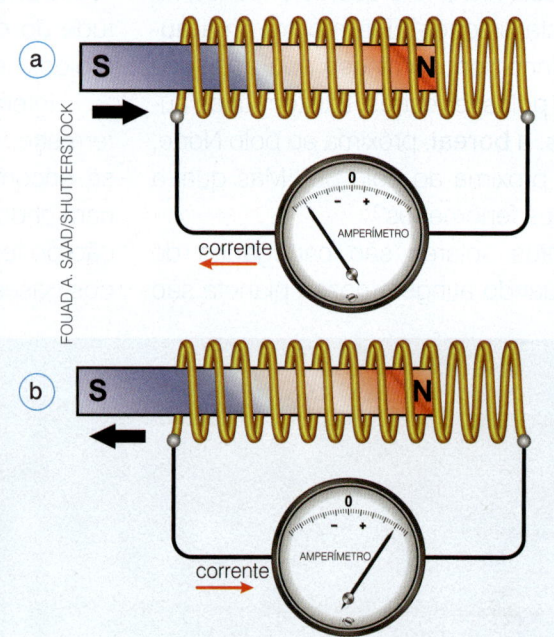

(a) Se aproximarmos o ímã do solenoide ou bobina, a passagem da corrente elétrica **induzida**, percebida pelo amperímetro, aparelho que mede a corrente elétrica, será em determinado sentido. (b) Se afastarmos o ímã do solenoide, o sentido da corrente será o contrário. (Cores-fantasia. Ilustração fora de escala.)

A indução eletromagnética é empregada em geradores de energia elétrica, transformadores e motores elétricos.

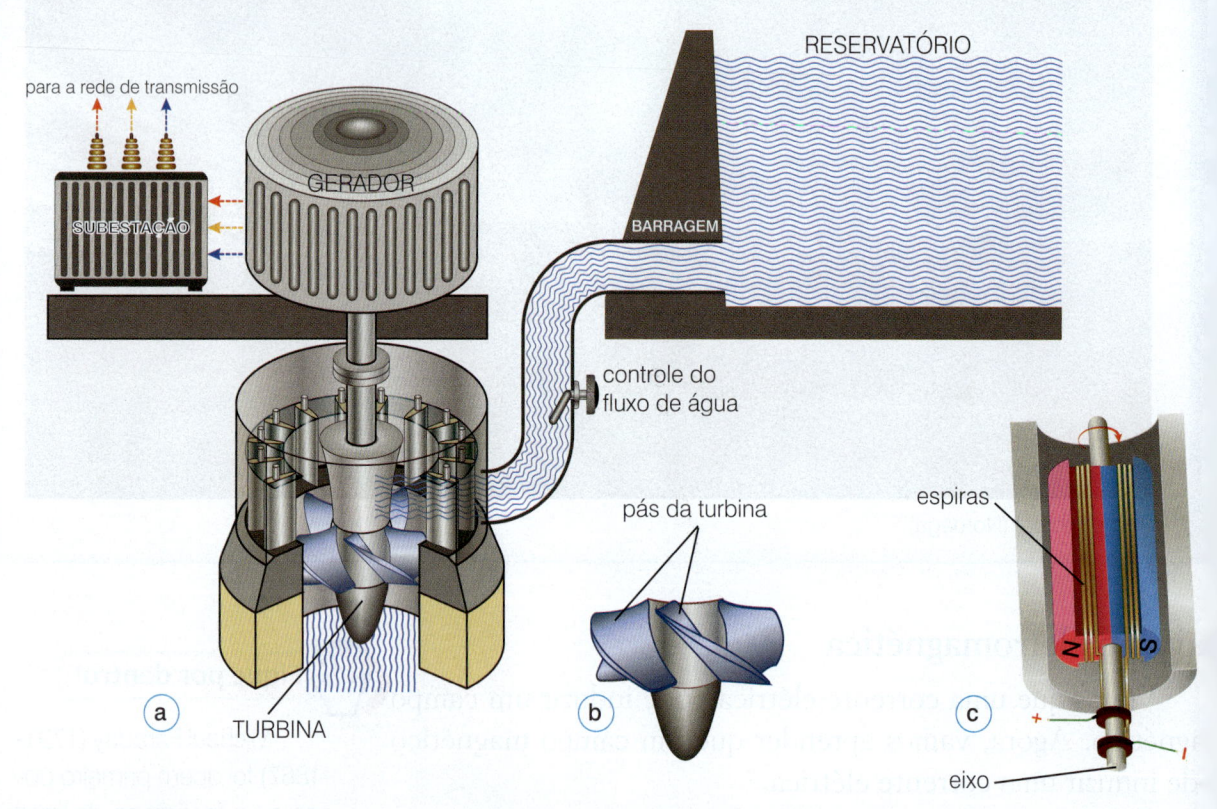

Gerador de usina hidrelétrica.

(a) Em usinas geradoras de energia elétrica, turbinas estão acopladas a geradores elétricos, formados por um conjunto de espiras envolvido por eletroímãs. (b) As pás das turbinas são movidas pela água, nas hidrelétricas, ou pelo vapor, nas termelétricas, e esse movimento faz com que as espiras dos geradores (c), que se encontram sob um campo magnético gerado por ímãs, também se movimentem, induzindo corrente elétrica. (Cores-fantasia. Ilustração fora de escala.)

CAPÍTULO 16 • Cargas, corrente elétrica e magnetismo 345

EM CONJUNTO COM A TURMA!

Que tal fazer uma competição com seus colegas de coleta de metais com eletroímãs?

Combine com eles para que cada um construa um eletroímã. Para isso, você vai precisar de um prego, um fio de cobre e uma pilha ou bateria. Enrole o fio de cobre no prego e conecte à pilha, conforme ilustração ao lado.

Verifique o funcionamento do seu eletroímã tentando atrair clipes de papel.

A competição consiste em tentar coletar o maior número de clipes de papel colocados sobre uma mesa. Quem fez o melhor eletroímã terá maiores chances!

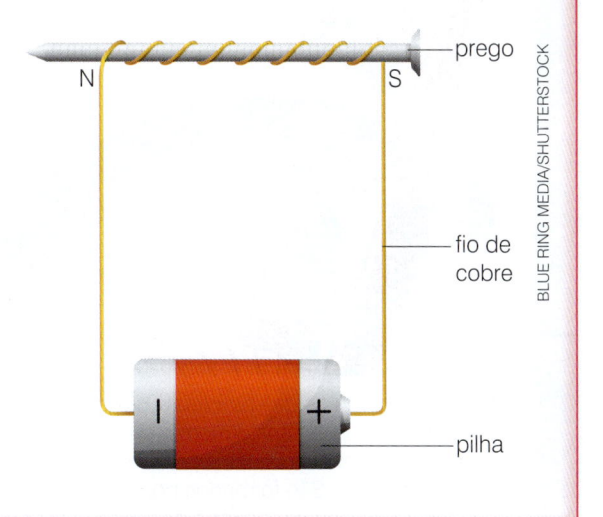

ESTABELECENDO CONEXÕES

Cotidiano

Aplicações do eletromagnetismo

São várias e importantes as aplicações do eletromagnetismo, como, por exemplo, nos cartões magnéticos dos bancos, disco rígido dos computadores, aparelhos de ressonância magnética, celulares, motores elétricos, dínamos, na geração de energia elétrica.

Nos **discos rígidos dos computadores**, as informações são armazenadas a partir da orientação das partículas de um material magnético que entra na fabricação desses dispositivos.

A **telefonia celular** utiliza geradores e receptores de campos eletromagnéticos. É por meio das ondas eletromagnéticas, que se deslocam pelo espaço, que ocorre a comunicação entre os aparelhos celulares.

Dínamos, como os das bicicletas, por exemplo, são aparelhos que transformam a energia mecânica em energia elétrica por meio de indução eletromagnética. São formados por uma bobina e um ímã. O movimento da roda da bicicleta faz girar o eixo em que se encontra o ímã e esse movimento alterna os polos positivo e negativo da bobina, gerando uma corrente elétrica que pode ser utilizada para acender o farol.

Os modernos cartões de banco se utilizam de materiais magnéticos para que as informações sejam validadas.

Motores elétricos transformam a energia elétrica em energia mecânica e são a base do funcionamento de vários aparelhos de nosso dia a dia, como máquinas de lavar, secadores de cabelo, geladeiras, batedeiras, entre outros. Quando uma corrente elétrica passa pelas bobinas circundadas por ímãs, elas ficam sob a ação do campo magnético dos ímãs, o que faz com que o rotor desses aparelhos comece a girar.

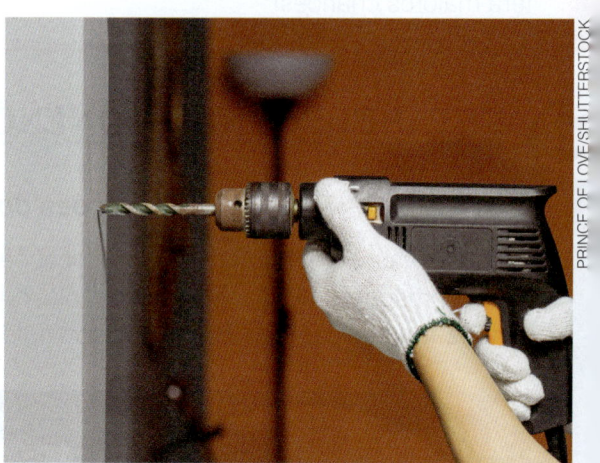

Aparelhos de ressonância magnética são muito utilizados para diagnóstico médico. Campos magnéticos gerados por suas bobinas agem sobre o organismo do paciente, fazendo com que os átomos de hidrogênio (presentes nas moléculas de água da região do corpo a ser analisada) se alinhem como pequeninos ímãs. A partir daí, ondas de rádio são direcionadas para essa região e, ao passarem pelos pequenos ímãs, ocasionam vibrações que são captadas e interpretadas por computadores acoplados a esses aparelhos.

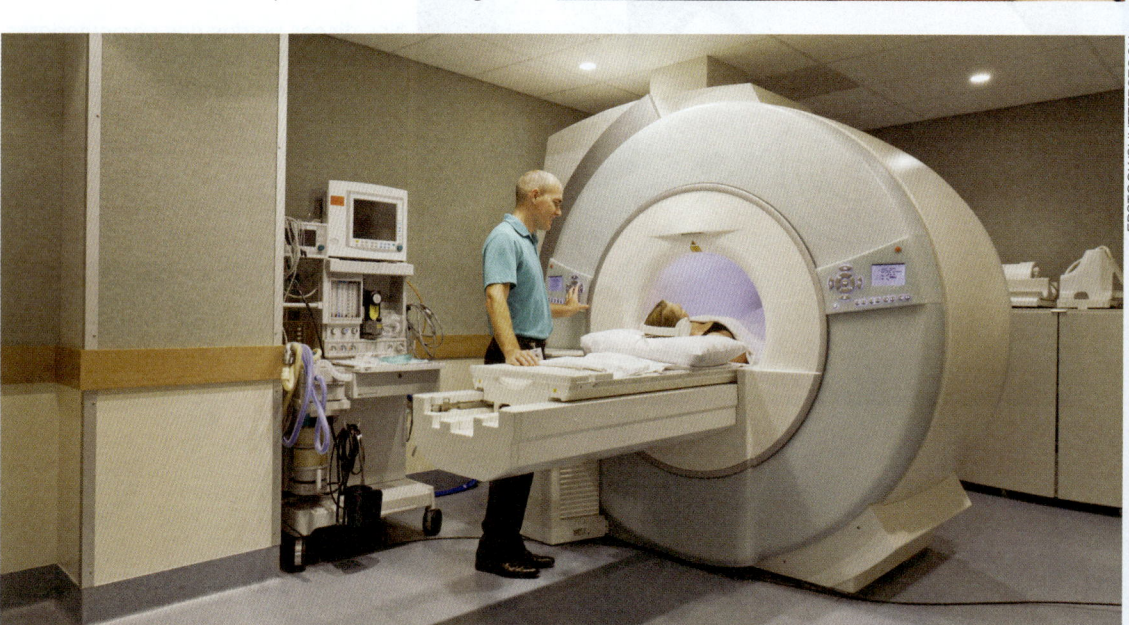

CAPÍTULO 16 • Cargas, corrente elétrica e magnetismo

Nosso desafio

Para preencher os quadrinhos de 1 a 13, você deve utilizar as seguintes palavras: atraem, cargas elétricas, condutores, de mesmo sinal, de sinais diferentes, eletrização, ímãs, indução, isolantes, polos, repelem, se atraem, se repelem.

À medida que você preencher os quadrinhos, risque a palavra que escolheu para não usá-la novamente.

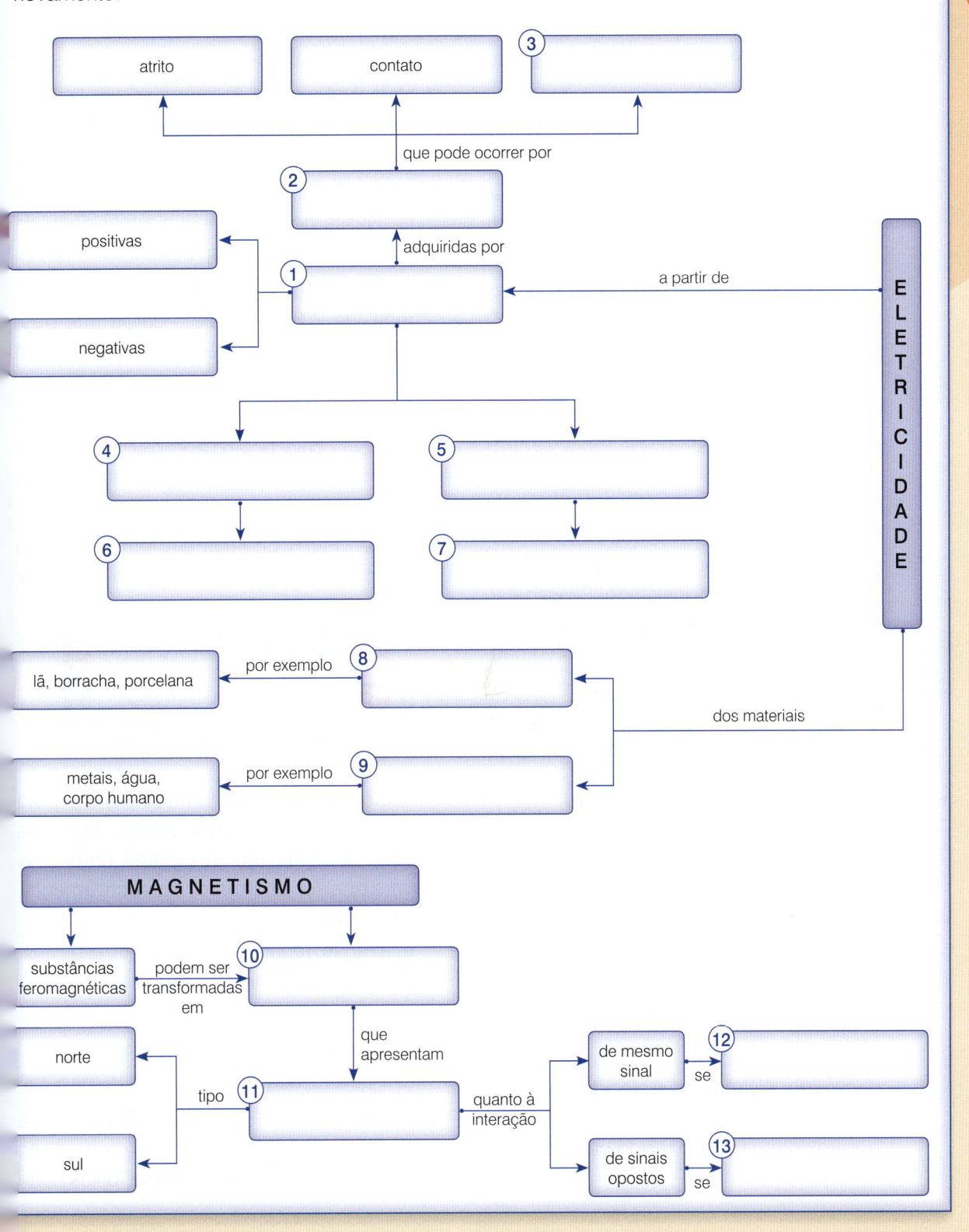

- atrito
- contato
- (3) _____

que pode ocorrer por

(2) _____

adquiridas por

- positivas
- negativas

(1) _____ a partir de **ELETRICIDADE**

(4) _____
(5) _____
(6) _____
(7) _____

- lã, borracha, porcelana — por exemplo — (8) _____
- metais, água, corpo humano — por exemplo — (9) _____

dos materiais

MAGNETISMO

- substâncias ferromagnéticas — podem ser transformadas em — (10) _____
- norte
- sul

tipo (11) _____ que apresentam quanto à interação

- de mesmo sinal — se — (12) _____
- de sinais opostos — se — (13) _____

Atividades

1. Leia o trecho da reportagem sobra a queda de um raio:

   > Trinta bovinos de uma propriedade rural de Francisco Beltrão, no sudoeste do Paraná, morreram após a queda de um raio na manhã de domingo (21). Todos os animais estavam embaixo de uma árvore para se proteger da chuva.
   >
   > G1. Raio cai em propriedade rural e mata trinta bois no sudoeste do Paraná. *Disponível em:* <http://g1.globo.com/pr/parana/noticia/2012/10/raio-cai-em-propiedade-rural-e-mata-trinta-bois-no-sudoeste-do-parana.html>. *Acesso em:* 14 maio 2015.

   Os bovinos morreram embaixo da árvore por mera coincidência ou o local é indevido para se proteger da incidência de raios? Explique.

2. Caminhões que transportam combustíveis têm sempre uma corrente em contato com o chão. Sem a corrente, o que pode ocorrer? Justifique.

3. Chuveiros elétricos têm sempre um fio condutor, chamado fio terra, que deve ser conectado em um cano de metal ou na própria parede onde foi instalado. Se isso não for feito, a pessoa que abrir o chuveiro levará um choque. Por que acontece o choque?

4. Se atritarmos uma barra de metal, segurando-a diretamente com a mão, ela não fica eletrizada. Por que isso acontece?

5. (UEL – PR) Um bastão isolante é atritado com tecido e ambos ficam eletrizados. É correto afirmar que o bastão pode ter
   a. ganhado prótons e o tecido ganhado elétrons.
   b. perdido elétrons e o tecido ganhado prótons.
   c. perdido prótons e o tecido ganhado elétrons.
   d. perdido elétrons e o tecido ganhado elétrons.
   e. perdido prótons e o tecido ganhado prótons.

6. Três esferas condutoras idênticas possuem originalmente cargas elétricas iguais a +4 C, –2 C e 0. Se os dois primeiros corpos são colocados em contato, e depois, um deles é colocado em contato com o corpo originalmente neutro, qual será a carga final do corpo neutro?

7. Uma corrente de 8 A carrega um isolante durante 3 s. Qual a carga acumulada?

8. (UEL – PR) Pela secção reta de um condutor de eletricidade passam 120 C a cada minuto. Nesse condutor, qual a intensidade da corrente elétrica, em ampères?

9. Um condutor é percorrido por uma corrente de 20 A. Calcule a carga que passa através de uma secção transversal em 2 minutos.

10. Determine a energia elétrica consumida por um ferro cuja potência é 750 W, utilizado 3 horas por dia durante 5 dias do mês. Dê sua resposta em kWh.

11. (UFBA) Pares de ímãs em forma de barra são dispostos conforme indicam as figuras a seguir:

    A letra N indica o polo norte e o S o polo sul de cada uma das barras. Entre os ímãs de cada um dos pares anteriores (a), (b) e (c) ocorrerão, respectivamente, forças de:
    a. atração, repulsão, repulsão.
    b. atração, atração, repulsão.
    c. atração, repulsão, atração.
    d. repulsão, repulsão, atração.
    e. repulsão, atração, atração.

12. (Fuvest – SP) A Figura I adiante representa um ímã permanente em forma de barra, onde N e S indicam, respectivamente, polos norte

e sul. Suponha que a barra seja dividida em três pedaços, como mostra a Figura II.

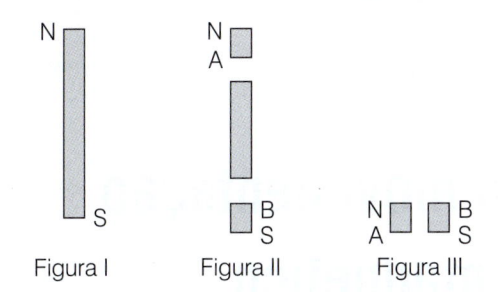

Figura I Figura II Figura III

Colocando lado a lado os dois pedaços extremos, como indicado na Figura III, é correto afirmar que eles

a. se atrairão, pois A é polo norte e B é polo sul.
b. se atrairão, pois A é polo sul e B é polo norte.
c. não serão atraídos nem repelidos.
d. se repelirão, pois A é polo norte e B é polo sul.
e. se repelirão, pois A é polo sul e B é polo norte.

13. (ITA – SP) Um pedaço de ferro é colocado nas proximidades de um ímã. Assinale a afirmação correta.

a. É o ferro que atrai o ímã.
b. A atração do ferro pelo ímã é mais intensa do que a atração do ímã pelo ferro.
c. A atração do ímã pelo ferro é mais intensa do que a atração do ferro pelo ímã.
d. A atração do ferro pelo ímã é igual à atração do ímã pelo ferro (em módulo).

14. (PUC – RS) Três barras, PQ, RS e TU, são aparentemente idênticas.

P Q R S T U

Verifica-se experimentalmente que P atrai S e repele T; Q repele U e atrai S. Então, é possível concluir que:

a. PQ e TU são ímãs.
b. PQ e RS são ímãs.
c. RS e TU são ímãs.
d. as três são ímãs.
e. somente PQ é ímã.

Leitura
Você, desvendando a Ciência

Cientistas detectam movimentação do polo norte magnético
Polo norte magnético avança em direção à Rússia

O polo norte magnético da Terra está avançando em direção à Rússia a quase 64 quilômetros por ano devido a mudanças magnéticas no núcleo do planeta, afirma nova pesquisa. O núcleo é profundo demais para que os cientistas detectem diretamente seu campo magnético. Mas os pesquisadores podem inferir os movimentos do campo acompanhando como o campo magnético terrestre muda na superfície e no espaço.

Agora, novos dados analisados sugerem que existe uma região de magnetismo em rápida transformação na superfície do núcleo, possivelmente sendo criada por uma misteriosa "pluma" de magnetismo proveniente do interior do núcleo.

E essa região pode estar deslocando o polo magnético de sua posição de longa data no norte do Canadá, disse Arnaud Chulliat, geofísico do Institut de Physique du Globe de Paris, na França.

Em busca do Norte

O norte magnético, que é o lugar para onde as agulhas das bússolas realmente apontam, está próximo, mas não exatamente no mesmo lugar do Polo Norte geográfico. Neste momento, o norte magnético está próximo à ilha canadense Ellesmere.

Por séculos, navegadores usam o norte magnético para se orientar quando estão distantes de pontos de referência reconhecíveis. Embora os sistemas de posicionamento global tenham em grande parte substituído essas técnicas tradicionais, muitos ainda consideram as bússolas úteis para se orientar sob a água ou no subterrâneo, onde não há sinal dos satélites de GPS.

O polo norte magnético se deslocou muito pouco desde a época em que os cientistas o localizaram pela primeira vez em 1831. Depois, em 1904, o polo começou a avançar rumo ao nordeste num ritmo constante de 15 km por ano.

TERRA. Cientistas detectam movimentação do polo norte magnético. *Disponível em:* <http://noticias.terra.com.br/ciencia/pesquisa/cientistas-detectam-movimentacao-do-polo-norte-magnetico,4208a38790aea310VgnCLD200000bbcceb0aRCRD.html>. *Acesso em:* 14 maio 2015.

1) Quais seriam os impactos de uma mudança contínua e significativa dos polos magnéticos?
2) O que aconteceria com sua bússola se você estivesse exatamente sobre o polo sul magnético da Terra?

TecNews
O que há de mais moderno no mundo da Ciência!

Magnetismo, farmacologia e medicina

Entre as incontáveis aplicações da nanotecnologia, uma chama a atenção pelo grau de genialidade envolvido na transferência de conhecimentos da física para a medicina. Refiro-me ao uso de partículas magnéticas – as nanopartículas, em especial – para a administração de medicamentos. A ideia é fantástica. Em vez de largar uma medicação circulando pelo corpo humano, com o risco de efeitos colaterais prejudiciais à saúde, que tal "grudar" a medicação em uma partícula magnética, injetá-la na veia e guiá-la com um ímã até o local da doença?

Aparentemente, o primeiro a colocar a ideia em prática em experimentos com animais foi K. Widder, na Universidade Northwestern, em Chicago (EUA), em 1978. Foi só a partir da década passada, no entanto, que a técnica foi largamente impulsionada, graças aos avanços da nanotecnologia.

Essencialmente, o nanoentregador de remédio é constituído por um núcleo magnético e por um envoltório cujas funcionalidades incluem o aumento da biocompatibilidade e a promoção de reações bioquímicas para a entrega da medicação. (...)

Aos físicos, químicos e engenheiros de materiais, cabe a preparação das partículas magnéticas. Dependendo do caso, tipos variados de compostos magnéticos e de diferentes dimensões de partículas podem ser usados, sendo estas últimas na escala nanométrica. (...)

Combate ao câncer

Uma aplicação recente das nanopartículas magnéticas é seu emprego para promover a chamada hipertermia – termo que significa "elevação da temperatura". O uso médico da hipertermia é tão antigo quanto a própria medicina. Entre as terapias para a cura do câncer, uma alternativa que vem sendo investigada desde os anos 1970 é o aquecimento do tumor a uma temperatura entre 42 e 45 °C. O problema é que essa temperatura é muita próxima daquela danosa para os tecidos saudáveis, de modo que a técnica exige um controle de temperatura quase impraticável.

SANTOS, C. A. Magnetismo, farmacologia e medicina. *Ciência Hoje*, Rio de Janeiro, 23 nov. 2007. *Disponível em:* <http://cienciahoje.uol.com.br/colunas/do-laboratorio--para-a-fabrica/magnetismo-farmacologia-e-medicina>. *Acesso em:* 14 maio 2015.

CLICK E ABASTEÇA AS IDEIAS

Veja nossa sugestão de *link* sobre o assunto e abasteça suas ideias!
- http://super.abril.com.br/ciencia/campo--magnetico-ele-esta-nos-441143.shtml

INVESTIGANDO...

Com seus colegas de classe investigue se os campos magnéticos utilizados para as transmissões sem fios são prejudiciais à saúde humana.

Bibliografia

ANDERY, M. A. et al. *Para Compreender a Ciência*. Rio de Janeiro: Garamond, 2007.

BRESINSKY, A. et al. *Tratado de Botânica de Strasburger*. 36. ed. Porto Alegre: Artmed, 2012.

BRUSCA, R. C.; BRUSCA, G. J. *Invertebrados*. 2. ed. Rio de Janeiro: Guanabara Koogan, 2007.

CANIATO, R. *As Linguagens da Física*. São Paulo: Ática, 1990. (coleção Na sala de aula).

CHALMERS, F. A. *O que É Ciência Afinal?* São Paulo: Brasiliense, 1993.

CHANG, R. *Chemistry*. 9. ed. New York: McGraw-Hill, 2007.

CLEMENTS, J. *Darwin's Notebook* – the life, times and discoveries of Charles Robert Darwin. Philadelphia: The History Press, 2009.

CUNNINGHAM, W.; CUNNINGHAM, M. A. *Environmental Science* – a global concern. 10. ed. New York: McGraw-Hill, 2008.

LEPSCH, I. F. *Formação e Conservação dos Solos*. São Paulo: Oficina de Textos, 2010.

MILLER, T. G. *Living in the Environment* – principles, connections, and solutions. 13. ed. Belmont: Cengage Learning, 2004.

NELSON, D. L.; COX, M. M. Lehninger Principles of Biochemistry. 5. ed. New York: W. H. Freeman, 2008.

POUGH, F. H.; JANIS, C. M.; HEISER, J. B. *Vertebrate Life*. 6. ed. New Jersey: Prentice-Hall, 2002.

PRESS, F. et al. Para Entender a Terra. 4. ed. Porto Alegre: Artmed, 2008.

RAVEN, P. H.; EVERT, R. F.; EICHHORN, S. E. *Biology of Plants*. 7. ed. New York: W. H. Freeman, 2005.

SILVERTHORN, D. U. *Fisiologia Humana* – uma abordagem integrada. 5. ed. Porto Alegre: Artmed, 2010.

STARR, C. et al. *Biology* – the unity and diversity of life. 13. ed. Stamford: Brooks/Cole, 2009.

TAIZ, L.; ZEIGER, E. *Plant Physiology*. 3. ed. Sunderland: Sinauer Associates, 2002.